中国法学会后期资助项目文丛

BOOK SERIES FUNDED BY CHINA LAW SOCIETY

《大清律例》律目研究

On the Contents of Qing Code

张田田◎著

法律出版社
LAW PRESS · CHINA

中国法学会后期资助项目文丛

出版说明

为进一步落实中央《关于加强中国特色新型智库建设的意见》，充分发挥中国法学会作为党和政府联系法学法律界桥梁和纽带的作用，着力实现中国法学会作为国家法治建设领域核心智库的发展目标，为专家学者开展法学研究和成果转化提供支持，不断丰富和发展中国特色社会主义法治理论体系，中国法学会特决定设立后期资助项目，对具有重要理论和实践价值的优秀法学研究成果予以后期资助，纳入“中国法学会后期资助项目文丛”出版。2015 年下半年后期资助项目立项的 14 项成果，已于 2016 年底出版。2016 年上半年后期资助项目经评审委员会评审，共 15 项申报成果获得立项，现予以统一出版。今后每年我们还将评选确定一定数量的后期资助项目并予以出版。

中国法学会

2017 年 12 月

目　录

Contents

自　序

距今345年的康熙十一年（1672年）四月初五，时值姚文然就任刑部长官不久，一起盗窃案件交由刑部现审，犯人偷砍一棵柳树并弄回家，树是官府的，于是刑部司员依照“大清律”中的“窃盗”规定，计赃论罪：所伐柳树估价不足一两，判刑杖八十，刺“盗官物”三字。

此案已了，姚文然与陕西司郎中王明德讨论起盗贼刺字之律，熟悉律例的王明德道：律正文中不言刺字，则情节虽属盗窃，仍要按律科刑而免刺。其法理依据是“准盗论”根据“名例律”规定,“但准其罪，不同真犯”，处罚上往往轻于所准据之罪：“盗田野谷麦”条，盗田野谷麦菜果及无人看守器物者并计赃准窃盗论，免刺。“发冢”条，其盗取坟茔上器物砖石者计赃准凡盗论，免刺。

姚文然眼界大开又将信将疑，归家查明代律学家王肯堂所著《笺释》，果如王明德所言，从此追悔不已。

姚文然翻阅的清律，应仍是清初顺治朝颁行的律典，基本全盘照搬明律，所以可参考明人法律注释。察觉自己此前对律典不够熟悉的姚文然，此时于家中秉烛读律，诸条翻检，遍查包括“准盗”在内的有关“窃盗”规则：从“刑律”篇（总第6篇）“贼盗（上）”的“盗园陵树木”条中小注称“系官者加，计赃准窃盗”，追索到“户律”篇（总第3篇）“田宅”门“弃毁器物稼穑等”条下，这才找到了最符合“盗伐官柳”情节的规范：

凡（故意）弃毁人器物，及毁伐树木稼穑者，计（所毁弃之物，即为）赃准窃盗论，(照窃盗定罪。) 免刺，(罪止杖一百、流三千里，) 官物，加（准窃盗赃上）二等。①

善任言官的姚文然，此时始知律例之幽深。作为科举社会选拔上来的人才，他熟读儒家经典，亦能通晓律例，但律典体系，不经研读，难以蠡测，因其条文分文别类的方式有时出人意料：一般人都以为，官树即是官物，擅自伐官府之树并据为己有，即属于盗窃官物，于是从刑部现审司官到长官姚文然都认为，此犯有“窃盗”情节，量刑适用“贼盗”门中“窃盗”条律的盗官物加二等条款，殊不知两点错误已悄然产生：盗伐树木，虽文本上有“盗”之名目，而律中具体规定却为“故意毁伐树木”，并未规定在“贼盗”门，而是收入“田宅”门，此其一；“田宅”门中的“弃毁器物稼穑等”这一条，其中规定，故伐之树木“系官物，加准窃盗赃上二等”，此一“准”字要回到首篇“名例律”去把握，即表明“不在刺字之限”，于是“主刑”虽依“窃盗”赃而定，但“附加刑”即“刺字”则本应因“准”而免，此其二。

史载，姚文然至此，喟然长叹。所叹者何？个案判决上，三犯窃盗者绞，以曾经刺字为凭，误刺一次字，是去人性命三分之一。法律适用上，他起初以为，窃盗之条不过就本律查看，“误以为官树即官物耳，岂能知毁伐树木系官物加准窃盗赃上二等，乃在户律田宅之条哉”。

姚文然所叹，并非无因，如果按照现今刑法典的排序而言，办案中极为常用、从标题上也顾名思义的“窃盗”一条，按乾隆五年（1740 年）律，在总第 6 章总第 269 条，此条在唐律 12 篇的“贼盗”篇（第 7 篇）中即设；而“弃毁器物稼穑等”条，则是清律的总第 3 章总第 98 条，此条应是明

① 《顺治三年奏定律》，王宏治、李建渝点校，载杨一凡、田涛主编:《中国珍稀法律典籍续编》(第 5 册)，黑龙江人民出版社 2002 年版，第 197 页。

代据唐律而修，唐律中相关一条在“杂律”篇（第10篇）。由此可见，“盗砍树木”与盗窃财物分开规定，且两类情节归入不同篇章，由来已久。多少年来，除姚文然自曝其短，及时纠正，[①]不知还有多少法官犯错而不言，甚至犯错而不自知？

“盗”的情节多样及由此产生的判决疑难较多，无独有偶，刑部司官王友亮在办理一起盗祖坟树木案时，也遭遇了问题。所不同的是，被盗树木非公家财产而是私人所有，但“盗赃”性质特殊，导致法律适用上也不适宜用“窃盗”条。在中国古代宗族社会中，“盗家财”不同于“做外贼”，于是“窃盗”条以外，便专设了“亲属相盗”一条，规定：

凡各居亲属相盗财物者，期亲减凡人五等，大功减四等，小功减三等，缌麻减二等，无服之亲减一等。并免刺。

而“盗砍树”变卖取财与典型“盗钱财”的区别联系、“盗家财”与典型“盗外人”的罪责异同，便成为了乾隆年间刑部官员王友亮办案时的纠结。

王友亮自述其办理某甲盗伐祖父坟木二株，依律治罪，估计是科以笞杖之刑。书吏进言，称还应当刺字，王友亮说法律无此规定。同期又有浙江司某乙犯案，也是盗祖坟树，情节与某甲同，而浙江司官员比照“窃盗”律例已经刺字。满主事五泰迷惑不解。王友亮类比“亲属相盗”之条而辨析立法之意：子孙盗祖、父财，被盗长辈一般会在家责打子孙而不对外张扬，究其原因，无非是不忍心让子孙担上盗窃的名声。这样看来，

---

① 姚文然自我反省，其有言在先：“新任官初到署半年之内，不应用意剖断一事，恐怕有误。如今自蹈之，罪戾不小。次日入署，再同满汉司官细考详议，众人都以为仍照律为是。又迟至四月十三日，又遇有数人各盗伐柳栽一根，刑部官员公议照准窃盗赃一两以下杖六十加二等，杖八十而免刺。”以上事见姚文然：《姚端恪公外集·盗伐官柳误刺字》及韩菼为《姚端恪公文集》作序（《清代诗文集汇编》第75册《姚端恪公全集》，上海古籍出版社2010年据康熙桐城姚氏刻本影印），亦见于《折狱龟鉴补》及《皇朝经世文编》。

祖、父或生或死，子、孙“家贼”的性质并无不同。况且法律规定的刑罚上，也体现出“盗家财”与其他窃盗的区别，立法之意是虽欲痛惩子孙不肖，仍期待子孙将来悔过自新。如今将盗家财者刺字，则是认定其人为盗贼，恐怕就要伤已死祖父之心，绝子孙自新之路。执法者不可根据一己之意而擅为增减，使盗家财者蒙刺字之难。五泰称是，又对王友亮说：“某甲、某乙，都是贫而无赖之人，受刑释放以后，还会再犯被捉，等到那时，检查前案，长官定会赞同刺字的做法，到时你我二人都会被处分，我与你分担责任。”果如满主事所言。王友亮和五泰被吏部判定各罚俸六个月。再修例时，又增添了不得以赃少罪轻免刺之条。查清律，所增修的条例附于“窃盗”条。①

此案意在言外：同为办案者自述，相比姚文然办案中体现出来的王明德对律典体系的深刻把握，王友亮办此案，则体现从浙江司将某乙刺字之司官及赞同这一做法的刑部长官，到认为子孙盗祖坟树木应免刺的王友亮及赞同其做法的五泰，诸多刑部官员并未参透律典，或有意规避特定条文，并因此在法律适用上不周全。

在王友亮看来，问题体现为：是机械地判定“盗祖坟树木”为“窃盗”并根据“窃盗”条计赃论罪并刺字；还是灵活地参照“亲属相盗”条将盗在世长辈家财“免刺”之意扩大到盗已故父祖坟上树木情节上，并据此轻判。实则就情节而论，“盗园陵树木”条，与案情更为切合。雍正三年（1725年）修律者解释，“此重园陵树木而兼及民间坟茔也”，② 其下附条例针对“凡子孙将祖父坟园树木砍伐盗卖”之罪，康熙五十七年（1718年）规定“照违令律治罪”，乾隆二十一年（1755年）改为“一株至十株，杖一百，枷号三个月，计赃重者，准窃盗从重论”，其后仍有修订。则砍祖坟树乃是

① 凡直隶各省窃盗，初犯者，俱照例刺字，不得以赃少罪轻免刺。以上事见《折狱龟鉴补》卷四与《皇朝经世文编》卷九二《刑政三·律例下》。

② 郭成伟主编:《大清律例根原》，上海辞书出版社 2012 年版，第 868 页。以下版本同。

“计株论罪”，且从无刺字之说，原则上，刑部官员所办皆非。

转换视角来看，则某甲之案和某乙之案的判决，在情理上，又皆有所得：王友亮办某甲案免其刺字，视死如视生，站在被盗父祖的立场上原宥行窃子孙，是以轻判，在情在理；浙江司司官办某乙案，援引“窃盗”条，则相较“盗园陵树木”条“子孙将祖父坟园树木砍伐盗卖”十株以下杖一百、枷号三个月的“又打又枷”处罚，计赃论罪而刺字可使某乙受杖刑后便重获自由。这样看来，绕开“盗园陵树木”专条，或援引“窃盗”律，或参考“亲属相犯”法意，是刑部官员心照不宣地“以刑制罪”而从轻判决？如今已不得而知，但能看出，清律规则之丰富，以及法律条文之具体，尤其是诸多断罪名目关系之复杂。①

解释以适用律例是古人的任务，解析并参悟律典的意义则是今人的使命。笔者在本校法律史学硕士研究生的答辩现场，宋婕同学选题是从清代女性为被害人的案例出发，借助《刑案汇览》案例汇编来收集和整理资料，其对案例的选排便接受了审视。一位教授提问：女性受害的类型，按罪名分，为何有“杀死奸夫”一类？从罪名看，“杀死”的是“夫”而非“妇”，与选题何干？学生不得不从清代条例依附律典目录的组织和案例集的对应编排说起，解释说“杀死奸夫”包罗的“条例”中有为数不少涉及“奸妇”被杀伤的条款，而“夫杀妻”与“妻杀夫”载于同条则是有籍可考的唐律

---

①《名公书判清明集》卷九《户婚门》中载蔡久轩断一桩子孙“舍木与僧”案，判曰：“舍坟禁之木以与僧，不孝之子孙也；诱其舍而斫禁木者，不识法之僧也。若果如县断，则是为尊者可舍墓木，为侄者不合诉墓木，与法意大差矣！程端汝勘杖一百，僧妙曰不应为，杖六十。帖县照断。”程端汝应是将祖坟之树木施舍给僧人之犯，被判杖一百，乃是笞杖刑中之最重者，但并未认定为“盗”。其判决之用意，则是保护宗族伦理，尤其是对祖坟的敬意，据判文推测，被告程端汝与告诉者或为叔侄关系，而现世的叔侄尊卑序位，要让位于同为子孙均对祖坟有爱护之责。县断可能因重视现世的亲属关系，而宣称侄告叔无理。蔡久轩则抓住祖坟“墓木”这一根本，认为尊长舍墓木而不许侄告才是无理，舍墓木之不肖子孙，为侄者亦可告之，其诉因在坟禁之木被砍伐和施舍，并非无理告叔。此判决显示出，宗族伦理更重于经济利益，因其并未提及对墓木的估价“计赃”。

以来的传统，此条在明清律中被冠以“夫杀死有罪妻妾”之名，其中同时规定了对妻妾杀夫的处罚。普遍的“杀人”与特殊的情境，特例中对立相杀的情节载于同条而刑罚悬殊，这种处理方法的便利与不便，古今理解恐怕已大相径庭。今人此问延伸开去，突出的正是不可一笔带过的古代立法思路及成因。

中国古代法官也未必皆能领略律典全貌，以现今眼光分析，部分原因在于，清律对于清人，或多或少也是历史的东西，因其多继承自唐明律。刀笔先生习焉不查，未必知其所以然；循吏儒生参以己意，料想其所当然，未必知其本来面目。律难读，律意难知，律典之成就非一日之功，即便五年一小修，十年一大修，内容次第更新，案例逐年累积，目录体系则长时间不变，这是清代立法的事实，这是如何做到的，尤其是，怎样在大量官员不甚了解律典全貌的背景下，实现“罪刑法定”的判决依律以及“罪刑相适应”的“同案同判”？

律典即是古代法律世界中的经典，律学的基本问题亦应是法史研究中的经典问题。[①] 哪怕从立法与“教条”走向司法与社会是大势所趋，但在行走的途中，也不妨三思。官方典章永远有其不可磨灭的影响，即便流于形式、成为具文，那具文、形式的存在本身也有其意义、有待解读。以断代观法制，是否忽视重要转折前的伏线？将材料弃之不用前，是否经过充分的解读？笔者因此服膺赵晓耕教授之语：“法律制度史研究的基础和中心，应该是传统律典。理解和掌握传统律典本身以及其中体现的古人的立法技术、立法理念乃至价值观念、意识形态是我们运用各种研究方法从各种视角解读传统律典的基础……传统律典本身的研究，这是法律史研究安

---

① 例如，“一些法律制度史研究的最基本问题比如张斐《注律表》对二十个概念的解释及其渊源与发展、唐律十二篇体例排列的内在逻辑、《大清律例》中的各律条应如何解读以及清代的强盗与抢夺等常见罪名的认定与区分等诸多问题，其实较少学人予以深入关注”。参见闵冬芳：《清代的故意杀人罪》，北京大学出版社 2015 年版，赵晓耕序。

身立命之本，亦是法学的法律史研究应有的旨趣。”[1]

今人研究古代法制，无论是探讨“实践与背离”，还是辨析判决依法或依情理，极少有全不涉及律典的。“皓首穷律”，逐条探讨，笔者不能。退而求其次，研究数千年来凝固的最堂皇的立法成果，即集法理与律意于寥寥数字中的律典的目录体系，求得变与不变之关键、兼顾此罪与彼罪之分界，似乎更加可行。“律”的弹性、韧性和生命力何在，可从百年间始终不变、[2]千年里又面目全非、[3]数十年间沧桑巨变[4]的东西说起——律目。

---

① 参见赵晓耕教授为闵冬芳《清代的故意杀人罪》（北京大学出版社 2015 年版）一书所作之序。

②《大清律例》从乾隆五年（1740 年）定型至道光二十年（1840 年）这一百年，以及接下来的 19 世纪后半叶，律目仅微调而已，条例变动较大。

③ 隋唐至明清，律典时有时无，篇目变动较大。

④ 清末变法，先将清律划分部门，从《大清律例》过渡为“现行刑律”再到“新刑律”，而刑律体系也舍弃“名例”与六部之名，而采用“总则”“分则”形式。

第一章　研究现状与问题

（一）用语界定

1. 律典

“典、彝、法、则、刑、范、矩、庸、恒、律、戛、职、秩，常也。柯、宪、刑、范、辟、律、矩、则，法也。”[①] 自商鞅改法为律，“律”成为中国古代法典的代表，其编纂体例与内在精神亦代代传承。清薛允升有言：“律之为义大矣哉！古人多以经术断狱，后世一准以律，律之为言，整齐划一之谓，亦轻重得平之谓也”。[②]“其蜿蜒起伏之路线，自秦以后未曾断也……故欲定中国法制之系统，惟有以律为代表焉”。[③]

律典无疑是法典，[④] 而法典未必皆律典。[⑤] 法典可用以概括中国古代的

---

①（晋）郭璞注、（宋）邢昺疏：《尔雅注疏》卷一，北京大学出版社 1999 年版，第 15 页。

②（清）薛允升：《唐明律合编》自序，怀效锋、李鸣点校，法律出版社 1999 年版，唐明律合编序第 1 页。

③ 陈顾远：《中国法制史概要》，台北，三民书局 1977 年版，第 27 ～ 28 页。

④ “中国古代有代表性的法典按先后顺序，依次为《法经》《秦律》《九章律》《北齐律》《开皇律》《唐律疏议》《宋刑统》《大元通志》《大明律》《大清律例》等。可以看出，中国古代的法典被冠以刑、法、律等不同字眼的称呼，但秦汉以后中国的法典统称为律，律是典型的法典，也因此，后人常称中国古代的法典为‘律典’。”参见封丽霞：《法典编纂论：一个比较法的视角》，清华大学出版社 2012 年版，第 41 页。另参见刘广安：《中国古代法律体系新论》，高等教育出版社 2012 年版，第 37 ～ 44 页。

⑤ 勒内·达维德讨论：“法典”起初指的是以狄奥多西法典、查士丁尼法典等为代表的法律汇编，19 世纪时专指某些以阐述现代普通法原则，区别于注重适时性、在一国范围内存在的规范，为普遍实施而编纂的集子。“这个术语的使用很不稳定，在当前这个时代，“法典”这个词被广泛用来指目的在于把某项特殊内容的规定收集起来、系统阐述的编辑物。”［法］勒内·达维德：《当代主要法律体系》，漆竹生译，上海译文出版社 1984 年版，第 104 ～ 105 页。

刑典、宪典、令典、会典等，律典则专指“律”这一中国古代法典的代表作。[①]隋唐律与明清律，称法典、律典，皆不谬。[②]汉晋确立“律以正罪名，令以存事制”的认识：“律以正刑定罪”出自《唐六典》，这一“律”的定义，是相对于“令格式”而言；至清则为“律者万世之法，例者一时之事”。[③]

律典的判定，整体明确，仍需具体分析。譬如，在宋人看来，“刑统”即“律”，虽然严格说来，“刑统”中也收入“令格式”，但与其后宋代所编纂的“条法事类”收集“敕令格式申明”相比，“正律”占据“刑统”的主要篇幅。又如，清律即《大清律例》，但《大清律例》中律条数百而条例上千，条例篇幅远超律文，只是从律目来看，律条有目有文，而条例有文无目，从编纂体例上，例从属于律。简言之，《庆元条法事类》《通制条格》《至正条格》等，虽有“职制”“断狱”等篇目与唐律相似，但从体例来看，显非律典，“刑统”名称中无“律”，依内容上或可归为“律典”，则是特例；《大明律》洵为一代律典，清承明制，《大清律例》虽采律例合编形式，但也被公认为律典，[④]而“会典”“则例”等，非律典。[⑤]本书聚焦法典中的律典，其他不专门讨论。

本书论域是“法典目录的演变及功能”，主题限定在传统法典之末的《大清律例》，考察《大清律例》目录体系的形成，则涉及唐、宋、元、明、

---

① 例如，日本学者分析清代法制：“会典以明百官有司之职守，律例以正官民之非违，两者相依，始为国家之大经大法，”并比附部门法分类称“律之于刑事法也，犹会典之于行政法”。[日]织田万：《清国行政法》，李秀清、王沛点校，中国政法大学出版社2003年版，第56页。

② 如日本学者考察上述典章的制定时机，指出“中国的法典编纂事业，亦是出于守成之策略”，以恢复社会秩序为首要善后之策，“以整理为法典编纂策略，即其律典各有增损，其条项具有逐渐精密之倾向”。[日]穗积陈重：《法典论》，李求轶译，商务印书馆2014年版。

③ 袁枚：《小仓山房文集》卷一五《答金震方先生问律例书》，江苏古籍出版社1993年版，第248页。

④ 如苏亦工教授专著题为《明清律典与条例》(中国政法大学出版社2000年版)。

⑤ 对于则例的讨论。参见杨一凡、刘笃才：《历代例考》，社会科学文献出版社2012年版，第295页。

清法典的演变，具体而言，不仅比对唐、明两律，而是将宋“条法事类”、元“条格—断例”甚至法律汇编《元典章》也纳入考量，而作为传统立法之精华、法典之典型的律典体例，也成为解析法典编纂技法的棱镜。

2. 律目

律目即律典目录，除每则律条的名目外，“名例”及据“吏户礼兵刑工”六部为名的“篇目”及“人命”“斗殴”等“门”的名称，也往往置于律目层面讨论。

律目的意味，重在目录之整体。具体到篇章、门类与条文标题上，则古人的称呼或有混淆，并不明确。明清读律人士，或用“门”指某一条文，或指“人命”“斗殴”等置于篇目之下的类目；[①] 而相对于条文标题“散目”，“人命”“斗殴”等容纳多条律文的题目又被称为“总目”，但“吏律”“户律”等篇名也曾被称为“总目”。如图 1-1 所示：

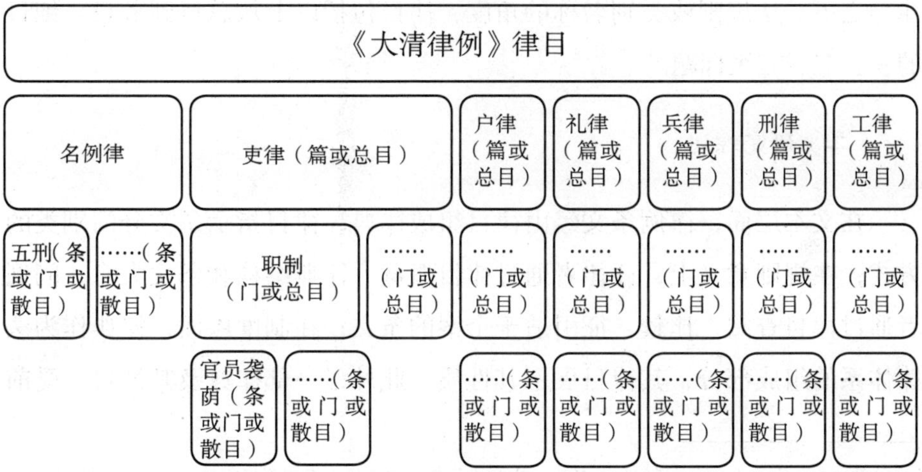

图 1–1

① “门”的含义，一种是法典篇章与法条之间的单位，如《宋刑统》、明清律学；另一种是律的单位，如《御制大清律序》[乾隆五年（1740 年）]。陈新宇:《帝制中国的法源与适用——以比附问题为中心的展开》，上海人民出版社 2015 年版，第 43 页。

具体而言，在清代律例合编的法典结构中，“条”多少具备了更加丰富的含义。乾隆五年（1740 年）《大清律例》，将 436 个不同标题对应 436 个（组）条文规定的形式确定下来。[①] 一组条文，即是将律条及其后附之例条统纂在一个标题下的规范组合。从清代历次纂修律例来看，乾隆以前，习惯对律称“条”，对例亦称“条”，并分别计律条、例条数目。后来又出现对律称“门”，对例称“条”的现象。如“乾隆五年律”的“凡例”称律有“四百三十六门”，但首卷律目对法条的统计仍是律、例分别计条数，如“名例律”中“共四十六条，附例一百二十条”。

如果以“篇目”作为一级标题，则其下的门类名称可视为二级标题（“名例律”不分门），每门统领律例若干；而条文标题则是三级标题，清律条标所引领的是一则律条，可能附带若干条例。换句话说，条例附于律后，同类律例在同一门类中，而相关门类则系统于除“名例”以外的“六律”之下。从规则或类别名称的角度，律目包括以上从总目到散目、细目的一、二、三级标题。

（二）研究综述

在文本层面，律例条文经由律目组成律典，律目指示条文分门别类的方式；在规则意义上，读律者通过律目概览、律典结构和条文大意，问刑者通过律目查阅、比较、征引适于个案的条文；在制度层面，律典作为法律体系的组成部分，其律目展示其性质。此外，一部律典及其律目，受前

---

① 陈重方先生则认为：“《大清律例》其实是在乾隆元年开始纂修，五年纂修完毕，六年刻样缮写告竣，八年刊刻结束后进行刷印，并在一年左右的时间里，利用层层下发的方式，达到‘颁行天下’的效果。除了实际进程外，透过档案也能得知诸多细节：确定修律后，顾宗随即奏请允许各省督抚、臬司提出意见让律例馆采择；官员藉由阅读邸抄获得讯息，进而对律例发表看法；正式颁发刻本前，《大清律例》先以副本、钞本的形式产生法律效用。”陈重方：《乾隆八年〈大清律例〉的颁行》，载苏亦工、谢晶等编：《旧律新诠：〈大清律例〉国际研讨会论文集》（第 2 卷），清华大学出版社 2016 年版，第 278 ~ 279 页。本书中仍称“乾隆五年律”。

代法典的体例与内容影响。律目在清代法制中的位置如图 1-2 所示。与本书相似的研究，目前尚未见专著，相关成果则主要集中在历代成文法编纂的经验总结与《大清律例》的体系等方面。

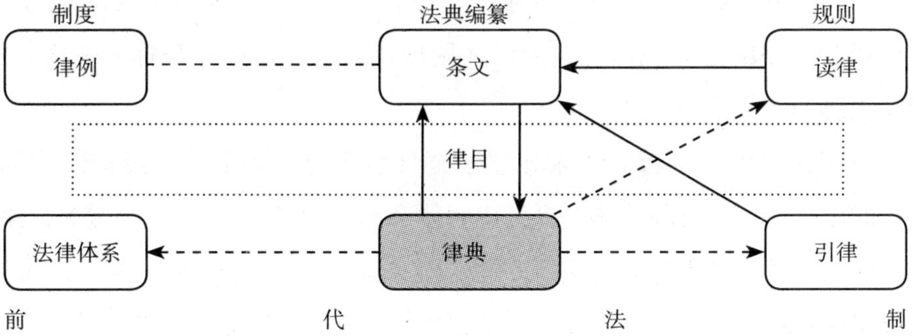

图 1–2

首先，关于成文法编纂与律学研究。律典目录关乎法典的体例与内容，代表以“律”为中心的法律规范的命名与排序规则，是律学领域的基础问题之一：其单独来看系属篇章条款之名目，汇集起来成就整部律典之纲目，为律学家与法史学者所关注。如明代张楷在《律条疏议》中、清代薛允升在《唐明律合编》中、沈家本在《明律目笺》中关于律目的形成及演变均作有探讨；[①] 王立民教授则探讨“条标演进”,[②] 涉及唐律“条标”及

① 还可参见瞿同祖:《明律的继承和变化》，载《历史研究》1980 年第 4 期。

② 参见王立民:《中国古代律中条标演进之论纲——以唐律、宋刑统、大明律和大清律例为例》，载《甘肃政法学院学报》2008 年第 1 期。王立民教授在新作《中国传统律学研究方法论纲——以唐律律文的研究方法为例》(载《法学》2016 年第 4 期) 中指出:“唐律运用律学研究的方法，对律文进行必要的解释，使其内容完善、表述清晰、内涵明确，以致被认为是中国古代律典中的‘最善’者。可以想象，如果没有律学的研究方法，没有‘疏议’的解释结果，唐律根本无法达到这种水平。”

唐代律学与律典的关系，亦有专论。[①]

关于唐律条文标题的重新拟定及其意义，夏锦文、李玉生主编:《唐典研究：钱大群教授唐律与〈唐六典〉研究观点与评论》(北京大学出版社 2015 年版)中收入了俞荣根、周东平、徐忠明、范忠信等诸位教授的观点，其中最为典型的是赵晓耕、杨光的《用现代方法规范唐律条标》一文(前揭文集第 204 ～ 207 页)。

唐明律之外，学者对于宋元立法也日渐重视，如张帆教授指出:“唐、明律的比较研究，自晚清薛允升《唐明律合编》、沈家本《明律目笺》以来，成为中国古代法制史研究的重要课题。而残本《至正条格》的“断例”部分，可以在这方面提供重要的帮助。”[②] 又如岳纯之教授在其《宋刑统校证》(北京大学出版社 2015 年版)探讨《宋刑统》特色时归纳其中“门”的设立方式。

在成文法制定层面总结律典编纂经验的，除学者从“律统”角度研究法制变迁外，[③] 在具体的篇目设置与篇章结构方面，如梁启超先生曾论中国成文法编制之沿革得失，[④] 尤其关注“总则”，提出“故《名例律》者有总则之名而未能全举其实者也”。与此相似，陈顾远先生则论断古律不全是刑法、名例不等于总则，“《名例》一律自不能认为即是关于刑法之总则，实不啻关于一般法律之适用法也。既如是矣，则历代所谓律者，似不失为一成文法典，举一切而尽有之矣”。[⑤] 有学者依据古律，总结中国古代刑

① 参见王立民:《唐律新探》(第 5 版)，北京大学出版社 2016 年版。如其指出，“律条的协调不仅对完善唐律、健全唐朝法制、保障唐初政治经济的发展起了重要作用，还对唐后的立法产生了深远影响。唐律的篇目分类为唐后的立法所袭……元明清虽在篇目上与唐律有异，但仍按篇目归纳犯罪行为，没有突破唐律的总体协调原则，甚至还保留了部分唐律的篇目名……唐代的协调律条还对当时一些亚洲国家的立法产生了深刻影响”。(前揭书第 102 ～ 103 页)

② 参见张帆:《重现于世的元代法律典籍——残本〈至正条格〉》，载《文史知识》2008 年第 2 期。

③ 陈顾远:《中国法制史概要》，三民书局 1977 年版，第 27 ～ 28 页。明清律学家追溯律典篇目由来与兴革，后文详述。

④ 收入其《饮冰室合集》，可参见梁启超:《梁启超论中国法制史》，商务印书馆 2012 年版。

⑤ 陈顾远:《中国法制史》，中国书店 1988 年据商务印书馆 1934 年版影印，第 95 页。

法典的编纂体例、结构特点包括“由总则和分则两部分组成；采用刑事实体法与刑事程序法合一的编纂体例；由低层次的‘以刑统罪’向高水平的‘以罪统刑’的方向转变和发展；分则篇目依据犯罪行为对刑法所保护的社会关系的危害大小，从重到轻进行排列；具有民刑不分、诸法合体的特征；只规定了刑事责任及其刑罚制裁的实现方式”。① 也有学者本着现代法理学的部门法理论原则，以唐律、清律为例，指出理解律典体例问题的关键是古今对“刑法”“犯罪”“刑罚”三概念的理解截然不同，反驳“古代律典只是刑法典，其编纂体例是诸法分立、民刑有分”的观点，在一定程度上肯定律典“诸法合体、民刑不分”说法的客观性。②

其次，具体来看有关《大清律例》结构与清末修律举措的研究。《大清律例》中律条有定数且有专名，而条例无名，数量也时有消长。清代法典的体例变化促使法典总目、细目发挥出前所未有的作用。苏亦工教授探寻律例合体的历史渊源，指出清代“条例以律的体例为体例，这就意味着律在形式上对例具有制约性；也就意味着在形式和体例方面律是居于主导地位的，而例则是处在从属地位的”，即律对例“体例上的制约”，体现“稳定的法律形式从体例上统摄灵活的形式”的规律性。③

高汉成《〈大清新刑律〉与中国近代刑法继受》一书，研究中国近代

① 宋四辈：《中国古代刑法典的编纂体例和结构特点——兼论中国传统刑法文化的作用和影响》，载《郑州大学学报》（哲学社会科学版）2003 年第 4 期。

② 高汉成：《也谈中国古代律典的性质和体例——以〈唐律疏议〉和〈大清律例〉为中心》，载《上海交通大学学报》（哲学社会科学版）2003 年第 5 期。

③ 苏亦工教授指出：隋唐时期，法律形式分为：律、令、格、式四种。四者各自成书互不统摄。到唐宣宗大中时期，出现了“刑律统类”的形式，历经五代，到宋朝成为法典的主要形式。所谓刑统，就是将令、格、式、敕中与刑律相关的部分依类附入律后，以便查考。而明朝的情况几乎与清朝完全相同，即都是由律例各行——民间自发地合编律例——政府合编律例，以律为纲、以例附之。苏亦工：《论清代律例的地位及其相互关系》，载《中国法学》1988 年第 5 期。对律例关系的梳理，可参见吕丽：《中国古代刑法特色研究》，吉林大学 2012 年博士学位论文。其中指出，“经过不断的发展完善，古代的法源体系由多种法源并存，逐渐归并为典（基本法典）与例（条例、事例、则例）两类法源，都属于成文法”。

刑事法律继受的第一个成果《大清新刑律》的立法基本原则、刑法基本理论、立法语言与技术，他评价道，相对于《大清律例》的“新刑律”在立法思路上采取的是“推倒重来模式而不是大修”，即“把《大清律例》这一北京四合院拆除，在其之上盖一座《大清新刑律》大厦，从外观设计到室内装潢，风格都是西洋式的，主要建筑材料都是进口的。四合院拆下来的砖瓦和木料，基本被当作建筑垃圾，只有少部分留下备用”，结果是新刑律草案“同章之罪都会出现畸轻畸重的现象，更不用说不同种类的犯罪之间了，这一方面可能与编纂时间仓促有关，另一方面也与草案按犯罪性质分类量刑有关。草案既接受了西方刑法的按犯罪性质分类的分则体系，就只好照搬照抄其分则条文，而分则条文的具体量刑实际上是暗含一种价值观的判断的，所以草案无法在具体罪名的量刑上一一做出符合中国国情的规定，这在一定意义上也是正常的，毕竟消化这么庞大的一个全新的刑法体系需要时间。而《大清律例》的犯罪分类基本上是按照罪名的严重程度，且总类部分还从‘笞一十’到‘凌迟处死’进行了分类编纂，同一刑罚之下的所有犯罪一目了然，在技术层面就较好解决了罪刑相当问题，这恰恰是1907年《大清刑律草案》所不及的”。[①]

考察《大清律例》律目在大规模继承明律的同时如何进行小范围更新，既是观察法典编纂传统、法条索引系统的切入点，着眼于标题与内容的关系测评法条标题的功能，又是观察清代法典结构和法制样态的线索。本书参考前人对法律体系、律典体例的研究成果，并将其与官方司法实践和民间法律知识传播相结合，以期在史料梳理的基础上，从技术、原理层面，把握从唐、宋、元、明、清直至晚清、民国纂修律典（刑法典）、确定篇章门类的基本方式；并将固有的修律思路与近现代借鉴域外理论的变法修律思想作对比，总结得失。

① 高汉成:《〈大清新刑律〉与中国近代刑法继受》，社会科学文献出版社2015年版，第73页注3、第197页。

第二章 《大清律例》律目的传承与演变

律典目录何时以及如何形成的问题，是探讨特定律典目录的法律意蕴之前不能回避的。笔者的初步判断是，首先，从法律规范的起源和法律形式的演变来看，篇目的产生是归纳的结果，“杂”类的出现便是明证，形态不一、事项多样而无法归于他类，则以“杂”名之。反之，如果先定“杂”之名，其名下具体内容则漫无边际、捉摸不定。同理，条文标题的产生，主流应是基于归纳而非演绎，即先有被纳入法律范围内的事项、情节并制定规则，再概括其名目。其次，判断何时正式引入条文标题的直接证据，还是要从每部颁行通用的法典的体例中寻找。然而，法典流传过程中的版本差异，使此类证据难以搜集。虽可另辟蹊径，[①] 但从间接证据中得

① 譬如从一则法条摘录他条时是引述法条内容还是列举法条标题入手，或律学作品中有无涉及法条标题的议论等。如从《律条疏议》《唐明律合编》对比唐明律时所列举的唐律名目，可知明清时人得见的唐律目录内容，尤其是修明律者所能够借鉴的唐律版本，见附表一。

出的论断也未必可靠。[①] 所以笔者暂且绕开官修律典最早采用条目的时间问题，转而从展示律目演变关键节点的代表性法典，以及演变轨迹相对明晰的篇目、门类入手，即分析目录体系成熟的《大清律例》，逆推古代律典体例形成与发展中的某些关键进展；概览明代以前律目的形成与演变，则对清律目录的设置思路有更好的把握。

（一）唐、宋、元、明法典的编纂体例

1. 唐律十二篇由来

倒叙唐律十二篇的定型：魏晋以来，是化繁为简的产物；其于秦、汉，则经历着单行法向综合性法典的过渡；先秦时期，则是篇目从无到有的过程：

夏刑三千条，周礼五刑之属二千五百，魏文侯师李悝造法经六篇，汉更加户兴厩三篇，谓之九章，魏因汉律为十八篇，晋命贾充等增损汉魏律为二十篇、六百三十条，宋齐梁后魏篇数不改，北齐定为十二篇，后周武帝又增至二十五篇，至隋开皇复为十二篇，唐命长孙无忌等因隋旧为十二

---

① 《明律目笺》中，沈家本所列举的“唐律目”，与我们常见的点校本唐律（《唐律疏议》，刘俊文点校，中华书局 1983 年版及法律出版社 1999 年版）及其他版本唐律的总目在文字上有不少出入，原因应与传世唐律的版本差异有关。虽然各种题目其实差异不大，无论从哪一种题目出发，都可以联想到同一唐律条文。但这无疑印证了“唐律目”面貌的模糊、身世的难辨。尽管唐以后仍然使用着的一些重要原则、规定的原型可以追溯到秦汉甚至上古，但在“律目”的谱系中，仍有一些疑点。如隋唐定律十二篇，篇下各条的标题是否一并确定？因唐以前文献的稀见，确实的证据还不曾发现。虽然，笔者对此有模糊的推测：将法律内容条分缕析，并为界定出的小范围的一则或数则内容拟定标题的行动，应和法典化进程关系密切，即法典越精致、越成熟，法律内容的划分标准定得越细，对篇章之下的门类划分及命名需求越强烈。也就是说，法条获得标题，极有可能伴随着较成熟法典的制定颁行。但也不排除其他可能，如司法中图便利而为法条拟题、律学中为诠释目的而为法条拟题、非正式的法条标题被正式立法所吸收等。

篇，共五百条。[①]

表 2-1 律典篇目（先秦至隋唐）[②]

唐	隋		北齐	后周	晋	曹魏	汉	秦	先秦
唐律	大业律	开皇律	北齐律	后周律	晋律	魏律	汉律	秦律	法经
名例	名例	名例	名例	刑名	刑名	刑名	具律	具律	具法
				法例	法例				
卫禁	卫宫	卫禁	禁卫	宫卫	宫卫				
职制	违制	职制	违制	违制	违制				
	请赇								
户婚	户	户婚	户婚	户律	户律	户律	户律		
	婚			婚姻					
厩库		厩库	厩牧	厩牧	厩牧		厩律		
擅兴	擅兴	擅兴	擅兴	兴缮	兴律	擅兴	兴律		
	告劾								
贼盗	贼	贼盗	贼盗	劫盗	盗律	盗律	盗律	盗律	盗法
	盗			贼犯	贼律	贼律	贼律	贼律	贼法
斗讼	斗	斗讼	斗讼	斗竞					
诈伪		诈伪	诈伪	诈伪	诈伪	诈律			
杂律		杂律	杂律	杂犯	杂律	杂律	杂律	杂律	杂法
捕亡	捕亡	捕亡	捕亡	逃捕	捕律	捕律	捕律	捕律	捕法
断狱	仓库	断狱	断狱	断狱	断狱	囚律	囚律	囚律	囚法
	厩牧			毁亡	毁亡	劫掠			
	关市			告劾	告劾	毁亡			
	杂			系讯	系讯	告劾			
	诈伪			请赇	请赇	系断			
	断狱			水火	水火	请求			
				诸侯	诸侯	警事			
				市廛	关市	偿赃			
				关津		留律			
				祠享		免坐			
				朝会					
12 篇	18 篇	12 篇	12 篇	25 篇	20 篇	18 篇	9 篇	6 篇	6 篇

《晋书·刑法志》所载曹魏《新律》序略，论及律典篇目的设置，理

① （明）张楷：《律条疏议》，载杨一凡编：《中国律学文献》，黑龙江人民出版社 2004 年版。以下版本同。

② 参见蔡枢衡：《中国刑法史》，中国法制出版社 2005 年版；［日］浅井虎夫：《中国法典编纂沿革史》，陈重民译，李孝猛点校，中国政法大学出版社 2007 年版；黄源盛：《中国法史导论》，元照出版社 2016 年版；程树德：《九朝律考》，商务印书馆 2010 年版；等等。

论精当："旧律所以难知者，由于六篇篇少故也。篇少则文荒，文荒则事寡，事寡则罪漏。是以后人稍增，更与本体相离"。此言定律忌"文荒""事寡"，篇少为文荒之故，而临事增设篇目"更与本体相离"，则兼及新旧篇章的协调性。既须完整，又有条理，则应"都总事类，多其篇条"，其成果是"增十三篇，就故五篇，合十八篇""于正律九篇为增，于旁章科令为省"。

表 2–2 曹魏《新律》篇目设置理由

由来	命名	设置理由
汇总新设 移动改名	刑名	罪条例既不在始，又不在终，非篇章之义。故集罪例以为《刑名》，冠于律首
仍旧	户律	—
分出新设	擅兴	《盗律》又有劫辱强贼;《兴律》有擅兴徭役;《具律》有出卖呈，科有擅作修舍事，故分为《擅兴律》
仍旧，拆分	盗律	—
仍旧，拆分	贼律	—
分出新设	诈律	《贼律》有欺谩、诈伪、逾封、矫制,《囚律》有诈伪生死;《令丙》有诈自复免，事类众多，故分为《诈律》
仍旧，拆分	杂律	—
仍旧，拆分	捕律	—
仍旧，拆分	囚律	—
分出新设	劫掠	《盗律》有劫掠、恐喝，和卖买人，科有持质，皆非盗事，故分以为《劫掠律》
分出新设	毁亡	《贼律》有贼伐树木，杀伤人畜产及诸亡命;《金布律》有毁伤亡失县官财物，故分为《毁亡律》
分出新设	告劾	《囚律》有告劾、传覆,《厩律》有告及逮受，科有登闻道辞，故分为《告劾律》 ……其告反逮验，别入《告劾律》
分出新设	系断	《囚律》有系囚、鞫狱、断狱之法;《兴律》有上狱之事，科有考事报谳，宜别为篇，故分为《系讯断狱律》
分出新设	请赇	《盗律》有受所监临受财枉法;《杂律》有假借不廉;《令乙》有所呵人受钱，科有使者验赂，其事相类，故分为《请赇律》
分出新设	警事	以警事告急，与《兴律》烽燧及科令者，以为《警事律》
分出新设	偿贼	盗有还赃畀主,《金布律》有罚赎入责，以呈黄金为偿，科有平庸坐贼事，以为《偿贼律》

续表

由来	命名	设置理由
分出新设	留律	《兴律》有乏徭稽留，《贼律》有储峙不办，《厩律》乏军之兴，及旧典有奉诏不谨，不承用诏书，汉氏施行有小愆乏，及不如令，辄劾以不承用诏书之罪，腰斩。又减以《丁酉诏书》。《丁酉诏书》，汉文所下，不宜复以为法，故复别为之《留律》
汇总新设	免坐	盖律之初制，无免坐之文，张汤、赵禹始作监临部主见知故纵之例。其见知而故不举劾者，各兴同罪，失不举劾，各以赎论，其不见不知，不坐也，是以文约而例通 科之为制，每条有违科不觉不知、从坐之免，不复分别，而免坐繁多，宜总为免例，以省科文，故更制定其由例，以为《免坐律》。诸律令中，有其教制，本条无从坐之文者，皆从此取法也
删除	厩律	秦世旧有厩置、乘传、副车、食厨，汉初承秦不改，後以费广稍省，是故後汉但设骑置而无车马，律犹著其文，则为虚设，故除《厩律》，取其可用合科者，以为《邮骑令》
	丁酉诏书	《丁酉诏书》，汉文所下，不宜复以为法
令	变事令	上言变事

如依表 2–2 统计，则名目仍旧的有 6 项，其中户律之名继承汉代，而“盗贼”等名可溯及《法经》，而不合魏制的汉法被删，如“厩律”。从体系上讲，最应注意的是首尾两篇，“刑名”首篇乃是集罪例而成，这延续了“具法”的思路，而冠于律首则是创举。“免坐”一篇相仿，追求文约，则设通例，将繁多的具体免坐规定汇总新设为专门之例，本条无文则准此。[①] 这种体例，透露出提取“通例”、提炼原则并将其专门安置以突出其性质地位的思路。从内容上看，从正律与旁章科令中撮合相关内容，为后世取法的有“擅兴”“诈律”“告劾”等。

隋唐律相对于汉律，在编排上发上了显著变化，沈家本以先秦《法经》的“王者之政莫急于盗贼”等为线索指出，“《汉律》九章于李悝六篇

① 晚清刑律草案中亦在“总则”中有“不为罪”专题，民国刑法沿用之，参见附表。学者评价，这是“采取列举的形式从犯罪的反面列举出了不为罪的种种情况。从刑法的定义看，它是关于什么是犯罪以及如何处罚的法律。因此，应从正面规定犯罪与刑罚，以便与罪刑法定主义的精神相一致，特殊情况下的不为罪，可利用‘但书’的形式表述”。周少元:《中国近代刑法的肇端——〈钦定大清刑律〉》，商务印书馆 2012 年版，第 274 页。

不移其次，所增附于后。魏虽改《具律》为《刑名》，而冠于篇首，并新增九篇，间厕其中，然《汉律》序次仍在，故首篇之后，即继以《盗律》《贼律》。晋、梁皆同。北齐始改汉之次序，改《户》《兴》居于前，合《贼》《盗》而退居第八。后周略同。隋《开皇律》则并《厩库》亦改居于前，已非复《汉律》之次序”，及至元明，变化更大。①

由此可见，和篇名同样重要的是各篇的相对位置，即法典中篇目的排列次序、各篇的上下文关系。如立法者在《唐律疏议》中指出的，唐律的篇目次序绝非随机安排，而是蕴含着价值排序，如表 2-3 所示：②

表 2–3 《唐律疏议》篇目排序理由

篇名	次序	理由
名例	首篇（1/12）	名者五刑之罪名，例者五刑之体例。名训为命，例训为比，命诸篇之刑名，比诸篇之法例。但名因罪立，事由犯生，命名即刑应，比例即事表，故以《名例》为首篇
卫禁	名例之下诸篇之首（2/12）	卫者言警卫之法，禁者以关禁为名。但敬上防非，于事尤重，故次《名例》之下，居诸篇之首
职制	《卫禁》之下（3/12）	言职司法制，备在此篇，宫卫事了，设官为次，故在《卫禁》之下
户婚	《职制》之下（4/12）	既论职司事讫，即户口婚姻，故次《职制》之下
厩库	《户婚》之下（5/12）	厩者鸠聚也，马牛之所聚；库者舍也，兵甲财帛之所藏。户事既终，厩库为次，故在《户婚》之下
擅兴	《厩库》之下（6/12）	大事在于军戎，设法须为重防，厩库是讫，须备不虞，故此论兵，次于《厩库》之下
贼盗	《擅兴》之下（7/12）	前禁擅发兵马，此须防止贼盗，故次《擅兴》之下

① “第《贼》《盗》虽合为四卷，而前二卷为贼事，后二卷为盗事，固甚分明。迨元析《杀伤》，明改《人命》，而贼事遂不全，更非古律之面目矣。”（清）沈家本:《历代刑法考·律目考·附明律目源流》，邓经元、骈宇骞点校，中华书局 1985 年版，第 1360 页。

② （清）沈家本:《历代刑法考·律目考·附明律目源流》，邓经元、骈宇骞点校，中华书局 1985 年版，第 1359 页。

续表

篇名	次序	理由
斗讼	《贼盗》之下（8/12）	贼盗之后，须防斗讼，故次于《贼盗》之下
诈伪	《斗讼》之下（9/12）	斗讼之后，须防诈伪，故次《斗讼》之下
杂律	《诈伪》之下（10/12）	诸篇罪名，各有条例，此篇拾遗补阙，错综成文，班杂不同，故次《诈伪》之下
捕亡	《杂律》之下（11/12）	此篇以上，质定刑名，若有逃亡，恐其滋蔓，故须捕系，以寘疏网，故次《杂律》之下
断狱	承众篇之下（12/12）	诸篇罪名，各有类例，讯舍出入，各立章程，此篇错综一部条流，以为决断之法，故承众篇之下

综上可知，第一，律典分篇，由来已久，而篇目之变，随着“事增”或体系性调整，亦势在必然。篇目是律典体系的第一层展现，而篇目简而又简，则为六篇，一度分为二十余篇，但“刑名”“法例”或“名例”的产生，能减少冗条，节省篇幅，加上将事项适度合并、事类有序排列，生成了“卫禁”“斗讼”等篇目及次序，最终确定隋唐律的十二篇体例。篇目之设，直接影响律典面貌，而上述变化也说明，篇目不必固定，当变则应变、可变。第二，隋唐以前的律典篇目，毋宁说采用的是“归纳法”，具体规则为“叶”，聚集在特定篇目的“枝”上，而篇目则错落分布在法典的“树干”上。比方说，“王者之政莫急于盗贼”而多设条法，于是有了“盗”“贼”篇目，相似性规定累积到一定程度，遇到修律契机，则从原本的篇目中分出而专设一篇。法律应社会生活现实与统治需求而创设与修改，而汇集成律、区分为篇，篇章之名是基于已有律条归纳得出，有切合或不恰当之别，可分列或整合，但从相似相关规则中产生篇名这一先后

顺序是确定的：空悬一题而待律令后成，[①] 这不符合分门别类的路径，也违背立法的原理。

此外，与篇目相关的，还有分卷信息等，也值得关注。“篇不可易而卷可分合”“篇有义理而卷无义理”，[②] 中国“传统法典中的‘卷’是量的单位而非类的单位……不是各门律与篇之间的一级结构。这与西方法典中‘卷’这级结构的设置目的恐怕是不同的”。[③]

2. 宋、元、明法典结构

篇目之下增设门类，或另设事类以归置条法，是宋、元法典处于“律令格式”体系动摇、新分类悬而未决的过渡时期的主要表现形式。[④] 实际上，从隋唐定律十二篇“尊王重民”的主要原则，到“以律为纲”而就近安排式、令、格、敕等规则以回应司法实践中的便捷易用诉求，这一转变至迟

---

① 如《唐六典》最初构思，帝王信手拈来，编者绞尽脑汁难成。据《新唐书》，唐玄宗曾亲自规划六个栏目《理典》《教典》《礼典》《刑典》《政典》《事典》，脱胎于《周礼》中的六官，但最初承担此任务的起居舍人陆坚并未能够完成，这项工作在先后几个宰相的主持下拖延数年（722 ~ 738 年）。而作为备受重视的法令汇编，其目录已非最初的六篇。[英]杜希德:《唐代官修史籍考》，上海古籍出版社 2010 年版，第 89 ~ 90 页。

② 章学诚《文史通义》专论“篇卷”（内篇三），又见外篇三《书〈朝邑志〉后》:“至于篇卷之名，古人以竹简为篇，简策不胜，则别自为编，识以甲乙，便稽核耳。后人以缯帛成卷，较竹简所载为多，故以篇为文之起讫，而卷则概以轴之所胜为量。篇有义理，而卷无义理故也。近代则纸册写书，较之卷轴，可增倍蓰，题名为卷，不过存古名耳。”（清）章学诚:《文史通义》，吕思勉评，李永圻、张耕华导读整理，上海古籍出版社 2008 年版，第 312 页。

③ 苏亦工:《明清律典与条例》，中国政法大学出版社 2000 年版，第 102 页。

④ 除中央法典外，还有地方特别法。青木敦教授在《地方法的积累及其法典化：以五代到宋的特别法为中心》（[日]山本英史编:《中国近世の规范と秩序》，研文出版 2014 年版；[日]青木敦:《地方法的积聚及其法典化——以五代—宋的特别法为中心》，赵晶译，载徐世虹主编:《中国古代法律文献研究》第九辑，社科文献出版社 2015 年版）一文中关注宋代把特定地方的部门应该遵守的法律法典化的趋势，提出如下观点:“宋朝是积极地将地方行政部门所成立的法纳入中央的法制中，所有政策完全以法制来推行，和明清中央对地方部门只是消极的将地方累积的案例与成案、便宜行事的加以摘取使用是有相当不同的。”本书的讨论仅聚焦“律典”，但对于中央立法与地方案例的关系，尤其是明清朝廷立法如何吸纳地方法，青木教授的论题具有启发性。

在唐五代编订“刑法统类”时便已见端倪。如后周显德五年（958年）七月臣僚编订《大周刑统》后上奏：

其所编集者，用律为主。辞旨之有难解者，释以疏意，义理之有易了者，略其疏文。式令之有附近者次之，格勅之有废置者又次之。事有不便于今该说未尽者，别立新条于本条之下。其有文理深古虑人疑惑者，别以朱字训释。至于朝廷之禁令、州县之常科，各以类分，悉令编附。所冀发函展卷，纲目无遗，究本讨源，刑政咸在。其所编集勒成一部，别有目录，凡二十一卷。刑名之要，尽统于兹，目之为大周刑统，欲请颁行天下与疏律令式通行。①

《宋刑统》作为一代之典章，②编纂思路较唐律更进一步，在唐律十二篇体系之下继续划分“门类”细目。岳纯之在《宋刑统校证》前言中强调，《宋刑统》分别设立了门标题卷目录及全书目录，刑统体例特点就是以律文为主将内容相类的令式格敕统合到同一门类中，分门别类附加若干令格式敕等，使律文、律疏、令、式、格、敕等较好地结合成一部集检索阅览之便于一体的法典：

一部汇编或法典，往往有若干门，比如大中刑律统类有一百二十门。

① 《请颁大周刑统奏》，载陈尚君辑校：《全唐文补编》（卷一二七），中华书局2005年版，第1565页。

② 岳纯之在《宋刑统校证》（北京大学出版社2015年版）的前言中指出，（宋刑统）不是单纯的法律解释书，而是有宋一代的基本法典，因此，它的首要任务不是解释法律，而是立纲陈纪、建立制度。在这种情况下在宋刑统中设立独立的律文就显得极为必要，（独立的律文）构成了宋刑统的主干和总纲，是宋刑统作为法典的核心所在，也是宋刑统不同于唐律疏议的关键所在；宋刑统还有一类特殊文字，共二十三条，全部集中在卷六“名例律”“杂条”门，以“议”而不是“议曰”开头，均处于所在的那段疏议文字的最后，如“议：流徒因亡亦罪止流三千里……”至少在开元时期唐代律疏中可能尚没有这些标有“议”的文字，这些标有“议”的文字似乎应该出现于唐朝灭亡之后，它们应当是宋刑统的独创或承袭显德刑统，当然也有可能是二者的“杂拌儿”。传世版本，严格说来并非建隆四年刊板的《宋刑统》，冈野诚根据明钞本宋刑统卷十二、十三版心所载刻工姓名推断，明钞本宋刑统源于宋中期的刻本（［日］冈野诚：《宋刑统考》，徐世虹译，载《中国古代法律文献研究》（第二辑），中国政法大学出版社2004年版）。

为了相互区别和便于检索，每一门都设有一个标题。从宋刑统门（今按：二百一十三门）的设立来看，可以分为五种情况，一是一条律文为一门者，二是数条律文为一门者，三是律文与令格式敕等共组一门者，四是仅有令式格敕等组成一门者，五是律文中某类特殊用法汇为一门者。前三种较为多见，第四种，宋刑统中则仅有典卖指当论竞物业，户绝资产，死商钱物（诸蕃人及波斯附），婚田入务四门，但即使如此，它们也往往是附在内容相近的律文下的，大概是由于内容较多，所以将之独立为门。第五种虽然没有独立的律条，但却是众多律条中某类特殊用法的汇集，仍然是依附于律文。①

《宋刑统》中篇、卷、门的关系，见图 2-1、表 2-4。

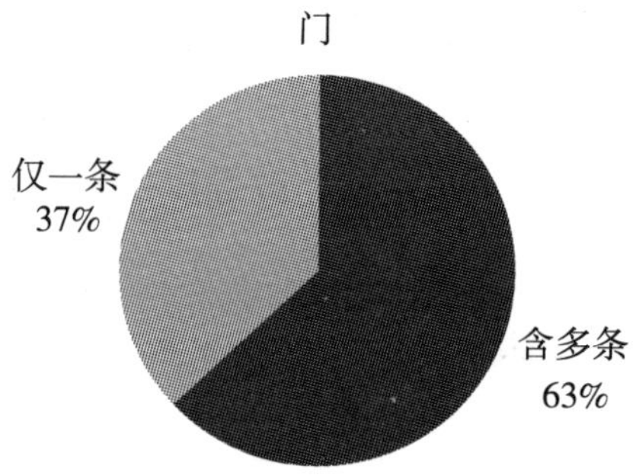

图 2-1

① 岳纯之:《宋刑统校证》，北京大学出版社 2015 年版，第 10 页。

表 2-4 《宋刑统》篇目及门类①

篇（卷、门、条数）	卷序号（总30卷）	门	
		序号（总213门）	名称
名例律（6卷，24门，57条）	01	001*	五刑
		002	十恶
	02	003	八议
		004*	请减赎
		005	犯罪事发
		006*	以官当徒除名免官免所居官
	03	007*	诬告比徒—及出入罪比徒
		008*	犯流徒罪—犯死罪及流徒罪祖父母父母老疾家无兼丁留侍
	04	009	犯罪已发已配更为罪
		010*	老幼疾及妇人犯罪
		011*	赃物没官及征还官主并勿征—平赃
		012*	会赦不首故蔽匿及不改正征收
	05	013*	犯罪已发未发自首—于财主首露
		014	同职犯罪
		015	公事失错自举
		016*	共犯罪分首从及不分首从
		017	共犯罪逃亡已获未获分首从
	06	018	二罪以上俱发及累并倍法
		019	有罪相容隐
		020	官户奴婢犯罪
		021	化外人相犯
		022*	断罪本条别有制与例不同—举重明轻
		023*	杂条
		024*	一部律内余条准此条

① 参考薛梅卿:《宋刑统研究》，法律出版社 1997 年版；岳纯之:《宋刑统校证》，北京大学出版社 2015 年版。“*”表示一门中含数个条文，共 134 门；“—”之后为小字。

续表

篇（卷、门、条数）	卷序号（总30卷）	门	
		序号（总213门）	名称
卫禁律（2卷，14门，33条）	07	025*	阑入庙社—宫殿门
		026	宿卫人冒名自代
		027*	因事入宫殿辄宿—未著门籍入宫殿内作罢不出登高临视宫殿中
		028	宿卫人被奏劾先收兵仗
		029*	应出宫殿不出—通传宫人书信
		030	宿卫人不依职掌次第
		031*	夜开宫殿门出入—向宫殿射
		032	冲车驾队仗
		033	宿卫人上番不到
	08	034	宿卫人兵仗不得远身
		035*	行宫诸犯同宫殿法—宫内外行夜犯法犯庙社禁苑
		036	京城宫城门守卫人相代
		037*	越州县镇戍城及官府廨垣—私度越度冒度关津给过所关津留难赍禁物度关越度缘边关塞共化外人交易婚姻
		038*	外奸入内奸出—烽候不警
职制律（3卷，22门，59条）	09	039*	署置官过限—贡举考课
		040*	刺史县令私出界—在官不直不上之官限满不赴
		041	从驾稽违
		042*	祭祀
		043*	合和御药误—御膳御幸舟船乘舆服御物外膳
		044	漏泄大事
		045	禁玄象器物
		046*	制书稽缓错误

续表

篇（卷、门、条数）	卷序号（总30卷）	门	
		序号（总213门）	名称
	10	047*	误犯宗庙讳—奏事及余文书误应奏不奏代官司署判上书奏事犯讳
		048	出使不返制命
		049*	匿哀—听乐从吉冒荣居官委亲之官冒哀求仕父母被囚禁作乐
		050	指斥乘舆
		051*	驿使稽程—驿使以所赍文书寄人文书遣驿乘驿马
		052	在外长官使人有犯
		053	输纳符节迟留
		054	公事稽程及误题署
	11	055	奉使部送寄人雇人
		056	长吏立碑
		057*	请求公事—曲法受财请求
		058*	枉法赃不枉法赃—强率敛
		059*	受所监临赃—乞取强乞取赃—监临内受馈遗监临内借贷—役使买卖游客乞索
		060	律令式不便于事
职制律（3卷，25门，46条）	12	061*	脱漏增减户口—疾老丁中小
		062*	僧道私入道
		063*	父母在及居丧别籍异财—居丧生子
		064*	养子—立嫡
		065	放良压为贱
		066	相冒合户
		067*	卑幼私用财—分异财产别宅异居男女
		068*	户绝资产
		069*	死商钱物—诸蕃人及波斯附
		070	卖口分及永业田

续表

篇（卷、门、条数）	卷序号（总30卷）	门	
		序号（总213门）	名称
	13	071*	占盗侵夺公私田
		072*	典卖指当论竞物业
		073	婚田入务
		074*	旱涝霜雹虫蝗—部内田畴荒芜
		075	课农桑
		076	给复除
		077*	差科赋役不均平及擅赋敛加益—输税违期
		078*	婚嫁妄冒—离之正之
		079*	居丧嫁娶
	14	080*	同姓及外姻有服共为婚姻—夫丧守志
		081	娶逃亡妇女
		082*	监临婚娶—枉法娶人妻妾
		083*	和娶人妻—七出义绝和离
		084*	主与奴娶良人—诈妄嫁娶
		085*	违律为婚—定婚年限
厩库律（1卷，11门，28条）	15	086*	牧畜死失及课不充—检验畜产不以实养疗不如法官畜官车私驮载
		087	养饲牺牲
		088*	乘驾损伤官畜—官马不调习
		089*	故杀误杀官私马牛并杂畜
		090*	犬伤害人畜—标帜羁绊畜犬
		091*	以官奴婢畜产借人及自借—畜产损食官私物
		092	库藏搜检偷盗
		093*	假借官物不还—监临主司以官物私贷借及贷借人
		094	损败仓库物
		095*	财物应入官私—放散官物
		096*	输课税逗留湿恶—监主僦运税物给受留难擅开官物印封输课税物市籴充者给受欠剩官物例

续表

篇（卷、门、条数）	卷序号（总30卷）	门：序号（总213门）	门：名称
擅兴律（1卷，9门，24条）	16	097*	擅发兵—调发杂物供军
		098*	给发兵符—拣点征人卫士征人冒名相代
		099*	大集校阅—乏军兴征人稽留—告贼消息与间谍通
		100*	主将不固守城—临阵先退私放征防人还
		101*	巧诈避征役—镇戍犯罪
		102*	出给戎仗—镇戍番代
		103*	兴造料请—工作不如法
		104	私有禁兵器
		105*	役功力采取不任用—差遣丁夫杂匠及私役
贼盗律（4卷，24门，54条）	17	106*	谋反逆叛—唱反亡命山泽
		107*	谋杀
		108*	劫囚—捉人为质
		109	杀一家三人及支解人
		110	亲属被杀私和
	18	111	以物置人孔窍—恐迫人使畏惧致死伤
		112*	造畜蛊毒—毒药药人厌魅呪诅
		113	杀人移乡
		114*	残害死尸—蕃客死许烧葬穿地得死人不埋及因熏狐狸烧棺椁
		115*	造祆书祆言
		116	夜入人家
	19	117*	盗大祀神御物—盗宝印乘舆服御物制书官文书盗门符兵符门钥兵器
		118	盗毁天尊佛像
		119*	发冢—盗园陵内草木
		120*	盗官私马牛杀—割牛鼻斫牛脚
		121	盗不计赃而立罪名者
		122*	强盗窃盗—监主自盗
		123	故烧人舍屋因盗财物
		124*	恐喝取人财物—因殴击人夺财物

续表

篇 （卷、门、条数）	卷序号 （总30卷）	门	
		序号 （总213门）	名称
	20	125*	盗亲属财物—将人盗己家物
		126	因盗杀伤人
		127*	贸易官物—取人山野刈伐积聚物
		128*	略卖良贱—和诱良贱略卖亲属詃诱雇卖良口
		129*	共盗并赃依首从法—同谋行盗三度行盗公取窃取皆为盗部内有盗及容止盗
斗讼律（4卷，26门，60条）	21	130*	斗殴故殴故杀—以兵刃斫射人保辜同谋共殴以威力制缚人
		131	宫殿内争殴
		132*	殴制使刺史县令—佐职属官殴长官殴本部刺史县令亲属
		133*	殴皇亲—流外及庶人殴贵官
	22	134	流内殴议贵者
		135	监临官司殴所部官属
		136	拒捍州县使人
		137*	良贱相殴—主杀部曲奴婢
		138*	奴婢殴詈主并过失杀—殴杀伤亲属奴婢
		139*	夫妻妾媵相殴并杀—殴詈内外亲属并杀殴詈父母祖父母并过失杀殴詈舅姑并杀杀伤子孙及子孙之妇
	23	140*	殴前夫之子及受业师—殴继父殴詈杀伤夫之周亲以下
		141*	祖父母父母为人殴击子孙却殴击—复仇
		142*	误杀伤—奴婢詈旧主并杀伤
		143	戏杀伤
		144	过失杀伤
		145*	告反逆—诸色诬告反坐纠弹不实
		146*	告祖父母父母—告嫡继慈养

续表

篇 （卷、门、条数）	卷序号 （总30卷）	门	
		序号 （总213门）	名称
	24	147*	告周亲以下—子孙违犯教令供养有阙
		148*	奴婢告主罪—诬告本属刺史县令
		149*	投匿名书告人罪—被囚禁不得告举他事
		150*	犯罪陈首—告赦前事告人罪不得称疑
		151*	为人作辞牒—教令人告事
		152*	邀车驾挝鼓上表自诉事—自毁伤及剺耳
		153*	越诉
		154	盗贼事发伍保为告
		155	部内犯罪不纠举—伍保知犯不举
诈伪律（1卷，10门，27条）	25	156*	伪造宝印符节—诈为制书及增减盗用宝印符节对制及上书诈诈为官文书及增减
		157*	诈假官—诈承袭诈称官捕人
		158*	诈欺官私取财—妄认良贱—诈除去死免官户奴婢
		159	诈为瑞应
		160	诈教诱人犯法
		161	诈乘驿马
		162*	诈自复除及诈死—诈疾病诈疗病以取财物
		163	父母死不解官及诈言父母及夫死
		164*	检验病死伤不实—诈陷人至死伤保任乖状证人译人不实
		165	官司知诈冒听行与同罪
杂律（2卷,26门,62条）	26	166	坐赃
		167	国忌私忌
		168*	私铸钱
		169*	走车马伤杀人—弹射伤杀人—施枪作坑穽伤杀人
		170*	医药故误伤杀人—丁匠防人疾病请给医药
		171*	受寄财物辄费用—公私债负官吏放债

续表

篇（卷、门、条数）	卷序号（总30卷）	门	
		序号（总213门）	名称
		172	错认良人为奴婢子孙
		173	博戏赌财物
		174*	营造舍宅车服违令—侵巷街阡陌占固山野之利
		175*	犯夜
		176	征行出使疾病身死
		177*	剩给传送—不应入驿而入
		178*	诸色犯奸—良贱相奸所生男女
		179*	校斗秤不平—器物绢布行滥短狭市价不平私作斗秤卖买不和而较固取者买畜产不立市券
	27	180	市众中故相惊动
		181*	不修堤防—盗决堤防
		182*	官船私载物—行船茹船不如法
		183*	失火—仓库内不得燃火非时烧田野故烧公私舍宅蚕簇五穀财物积聚见火不告不救—水火有所损败
		184*	弃毁大祀神御物及丘坛—弃毁宝符节印制书
		185	私发官文书印封
		186	主守官物亡失簿书
		187	食官私瓜果
		188*	弃毁官私器物树木—毁人碑碣庙主
		189*	停留军器不输—弃毁亡失备偿
		190*	地内得宿藏物—得阑遗物
		191*	违令及不应得为而为
捕亡律（1卷，5门，18条）	28	192*	将吏追捕罪人—旁人捕送道路人助捕
		193	被强盗邻里不救助
		194*	征人防人逃亡—流徒囚人逃亡宿卫人逃亡丁夫杂匠工乐杂户逃亡非逃亡浮浪他所官户奴婢逃亡在官无故逃亡
		195*	被囚禁拒捍官司而走—主守不觉失囚
		196*	部内容止逃亡—知情藏匿罪人

续表

篇 （卷、门、条数）	卷序号 （总 30 卷）	门	
		序号 （总 213 门）	名称
断狱律（2 卷，17 门，34 条）	29	197*	应囚禁枷鏁杻—枷杻式样 有官品及有邑号犯罪合禁推就问并申奏取裁令录非赃犯不得妄有禁系
		198	与囚金刃等令自杀及得解脱者
		199	死罪囚雇倩人杀
		200	受囚财教导令翻异
		201*	囚应请给医药衣食—减囚食 因病矜恤囚人
		202*	不合拷讯者取众证为定—老疾不得身自论对囚攀引人讯囚拷囚鞫狱移推
		203	决罚不如法
	30	204	监临官捶迫人致死
		205*	断罪引律令格式—应言上待报
		206*	官司出入人罪—赦前断罪轻重不当
		207*	遇赦不原知有赦故犯—徒以上呼囚告家属罪名
		208*	缘坐应没官不没官—徒流人配送稽留应备输没入违限不输
		209*	推断怀孕妇人
		210*	决死罪—诸州断遣死罪申奏避事不便断狱
		211*	断罪不当—役徒应役不役及病愈不陪日
		212	纵死囚逃亡
		213	疑狱

所谓“检索阅览之便”，是“刑统”相对于“律令格式”之“律”而言的，后者“优点是使刑法与其他行政法律等不但在内容上明确区分开

来，而且在形式上也泾渭分明；缺点则是，随着律、令、格、式、敕等相关法律的不断增加，内容相近的法律往往分在数处检索不便”。[①] 而从“检索阅览之便”的角度审视，原“名例”至“断狱”十二篇体例不够实用，一部便于检索阅览的法典，需要更细致明确的目录。《宋刑统》着重构建门类，使之成为篇目与条文之间的过渡，门类命名则以概括主题或罪状为主，但就其名目而言，“正刑定罪”的特色非常明显，而连缀一门之中的数个律条内容，或一一列举，或在标题中用“及”关联两事。这也折射出此种类目的概括性有限，换句话说，这种先照搬唐律条文排序再增设门类，无非在原立法思路上略加提炼，再作提示，在合理概括和妥善分类方面存在局限。仅少数名目如“杂条”“祭祀”“制书稽缓错误”“占盗侵夺公私田”“居丧嫁娶”“故杀误杀官私马牛并杂畜”“谋杀”“推断怀孕妇人”等，能够言简意赅地引领多条。

宋代君臣认为，“律不足以周事情”而有“敕”，“敕”纷繁则编敕，如《元祐编敕》勒成，编者上表概述编纂体例及优点，即追求立法的“简而易从”、经久合用，在内容方面“刊删折衷”、消除重复、查缺补漏；体例上择善而从，整理数条、数事，“随事标目，用旧制也；以义名篇，仿唐律也”：

自唐兴讫乎显德，其律令格式俱载于简编；由国初至于元丰，其制勅礼书悉藏于官守。章程时易，巧伪日新。峻其堤防，乃有滋彰之敝；缓其衔策，又多抵冒之虞。昔为便者或阂于今，近所利者或违于远。旧文未具，新例更生。令每戒于荼烦，事固难于毛举。取其宜于时者，由是变而通之。或革或因，至纤至悉。恭惟皇帝陛下、太皇太后陛下道熙天縡，智烛物情，绍休六纪之光，损益百王之际。以谓疏律著令，皆欲传之无穷；正本清源，遂可措而不用。虽祖宗之制具在，而习俗之变靡常。正律傍

① 岳纯之：《宋刑统校证》，北京大学出版社 2015 年版，前言。

章，壹有滞疑之论；寄情他比，寖成破析之繁。不有刊删，孰从折中……随事标目，用旧制也；以义名篇，仿唐律也。其间一事之禁而有数条，一条之中或该数事，悉皆类聚，各附本门。义欲著明，理宜增损。文有重复者削除之，意有阔略者润色之。使简而易从，则久而无敝。

在“约束赏刑”规则的查阅与援用层面，元祐编敕的实用取向十分明确：不别立赏格，而是附于本条、以类相从，避免检索者遗漏：“熙宁以前编勅，各分门目，以类相从，约束赏刑，本条具载。以是官司便于检阅。元丰勅则各随其罪厘入诸篇，以约束为令，刑名为勅，酬赏为格，更不分门，故检用之际多致漏落。今则并依熙宁以前体例删修，更不别立赏格。”①

南宋的《庆元条法事类》，则代表了在编排上另起炉灶，打散十二篇“律”，融敕及申明，以及令、格、式为一体重分事类的新思路。以“事类”“门类”统领“律（敕）令格式”，即体现首重检索之便。相对于律典、令典等的稳定篇目，“条法事类”的编纂思路是灵活的，其部分内容也须时常更新，处于频繁变动之中。

《庆元条法事类》80卷，宁宗时法令汇编，嘉泰二年（1202年），谢深甫等编集成书，翌年，正式颁行。残本中可见“职制、选举、文书、榷禁、财用、库务、赋役、农桑、道释、公吏、刑狱、当赎、服制、蛮夷、畜产和杂门”这16个门类标题，各门之下又分事类，门类、条目及其中敕令等条法的性质，如表2–5所示：

---

①（宋）苏颂:《苏魏公文集》（卷四四）《表·进元祐编勅》，王同策等点校，中华书局1988年版，第654页。

表 2–5 《庆元条法事类》门类、事类及条法性质①

门类	事类	条法性质
一	服饰器物	敕（杂敕） 令、格
	名讳	令、式、申明
	避名称 （以上卷三）	令
职制	官品杂压	令、申明
	职掌*	敕（职制、厩库） 令、申明
	禁谒*	敕（职制、名例） 令、申明
	谒见*	敕（职制、户婚） 令
	上书奏事	敕（职制） 令、申明
	臣僚陈请 （以上卷四）	敕（职制） 令、申明
	奉使*	敕（职制、杂敕） 令、格、申明
	之官违限	敕（职制） 令、申明
	到罢	敕（职制） 令、格、式、申明
	考任	敕（职制） 令
	考课 （以上卷五）	敕（职制） 令、格、式、申明
	批书*	敕（职制、诈伪、杂敕、捕亡） 令、式、申明
	差出*	敕（职制、户婚） 令、格、申明

① 根据点校版，某事类名称后加“*”的，意为其中所收敕条跨类，如“职掌”条目中既有“职制敕”又有“名例敕”等，共 84 个。

续表

门类	事类	条法性质
	权摄差委*	敕（职制、厩库） 令、申明
	朝参赴选 （以上卷六）	敕（职制） 令、式、申明
	寄居待阙*	敕（职制、杂敕） 令、式
	保官*	敕（诈伪、名例） 令、式、申明
	监司巡历*	敕（职制、厩库、杂敕、捕亡） 令、格、式、申明
	监司知通按举*	敕（名例、职制） 令、式、申明
	巡尉出巡	敕（职制） 令
	按阅弓兵 （以上卷七）	敕（职制） 令、申明
	评议公事	敕（职制） 令
	定夺体量*	敕（职制、断狱） 令
	漏泄传报*	敕（职制、厩库、擅兴、卫禁） 令、格
	亲嫌*	敕（名例、职制） 令
	对移 （以上卷八）	敕（职制） 令、格
	省员废并	令
	去官解役*	敕（名例、职制） 令、申明
	擅离职守	敕（职制）
	迎送宴会*	敕（职制、厩库、杂敕） 令、申明
	馈送* （以上卷九）	敕（职制、厩库、断狱） 令、申明
	同职犯罪*	敕（名例、职制、断狱）

续表

门类	事类	条法性质
	差借监临*	敕（职制、厩库） 格
	舍驿*	敕（杂敕、职制） 令
	辄入官舍*	敕（卫禁、职制） 令
	命官般家	敕（杂敕） 令、格
	吏卒接送* （以上卷十）	敕（杂敕、擅兴、断狱、职制） 令、格、申明
	差破宣借	敕（擅兴） 令、格、申明
	差破当直*	敕（擅兴、杂敕、职制） 令、格、申明
	差借舟船*	敕（杂敕、厩库） 令、格、申明
	寻医侍养	敕（诈伪） 令
	给假 （以上卷十一）	敕（职制） 令、格、申明
	致仕	敕（职制） 令
	殁于王事	敕（职制） 令
	恩泽*	敕（诈伪、职制） 令、格、式、申明
	荫补	敕（职制） 令、格、式、申明
	封赠* （以上卷十二）	敕（职制、户婚） 令、格、式
	磨勘升改	敕（职制） 令、式
	回授	敕（职制） 令
	理赏	敕（职制） 令、格、申明

续表

门类	事类	条法性质
	叙复	敕（职制） 令、格、式
	亡役殁 （以上卷十三）	敕（户婚） 令、格
选举	荐举总法	敕（职制） 令、式、申明
	改官关升	敕（职制） 令、格、式、申明
	升陟	敕（职制） 令、格、式、申明
	文学注官	令、式
	十科 （以上卷十四）	令、格、式
	举武臣	敕（职制） 令、格、式、申明
	试刑法*	敕（职制、诈伪） 令、格
	试武艺*	敕（职制、诈伪） 令、格、式
	试换官资	敕（诈伪） 令、格、式
	举辟* （以上卷十五）	敕（职制、名例） 令、格、式、申明
文书	诏敕条制*	敕（名例、职制） 令、格
	赦降*	敕（名例、断狱、贼盗、斗讼、职制、捕亡） 令、格、申明
	文书	敕（职制） 令、式
	程限	令
	行移 （以上卷十六）	敕（职制） 令、申明
	架阁*	敕（职制、杂敕、贼盗、厩库） 令、格
	给纳印记*	敕（职制、杂敕） 令

续表

门类	事类	条法性质
	雕印文书*	敕（杂敕、诈伪） 令、格
	毁失*	敕（杂敕、职制、贼盗） 令、格、式、申明
	质卖	敕（杂敕、诈伪、捕亡） 令、格
	私有禁书 （以上卷十七）	敕（职制、杂敕） 令、格
榷禁	榷货总法*	敕（名例、卫禁、擅兴、斗讼） 令、格、式
	茶盐矾*	敕（卫禁、诈伪） 令、格、式、申明
	酒曲*	敕（卫禁、斗讼、厩库） 令、格
	乳香*	敕（卫禁、诈伪） 令、格
	铜鍮石铅锡铜矿* （以上卷二十八）	敕（卫禁、擅兴、杂敕） 令、格
	铜钱金银出界*	敕（卫禁、杂敕） 令、格、申明
	铜钱下海	敕（卫禁） 令
	铁钱过江南	申明
	钱银过江北	申明
	私铸钱*	敕（杂敕、名例、贼盗） 令、格、式、申明
	私钱博易*	敕（杂敕、贼盗） 令、格
	丕凿钱宝	敕（杂敕） 令、格、申明
	私造金箔销金	敕（杂敕） 令、格
	兴贩军须 （以上卷二十九）	敕（卫禁） 格、申明

续表

门类	事类	条法性质
财用	上供*	敕（厩库、杂敕） 令、格、式、申明
	经总制	敕（厩库） 令、格、式、申明
	钱会中半 （以上卷三十）	申明
	封桩	敕（厩库） 令、式、申明
	应在* （以上卷三十一）	敕（职制、诈伪） 令、格、式、申明
	点磨隐陷*	敕（职制、厩库、户婚、贼盗、诈伪） 令、格、申明
	理欠*	敕（厩库、杂敕） 令、格、式
	鼓铸* （以上卷三十二）	敕（擅兴、厩库） 令、格、式
库务	场务*	敕（厩库、擅兴、杂敕） 令、格、式、申明
	承买场务	敕（厩库） 令、格
	商税	敕（厩库） 令、格、申明
	仓库约束*	敕（厩库、断狱） 令、格、申明
	给还寄库钱物	申明
	受纳违法	敕（厩库） 令、格
	仓库受乞 （以上卷三十六）	敕（厩库） 令、格
	籴买粮草*	敕（厩库、职制、户婚） 令、格、式、申明
	给纳	敕（厩库） 令、格、式、申明
	勘给* （以上卷三十七）	敕（厩库、名例） 令、格、式、申明

续表

门类	事类	条法性质
赋役	拘催税租	敕（户婚） 令、格、申明
	受纳税租*	敕（户婚、厩库） 令、格、式、申明
	揽纳税租	敕（户婚） 格
	违欠税租	敕（户婚） 令、格
	阁免税租	敕（户婚） 令
	匿免税租	敕（诈伪） 令、格
	税租簿 （以上卷四十七）	敕（户婚） 令、格、式
	税租帐*	敕（户婚、职制、诈伪） 令、式
	簿帐欺弊*	敕（户婚、名例） 令、格、式
	支移折变*	敕（户婚、厩库） 令、格、申明
	科敷*	敕（户婚、职制、厩库、杂敕） 令、格、申明
	预买䌷绢* （以上卷四十八）	敕（职制、户婚、诈伪） 令、格、式
农桑	劝农桑	敕（职制） 令、格、申明
	农田水利	敕（户婚） 令、格
	种植林木 （以上卷四十九）	敕（职制） 令、格、申明
道释	总法	敕（名例） 令
	试经拨度	敕（户婚） 令、格、式、申明
	师号度牒*	敕（名例、户婚、杂敕） 令、格、式

续表

门类	事类	条法性质
	违法剃度*	敕（户婚、诈伪） 令、格
	受戒*	敕（户婚、诈伪） 令、格
	住持 （以上卷五十）	敕（户婚） 令、格、式
	行游*	敕（户婚、卫禁） 令、格、式、申明
	供帐*	敕（户婚、诈伪） 令、格、式
	约束	敕（杂敕） 令、申明
	亡殁	敕（户婚） 令、格
	杂犯* （以上卷五十一）	敕（卫禁、职制、户婚、贼盗、杂敕） 令、格
公吏	差补	敕（职制） 令、格、申明
	解试出职	令、格、式
	停降* （以上卷五十二）	敕（名例、职制） 令、格
刑狱	检断*	敕（名例、断狱） 令、申明
	决遣	敕（断狱） 令、申明
	折杖减役*	敕（名例、断狱） 令、申明
	出入罪*	敕（断狱、名例、斗讼、诈伪） 令、格
	推驳	敕（断狱） 令、格、式
	移囚* （以上卷七十三）	敕（断狱、名例） 令、申明
	病囚	敕（断狱） 令

续表

门类	事类	条法性质
	失囚	敕（捕亡） 令、格
	犯罪更为*	敕（名例、断狱） 令
	比罪	敕（名例）
	过犯遗阙	令、格
	老疾犯罪* （以上卷七十四）	敕（户婚、断狱） 令、格
	移乡*	敕（贼盗、捕亡、名例） 令
	编配流役*	敕（名例、断狱） 令、格、式、申明
	侍丁	敕（名例） 令
	部送罪人*	敕（擅兴、捕亡、断狱） 令、格、申明
	验尸	敕（杂敕） 令、式、申明
	刑狱杂事 （以上卷七十五）	敕（断狱） 令、格
当赎	总法	敕（名例）
	追当	敕（名例） 令
	荫赎*	敕（名例、断狱） 令、申明
	罚赎 （以上卷七十六）	敕（名例） 令、格
服制	服制	令、格
	丁忧服阙	敕（户婚） 令、格
	匿服*	敕（职制、杂敕） 令
	丧葬* （以上卷七十七）	敕（杂敕、断狱、户婚） 令、格、式、申明

续表

门类	事类	条法性质
蛮夷	入贡*	敕（诈伪、职制、卫禁、杂敕、厩库） 令、格、申明
	归明任官	敕（职制） 令、申明
	归明恩赐*	敕（厩库、职制） 令、式、申明
	归明附籍约束*	敕（擅兴、捕亡、职制） 令、式
	蕃蛮出入	敕（卫禁） 令、格、申明
	招捕归朝归明归正人 （以上卷七十八）	申明
畜产	总法	敕（厩库） 令、申明
	养饲官马	敕（厩库） 令、格
	医料官马	敕（厩库） 令、格
	差给官马	敕（厩库） 令、格
	官马账状	令、式
	杀畜产*	敕（厩库、贼盗、名例、杂敕） 令、格
	畜产伤人*	敕（杂敕、厩库） 令
	采捕屠宰	敕（杂敕） 令、格
	捕猛兽 （以上卷七十九）	敕（杂敕） 令、格
杂门	博戏财物	敕（杂敕） 令、格
	出举债负	敕（杂敕） 令、格、申明
	阑遗	敕（杂敕） 令、格

续表

门类	事类	条法性质
	毁失官私物	敕（杂敕） 令、格
	采伐山林*	敕（杂敕、户婚） 令、格
	失火	敕（杂敕） 令、格
	烧舍宅财物*	敕（杂敕、名例、擅兴） 令、格
	诸色犯奸	敕（杂敕、捕亡、贼盗、户婚、斗讼、名例） 令
	杂犯	敕（杂敕、卫禁） 令、格、申明

由表2–5可知，首先，门类的设定并非凭空产生，有一定的延续性，如《庆元条法事类》中也有“职制”“杂门”等。

其次，门类中所见，较之十二篇，思路有明显变化，分类更细，如“职制敕”集中归入“职制”“选举”“文书”等门下，“厩库敕”多见于“财用”“库务”等，而“断狱敕”“捕亡敕”并收于“刑狱”门，“名例敕”则散见诸门，如“当赎”门中之敕则属“名例”。大致对应关系如表2–6所示：

表2–6 《庆元条法事类》的门类与敕条篇目

<table>
<tr><td>门类</td><td>职制</td><td>选举</td><td>文书</td><td>榷禁</td><td>财用</td><td>库务</td><td>赋役</td><td>农桑</td><td>道释</td><td>公吏</td><td>刑狱</td><td>当赎</td><td>服制</td><td>蛮夷</td><td>畜产</td><td>杂门</td></tr>
<tr><td rowspan="2">敕</td><td colspan="3" rowspan="2">职制</td><td rowspan="2">卫禁</td><td colspan="2" rowspan="2">厩库</td><td colspan="3">户婚</td><td rowspan="2">职制</td><td>断狱</td><td>名例</td><td colspan="4" rowspan="2">杂敕</td></tr>
<tr><td>—</td><td>职制</td><td>—</td><td>捕亡</td><td>断狱</td></tr>
</table>

再次，“条法事类”，不但依敕的性质，也从令式等，甚至无敕令格式而仅有申明，亦可专设一则条目（事类）。可以说，加入令格式，则目录

体系随之而变，以事类而非罪名作为纲目，势在必然，况且，“厩库”“擅兴”等篇目，本身也属因事而设，只不过此种篇目是归纳律条涉及的内容所得，而“条法事类”的纲目是本着敕令格式而设。相比之下，后者之“事类”，范围广于某一敕（或令、格、式）条，一则“事类”既可容纳同类敕文多条，如“当赎门”“总法”，汇集“名例敕”多条；又可涵设多类敕文，如“文书门”“赦降”，所收敕文类别包括“名例、断狱、贼盗、斗讼、职制、捕亡”，“杂门”“诸色犯奸”之敕则有“杂敕、捕亡、贼盗、户婚、斗讼、名例”，等等。如图 2–2 所示：

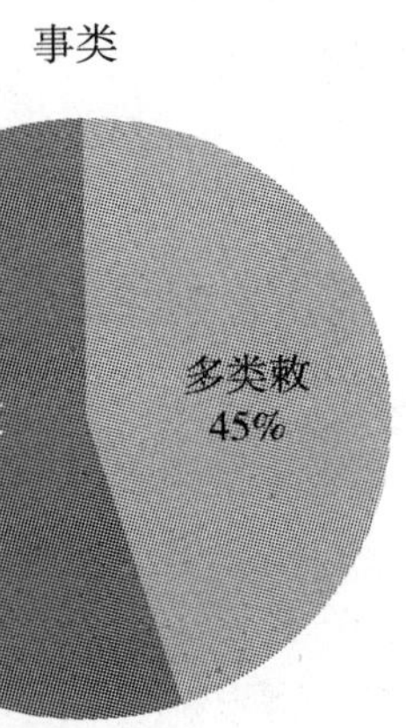

图 2–2

最后，“条法事类”力求检阅之便，目录设置上煞费苦心而有章可循。例如，“总法”在前，“杂项”收尾，无论律典还是令典均同此理。以“总法”为首的，包括“选举”“榷禁”“道释”“当赎”“畜产”，以“杂项”收尾的，有“道释”“刑狱”和“杂门”。值得一提的是“道释”与“杂门”，“道释”门中，从“总”到“分”，中列各项，有条不紊。“杂门”门内以“杂犯”作结，而本门便是《庆元条法事类》之末篇。

事类的“总”与“分”，除体现编纂者的归纳技巧外，还可见“事类”

与“门类”的密切关联，以及多级分类下的命名规律。孤立地看“总”与“杂”命意并不明确，只有放在具体的篇章门类中，才能把握其意义。与其相似，律目如有多个层级，① 则对细目的观察，应将其置于层次系统之中。

如果说《宋刑统》的条目设定虽焕发新意，但仍依附于唐律目录体系的话，宋代的“条法事类”与元代的“条格”便自成一格。这种特重检索之便的态度，或也间接导致了元代律典的难生。② 在便于检阅这一目标下，法典或法律汇编的体例，未必代代相沿，而是随着不同时期实践需求而调整体例：有何种读者，便有何种目录。表 2–7 中《元典章》的目录，便与《庆元条法事类》大异其趣。

① 如唐律十二篇为一层；“条法事类”之“门类”“事类”则为两层。

② “传世关于元代法律的资料，除今本通制条格外，主要还有元史刑法志，或亦散见于元史纪、传，元人文集。又元典章、事林广记别集刑法类和刑统赋疏通例中也有些相关的文字。元文类卷四二所收经世大典序录宪典则只有总序。”《通制条格校注·前言·三》，方龄贵校注，中华书局 2011 年版，第 11 页。沈家本考察元代法制与律目，辨析《经世大典》目录与其他法律编集的异同：“其臣事之目六，曰《治典》《赋典》《礼典》《政典》《宪典》《工典》，亦以六曹分类。其《宪典》之目凡二十二。一名《禁盖》，即《元志》（今按，即《元史·刑法志》，下《志》亦同）之《名例》。二至十八与《志》全同。无《恤刑》而《平反》居十九。二十《赦宥》，二十一《狱空》，二十二《附录》，此三目为《志》所无。”沈家本：《历代刑法考·律目考》，邓经元、骈宇骞点校，中华书局 1985 年版，第 1353 页。其《律令考》中介绍《经世大典》的编纂体例是“准唐、宋《会要》”，具体包括：“君事之目四：一帝号，二帝训，三帝制，四帝系，并附录。此四篇蒙古局治之。臣事之目六：曰治典，曰赋典，曰礼典，曰政典，曰宪典，曰工典，此六篇蒙、汉官分治之”，“宪典第九，一名例、二卫禁、三职制、四祭令、五学规、六军律、七户婚、八食货、九大恶、十奸非、十一盗贼、十二讼诉、十四斗殴、十五杀伤、十六禁令、十七杂犯、十八捕亡、十九平反、二十赦宥、二十一狱空、二十二附录”。

表 2-7 《元典章》纲目

篇	门	纲目
无	诏令	世祖皇帝
		成宗皇帝
		武宗皇帝
		仁宗皇帝
		今上皇帝（以上为卷一）
	圣政	振朝纲
		肃台纲
		饰官吏
		守法令
		举贤才
		求直言
		兴学校
		劝农桑
		抚军士
		安黎庶
		重民籍
		恤站赤
		厚风俗
		旌孝节
		抑奔竞
		止贡献（卷二）
		均赋役
		复租税
		减私租
		薄税敛
		息徭役
		简词讼
		救灾荒
圣政		贷逋欠
		惠鳏寡
		赐老者
		赈饥贫
		恤流民
		崇祭祀
		明刑政
		理冤滞
		霈恩宥（卷三）
	朝纲	政纪
		庶务（卷四）
	台纲	内台
		行台（卷五）
		体察（体覆附）
		按治
		照刷（卷六）
吏部	官制	资品
		职品（卷七）
		撰格
		承荫
		承袭
		儤使
		当质
		月日（卷八）
		流品
		军官
		投下
		教官
		医官

续表

篇	门	纲目	篇	门	纲目
		阴阳官	圣政		宣使
		仓库官			奏差
		局院官			典史
		场务官			司史
		站官			狱典
		首领官			库子（卷十二）
		捕盗官（卷九）		公规	坐次
	职制	告叙			署押
		听除			掌印
		授除			公事（卷十三）
		守阙			行移
		赴任			差委
		不赴任（卷十）			案牍（卷十四）
		职守	户部	禄廪	俸钱
		假故			禄米
		代满			职田（卷十五）
		丁忧		分例	使臣
		作阙			官吏
		给由			祇应
		致仕			杂例（卷十六）
		封赠（卷十一）		户计	籍册
		儒吏			军户
		职官			分析
		职员			承继
		令史			逃亡（卷十七）
		书吏		婚姻	婚礼
		典吏			嫁娶
		译使			官民婚
		通事			军民婚

续表

篇	门	纲目
		休弃
		夫亡
		收继
		不收继
		次妻
		驱良婚
		乐人婚
		服内婚（卷十八）
	田宅	官田
		民田
		荒田
		房屋
		家财
		典卖
		种佃（卷十九）
	钞法	昏钞
		伪钞
		挑钞
		杂例（卷二十）
	仓库	义仓
	钱粮	收
		支
		不应支
		押运
		追征
		免征
		杂例（卷二十一）
	课程	茶课
		鉴课

篇	门	纲目
		酒课
		市舶
		常课
		契本
		洞冶
		竹课
		河伯
		杂课
		匿税
		免税（卷二十二）
	农桑	立司
		立社
		劝课
		栽种
		水利
		灾伤（卷二十三）
	租税	纳税
		投下税
		军兵税
		僧道税（卷二十四）
	差发	影避
		减差（卷二十五）
	赋役	户役
	科役	和买
		和籴
		物价
		脚价
		夫役（卷二十六）
	钱债	斡脱钱

续表

篇	门	纲目
		私债
		解典（卷二十七）
礼部	礼制	朝贺
		进表
		迎送（卷二十八）
		服色
		印章
		牌面
		诰命（卷二十九）
		婚礼
		丧礼
		葬体
		祭祀（卷三十）
	学校	蒙古学
		儒学（卷三十一）
		医学
		阴阳学（卷三十二）
	释道	释教
		道教
		白莲教
		头陀教
		也军可温
	礼杂	孝节
		行孝
		杂例（卷三十三）
兵部	军役	军官
		军户
		正军
		新附军

篇	门	纲目
		侍卫军
		探马赤军
		乾讨虏军
		军躯
		出征
		逃亡
		病故
		替补
		占使
		军粮
		军装（卷三十四）
	军器	拘收
		许把
		隐藏
		杂例（卷三十五）
	驿站	站赤
		使臣
		脱脱禾孙
		站官
		站户
		给驿
		铺马
		长行马
		船蒿
		押运
		违例
		杂例（卷三十六）
	递铺	站赤
		整点

续表

篇	门	纲目
		入递
		不入递
		禁例（卷三十七）
	捕猎	打捕
		围猎
		飞放
		违禁（卷三十八）
刑部	刑制	刑法
		赎刑
		流配
		迁徙
		刑名（卷三十九）
	刑狱	刑具
		察狱
		系狱
		鞠狱
		审狱
		断狱
		提牢（卷四十）
	诸恶	不孝
		不睦
		谋反
		大逆
		谋叛
		恶逆
		不义
		内乱
		不道
		大不敬（卷四十一）

篇	门	纲目
	诸杀	谋杀
		故杀
		劫杀
		斗杀
		误杀
		过失杀
		杀亲属
		杀卑幼
		奴杀主
		杀奴婢倡佃
		因奸杀人
		医死人
		老幼笃疾杀人
		自害
		杂例（卷四十二）
	诸杀	检验
		烧埋
	殴詈	拳手伤
		他物伤
		品官相殴
		保辜
		杂例（卷四十三）
	诸奸	强奸
		和奸
		吓奸
		纵奸
		指奸
		凡奸
		主奴奸

续表

篇	门	纲目
		奴婢相奸
		官民奸
		僧道奸
		奸生子（卷四十四）
	诸赃	取受
		以不枉法论
		以枉法论（卷四十六）
		侵盗
		侵使（卷四十七）
		回钱
		过钱
		首赃
		赃罚
		禁例
		杂例（卷四十八）
	诸盗	强窃盗
		偷头口
		评赃
		刺字
		免刺
		流配
		免配
		首原
		窝主
		警迹人
		杂例（卷四十九）
		掏摸
		抢夺
		拐带

篇	门	纲目
		放火
		发塚（卷五十）
		防盗
		捕盗
		获盗
		失盗（卷五十一）
	诈伪	诈伪（卷五十二）
	诉讼	书状
		听讼
		告事
		问事
		元告
		被告
		首告
		诬告
		称冤
		越诉
		代诉
		折证
		约会
		停务
		告拦
		禁例（卷五十三）
	杂犯	违枉
		违错
		违慢
		非违
		违例
		私役

续表

篇	门	纲目	篇	门	纲目
		擅科			禁赌博
		虚妄（卷五十四）			禁豪霸
		脱囚			禁毒药
		纵囚			禁聚众
		放贼（卷五十五）			禁局骗
	阑遗	孛兰奚			杂禁（卷五十七）
		宿藏（卷五十六）	工部	造作	段疋
	诸禁	禁诱略			杂造（卷五十八）
		禁典雇			桥道
		禁宰杀			船只
		禁夜			公廨（卷五十九）
		禁遗漏		役使	祗候人
		禁刑			弓手（卷六十）

《元典章》并非由中央机构制定颁行，但其以六部为纲目的手法，明律在形式上与之接近。内容上值得注意的是，一方面，《元典章》不以“名例”开篇，其中不止收录刑事法规，而明律在文风上模仿唐律，其罚则的制定也较多地借鉴了唐律。另一方面，官颁《大元通制》及《至正条格》，则直接或间接地借鉴唐律令的体例，如学者分析“唐律十二篇相当于金泰和律的律义、《大元通制》的断例，其标目十二门全然相同。唐令相当于金泰和律的律令，《大元通制》的条格。诸家并考得，条格还包括唐的格、式和金泰和律的六部格式……总的来说，不难看出，金泰和律本于唐律，而《大元通制》又本于泰和律，乃是一脉相承，特金、元两代各因时宜而略有损益”。[①] 又如，《至正条格》“断例”部分，分卷与名目皆仿唐律十二篇，

① 《通制条格校注》，方龄贵校注，中华书局 2001 年版，前言第 15 页。

从“职制”到“断狱”，篇下存有细目。[①]《至正条格》的断例共30卷，由于断例几乎全都出自具体案例，所以其中并不包括作为法律总则的“名例”门，因“名例”条文很难由具体案例引出。[②]与此相联系，与一般性的律、令相比较，断例、条格更具多样性，往往在一个条目下会列出细节有异的不止一项条文。[③]既无“名例”总括通例，又重视保留情节的具体性和多样性，以此种手法汇编而成的元朝立法，与唐律风格各异。

元朝立法的特点，元人郑介夫称为“有例可援，无法可守……遇事有难决，则检寻旧例，或中无所载，则旋行议拟”。也就是说，没有一部正规的法典，司法实践中主要使用历年积累下来的单行法规、条令和案例。随着时间推移，当然也需要对这些单行法规、条令和案例进行筛选、分类，编辑成书，以满足司法的方便。这样的编辑工作在元朝进行过两次。第一次在元中期仁宗时进行，编成的法令文书汇编于英宗至治三年（1323年）正式颁行，定名《大元通制》，到今天，只有“条格”的一部分（653条）幸存于世，名为《通制条格》。第二次编纂工作是元朝最后一个皇帝顺帝在位时进行的，至正五年（1345年）成书，定名《至正条格》。元亡后，《至正条格》逐渐失传。[④]

同样值得注意的是，明朝开国修律，曾定为十二篇体例，但洪武三十

① 《大元通制》包括制诏94条、条格1150条和断例717条（或711条）。庆州残本《至正条格》在2007年8月由韩国学中央研究院出版，其中包括条格12卷、断例近13卷，还有断例全部30卷的目录。据统计，条格存373条，断例存427条，（或条格存374条，断例存426条）合计800条。

② 这也未必，只是需要援用名例律的案件，判决未必仅依名例律，如盗贼自首，既要用到自首条，又要用到“贼盗”类的具体罚则，在分类上有一定难度。“名例”类规则与案例如何关联，可参考清代编纂《刑案汇览》的手法。

③ 张帆：《重现于世的元代法律典籍——残本〈至正条格〉》，载《文史知识》2008年第2期。

④ 张帆：《重现于世的元代法律典籍——残本〈至正条格〉》，载《文史知识》2008年第2期。

年（1397 年）定为七篇而沿用不移。① 起过渡作用的《大明令》，即以六部为篇目，下设细目，不列“名例”而“五刑”“十恶”“八议”等载于“刑令”，颇有“令以存事制”的古风。② 因此，从规则及体系上，明律自觉取法唐律，与秦汉以来的刑事立法遥相呼应。此外，从篇目体系角度来看，明律与元代立法与法律汇编的关系无法割断。元明三种不设“名例”的法典目录，如表 2–8 所示：

表 2–8 元条格及明令目录 ③

通制条格	至正条格・断例	大明令
户令 户例、投下收户、官豪影占、非法赋敛、以籍为定、冒户、搔扰工匠（以上卷二）	卫禁 阑入宫殿、肃严宫禁（三条）、分拣怯薛歹、侵耕纳钵草地、巡绰□□□□，门□不严、津渡留难致命（二条）（以上第一卷）	吏令 选用、致仕、亲属回避、流官避贯、守令考绩、吏额、守令到任、公事程

① 沈家本强调“洪武初律”篇目承唐，其后明律虽“以六曹分部”，但细目大旨仍不脱离唐律范围。“明之律目，洪武七年所修者，一准于唐，分《名例》《卫禁》《职制》《户婚》《厩库》《擅兴》《贼盗》《斗讼》《诈伪》《杂律》《捕亡》《断狱》十二门，见刘惟谦所上《修律表》中。迨胡惟庸被诛，废中书而事归六部，于是廿二年重修律文，亦以六曹分部，古来律式为之一变，已于《律目考》中详言之矣。至其细目，除军官军人诸条为《明律》之特设者，其余大旨于《唐律》间有增损，或改其字句，仍不能越其范围焉。明人刻律，或不录刘惟谦原《表》，世遂不知洪武初律，其总目实承唐之旧有，以为已以六曹分部者，殆失之未考欤？” 沈家本:《历代刑法考·明律目笺一》，邓经元、骈宇骞点校，中华书局 1985 年版，第 1783 页。

② “明律令仿唐立制，在律的方面较多、较浓；而令的方面，只是仿其精神。故明令未脱元制，其许多条文直接脱胎于元条格，痕迹至为明显。” 霍存福、张靖翊、冯学伟:《以〈大明令〉为枢纽看中国古代律令制体系》，载《法制与社会发展》2011 年第 5 期。杨一凡教授辨析明代立法表现为“以典为纲、以例为目”的“典例法律体系”，《明会典》系“大经大法”，明初在变革传统律令法律体系时把单行“令”的称谓变换为“事例”，洪武年间颁行的《大明令》的效力具有持续性:“在正德《明会典》颁行前的百年间，《大明令》一直未曾修订。虽然它的一些条款与《大明律》有重复之处，有些条款被《诸司职掌》等制书相关的详细条款所代替，但它作为国家最高层级的法律，仍处于宪典地位……编纂正德《明会典》时，或因《大明令》有的条款内容过时，或因其他制书有更加详尽的条款，仅收入了该书的 61 个条款，占全书条款总数的 42%。” 杨一凡:《明代典例法律体系的确立与令的变迁——“律例法律体系”说、“无令”说修正》，载《华东政法大学学报》2017 年第 1 期。

③ 单字难辨的，以□表示，多字模糊的则用省略号。原文中“二条”“三条”无括号。

通制条格	至正条格・断例	大明令
隐户占土、亲在分居、收养同宗孤贫、户绝财产、医户析居、太医差役、年老侍丁、寺院佃户、被虏平民、卖子圆聚、儒人被虏、蒙古人差发、怯薛元役、弓手差发、祗候曳剌税粮、交换公使人隶、婚姻礼制、夫亡守志、收嫂、收继婶母、良嫁官户、嫁娶所由、斡女由使嫁、乐人婚姻、良贱为婚（卷三） 嫁娶、亲属分财、畏兀儿家私、鳏寡孤独、务停、诉良人口、过房男女、典雇妻室、嫁卖妻妾、擅配匠妻、典卖佃户、奸生男女、娼女妊孕、躯妇为娼、均当差役、伪钞妻属、女多淹死、阑遗人畜（卷四） 学令 庙学、科举、蒙古字学、习学书算、亦思替非文书、传习差误（卷五） 选举 选格、五事、殿最、荫例、军官袭替、荫叙钱谷、迁转避籍、服阙求叙、病阕、终制、致仕、给由、公罪、举保、除授身故、投下达鲁花赤、到选被问、教官不称、行省令译史、匠官、俸月、令译史通事知印（卷六） 军防 差遣、口粮医药、军官课最、巡军、禁治扰害、单丁雇觅、存恤、差运官物、押送军器、屯田、看守仓库、起补军丁、擅差、私役、私代、管押（卷七）	职制 擅自离职（二条）、托故不赴任（二条）、应直不直(二条)、沮坏风宪、遗失印信、拘占印信、典质牌面、隐藏玄象图识（二条）、各位下阴阳人、漏泄官事（二条）、稽缓开读、官文书有误(二条)、漏报卷宗、照刷文卷、述失卷宗、妄申水淹文卷、漏附行止、昨前日□放公文、误毁官文书、弃毁官文书（二条）、……文字（二条）、关防公文沉匿、季报官贪（贫？）迟慢……赤重冒、远年冒荫、废疾不许从仕……匿过求仕、迁调司吏、……役、关防吏弊（三条）（第二卷） 失误祀事、差摄斋郎、……（公）服、失仪（二条）、失误迎接、□□拜贺、僭用朝服、回纳公服稽缓、□（服）色等第、私用贡物、失误赐帛、赈济迟慢、修堤失时、造作、造作违慢、造作违期、织造不如法（三条）、监收缎匹不如法、监临中物、中卖站马、中卖站船、带造缎匹、带绣缎匹、违法买引、赊买盐引、诡名买引、聘买末茶、减价买物、减价买马、借民钱债（二条）、违例取息（二条）、勒要借钱文契、虚契典买民田、侵使赡学钱粮、和雇和买违法、巡盐官军违期不换、纵军抢取民财、军官军人劫夺遇革、致死军人（第三卷） 被盗□□（民）陪偿、虚称被劫封装、亲故营进、与民交□、交通罢闲官吏、私役部民、挟势乞索、纵吏扰民、罚俸令人代纳、草贼生发罪及所司、丧所丁忧、冒哀从仕、不丁父母忧、闻丧不奔讣、诈称亲丧（二条）、妄冒奔丧、军官奔丧、虚称迁丧、推称迁葬遇革（第四卷） 泛滥给役(三条)、增乘驿马(三条)、强质驿马、枉道驰驿（二条）、冒名乘驿、擅起铺马、借骑铺马、走死铺马、枉道不诘、私用站车、多支分例、增起站车分例、取要长行马草料、使臣回还日程、稽留铺马劄子、规□祗应夹带已钱、私用计置羊口、被差令人代替、军官承差不赴、军官被差违限、独贫不差、差委有俸人员、公差不许截替、整点急递铺（二条）、设立邮长、禁扰铺兵、体覆站户□乏（第五卷） 取受十二章、枉法赃蒲追夺、取受虽死征赃、取受身死□□(贫乏？)遇革、赃罪再犯(二条)、前任取受改除事发、未任取受（二条）、已任未受犯赃、去官取受、风宪犯赃（四条）、军官取受值丧、运司取受茶商分例、远方迁调官取受、土官受赃、出使人贪取受、湖务站官犯赃、奴贱为官犯赃、捕盗官匿赃、弓手犯赃、盗用侵使封装（二条）、侵使军人寄收钱粮、冒易封装军数、受要拜见钱、受要离役钱、强取民财(二条)、军官挟势乞索、乞索粮簿、齊敛财物(三	限、勾销、家人代诉、行止文簿、刷卷、罚赎、官员丁忧、任满官员、官员朝觐、公事自觉改正、官员月日(三条)、宣使等与吏同 户令 漏口脱户准首、子孙承继、嫁娶主婚、无子立嗣、夫亡守志、招婿、户绝财产、七出、田宅契本、侍丁、节妇免差、店历、酒面纳税、军民附籍、祖父母在析居、妄献山场、嫡孙丁忧、和雇和卖、擅自科派、校勘斛斗秤尺、过割税粮、鳏寡孤独、指腹为亲、解纳官物 礼令 朝贺班次、表笺仪式、公服、侍亲、旌表节义、丧服等差、服色等第、雨雪雨衣、民间嫁娶、国学生员、褒赠、三皇庙祀、社稷、武成王庙祀、孔子庙祀、封赠(二条) 兵令 额设祗候人等、水站人夫、急递铺兵、掠夺影占、擅自勾军、军情、出使从人、城楼窝铺、出使分例、告给路引、支给分例 刑令 五刑、十恶、八

续表

通制条格	至正条格·断例	大明令
仪制 朝现、表笺、公服私贺、臣子避忌、贺谢迎送、器物饰金、祝寿(卷八) 衣服 服色(卷九) 禄令 俸禄职田、工粮、宿卫粮、工粮则例、衣装则例、大小口例、克除俸禄、作阙住俸、马疋事料(卷十三) 仓库 关防、部粮、觉察侵盗、计点、粮耗、附余短少、揭借闭纳、沮坏漕运、运粮作弊、倒换昏钞、烧毁昏钞、押运、司库、关拨钞本、钱粮去零、酒牌侵钞、务官欺课(卷十四) 畜牧 抽分羊马、鹰食分例、擅支马驼草料、冒支官钱粮、大印子马疋(卷十五) 田令 理民、立社巷长、农桑、司农事例、佃种官田、妄献田土、官田、典卖田产事例、军马扰民、准折事产、坟茔树株、异代地土、田讼革限、逃移财产、江南私租、拨赐田土、影占民田、拨赐田土还官、召赁官房、打量田土(卷十六)	条)、勒要贴户钱物、掯除俸给、请求受赃、子受赃不坐父罪、家人乞受、知人欲告回主、悔过还主、出首不尽、回付不尽、非真犯不追封赠、说事过钱(三条)、过钱剋落、违例接受钱状(第六卷) 户婚 逃户差税、置局科差、赋役不均、私取差发、隐蔽包银、影避差徭、科敛扰民(二条)、虚供户绝、投下占户、妄献户计、诬侄为义子、压良为驱、非法虐驱(二条)、擅批剃僧、背夫为尼、屯田赏罚(二条)、失误屯种、私种官田、不修圩田、冒献地土、虚申义粮、虚报农桑、侵耕煎盐草地、多收公田、虚包公田、阙官公田、典买田宅(二条)、僧道不许置买民田、检踏灾伤、灾伤不即检覆、饥荒不申、虫□失捕、水灾不申、地震不申(第七卷) 命妇不许再醮、禁收庶母并嫂、有妻娶妻、许婚而悔、同姓为婚、西夏私婚、禁叔伯成婚、兄妻配弟、弟妇配兄、娶男妇妹为妾、居丧嫁娶(二条)、娶有夫妇人、娶定婚妇(二条)、吓娶女使(二条)、夫亡召婿、入广官贪妻妾、妄嫁妻妾(二条)、转嫁男妇、逐婿嫁女、典雇妻妾、休妻再合、擅嫁匠妻、男妇配驱、勒娶民女驱使、侄女嫁驱、娶逃驱妇为妾、冒娶良人配驱(二条)、娶囚妇为妾、定婚闻奸强娶、定婚夫为盗断离、僧道娶妻(三条)、禁娶乐人(二条)、职官娶倡(二条)(第八卷) 厩库 私宰马牛(三条)、私宰病马牛(二条)、受雇干犯宰牛、宰牛再首不准、药针刺牛、怀恨割牛舌、私宰驴骡、抽分羊马、阑遗头匹、阑遗不行起解、私卖阑遗头匹、拘收筋角、喂养驼马程限、倒换昏钞、监临倒钞、昏钞不使退印、检闸昏钞、闸钞官有失关防、提调官不封钞库、昏钞违期、结揽小倒(二条)、盗官本知情寄放、骚扰烧钞库、带钞入库、擅开生料库、纳钵物色、主守分要轻赍、监临抵换官物、监临私借官钱(二条)、抵换官钱、关防漕运、漕运罪责(第九卷) 海运带□(装?)私麦、□和盗卖海运粮、纲翼运粮短少、纲船扰民、仓官少粮、监临官买军粮、盗卖官粮(二条)、虚交粮筹、不由运司支粮、接买支粮荒帖、用斛支粮、火者口粮、放支工粮、赈粜红帖罪赏、敖板损坏追陪、税	议、赎刑、狱具、断决次第、擅问幕官、推官不得差占、司狱、原告合就被告、诉讼、斗殴、鞫问罪囚、审录罪囚、民官犯赃、军官犯赃、二罪俱发、老病待诉、妇人犯罪、出使受状、警迹年限、捕盗功赏、犯罪自首、职官犯罪、检尸图式、家人共盗、盗贼自首、计赃贯数、窃盗并赃、告赦前事、取受还主、窃盗被杀、守令罚赎、籍没田产、诉讼文簿、减罪等第、徒流遇赦不还、亲属容隐、烧埋银两、去官犯赃、流囚家属、计赃估价、赃物给没、检尸告免、亲属代首、僧道犯罪、家人共犯、坟茔不籍没、籍没遇革、故杀子孙遇革、窃盗遇革免刺、强盗遇赦、军官犯罪、军官犯罪解降、取受计赃、开剥牛马、军官罚俸、告人子孙为证、官员家人犯罪、特旨处决罪名、谗言、颁降律令、牢狱、老幼犯罪、妇人不许出官、诬告抵罪(二条),诉讼关亲回避、徒役、官员犯赃迁徙、里长犯赃至徒

续表

通制条格	至正条格·断例	大明令
赋役 地税、学田地税、科差、主首里正、杂泛差役、田禾灾伤、孤老残疾、壹产叁男、上都站、押运使臣、弓手税粮、差拨祗候、滥设头目、孝子义夫节妇（卷十七） 关市 关渡盘诘、牙保欺蔽、滥给文引、和雇和买、市舶、下番、中宝、牙行、雇船文约、私（月八）（卷十八） 捕亡 防盗、捕盗责限、捕盗功过、巡警、仓库被盗、追捕（卷十九） 赏令 告获谋反、军功、获贼、捕虎、获伪钞贼、私酒、私历、平反冤狱、会赦给赏、获逃驱（卷二十） 医药 医学、科目、试验太医、惠民局、假医（卷二十一） 假宁 奔丧迁葬、曹状、给假（卷二十二） 杂令 上用甲、兵仗应给不应给、擅造兵器、禁约军器、铁禾义、买卖军器、供神军器、造低弓箭、卖鹰鹘、禁捕秃鹙、禁捕天鹅、捕白花蛇、筵会宰马、汉	粮限次、计点不实（二条）、虚出通关、诡名籴粮、监临揽税（二条）、取受附余粮、仓官带收席价、仓库军人交换、仓库被盗、物支草料、剋落草料、收草官折受轻赍、冒料工物、剋落金箔、剋落皮货、解典造甲铁、漏报匹帛、起运上都段匹、押运官物短少、押运官物损坏、官物有失关防、段匹有违元料、照算钱帛（第十卷） 盐课、追问私盐欺隐断没钱物、私盐罪赏（二条）、增亏盐课升降、妇人犯私盐、巡盐偏赖平人、私盐转指平民、犯界盐货、无榷货不坐、军民官纵放私盐、纵放私盐遇革、官军乞取官盐、受寄私盐、私盐遇革（二条）、船户盗卖客盐、船户偷跑客盐、食用无主盐、剋除工本遇革、粮船回载盐泥、扫刮鹻土、官盐插土、卤水合酱、买食卤水鹻土、腌浥鱼虾、腌造盐梅、腌鱼不禁转贩、卤水腌鱼、捉获腌鱼给赏（第十一卷） 铁课（二条）、茶课、私茶生发、妄献课程、纳课程限、绰钞圈税、匿税、诬人匿税、无契本同匿税、职官不纳契税、贸易收税、欺隐增余课程、亏折契本、务官抑取钱物遇革（第十二卷） 擅兴 临阵先退、擅自领军回还、军官遇贼不捕、军民官失捕耗贼（二条）、诈避征役、交通贼人（二条）、激变猺人、分镇违期、交换不即还营、逃军赏罚、代军罪名、私役军人（二条）、私役弓手、私代军夫、代替军役钱粮遇革、私役军人不准首、私役民夫、受财放军、受军人买闲钱、擅差军人围猎、军官滥设扎牙、挟仇差军围人房舍、错起军人、擅起递运人夫、丁夫差遣不平、避役自残、受雇军在逃、征人在逃自首、擅点军器库、私有兵器、执把兵器围猎、重击禁钟（第十三卷） 贼盗 谋反（七条）、耗贼家产、耗贼遇革屯种、奸探、说大言语（二条）、传说乱言、妖书妖言（三条）、妖言遇革、伪造经文惑众、符水惑众、妖术惑众、蛊毒压魅、蛊毒不即申告（第十四卷） 恶逆（三条）、心风恶逆、因奸杀舅姑（二条）、杀使（三条）、因奸杀夫（三条）、因奸杀夫偶获生免、因奸打死定婚夫、杀兄（三条）、杀兄偶获生免、以刃杀兄、杀弟（二条）、义兄杀弟、	工令 造作军器、织造缎匹

续表

通制条格	至正条格·断例	大明令
人殴蒙古人、诸王经行科敛、诈称赐酒、非理行孝、前代遗迹、文庙亵渎、侵占官街、解典、卑幼私债、私宴、蒙古男女过海、投下干分、拜贺行礼、障车害礼、拘滞车船、搬词、山场、金银、请谒、立碑、带行人、掩骼埋胔、控鹤等服带、毛段织金（卷二十七） 熏金、佛像西天字段子、分间怯薛、野火、扰民、围猎、船路阻害、祈赛等事、屠禁、阑衆、违例取息、阑遗、地内宿藏、刺驱面、蒙古人殴汉人、妖书妖言、禁书、各位下阴阳人、受纳馈献、率敛、差使人宿娼、监临营利、冒支官物、蒙古人粥饭、铭旌忌避、恐吓钱物、豪霸迁徙（卷二十八） 僧道 给据簪剃、选试僧人、寺观僧道数目、还俗、奸盗、词讼、河西僧差税、替人索债、拈阄射利、商税地税、汉僧红衣、追毁木印、拘收执把文字、过钱、俗人做道场（卷二十九） 营缮 造作、织造料例、投下织造、堤渠桥道、官舍、岳祠、私下带造、判署提调、驿路船渡（卷三十）	因奸杀子、妾杀嫡子（二条）、妻杀妾子、故杀义男、杀侄（二条）、因奸杀妻、勒死女婿、故杀义女婿、故杀定婚婿、谋故杀人、共谋杀人遇革、资给凶徒钱物遇革、共犯干连人数、谋杀同僚、杀平人妄称傜贼、强盗杀害官民、贼杀一家（二条）、卑幼私和人命（二条）、尊长私和人命、经断重罪遇革（第十五卷） 盗贼通例（三条）、强盗伤主、盗贼窝主罪名、盗内府财物（四条）、盗绮源库段匹、看库军盗钞、行人偷盗昏钞、抵换官金（第十六卷） 监守自盗、监临自盗、药人取财（二条）、强夺财物（三条）、先窃后强、共盗分强窃、盗贼罪等从一、放火为盗、窃盗拒捕伤事主、妇人为盗、协从为盗（二条）、老幼为盗（二条）、暗哑为盗、饥民为盗、随从尊长为盗（二条）、兄弟共盗（二条）、亲属相盗（三条）、亲属相盗从贼刺字、亲属相盗盘诘首服、另居卑幼先窃后强、奴盗主财、佃客盗主财、主盗佃客财物、盗雇主财物（二条）、盗同户财物、偷递同本财物、僧盗师兄财物、杖罪遇原免徒流、出军贼遇革、革后正赃还官给主（第十七卷） 盗神像衣物、盗官文书（二条）、盗军官牌面、盗官粮刺字、盗筹关粮刺字、盗官粮未离仓免刺、窃盗粮食、偷盐刺断(二条)、笞刺赤盗酒、盗酒免刺、盗系官材木、偷砍树木拒捕、偷花木、偷河内松木、偷柴草、盗磬、盗宰禁苑鹿、盗宰马牛(三条)、偷马未离盗所、攘羊、盗犬、盗鸡鹅雁鸭、杀死窃盗贼人（二条）、寅（夤）夜入人家、贼人自残、强盗再遇释免刺右项、贼人雕青刺手背、会赦刺字、改革从轻典、女直人刺字、贼人起字补刺、涂毁刺字、法开首路、盘诘首服、强贼首露免罪、窃盗自首准免、赃物出首不尽、首子为盗、首婿为盗、首表侄为盗、首表弟为盗、主首奴盗、为盗悔过还主、悔过不分赃、盗贼亲老留养（二条）、从贼未至盗所、贼属免罪（第十八卷） 略卖良人(二条)、略卖良人遇革、诱略良人(二条)、图财强卖期亲、发冢（六条）、买卖墓田、局骗取财、撇卷取财、拐带财物、诓赚财物、恐吓取财（四条）、劫夺盐徒、劫配投囚、职官劫囚、军官劫犯夜人、巡捕人抢夺准盗论（第十九卷） 斗讼 斗殴杀人、因斗用刃、以刃拒杀逼己人、殴死	

续表

通制条格	至正条格・断例	大明令
	杀父仇人、父被人殴还击致死、因母被伤用力（刀？）杀人、执缚殴人致死、他物殴人致死、杀妻（三条）、殴妻致死（二条）、被夫殴自缢身死、妻殴妾死、殴弟致死（二条）、殴死弟妻（二条）、殴死男妇（二条）、父殴子死（二条）、杀有罪驱（三条）、杀无罪驱（二条）、殴杀驱（三条）、殴他人驱致死、殴死有罪放良驱、殴死佃客、殴死雇工人、误杀（二条）、戏杀、戏杀人驱、过失杀人、逼人致死（二条）、心风杀他人驱、年幼殴人致死（第二十卷） 斗殴、辜限、毁伤肢体（四条）、毁败人阴阳、殴詈母、殴詈舅姑、殴婶母、詈兄、刃伤母之兄弟、殴伤妻父、刃伤妻母、殴伤妻、苦虐男妇（二条）、虐夫前妻子、职官殴詈（八条）、首领官殴詈正官（二条）、毁詈官长（五条）、纵官扰害官民（三条）、军官殴伤县尹（第二十一卷） 陵犯官长、射伤差使人员、咆哮无礼、违犯祖父教令、卑幼告尊长、亲属相告同首、杀妻诬人、故杀子孙诬人（二条）、故杀卑幼诬人（二条）、殴詈使（四条）、奴讦主、杀子孙诬赖本使、擅刺驱面、诬告（七条）、越诉（二条）、失口乱言、匿名书、虚申被劫、冒名称冤、争田聚众（第二十二卷） 诈伪 诈称太子（二条）、伪造符宝劄敕（二条）、增减制书、诈传今旨、诈传钧旨、诈假官（二条）、诈冒求仕（五条）、诈冒求仕遇革（三条）、冒荫、伪造印信（四条）、伪造茶由（第二十三卷） 诈为官文书（二条）、诈改官文书（三条）、伪钞（二条）、烧毁伪钞、伪钞家人共犯、买使伪钞遇革（三条）、应捕人分使伪钞、伪钞家产遇革、伪钞干连遇革、印写伪钞、同造伪钞自首、挑剜裨辏等钞（三条）、挑揭伪钞遇革、挑钞流远处所、首侄挑钞、伪造金银、冒除官粮、冒支钱粮（三条）、伪造支粮筹杖、诈抽分余货、诈骑铺马（二条）、妄认良人为驱（二条）、妄认马匹、避罪诈死、故自伤残、有罪妇自害、吏诈（第二十四卷） 杂律 诸奸通例、强奸幼女（四条）、僧道强奸幼女（二条）、十五岁男奸六岁女、三男强奸一妇、强奸妻前夫女、强奸妻前夫男妇、强奸部民妻未成、刁奸品官妻女、刁奸侄妇、首子刁奸、刁奸图	

续表

通制条格	至正条格·断例	大明令
	财、刁奸遇革、刁奸庶母、翁奸男妇、奸侄妇、奸侄女、奸房侄女、奸族侄女孙、和奸义女、主奸奴妻、欺奸使妻、驱收使妻、强奸使女、主奴相奸、职官犯奸（二条）、职官求奸未成、军官令人奸寡妇、先奸后婚、指奸（二条）、抑勒男妇虚指奸夫、奸妇有孕、指奸拒捕、无服亲媒合通奸、职官媒合通奸、和奸勒夫卖休、买休从夫嫁卖、犯奸残疾断罪、奸事再犯、杀死奸夫（二条）、殴死妹奸夫、旁人杀死奸夫、杀拘执求奸夫、僧道犯奸（二条）、纵妻为倡、抑勒妻妾为倡、抑勒驱妇为倡、乞养女为倡、教坊养女为倡、买奸钱遇革、教女歌唱典雇、官吏宿倡（二条）、蒸收继母、强收婶母、收舅妻、收纳弟妻（二条）、非理虐妻、斛斗秤尺不如法、街市纰薄段匹（第二十五卷） 塞讼弥盗、迁徒豪霸（二条）、凶徒（二条）、发遣凶党、凶恶遇革迁徙、驱奴犯罪、群党害民、閧坏税务、庸医杀人（二条）、车马伤人（三条）、畜产伤人（四条）、窝弓伤人、禁买卖毒药、酒药伤人、放火（二条）、驱奴放火加等、烧山伤人、烧死放火贼人、故烧文卷、遗火（五条）、野火烧胤灶军、禁赛神社（二条）、禁立集场、习学枪棒、赌博钱物（五条）、禁造赌具、赌斗促织、榷货摊场钱物遇革、禁养鹁鸽、划斗龙船（第二十六卷） 禁取高丽火者女子、禁做火者（三条）、禁私债准人女子、客商遗下财物、禁溪洞博易、禁断屠宰（二条）、禁宰怀羔羊、禁宰羊羔、禁围猎（六条）、误杀鹰犬（二条）、昔宝赤扰民、贵赤校尉扰民、夫亡参预吉席、偷跑嫁母骨殖、擅开远年祖墓、砍伐坟茔树株、犯界酒货、禁卖官酒、禁用木牌纸帖、违禁房屋、假借只孙、滥设牙人（二条）、诡名结揽车辆、私使印空（第二十七卷） 捕亡 捕盗罪罚（四条）、军官停俸捕贼、军官军人捕限、忽剌罕赤坐铺军捕限、撇卷贼捕限、掏摸依窃盗捕限、烧官舍贼人捕限、弓兵责限不准分科、不即捕盗、捕贼先退（二条）、遇贼不捕（二条）、畏避捕限、捕贼妄分疆界、摘语强贼消息、事主击贼、防镇军在逃、隐藏逃军、主守不觉失囚、反狱伤狱卒、拒捕伤狱卒、打死脱监贼人、出军囚徒在逃（二条）、流配囚徒在逃、配所逃亡贴役、犯夜拒捕（二条）、隐藏逃驱（二条）、逃驱拒捕（第二十八卷）	

续表

通制条格	至正条格·断例	大明令
	断狱 出入人罪（四条）、出罪贴断、枉勘（六条）、勘贼致死、枉禁（三条）、淹禁、枉断（二条）、擅断、绝食杀人、无招决人致死、恐迫致命(二条)、殴死罪囚、殴死犯夜人（第二十九卷） 挟仇问事、非法用刑（二条）、禁刑日决罚、依理决罚致死免罪、告谋叛不理（二条）、告恶逆不理（二条）、承告聚众不理、承告强贼不理、脱放叛贼、脱放囚徒、递囚反禁、检尸不明(三条)、军官遗例检尸、错刺蒙古人、错刺出军贼人、失入刺配、决有孕妇、孕妇限满行刑（第三十卷）	

就与唐律编纂手法最为接近的元代“断例”而言，其名目散落，一方面，名目极为具体，可见盗情不一、奸情不一等，这种对具体情节的陈述，已不限于列举典型、多发情形，而更类似于有犯必录、细节稍异则明文列出，从标题来看，有些情况也许并不常见，如“十五岁男奸六岁女”“三男强奸一妇”等。另一方面，有些情况虽单列，但论理其实不妨合并。如图 2–3 所示，第十八卷中的 12 个名目，可归纳为三类犯罪对象。

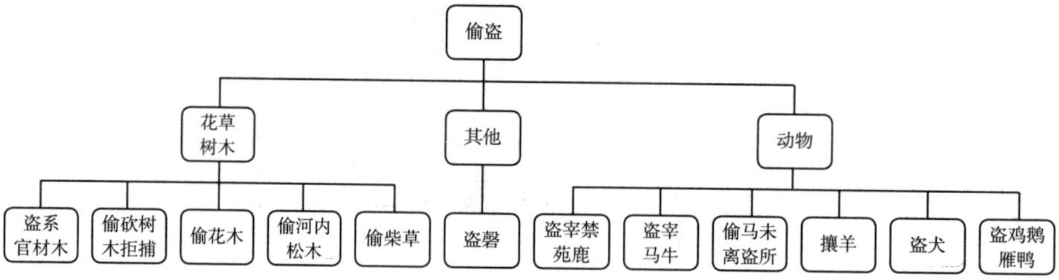

图 2–3

另一方面，每篇之中数十条，而内容相近者则次第排列，如“斗讼”篇中，先言殴死（杀人、斗殴致死）的各类情形（第二十卷），再列举殴詈情节（第二十二卷），最后再是其他无礼触犯之举，以及诉讼中的违法表现（第二十三卷）。又如，“贼盗”篇中，第十六卷首条为“盗贼通例”，其后则分述诸多强盗、监守自盗、窃盗、亲属相盗、盗特定物品之罪行。

再如“杂律”篇中，第二十五卷断例主要针对通奸及非法成婚，[①]首条即是“诸奸通例”，其后不厌其烦列举多类，见图 2–4。

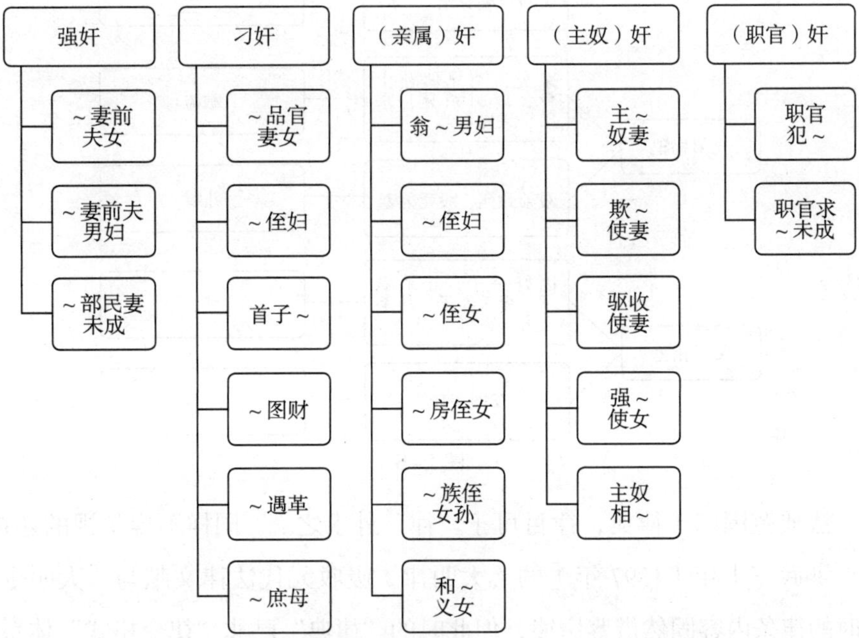

图 2–4

虽然从局部来看，断例条目排列体现规律性，但这种同类事项的一一列举，有限的篇目不能完全涵盖繁杂的条目。例如，图 2–5 所示“贼盗”篇和“斗讼”篇中，各有不少关于“杀”的规定，分散于多篇，可见其定位并不明确，标准不一，则归类时可能游移。

① 只有末两条“斛斗秤尺不如法”“街市纰薄段匹”非。

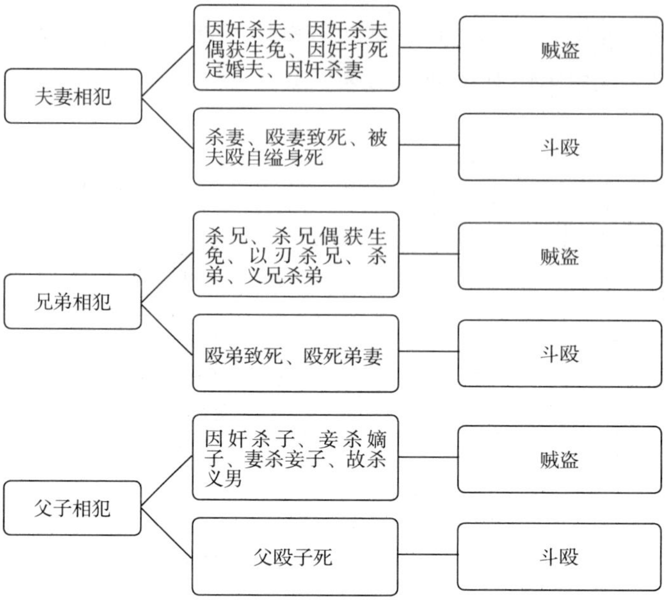

图 2–5

法典范围广于律典，律目可于“律”外求之。[①]同样不容忽视的还在于，洪武三十年（1397 年）的《大明律》吸收元代法律文献与《大明令》，此时的律条内容固然借鉴唐律，但此时的“律典”已非“律令格式”体系之下的“律”，作为一代之典章、大经大法与祖宗成宪，此时的“律”聚焦“正刑定罪”，但不限于“罪”与“刑”，而是突出宣示性和稳定性，这在一定程度上构成了明清律典的综合性：[②]律目所涵盖事项，遍及六部。更值得注意

① 刘笃才教授中国古代法制在其发展过程中，实际上形成了事制与刑制并驾齐驱的两方面：一方面是通过“议事以制”—“制事典”—“令以存事制”，编成令典；另一方面是历经“不为刑辟”—“正法罪”—“律以正罪名”，编成律典。它们是中国古代法的两个重要组成部分。刘笃才：《古代法制的生成及其演进逻辑——以事制为中心》，载《北方法学》2016 年第 3 期。

② 霍存福教授在《以〈大明令〉为枢纽看中国古代律令制体系》一文中指出，“清例采用明令，这使《大清律例》多少呈现出‘法律大全’的性质，因为除了律文和部分例文属于形式上定罪量刑层面的规范外，兼有的这部分不带罚则的非惩罚性条款，即属于民事、行政、诉讼法律的条款，附赘于形式规范之下。律文立制的基础和依据在‘例’中，互相参看才能准确理解和适用”。参见霍存福、张靖翊、冯学伟：《以〈大明令〉为枢纽看中国古代律令制体系》，载《法制与社会发展》2011 年第 5 期。事实上，“法律大全”的意味，从明律在门类设定上取法于非刑事法典或法令汇编这一点上已有体现。

的是，其针对某事、某种情形，糅合律令等形式的规则，而具有宋元“条法事类”或“条格—断例”的取向，这一特征从门类的命名上展示出来。多种形式的法律汇编中，“职制”与关涉文书制定、管理的“公式”或“公规”并存，这种宋元以来的做法，在《大明律》中也留下痕迹。如表 2–9 所示：

表 2–9 唐、金、元令篇目①

唐令［开元七年（719 年）］②	金令	大元通制（条格）	至正条格
官品令上 官品令下	官品令	—	—
三师三公台省职员令	职员令		
寺监职员令			
卫府职员令			
东宫王府职员令			
州县镇戍岳渎关津职员令			
内外命妇职员令			
祠令	祠令	祭祀	祭祀
户令	户令	户令	户令
选举令	选举令	选举	学令
考课令	封爵令 封赠令	—	选举
宫卫令	宫卫令	宫卫	宫卫

① 参考典籍包括《唐六典》《金史》(志第二十六《刑》)《通制条格》《至正条格》《四库全书总目提要》等。列表参考［日］仁井田陞:《唐令拾遗》，栗劲、霍存福、王占通、郭延德编译，长春出版社 1989 年版;《通制条格校注》，方龄贵校注，中华书局 2001 年版；张帆:《重现于世的元代法律典籍——残本〈至正条格〉》，载《文史知识》2008 年第 2 期；等等。金《令》等篇且顺序，列表时有调整。

② 开元二十五年令，据仁井田陞考证，依次为官品令、州县职员令、祠令、户令、学令 *、选举令、封爵令 *、禄令 *、考课令、宫卫令、军防令、衣服令、仪制令、卤簿令、乐令、公式令、田令、赋役令、仓库令、厩牧令、关市令、医疾令、捕亡令 *、假宁令、狱官令、营缮令、丧葬令、杂令，共 28 篇，删去三师三公台省职员令、寺监职员令、卫府职员令、东宫王府职员令、内外命妇职员令、州县镇戍岳渎关津职员令（改为州县职员令）。［日］仁井田陞:《唐令拾遗》，栗劲、霍存福、王占通、郭延德编译，长春出版社 1989年版，第 817 ~ 820 页。星号为本书所加，意为开元七年令所无，而与金元令相同之目。

续表

唐令［开元七年（719年）］	金令	大元通制（条格）	至正条格
军防令	军防令	军防	军防
衣服令	衣服令	衣服	仪制
仪制令	仪制令	仪制	衣服
卤簿令上 卤簿令下	—	—	
公式令上 公式令下	公式令	公式	公式
田令	田令	田令	禄令
赋役令	赋役令	赋役	仓库
仓库令	仓库令	仓库	厩牧
厩牧令	厩牧令	厩牧	田令
关市令	关市令	关市	赋役
医疾令	医疾令	医疾	关市
狱官令	狱官令	狱官	捕亡
营缮令	营缮令	营缮	赏令
丧葬令	服制令	服制	医药
杂令	杂令	—	
—	学令	学令	假宁
—	禄令	禄令	狱官
—	捕亡令	捕亡	杂令
—	赏令	赏令	僧道
—	假宁令	假宁	营缮
—	释道令	僧道	河防
—	河防令	河防	服制
—	—	站赤	站赤
—	—	榷货	榷货

从唐代律令格式到“刑统”，到宋代分门别类汇总敕令格式的“条法事类”与元代立法的“于古律暗用而明不用”，直至六部为名的元、明法

令编纂方式，法典编纂思路一再调整，有的元素始终不移，有的元素存而复废。从中可见，相对于明律，唐律的影响深远，宋、元法制的影响乃是就近而直接。

然而，宋、元法制的影响，在清人比较唐、明律时，或多或少、有意无意地被忽略。这源于明人释明律，声称“公式”“宫卫”“祭祀”等前代未见而为明律特设，其实便忽略了明律篇目与唐、宋、元令典及宋、元法律汇编的关联。清人只是限于文献散佚与成见，不加辨别而认可之。[①] 张帆教授指出：“《唐律》是中国中古时代法典的集大成之作，影响十分深远。宋朝除宋初照抄《唐律》的《重详定刑统》（今称《宋刑统》）外，没有颁布过正规的刑律。金朝颁行《泰和律》，篇目一遵唐旧，条文则有少量变动，惜已亡佚，无法进行具体的对比。再下面一部刑律，就要数到《大明律》了。与《唐律》相比，《大明律》的结构发生了变化，由十二篇变为七篇三十门，条文也进行了比较多的增删分并，可以说面目大异。唐、明律的比较研究，自晚清薛允升、沈家本以来，成为中国古代法制史研究的重要课题。而残本《至正条格》的‘断例’部分，可以在这方面提供重要的帮助。尽管断例的文字表述形式与律不同，但篇目、条目仍与前后朝代的律典有明显联系。可以注意到一个有趣现象，《至正条格》断例的篇目仍沿《唐律》之旧，但在各篇的条目上却往往与《大明律》更加接近。兹举有关婚姻的条文为例。《唐律》‘户婚’门有关婚姻的条文共 21 条，《大明律》‘户律’的‘婚姻’门共 18 条。后者条数虽少，但基本囊括了前者 21 条的内容，同时却有 6 条内容为《唐律》所无。从这个角度看，《至正条格》对《大明律》有比较明显的影响。”[②] 今人论律，不宜单纯地以前代为标尺评析后来立法的优劣，即是说，不应重复地比对“唐—明律”的异同，而有必要知其何以异、何以同。

---

① 沈家本对宋元《刑统赋疏》《元典章》等尚有研读。薛允升作《唐明律合编》时则仅据部分明、清律学著作如《大清律辑注》而发议论。

② 张帆:《重现于世的元代法律典籍——残本〈至正条格〉》，载《文史知识》2008 年第 2 期。

此外，从“篇目”到“事类”，宋、元对法律法规分门别类的章法日趋邃密。总体与部分如何协调，律令的性质如何划分，如何避免重复的同时又容纳繁文，如何兼顾官吏阅览与教化民众，诸多问题，呼之欲出。因此，有必要从明、清律学入手，综合宋、元法制，比较唐、明律典结构。

3. 唐、明律目录比较

元代制度固然构成明代就近取法的资源，但从唐、明律的相似性上讲，无论是体例，还是内容，明代虽然有锐意革新，仍较多继承了唐律。然而，更为后人所看重的往往是唐、明两律的区别。本节的论述，仅以明人张楷所作《律条疏议》与清人薛允升撰《唐明律合编》为核心材料，以沈家本《明律目笺》为补充。[①] 将张楷与薛允升这两位明、清律学家的见解对照列表（见附表一），是因为二者论著的内容相关，即都关注以“名例律”开篇、“吏户礼兵刑工”六部之名统领篇目、总计460条的《大明律》律目，且都注重篇章条目的由来，有意识地将明律与唐律“一较短长”。不同之处主要是议论上《律条疏议》重视“吏户礼兵刑工”之下的从“职制”到“河防”这数十个“门类”，而《唐明律合编》的议题从门类到细目；关于唐、明律孰胜，两书的结论也不同。

在体例方面，两书的差异则是明显的，现列入同一表中，有必要解释原因。薛氏将唐、明律合编，使唐律在先，以唐律为纲，明律规定沿袭唐律或事类相近的，“今分附于唐律各卷之后，余条准此”。[②] 这一体例，与其尊崇唐律的态度相符，沈家本《明律目笺》的论调也相似。而这种论调

---

① 明律篇目即“以六部分篇的体例”，其“创新”之意义评述与原因分析，可参见苏亦工：《明清律典与条例》，中国政法大学出版社2000年版，第99～109页。

②（清）薛允升：《唐明律合编》，怀效锋、李鸣点校，法律出版社1999年版，第4页。以下如无说明，均为此版本，仅注明页数。沈家本称，“就《明律》之目，以唐目校其同异，而得失亦可以考见。长安薛氏唐明律合刻，右唐而左明，此固非深求其故不能晓然也”。沈家本：《历代刑法考·明律目笺一》，邓经元、骈宇骞点校，中华书局1985年版，第1783页。

的影响及于现今的法史学者，和内容方面的科罪“重其轻者、轻其重者”一同，往往奠定了其对明律的“第一印象”。

但值得追问的是，若唐律果真尽善尽美、“一以贯之”，而明律中多有冲突不协，明代开国的立法者又何必在此一代典章的制定上一意孤行，何苦舍近求远而大手笔增减唐律？在薛氏看来，明律改唐律多无理无谓、顾此失彼，[①]轻重失衡，“不知何故”“殊不可解”。果真如此吗？如果对照《读例存疑》，因清律承明，于是《唐明律合编》近乎“读律存疑”，右唐左明，实为反思现状进而完善律典之张本，则薛氏所论，言在意外；而明人所论，未必如是。因此有必要用明人眼光，纠清代刑官议论之偏，起码提供两种不同观点：一批评唐律“杂然无统”而明律细密，一批评明律“求详而反失之略”而唐律隽永，如此方有望获得全面评判。[②]

（1）“杂然无统”——明代对唐律篇目的批评及修改

张楷作序，纵览诸篇，权衡比较，概述明代调整唐律篇目的原因，是这方面不可多得的议论，或可答薛允升明律改唐律之“不可解”。其观点似仿《晋书·刑法志》中解释魏《新律》的篇目设置缘由，展现明代修律之气象，惜清修明史时未入刑法志，如此薛允升便未得见[③]：

---

① 如薛允升在“良贱相奸条”中所论，“盖唐律本系一线穿成，此律与彼律亦互相照应，明律则顾此失彼者颇多”。（清）薛允升：《唐明律合编稿本》，奥村郁三编，关西大学出版部平成十五年版，第530页。

② 古人认为“唐律得古今之平”的观点，在一定程度上揭示了唐律的立法水平，也得到广泛认可。但学者仍有中肯评价，如钱大群、王立民、苏亦工等诸教授都有关于唐律缺点及其历史地位的议论。王立民教授指出，唐律中不协调因素“这也可以说是它的局限性。在篇目中，唐律过分拘泥于自《法经》以来的定制，仍把杂律列为一篇。实际上，其中的许多律条归入其他篇目更妥。例如，‘坐赃致罪’条可并入贼盗律，‘库藏仓燃火’条可划入厩库律，‘违令’条可纳入名例律，诸如此类还有一些。这样可使其他篇目中的内容更为完整，律条之间也更协调。此外，律条内容之间也有不协调之处”。王立民：《唐律新探》（第五版），北京大学出版社2016年版，第103页。

③ 薛允升仅能从“笺释”中了解《律条疏议》的一鳞半爪，论道：“明律疏议，尔时尚有传本，故笺释犹得引之，今则绝无知有此书矣。传世与否，盖亦有幸有不幸也。”（清）薛允升：《唐明律合编》，怀效锋、李鸣点校，法律出版社1999年版，第668页。

夏刑三千条，周礼五刑之属二千五百，魏文侯师李悝造法经六篇，汉更加户兴厩三篇，谓之九章，魏因汉律为十八篇，晋命贾充等增损汉魏律为二十篇、六百三十条，宋齐梁后魏篇数不改，北齐定为十二篇，后周武帝又增至二十五篇，至隋开皇复为十二篇，唐命长孙无忌等因隋旧为十二篇，共五百条。宋神宗修律令格式，自名例至断狱十二篇皆为敕，是仍唐旧也。

国朝宪天敷治，五刑一本唐律，然以其比类未周，分合无统，如户婚律妻无七出义绝离之本同一义而分作二条，袒免以上之亲有本宗外姻之异而混为一律，盗贼概收乎人命，职制并取乎赃赇，至于杂律所收举宜定类，奸从奸律，债立债条，坐赃宜入赃论，铸钱必归钱属，而乃概为杂律，溃乱纷纭，条虽五百而合并者多，篇虽十二而宜分者众，今皆厘而正之，定为吏户礼兵刑工六类而以其篇分隶之，析职制为二条，是为吏律，增户婚为六事，爰入户刑（律？），采唐律诸条为祭祀、仪制而属礼，取禁卫、厩牧加军政、关驿而为兵，刑之属十一，唐律仅有其三，工之目二条，唐律皆收，杂犯正其条理，削其繁芜，划矩为圜，琢雕成璞，此皆我太祖高皇帝志惩三辟，心慕八刑，虑罚弗协于时中，恐民无措其手足，于是详加删定，断自宸衷，立万世之准绳，为百王之宪度也。

依张楷之见，明律用唐律，多在正刑定罪的的实质层面，体例上则颇能推陈出新。其批评如“条虽五百而合并者多，篇虽十二而宜分者众”，主要体现在分类标准上，在批评者看来，唐律十二篇五百条，问题一是分类粗疏，二是标准模糊，一言以蔽之，即“比类未周，分合无统”，解决办法则是“正其条理，削其繁芜”。体现在目录系统上，则是增设细目，重新归类，力图做到以事统类，突出重点。

明律三十门，张楷的评述一般是探寻“总名”，即门类的来源，此或古已有之，或前所未见，然后论门类设置原因，即国朝如何，如有继承唐代的，则比较唐、明律目之异同。

表 2-10 《律条疏议》议论律目

旧有门类	名例	由来	魏文侯造法经，其六曰具律……国朝因唐制（隋因北齐更为名例，唐因于隋析其数为六）悉并为一
		删	凡与今制不合者，如七品以上之官府号官称、妇人官品色号、五品以上妾有犯之类则除去
		增	增立职官犯罪、军官有犯、流囚家属、应议者之父祖有犯等条
	吏律职制	由来	起自晋名曰违制，隋开皇改为职制，律言职司法制，备在此篇，唐律因之。国朝仍唐旧名，定居吏律
		移出	取唐律中不系职司者别为公式
			他如散斋吊丧问疾、匿父母丧、驿使稽程、增乘驿马、有所求受所监临财物之类，唐律隶职制，而其事与今之礼兵刑律相关者，散隶各律
		移入	诈伪等律非正嫡承袭等条有关职司者并入此律
		增	又审其未备增立选用军职奸党官吏给由等条
	户律市廛	由来	汉晋律皆不载，梁武定二十一篇，其十九曰关市，北齐去之，后周制律曰市厘米，隋开皇复去其目，炀帝大业又定为关市，唐仍开皇系之杂律，而关市之名不存。国朝取后周旧名，参以唐制……条目虽无增损，其间斟酌损益，委曲周备，而总名曰市厘
		改	改买卖不和较固为把持行市
			器用布绢行滥为器用布绢不如法
		合并	并校斗斛秤度、私作斗斛秤度为一
	兵律宫卫	由来	秦汉及魏无此篇目，晋因前律事类为宫卫律，宋梁因之，北齐以关禁附之，更名禁卫，后周复为卫宫。隋开皇改为卫禁，唐因之。国朝改曰宫卫而置兵律之首
		改	其太庙门擅入皇城们擅入守卫私自代替、辄出入宫殿门诸条，则取唐律擅入太庙门、擅入宫门、非应宿卫自代、无著籍入宫殿等条而互有增损
		移出	私度关以下诸条系关津律
		删	去其不合今制者如登高临宫中、已配使卫回还诸条
		增	审其未备增立直行御道从驾稽违悬带关防牌面等条，总名曰宫卫
	兵律关津	由来	自秦汉魏晋皆无其目，梁天监定律二十篇，其十九曰关市律，度减损其制，后周始定关津律，隋开皇复去之，唐因隋制，以其事系禁卫之末。国朝立关津律，系军政之后 取唐律之合制者，若关津留难、私度关、越度沿边关塞条律，其重复不类者，如不应度关、私度有他罪、人兵度关妄随度、烽候不警诸条
		改	易缘边城戍为盘诘奸细
			赍禁物度关为私出外境
		增	审其未备，增立诈冒给路引、递送逃军妻女出城、私役弓兵三条

续表

	兵律厩牧	由来	汉制九章，创加厩律，魏以厩事散入诸篇，晋以牧事合之，名为厩牧律，自宋及梁复名厩律，后魏太和年名牧产律，至正始年复名厩牧律，历北齐、后周，更无改作，隋开皇以库事附之，更名厩库律，唐因之。国朝分吏户礼兵刑工为六类，取库事属户律，以牧事合厩系之兵律……惟验畜产不实、乘官畜脊破领穿、官马不调习三条则因其旧
		改	改唐牧畜产课不充为孳生马匹
			受官羸病畜产为养疗瘦病畜产不如法
			畜产抵蹋啮人为畜产咬踢人
		合并	以官私畜损食官私物、杀缌麻亲马牛二条系宰杀马牛条内
		移出	取其不类者，如大祀牺牲不如法则属之祭祀，乘官畜私驼物则属之邮驿
		增	审其未备，增立公使人等索借马匹、牧养畜产不如法、隐匿孳牲官畜产三条
	兵律邮驿	由来	今之邮驿，自魏始也。晋梁北齐大抵属之厩类，隋唐亦无其目，考之唐律可见者……皆杂然无统，国朝并取诸条加以决择而定为一类
		移入	考之唐律可见者，则不应入驿而入驿，见于杂律
			驿使不依题署、增乘驿马、乘驿马枉道、乘驿马赍私物见于职制
			乘官畜私驮物见于厩牧
		增	审其未备，增立递送公文、邀取实封公文、铺舍损坏、多支廪给、病故官家属还乡等条
	刑律贼盗	由来	唐李悝首制法经，有盗法、贼法，自汉至后魏，皆名贼律、盗律，北齐合为贼盗，后周改为盗律，复有贼叛律，隋开皇合为贼盗律，唐袭不改。国朝因之
		移出	摘唐律中谋杀人、谋杀期亲尊长之类入人命律
			以物置人耳鼻入斗殴律，故烧人房屋入杂犯律
		删	去其不合今制者如杀人移乡、盗毁天尊佛像之类
		合并	并略人、略卖和诱奴婢、略卖期亲卑幼、和同相卖四条为一
			发冢、残害死尸、穿地得死尸三条为一
		增	审其未备，增立白昼抢夺、起除刺字二条
	刑律杂犯	由来	李悝法经有曰杂法，秦汉因之。曹魏新律序略曰：杂律有假借不廉、有呵人受钱，其事相类，故分为请赇律、盗律，则知汉改名杂律矣，晋因于魏，梁齐皆止称杂律，后周始为杂犯，隋复为杂律，唐因之。国朝取唐杂律所载……惟失火、赌博、违令、不应为、夫匠军士病给医药五条，颇存其旧
		合并	如坐赃杖罪则入犯赃
			负欠违契不还等条则入钱债
			奸徒一年半等条则入犯奸
			较斗斛秤度等条则入市廛
			毁神御之物等条则入仪制、公式、田宅
		删	去其不合今制者如国忌作乐、茹船不如法、非时烧田野诸条
		移入	取职制嘱托公事等条入此律
		增	审其未备，增立拆毁申明亭、阉割火者、私和公事、搬做杂剧四条

续表

	刑律捕亡	由来	李悝制法经六篇，捕律居四，汉因其制不改，后魏为捕亡律，北齐名捕断律，后周名逃捕律，隋复为捕亡律，唐因之。国朝承唐制……惟知情隐匿罪人、主守不觉失囚、流徒囚役限内亡三条则因其旧
		移出	取其事有系别类者，如从军征讨亡则属之军政
			宿卫人亡则属之宫卫
			丁夫杂匠亡则属之户役
			在官无故亡则属之职制
		删	去其不合今制者，如道路捕行人邻里被强盗、防人向防、浮浪失所诸条
		改	改将吏追捕罪人为应捕人追捕罪人
			罪人持仗拒捍为罪人拘捕
			被囚禁拒捍走为狱囚脱监
		增	审其未备，增立稽留囚徒、盗贼捕限二条
	刑律断狱	由来	自魏分李悝囚法为此篇，晋宋及梁皆因其旧，北齐与捕律相合，更名捕断，后周复为断狱，唐因之。国朝系之刑律，依唐议置诸篇之下，详考三十篇之内，因唐名之悉用唐目之多者，无如此篇。其间随时制宜，虽略有去取，大抵皆仍唐旧
		删	所不载者，唯讯囚察词理、拷囚不过三度、拷囚限满不首、疑罪、输备赎没入物五条
		增	审其未备增立淹禁、检验尸伤不以实、吏典带写招草等条，总名曰断狱
新增门类	户律课程	理由	律莫备于唐，稽之户婚，止有应输课税物违期间出课字，又不明言课程。国朝鉴前代之缺，以盐课之利贪窃者多，故设为一切之制，他如茶矾商税之利，皆不可以无禁。前律皆不备载，故特表其事，总名曰课程
	户律钱债	理由	汉晋以降，其制不可考，隋开皇属杂律，唐因之。国朝系之户律而特立其号令。今考唐制，在杂律者有受寄费用、违契不偿、强牵掣畜产、得宿藏物、得阑遗物五条，为钱债之目 今则并违契不偿、强牵掣畜产二事而加以监临放债及豪强准折人妻女等合为一条，并得宿藏、阑遗二条为一，惟费用受寄则因其旧
	礼律祭祀	理由	自李悝法经及汉九章晋齐梁律皆不载，后周制大律二十五篇，其三曰祀享，隋唐去其目，今考唐律有大祀不预申期、大祀散斋吊丧庙享有丧见职制，大祀牺牲不如法见厩牧，毁神御之物毁大祀丘坛见杂律，其他无及祀事者。国朝以吏户礼兵刑工分六类，而以祭祀系礼律之首 并唐律不预申期、散斋吊丧、庙享有丧牺牲不如法三条为一，毁丘坛、毁神御物二条为一，增立祀典神祇、帝王陵寝、亵渎神明、禁止师巫邪术四条，总名曰祭祀
	礼律仪制	理由	汉法九章，不载其目，晋增为十一篇有曰违制，萧梁北齐皆曰违制，而仪制之名不立，后周二十一篇虽有朝会居其四，其制亦不可考，唐因于隋，其目不备，而仪制之事往往散见诸篇 国朝始立仪制，分隶礼律，其事多出于唐，如合和御药、乘舆服御物、玄象器物、匿父母丧、见任官辄自立碑则取诸职制，父母死言余丧则取诸诈伪，服舍违式则取诸杂律，增立朝见留难、禁止迎送、上书陈言、失占天象、乡饮酒礼，一等有关礼仪者裒为一类，总名曰仪制

续表

	兵律军政	理由	汉萧何创兴律，事系军戎，曹魏以擅事附之谓之擅兴，晋复去擅为兴律，宋复为擅兴律，北齐因之，后周为兴擅律，隋开皇复为擅兴，唐因于隋不改。国朝以军事至重，而与丁夫杂匠总隶，失轻重之伦，特立军政条目，系于宫卫之下 改唐擅发兵为擅调官军，调发供给军事为边境申索军需，征人冒名相代为军人代役，并主将不固守、主将临阵先退为一，征人稽留、征人巧诈为一，去其不合今制者如不给兵符、拣点卫士征人、校阅违期、镇城有犯诸条。又审其未备，增立申报军务、飞报军情、失误军事、激变良民等条
	刑律人命	理由	李悝法经不载……隋唐与贼盗混系。今考唐律，止有谋杀府主等官、谋杀期亲尊长、奴婢杀主、谋杀故夫父母、谋杀人、祖父母父母为人（杀）、杀一家三人、造畜蛊毒八条，见于盗律，他无闻焉 国朝以人命至重，特立其目，系于盗贼之后，取唐律八条而增损之，并斗讼律戏杀误杀过失杀三条为一，附载此类。及并毒药杀人、爱憎造厌魅为一，系于造畜蛊毒条内。又审其未备，增立采生拆割人、杀死奸夫、弓箭杀人诸条，总名曰人命
	刑律骂詈	理由	自秦汉晋隋皆无其目，唐斗讼律有媵妾殴詈故夫、殴詈祖父母父母、妻妾殴詈夫父母、妻妾殴詈故夫父母、殴詈夫期亲尊长、部曲奴婢詈旧主六条，然皆与殴并称，未免混杂无统。国朝分斗、詈为二目，其情属骂詈而混处斗讼间者，悉分制之，又审其未备，增立骂人、骂制使及本管长官、佐职统属骂长官三条，总名曰骂詈
	刑律受赃	理由	昔李悝造法经六篇，不廉载于杂律，汉立九章，虽无其制，景帝元年诏，吏受所监临即坐免官爵为重，是亦有其目也。晋分李悝杂律为请求，梁易为受赇，后魏北齐皆去其目。后周复为请求，隋又去之，其事系职制，唐因之。国朝以赃为蠹政之由，特立其目，而于无禄有禄、枉法不枉法之制，尤加详审。取唐律职制下篇有事以财行求、有事先不许财、因使受送馈、率敛监临财物、挟势求索诸条，而易其目。又审其未备，增立家人求索、风宪犯赃、克留盗赃等条，总名曰受赃
	刑律犯奸	理由	秦汉魏晋皆无其目，唐律颇著，如奸徒一年半、奸缌麻亲及妻、奸从祖母姑、奸父祖妾、奴奸良人、和奸无妇女罪、监主于监守内奸七条，皆杂然无统。大抵奸为败伦伤化之事，宜特立禁条，使人知有所警惧，难混于杂律。国朝撮奸事为一类而属之刑律 取唐律之轻重失当者，如诸奸徒一年半、奴娶良人徒二年半之类则失之重，凡奸强者止加和奸一等、奸从祖母姑之类止坐流则失之轻，今皆厘而正：诸凡强奸与奸从祖母姑并绞，凡奸者杖八十，奴奸良人者止加一等，然后轻重适伦。又审其未备，增立纵容妻妾犯奸、诬执翁奸、居丧及僧道犯奸等条
	工律营造	理由	自秦以前无其目，汉有擅兴，造作之事附焉，历魏晋梁齐皆属擅兴，后周始名兴擅，开皇复为擅兴唐因之。国朝分吏户礼兵刑工六类，特立营造之目，系之工律 取唐擅兴律，兴造言上、非法营造、工作不如法、功力采取不任用四条，损益非其制，易为擅造作不如法、虚费功力采取不堪用、制造违禁龙凤文段匹。又审其未备，增立冒破物料、带造段匹、修理仓库、有司官吏未住公廨四条，总名曰营造
	工律河防	理由	自秦汉魏晋皆无其目，唐承隋制，亦不具载，稽之唐律，可见者惟侵占阡陌、失时不修堤防、盗掘河防三条，属之杂律 国朝于工律内特立河防一篇，凡四条，其盗决河防、失时不修堤防二条，则仍唐旧，改侵占阡陌为侵占街道，取唐不修堤防条内应造桥航船栈而不造之义，别立修理桥梁道路一条，总名曰河防

续表

部分改动	吏律公式	原因	取唐律职制中所载可为公共体式者，著为此律
		改	改漏泄大事为漏泄军情大事、（事）直待判署为同僚代署文案
			受制事毕不返为出使不复命
			公事应行稽留为官文书稽程
		合并	又上书奏事犯讳及上书奏事误二事为一
			稽缓制书、施行违者、受制忘误三事为一
		并入	取杂律内弃毁官文书官物、失簿书二事合为一条并入此律
		增	审其未备，增立讲读律令、照刷文卷、磨勘卷宗、封掌印信等条
	户律户役	原因	唐因其制（萧何承秦六篇加户……隋开皇以户在前，改为户婚）而无所别。国朝取事系户口差役者别为一类
		改名	改卑幼私辄用财为私擅
			子孙不得别籍为别籍异财
		合并	并唐律中脱户及相冒合户、里正不觉脱漏、州县不觉脱漏四条为一
			立嫡子违法、养子舍去二条为一
		删	其他不系户役者一切不取
		增	增立人户以籍为定、收留迷失子女、赋役不均、隐蔽差役等条
	户律田宅	原因	自晋隋以降皆属户婚，至唐不改。国朝稽考唐律，止有占田过限、盗耕种公私田等六条，混置户婚律。宅则未闻
		合并	乃妄认盗卖公私田、在官侵夺公私田二条为一
			部内田亩荒芜、里正授田课农桑二条为一
		并入	及并杂律内弃毁器物稼穑、毁人碑碣石兽为一条，类入此律
		改	改部内旱涝霜雹为踏勘灾伤田土
		增	审其未备，增立欺隐田粮、功臣田土等条
		原因	汉晋律皆不载，至北周与户律同立，谓之户婚……唐武德复并为户婚 国朝取唐律中系婚事者，如同姓为婚、娶逃亡妇女、父母囚禁嫁娶等条则仍其旧名
		合并	许嫁女女家妄冒、尊长与卑幼定婚二条为一
			有妻更娶妻、以妻为妾二条为一
			居丧嫁娶、主婚、夫丧守志三条为一
		改	改监临娶所监临女为娶部民妻妾 改祖免妻嫁娶为尊卑为婚
		增	审其未备，增立逐婿嫁女、强占良家妻女、僧道娶妻、娶乐人为妻妾等条
	户律仓库	原因	汉晋皆属户律……唐仍开皇律并为厩库。国朝别制仓库律
		增	唐律库事一十四，今律二十四，所增者钞法、钱法、收粮违限、揽纳税粮、虚出通关硃钞等条

续表

	刑律斗殴	原因	自秦汉及晋未有此篇，至后魏太和分系讯律为斗律，北齐以讼事系之，为斗讼律，后周为斗竞律，隋开皇依齐斗讼，唐因于隋无所更改。国朝以斗讼事繁，难混为一，分斗事曰斗殴，讼事曰诉讼……惟宫内忿争、威力致（制？）縛人、保辜、殴皇家袒免以上亲、佐职统属殴长官诸条，则因其旧
		合并	并斗殴手足他物伤、斗殴折齿毁鼻、折跌肢体瞎目、同谋殴伤人、两相殴伤人、兵刃砍人六条为一
			其余亲属职官相殴，唐律分为各条，今皆并之
		增	审其未备，增立殴受业师、拒斗（殴？）追摄人、良贱相殴等条，总名曰斗殴
	刑律诉讼	原因	自秦汉未有此篇，曹魏新律有告劾系讯，梁因之，北齐附于斗事，谓之斗讼，后周改为告言，隋因北齐，仍为斗讼，至唐不改。国朝以斗殴事，多难与讼混，析为斗殴、诉讼二篇……他如越诉、投匿名文书告人罪、囚不得告他事、子孙遣犯教令等条，则因其旧
		合并	并诬告反坐、小事告虚、诬告人流罪引虚三条为一，而目曰诬告
			告祖父母父母绞、告期亲尊长、告缌麻卑幼、奴婢告主四条为一，而目曰干名犯义
			为人作辞牒加状、教令人告事虚二条为一，而目曰教唆词讼
		增	审其未备，增立告状不受理、听讼回避、官吏词讼家人诉等条，总名曰诉讼
	刑律诈伪	原因	……汉律有诈伪生死、诈自免复，事类众多。曹魏分为诈律，晋贾充等分盗律为请赇、诈伪、水火毁亡。梁夫监定为诈伪。北齐改诈欺，后周复为诈伪，隋唐因之……国朝系之刑律，今考唐律诈伪二十七条……
		合并	诈官文书则并诈制书为一
			诈病死丧不实则并诈疾病有所避为一
			诈称官司捕人则并诈假官为一
		移出	摘其不类者，如非嫡承袭则入职制，诈欺取财则入贼盗，妄认良人为奴婢则入户役，父母死言非丧则如仪制，证不言情则入断狱
		删	去其不合今制者，如诈除去官户奴婢、诈自复除、保任不如所保诸条
		增	审其未备，增立诈称内使等官、近侍诈称私行、伪造宝钞等条

增删的依据，一是时代性。“去其不合今制”而删改，“审其未备”而加增。如增添“课程”一门，“国朝鉴前代之缺，以盐课之利贪窃者多，故设为一切之制”。

二是系统性。六部的框架既然确定，则每篇之中都需专设类目，引领条文。如“礼律”之下填充“祭祀”和“仪制”，“工律”之内收入“营造”与“河防”。增设新门类，如“国朝分吏户礼兵刑工六类，特立营造之目，系之工律”。类目虽新，而条文多从唐律，只是归类不同，如“国朝以吏户

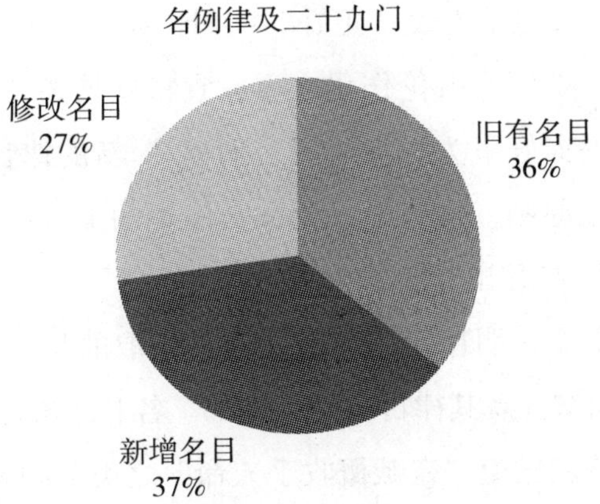

图 2–6

礼兵刑工分六类，而以祭祀系礼律之首，并唐律……增立……四条，总名曰祭祀”“国朝于工律内特立河防一篇，凡四条”，其中两条则仍唐旧。其结果则是条文数量分布上“刑律多而五律少”。[①]

三是事类属性。不宜混杂的情况，应予明确区分，如对于前朝律典中的“斗讼”篇，“国朝以斗讼事繁，难混为一，分斗事曰斗殴，讼事曰诉讼”；唐律有处罚各类“殴詈”之条，至明，认为“然皆与殴并称，未免混杂无统”，专设“骂詈”一门。

四是罪类特性。惩治涉及“军政”“人命”“受赃”“犯奸”等类型的犯罪，维护统治秩序，维系风化人心，意义“至重”，因而单独列出，以示不同寻常之意。如“国朝以军事至重，而与丁夫杂匠总隶，失轻重之伦，特立军政条目，系于宫卫之下”“以人命至重，特立其目，系于盗贼之后”“以赃为蠹政之由，特立其目”，等等。

以上依据，可以并用。如明代定律处理“奸”罪，先从唐“杂律”中

---

① “明初本用《唐律》之次序，后因律分六部，刑律多而五律少，不得不取各律之文以充五律之数，势难循旧律之次序，致五律皆简而刑律独繁，此亦无可奈何之事也。”（清）沈家本:《历代刑法考·明律目笺三》，邓经元、骈宇骞点校，中华书局 1985 年版，第 1889 页。

分出，再于“刑律”之下专设“犯奸”一门，而“杂犯”之目仍存，只是其中无“奸”：“大抵奸为败伦伤化之事，宜特立禁条，使人知有所警惧，难混于杂律。国朝撮奸事为一类而属之刑律。”新的律目体系，还包括立法者同样按照上述原则，权衡具体条文与门类的契合度，移动个别条文，即上表中的“移入”“移出”和部分跨类目“合并”。①

从“门类”上看，明律对唐律的利用，采取的是“化简为繁”之法。条目减少，门类加增。观其律目，则“六部”名下，各有何事，一目了然。但类目精细，固然能避免“盗贼概收乎人命”之类的问题，但增设的“人命”“诈伪”等门，与由来已久的“贼盗”“诈伪”篇章能否并行不悖，旧的“擅兴”规则如何分配到新增的“兵律”“工律”名下，规定内容承前而篇目更新后，具体的条文能否适得其所，这些都不能仅限于读律者据文句考条理，而有必要征之于实际之运用。就此而论，则后人、刑官的议论也应听取。

（2）“求详而反失之略”——清人对明律目的反思

《律条疏议》着眼于律目体系来比较唐、明律，这主要是从立法体例、形式角度而言。而《唐明律合编》还深入到罪刑轻重是否持平的实质评判层面，薛允升对明律得失的评判，与辨析唐、明律体例上的异同交织在一起，共同成就其肯认唐律而指摘明律的基本观点。《唐明律合编》准照唐律三十卷之体例，将明律中可与之对照的条文，不拘所属门类，一一附在唐律相关规条之后。这种编著手法，便显示出薛允升以唐律为理想、以唐制为标尺的心态。而其具体评析更是如此：多指明律改唐律为非，明律所增为无谓，明律所减为无理，等等。沈家本的态度也相似。如表 2–11 所示。所涉明律条目，参见附表一。

① 而对条文的改名和门类内合并的观察视角则更加微观，往往要结合情节与刑罚来就事论事，这方面的讨论留待下节。

表 2-11 《唐明律合编》与《明律目笺》议论唐明律篇目

明律篇目	薛允升解说	沈家本解说
名例	唐（名例）为六卷，明共一卷	《名例》。即李悝之《具法》也。古人序例都在全书之后，故《具法》居终。商君改法为律。汉增三章，而六法之次序不改。魏改《具律》为《刑名》，而移于律首。晋析为《刑名》《法例》二篇。北齐合《刑名》《法例》为一，曰《名例》。后周复分为二。隋仍合为一。唐因于隋，相承不改
吏律职制	唐律凡事涉官员公务者，均入此门，分上中下三卷。明律不过三分之一，余则另见各门	盖即李悝《杂律》之《踰制》也。汉《贼律》有《踰封》《矫制》，魏改入《诈律》。《晋志》言因事类为《违制》，疑即《踰制》及《踰封》《矫制》之事。梁、齐、周因之。隋开皇改为《职制》。唐以后相承不改
吏律公式	—	古无此目，《明律》从《职制》分出。隋、唐令皆有《公式》篇
户律户役	唐为户婚律，明分户役、田宅、婚姻为三项，凡户口赋役之事，俱入于此	汉《户律》，为萧何所增三章之一，魏、晋、梁承之。北齐曰《婚户》，盖以婚事附之。后周分为《户禁》《婚姻》。隋开皇以《户》在《婚》前，改为《户婚》，唐、宋、元皆承用之。明乃分为《户役》《田宅》《婚姻》三篇
户律田宅	唐律田宅之事俱在户婚律中，明分出另为一门	唐、宋、元皆在《户婚律》中，明始分出
户律婚姻	婚姻田土唐律俱在户婚门内，明律则各为一篇，故此专言婚姻	北齐合于《户律》，曰《婚户》。后周分出，为《婚姻》。隋开皇又合于《户》，大业分出，曰《婚》。唐用《开皇律》，仍曰《户婚》，宋、元因之。明复分出
户律仓库	—	《仓库》。汉《贼律》有储峙不办，盖即仓库之事，魏在《乏留律》；《金布律》有毁伤亡失县官财物，魏在《毁亡律》。《梁律》始有《仓库》之名。隋《开皇律》并《库》于《厩》，曰《厩库》，《大业律》分为《仓库》《厩牧》。唐用《开皇律》，故仍曰《厩库》。宋仍《唐律》。元无其目。明分《厩》《库》，《厩》入《兵律》，而《库》在《户律》曰《仓库》
户律课程	此门所载各条，唐律俱无文，以情形各不相同故也。俱系税课之事，故附列于仓库之后	古无其目，《唐律》散见各律，然无盐、茶诸法也。元有《食货》一篇，凡私盐、私茶皆入之。明改为《课程》《钱债》
户律钱债	钱债以下三条，唐本在杂律中，明分出另为一门，似嫌琐碎	古无此目，唐在《杂律》，明始分立此篇。李悝《杂法》有《假借》之名，《汉律》因之，魏分入《请赇律》，未知是《钱债》之事否？元在《禁令》门内

续表

明律篇目	薛允升解说	沈家本解说
户律市廛	唐律无市厘名目，明分出各篇，增立此门，亦嫌琐碎	《晋律》有《关市》，梁因之。《后周律》分为《关津》《市廛》。隋《开皇律》删之,《大业律》又有《关市》。唐用《开皇律》，故关津之事在《卫禁》，市廛之事在《杂律》。明又分出
礼律祭祀	—	《后周律》有《祀享》，元有《祭令》，唐散见各律。明始类而为一
礼律仪制	—	《后周律》有《朝会》，唐散见各律，明始立此篇。盖以尔时政归六部，故以六曹分类，不得不立此二目也。隋、唐令皆有《仪制》篇
兵律宫卫	晋有宫卫律，唐改为卫禁，明复为宫卫，另设关津一篇。明律计一卷。宫卫门所载各条，明律均较唐律治罪为轻，唯从车驾行而逃，向宫殿射箭，及此条（冲突仪仗三条）较唐律为重。再，唐律畜产冲入宫门者，杖一百，明律则改为皇城，可知明律之皇城门，即唐律之宫城门也。而宫门则又在禁秘之处，与唐律之宫门迥异。两律之互相参差，盖由于此，参看自明	《晋律》始立《卫宫》之名，梁及后周皆承用之。北齐附以《关禁》，更名《禁卫》。隋开皇改为《卫禁》,《大业律》为《卫宫》。唐用《开皇律》，曰《卫禁》，宋、元承之。明改为《宫卫》，而关禁事别入《关津律》。汉有《宫卫令》
兵律军政	唐为擅兴律，明改为军政，隶于兵律。而兴造诸事另列于篇改隶工律焉 发兵营造，即古之所谓兴律也，故唐并为一律，明一在兵律，一在工律，失其旨也。然曰擅调官军，曰擅造作，俱列在各律之首，似犹得古律之意 宫卫门，唐律详而明律较略；军政门，唐律简而明律较烦	此即汉之《兴律》也。魏附以擅事，曰《擅兴》。晋复去《擅》为《兴》。梁仍为《擅兴》。北齐改为《兴擅》。后周合于缮事，曰《兴缮》。隋开皇复为《擅兴》，唐承之。元改为《军律》。明复改此名
兵律关津	关津之律，意主稽查。隋唐合于宫禁曰卫禁，明分宫卫、关禁为两篇，以有内外轻重之别也	梁为《关市》，后周分《关津》《市廛》二篇。隋开皇仍入《卫禁》,《大业律》复为《关市》。唐用《开皇律》，入《卫禁》，宋、元因之。明复分出《市廛》属《户》,《关津》属《兵》也
兵律厩牧	此律俱言厩牧之事，明律亦在此门。惟大祀牺牲不如法在礼律祭享门。乘官畜驮私物在兵律邮驿门 唐律厩库本系一章，亦无甚轩轾，明律则库事多而厩事少，是视库事重，而厩则甚不经意矣。古今风气之不同又如此	即汉之《厩律》。魏除《厩律》，而别为《邮驿令》。《唐律疏议》云，晋以牧事合之，名为《厩牧律》。《唐六典》所引《晋律》曰《厩律》，无「牧」字。自宋及梁，复名《厩律》。后魏太和年名《牧产律》，至正始年复名《厩牧律》。北齐、后周更无改作。隋开皇以库事附之，更名《厩库》,《大业律》分为《仓库》、《厩牧》。唐用《开皇律》，仍合为一，名《厩库》。明复分为二，而以《厩牧》属《兵律》也

续表

明律篇目	薛允升解说	沈家本解说
兵律邮驿	此门所载递送公文各律，系有明一代之邮政，其余俱与唐律略同，而亦多增改，至邀取实封公文一条，则过甚矣。宜唐律之并无其文也	《魏律》序略谓，秦世旧有厩置、乘传、副车、食厨，汉初承秦不改，后以费广稍省，故后汉但设骑置而无车马，律犹着其文，故除《厩律》，取其可用合科者，以为《邮驿令》。此《邮驿》之名起于魏也。《唐律》在《职制律》中，《元律》亦然。明始分立此篇
刑律贼盗	唐律自反叛至此皆言贼事，谋杀人及制使本管官并有服尊长凡一切贼害人之事均在此律。其盗大祀神御物以下等条俱在盗律。合之则为一章，分之仍系两篇。明律另立人命一门，失其意矣	二字之义，说已见前。李悝《盗法》《贼法》分为二篇，自汉以下因之，惟魏分劫略等项为《劫略》。晋无此篇，盖仍入《盗律》。梁曰《盗劫》《贼叛》。北齐始合二律为一，曰《贼盗》。后周仍分为《劫盗》《贼叛》。隋《开皇律》又合之，《大业律》复分之。唐用《开皇律》，仍合为《贼盗》，自是以后，其名不改。元将杀人之事分出，别标《杀伤》，明别为《人命》一篇，是名同而义不同矣
刑律人命	唐律无人命专门，情重者见于盗贼，情轻者见于斗讼 明另立人命一门，殊属无谓，审如所云，殴伤未死者应入斗殴门，殴伤已死者即应入人命门矣，而斗殴门内言至死者不一而足，何也？且谋杀有服尊长等在人命门，殴死有服尊长等仍在斗殴门，抑又何也	古无此目，其事统于《贼律》之内，明始别立此名
刑律斗殴	晋刑法志云两讼相趣谓之斗，唐为斗讼律，明分斗殴诉讼为二篇，故此篇专言殴事。然总目曰斗殴，而散目亦曰斗殴，究嫌未尽允协。明律计一卷，今以事之相和者，照唐律卷数，附录于后 唐律无人命门，均系杀伤并举，其同谋不同谋之处，亦最分明。明律特立人命一门，而罪坐原谋，初斗转无明文，且只有同谋共殴，而无不同谋一层，求详而反失之略……分诉讼斗殴为两门可也，斗殴之外，又特立人命一门，似可不必。此门所载，因斗殴而致成人命者十居八九，盖可见矣	《唐律疏议》云:《斗讼律》者，首论斗殴之科，次言告讼之事，从秦汉至晋，未有此篇。至后魏太和年，分《系讯律》为《斗律》。至北齐，以讼事附之，名为《斗讼律》。后周为《斗竞律》。隋开皇依齐《斗讼》名，至今不改。按:《大业律》分《斗讼》为二，曰《告劾》，曰《斗》。唐用《开皇律》，仍为《斗讼》。元分为《诉讼》《斗殴》。《明律》盖因于元
刑律骂詈	唐律有詈而无骂，而詈与殴多系并言，亦只寥寥数条。大抵有关名分居多。明特立骂詈一门，并添入骂人罪名，殊觉无谓	前代殴、詈兼言，明乃分为此篇。《骂詈》亦斗事分出，殊可不必

续表

明律篇目	薛允升解说	沈家本解说
刑律诉讼	唐为斗讼律，明以事多难合为一，分为二篇，故此曰诉讼	汉《囚律》有告劾之事，魏分立《告劾律》，晋、梁因之。北齐合于《斗律》，曰《斗讼》。后周曰《告言》。隋《开皇律》仍曰《斗讼》，《大业律》复分之。唐用《开皇律》，仍为一篇。元始分为《诉讼》，明因之
刑律受赃	唐律职官有犯赃私，均在职制门，不另列受赃名目，可谓得体	汉《盗律》有受所监受财枉法之条，魏分为《请赇律》，晋因之。梁曰《受赇》，后周曰《请求》，北齐无此目。隋《开皇律》因之，《大业律》复曰《请求》。唐用《开皇律》，故无此篇，其事在《职制律》内。元亦然。明乃立此篇
刑律诈伪	唐律计二十七条，凡诈伪之事，无论诈为何项，犯者何人，均汇列于一处，明律止有三分之一，其余则分见各律，岂此数条为诈伪，而别条非诈伪乎	汉《囚律》有诈伪生死之条，魏分为《诈律》，亦曰《诈伪》。晋又分《盗律》为《诈伪》。自后历代相承，迄明不改
刑律犯奸	按此盖视犯奸为重也而改唐律之徒罪为杖则又从轻矣不知其故，致（至？）总目名犯奸，散目亦名犯奸，尤属未协，前斗殴律亦然	前代在《杂律》中，元始分为《奸非》。明改此名
刑律杂犯	唐为杂律，李悝首制法经，而有杂法之目，历代因之，条数甚多，唐律上三十条，下二十八条，明按款分隶别律，止存十一条。明律计一卷，今仍分为两卷，并将刑律犯奸及户律工律与唐此律相类者俱附入焉	自李悝有《杂法》，历代相因。惟后周为《杂犯》，隋仍为《杂律》，元又为《杂犯》。明因之不改，其事则多分为他篇，非其旧矣
刑律捕亡	唐律先言将吏追捕罪人逗遛不力及漏露其事之罪，次言因捕罪人杀伤及罪人拒捕治罪，又次言各色逃亡之罪，又次言在禁在役而亡及主守失囚故纵之罪，盖既以捕亡名篇，故无论何项人，均汇入此门。犹诈伪之但系行诈作伪亦无何等类人俱归于一处也。明律将越狱及徒流人逃编列于此，其余分载各律，有计日者，亦有不计日者，与唐律之命意已属不符。再，有亡者即有容匿亡者之人，唐律是以又有部内容止他界逃亡及知情藏匿罪人二条，明律有平人藏匿而无官司容止，未知其故	自李悝有《捕法》历代因之。梁曰《讨捕》。北齐曰《捕断》，盖附以断狱事。后魏名《捕亡律》，见《唐律疏议》。后周曰《逃亡》，《唐律疏议》作《逃捕》。隋复名《捕亡》。自后相承不改

续表

明律篇目	薛允升解说	沈家本解说
刑律断狱	唐律以断狱终，盖以上十章皆为犯法者言之，此条则为判断者言之也，而终之以疑狱，其所以矜恤罪囚而惟恐稍有错失者可谓无微不至矣。明律既以六部分统各条，故终以工律，且删去疑狱一条，均失唐律之意	—
工律营造	此古来之兴擅律也，明以六部分统诸条，故此在工律	汉作《兴律》，本该造作之事。唐在《擅兴律》中。明始分此篇。《唐令》有《营缮篇》
工律河防	然既总名河防，而侵占街道、修理桥梁道路二律与河防有何关涉，而亦入于此门耶	《河防》。古无此目，唐在《杂律》中，明始分立此篇。盖既分六曹，不得无一律目,《礼》《工》二律，皆从各律采集，以充数也

牵一发而动全身、一改再改却一错再错，是薛允升对明代定律的感慨。其批评细目繁杂，某些门类的出现，使得律条归置混乱，甚至人为割裂原有的条文整体，不利于体系的一贯，而在定罪量刑上，也是“名目愈多愈不画一”，此与“法深无善治”乃是立法形式、规则内容上的遥相呼应。

上述“门类之见”与张楷针锋相对。张楷疏解明律特设门类，强调事项的重要性与明代定律以规制的决心。而薛允升则认为唐律中无此门类，自有其道理，明人多此一举。如“受赃”一门，薛允升言：“唐律职官有犯赃私，均在职制门，不另列受赃名目，可谓得体。”又如,“人命”与“斗讼”门的重叠，薛允升指出，“唐律无人命门，均系杀伤并举，其同谋不同谋之处，亦最分明。明律特立人命一门，而罪坐原谋，初斗转无明文，且只有同谋共殴，而无不同谋一层，求详而反失之略”，本着唐律“斗讼”篇，“分诉讼斗殴为两门可也，斗殴之外，又特立人命一门，似可不必”。“斗殴”门中，“因斗殴而致成人命者十居八九”，便是“人命”门设置缺乏必要性的明证。再如，“诈伪”类规则，在唐律中自成一篇，在明律中设于刑律之下，但其中条文被删减移出，因此薛允升存疑：“唐律计二十七条，凡诈伪之事，无论诈为何项，犯者何人，均汇列于一处，明律止有三分之一，其余则分见各律，岂此数条为诈伪，而别条非诈伪乎？”

对条文的增减，薛允升的态度也类似，以唐律为优：如明律中专为盗官私马牛而设的“盗马牛畜产”条，薛允升认为，“其余俱有窃盗本律，是以唐律无文，明律所添，殊觉无谓”。又如，明律“夜禁”条，唐律名“犯夜”“载在杂律，最为合宜。明改入军政门，义无所取”。再如，唐律中的通例、通律被明律删除，薛允升认为不妥。

从薛允升、沈家本对明律的批评中，可以反观其对法典体系应达到何种要求、应避免哪些遗漏的认识。而将此种认识归纳一番，便可得出一系列有关立法技术的见解。这些理论散落在薛允升条分缕析之中，一一读来则细碎重复，而归结起来，则相互印证，共同形成对法典体系、立法技术的原理的理解。

其一，条目与门类应协调一致，换言之，篇章门类设置，以及门类选收条文均应有一定（甚至是唯一的）之规①。篇章门类关系上，薛允升认为，唐律合二事为一篇的原则持之以恒，便于理解和掌握，而明律则此一时彼一时，难以体现规律性：“唐律合（盗贼）于一章，与卫禁、厩库、户婚、斗讼等律，以二事合为一章之意亦属相同，是以谋杀蛊毒等类均入于贼律，其因斗致死者仍入斗律，非因争斗而致杀人，入车马庸医等类，则入于杂律，最为妥当。如谓业已致人于死即应入于此门，彼放火烧房屋及盗决故决河防以致杀伤人命者何以仍在杂律及工律耶？”门类与条目关系上，例如，明设“工律”，以“造作”“河防”两类充实此篇，但“河防”门中侵占街道、修理桥梁道路二条，相距门类主题较远。再如，唐明律均有“捕亡”类目，在唐律中“既以捕亡名篇，故无论何项人，均汇入此门。犹诈伪之但系行诈作伪亦无何等类人俱归于一处也。明律将越狱及徒流人逃编列于此，其余分

① 依形式逻辑，清律篇目门类的设置，存在“多出子项”“子项相容”等错误。“由于中国古人在分类时并没有总结出这两大原则，因此，他们常犯此类错误而不自知。”陈锐：《从“类”字的应用看中国古代法律及律学的发展》，载《环球法律评论》2015 年第 5 期。

载各律，有计日者，亦有不计日者，与唐律之命意已属不符”。

其二，条目与门类不应重名。条目层面，薛允升主要是从实质出发，即罚则设置是否合理、与唐律的相关度及与相关规定的协调性等；体例问题则多结合门类来讨论。薛允升注意到，相对于较高层级的门类“总目”，条目又被视为“散目”，“散目”宜更细致具体，与“总目”有所区别。例如，“然总目曰斗殴，而散目亦曰斗殴，究嫌未尽允协”。后文中又重申，“总目名犯奸，散目亦名犯奸，尤属未协，前斗殴律亦然”。

其三，同一门类中律条排序应有讲究，本门之通例应放在开头或结尾。例如，唐律“擅兴”篇之条文，在明律中被拆分，薛允升揭示，“发兵、营造，即古之所谓兴律也，故唐并为一律，明一在兵律，一在工律，失其旨也。然曰擅调官军，曰擅造作，俱列在各律之首，似犹得古律之意”。

其四，篇章门类的设置和排序也应有讲究。门类与本门律条，是整体与局部的关系，而通览全篇，则律典这一整体也有赖篇章门类的有序排列。唐律以“断狱”为末篇，以“疑狱”为条文之末，在薛允升看来，尤其意味深长：

唐律以断狱终，盖以上十章（今按：职制到捕亡）皆为犯法者言之，此条则为判断者言之也；而终之以疑狱，其所以矜恤罪囚而惟恐稍有错失者可谓无微不至矣。明律既以六部分统各条，故终以工律，且删去疑狱一条，均失唐律之意。

沈家本的论述着眼于各篇的先后顺序，更为全面，他将律典所容纳的内容分为“民事”“国政”等类型，认为《北齐律》改变了此前律典“重民”的态度，而隋唐定律坚持“尊王”的立场，明“律分六部”则从目录上看既未突出“重民”又不彰显“尊王”：①

① （清）沈家本:《历代刑法考·律目考·附明律目源流》，邓经元、骈宇骞点校，中华书局 1985 年版，第 1360 页。

表 2-12 历代律典篇目排序思路

	法经	汉律	曹魏、晋、梁	北齐	隋唐	明
原则	“民事”在前 不涉“国政”	“民事”在前 “国政”在后	《刑名》为首 《盗》《贼》继之 “民事”在前 “国政”在后	“国政”“民事”交错	国政皆居前 民事皆居后	《名例》为首 律分六部
表现	以《盗》《贼》居前，系民事，《杂法》亦多民事 《囚》《捕》二法与《盗》《贼》相因，《具法》总各律之加减，皆与国政无关	汉增《兴》《廐》《户》三章，系国政 而列于六篇之后，其殆有重民之义欤	魏《刑名》虽冠篇首，而《盗律》《贼律》即继之，是仍以《盗》《贼》居首，晋、梁皆然，未改《汉律》之次序也	北齐《名例》之后，继以《禁卫》《婚户》、婚，民事，而可赅于户《兴擅》《违制》，国政也 次以《诈伪》《斗讼》《贼盗》，民事也 《捕断》《毁损》《廐牧》则国政民事兼有之，《杂》则补各律之遗，故厕于末	隋《开皇律》改《廐牧》为《廐库》而移于前，于是国政皆居前，而民事皆居后 《唐律》因之，盖用尊王之义，故与梁以前之次序不同	明政归六部，而律亦分六部，与重民尊王之义皆不合矣

古律之意、唐律之意何在？一言以蔽之，便是有一贯之理，一定之规，篇章门类及条目能够前呼后应、环环相扣、有始有终。然而，法典的传承演变亦是事实。一部法典自成系统，深嵌在一时一地的法制之中，取部分而舍其余，则拼凑的体系内部可能难以协调划一，新旧内容未必能兼容，就律典而言，其以列举方式规定情节，而对应以绝对确定之法定刑，则其量刑尤难以持平。从这个角度来看，明律有功有过，其功在于创建，功过相随，过其实难避。本朝律典未必实用，唐律体系严整却只能远观和研读，但“远水不解近渴”——可供判案的谕旨、条例与案例等，须定期整理而未必能如期，条例的冲突龃龉尚难以尽扫，重整律典之事，在承平之也难得机会。这恐怕是薛允升品读唐明律，反思《大清律例》的黯淡背景。但将错就错也该“错得明白”，《唐明律合编》评判未必公允，但其条分缕析，就事论事的治学态度，显现出律学的高水准。

(二)《大清律例》律目的定型

律条题名的根据是律文中提取出来的一定信息，但从规范内容中提取何种信息、经何种酝酿而命题，则要具体分析。清代律典从顺治朝便已开始修订，至雍正时基本完成。如乾隆五年（1740年）修律“凡例”指出：“律文四百五十七条，历代相因，至雍正五年删改增并，定为四百三十六门，今仍其旧。”仅从字样上观察，清代新设的律目仅十余个，哪怕算上标题在篇章门类结构中的位移，清律目较明律目的变化也并不剧烈。[①] 例如，在“名例律”中新设标题的“军籍有犯”条，其内容是从《大明律》“军官军人犯罪免徒流”条中第一款演化而来，所规定的行刑办法与明代的略有不同；又如，“犯罪免发遣”条，其规定形式与明代“军官军人犯罪免徒流”条类似，但“凡旗人犯罪……”内容则是清代独有的，[②] 是清代旗、民有分的法律体现；“充军地方”条也是清律标题与内容上的新增，而“流犯在道会赦”“天文生有犯”条目虽异于前代，但从标题到内容都有所本，后文详述。

标题不变，不代表内容上无异；[③] 标题在形式上的细微的变化更可以作为制度变化的指示。伴随着律条新设、删除与局部修改，清律目发生了拆分、归并或转换，雍正、乾隆等朝修律使得律目互不重复、律目与律条一一对应。（见附表二）

---

① 学者分析，清律演变过程《工律》的变化幅度最小，从工律中，最可反映法律制作上的“清承明制”的特色，原因是“这样技术性的法律规范，是可以跨越时空和族群”。《工律》框架早已定型，清代法律修订者仅微调以完善其事，“犹如一所房屋，结构都未变化，仅仅在装饰上融入了自己的智慧而已”。参见刘玉华：《〈大清律例·工律〉演变源流考释》，载《江苏警官学院学报》2011年第2期。

② 虽薛允升在《读例存疑》中称该条也摹仿了明律的“军官军人犯罪免徒流”，但其实此条也有着浓厚的结合满清特有制度的创造性的一面：其标题自然不似明律条目，同时也有意与清其他“律目”相区别。从这一角度上讲，标题“军籍有犯”和“犯罪免发遣”的确有刻意分割的痕迹，前者强调行为主体和行为性质，后者偏重法律后果，相对于内容而言，两个标题都不完整。后文详释。

③ 以“五刑”为例，基本刑在律条中列举出来，并通过数量繁多的例条将对刑制的变种一一规定，律条、例条合起来才是清代刑制的全貌。“赎刑”附于“五刑”条中，是清独有。

有关律目定型的清律对明律的改动，改动之一是条文的合并或拆分。明律借鉴唐律，往往通过唐律条文的合并或拆分来构造明律条，内容构造的复杂化也就经由名目而体现；① 清代纂修律典时又从整体上把明律对前代法律规范打散重排的成果接收过来。

归并条文手法的运用，侧重捕捉分散事项的共有特征。基于对多样的犯罪的类型化认识，具有某些共同特征的法律规范被放在同一律目之下。例如，清律第 238 条"递送公文"，乃是将明同名的第 259 条、第 260 条、第 261 条合二为一，明律三条依次成为清律一条中的三款，只是将第 260 条、第 261 条起首的"凡"字分别改为"其"，并于律后附例。"冲突仪仗"条也是如此处理。② 清律第 141 条"盐法"，更收入明律第 149 ～ 160 条的主要规定内容，且每条明律起首的"凡"字在转换为清律第 141 条诸款时均保留。这种使律目一次性引领更多内容的合并，其实还可以追溯到更早。

同样基于对类型的把握与个例的辨析，另外一种改动方法即拆分，更加体现出对情节、性质差异的把握。例如，清律第 19 条"天文生有犯"，若与明律目比对，似乎为新设，但主要内容其实是从明律"工乐户及妇人犯罪"条规定中分出。将规定"天文生犯罪"特殊行刑方案的内容列为专条，使得清律第 20 条"工乐户及妇人犯罪"条的标题与律文更加契合。

改动之二，是对律条位置的挪移。例如，清律第 51 条"信牌"条在"吏律"的第一个门类"职制"当中，其内容基本是从明律同篇的第二门"公式"的同名律文中移过来的。清代"漏泄军情大事"律内容基本仿自明律中与之同名的一条，但该条所处的篇章门类均与明律不同。

改动之三，是文字替换。例如，"毁大祀邱坛"之"邱"，明作"丘"，

---

① "五刑"名目，其实也是本着传统的刑法观念，对数个本来列有专条的基本刑制作合并规定的结果。

② 清律第 195 条"冲突仪仗"，也是将明律三条（第 214 ～ 216 条）内容依次排列，载于一条，并将明律第 215 条首字"凡"改为"若"，原在第 216 条律首的"凡"删去。

清代为尊孔而改。"伪造印信时宪书等"，明作"伪造印信历日等"，清代为避讳"历"而改。"因公科敛"，明为"因公擅科敛"，清代删去"擅"字。这类小改动无伤原意。但也有触及文义的标题改动，如清律"流犯在道会赦"条目是由明律"徒流人在道会赦"转化而来，律中第三款又为"其徒犯在道会赦，及已至配所遇赦者，俱行放免"，则删去"徒"字，有关"徒犯会赦"的内容在标题中得不到反映，使得此条律意溢出了标题所划定的界限。

上述与标题有关的三种改动，都产生于对法律规定的具体内容的理解和使用上的变化。标题与内容俱变，标题对内容的依附性于此可知。此外，三种改动并非相互排斥。例如，清律第202条"漏泄军情大事"，是从明律"吏律"之"公式"门中，移至清律"兵律"的"军政"门下。其改动的原因在于，律条处罚泄露情报之罪，其中既包括"军情重事"又关乎"不专指军情"的"机密重事"，即"数事共条"，而修律者对律条主旨有不同判定。线索从题目中即可探知：被漏泄的为"军情"和"大事"。具体而言，前两款侧重"军情"，第三款中，私自拆看一般官司文书的犯罪，处罚是杖六十，若官文书所载"事干军情重事"，则私拆者罪至杖一百，徒三年。第四款与第三款相似，实际是包含军情与军情之外的重事而言的。因此，若依从范围更广的"大事"，则其门类划分应如明律；若强调"军情"这一特殊事件，便从清律，归入"军政"。应该说，两种认定各有道理，但均存缺憾。这实际是一则条文所包含的诸种犯罪情状虽有牵连但不能统一的结果。[①] 此条采复合性标题，以兼顾律条的重点内容，但由于所合并内容来源上的复杂，还是遗漏了少量要点。[②]

明律对唐律的选择性吸收，清律对明律的整体吸收与细节改造，都是塑造《大清律例》律目的力量。此外还应看到，律文、律目的演化呈现出

---

① 唐律中已对泄密、私拆官文书等犯罪均有规定，且为分别规定，并非设于一条。

② 如此条中的私拆一般公文的情节。

复杂面相：在法制变迁中，某些渊源古老的律条“名存实亡”，或标题与内容“似是而非”，还有少量具有原则性、宣示性的“超稳定”的法律内容排斥形式上哪怕些微的变化。因此，在清代法典中，有些古老的标题和内容虽被保留，但较少被使用；[①] 而有些新设、后改的内容要被施加“剪裁”以适应旧的标题。[②]

小结

酌量法典体例的意义在于，构建一个分中有合、合中有分的体系。明、清律典的综合性，其端倪可溯及“刑法统类”与“条法事类”，而“条法事类”的要点在于符合“敕令格式申明”汇编的综合性篇章与门类（事类）。在这种类目的引导下，敕令等被摘引并归类，舍弃“名例”而不惜重复出现旁照法等，也重视局部，即本篇、本门中的总法与通例。这是体例上化整为零、局部雕琢的表现。

在篇章门类设置及随之而来的条文归置问题的评判上，明、清人士观点不同，张楷强调专设某门体现定律者的特殊重视，而薛允升忧心明、清律条在此在彼无所适从、分类标准模棱两可，不及唐律十二篇体例明了。细目的利弊，在此可以借用章学诚归纳古来“史法”而评议士人编书设置标题“每好分析”之失：

近行志乘，去取失伦，芜陋不足观采者，不持文无体要，即其标题，先已不得史法也。如采典故而作考，则天文、地理、礼仪、食货数大端，本足以该一切细目。而今人每好分析，于是天文则分星野、占候为两志，于地理又分疆域、山川为数篇。连编累牍，动分几十门类。大《史》《汉》

---

① 如“八议”等。王立民教授称，唐律的律条在明清律中仍可占到百分之六十。王立民：《唐律新探》（第5版），北京大学出版社2016年版，第102～103页。

② 如“五刑”，律条袭旧，但刑制从新。算上例条规定，则刑种远超于五。

八书十志之例具在，曷常作如是之繁碎哉？[①]

一定的体例，出自一定的内容，也指引着内容的安排。律典的编纂，在篇章门类的命名上遵循着两种原则：一为演绎，二为归纳，唐律应是取后者，而清律则含有演绎的成分。这其中，"六部统篇"的手法是关键，如"礼律""工律"均是先设篇目，再将相关规则移入其中并分设门类。另外，虽十二篇目之名实废，但修律之手法仍沿用，这种局部借鉴或者说不彻底的修改，其功其过，从法律继承角度分析，可谓"古律之必当从，虽欲违之而莫能违"。[②]

① (清)章学诚:《文史通义》卷八外篇三《修志十议》，吕思勉评，李永圻、张耕华导读整理，上海古籍出版社2008年版，第289页。

② 化用吴澄之语。其在《大元通制条例纲目后序》中称，"《大元通制》颁降于天下，古律虽废不用，而此书为皇元一代新律矣。以古律合新书，文辞各异，意义多同。其于古律，暗用明不用，名废而实不废。何也？制诏、条格犹昔之敕令格式也，断例之目……一循古律篇题之次第而类辑，古律之必当从，虽欲违之而莫能违也。岂非暗用而明不用，名废而实不废乎？"吴澄:《吴文正公集》卷一一，载《元人文集珍本丛刊》第三卷、第四卷，台北，台湾新文丰出版公司1985年影印版。

第三章　分门别类——《大清律例》律目的核心功能

清代法典中的标题多有所本。薛允升、沈家本等人的论述描绘出律目演变的主线，更可深化“唐律一变为明律，明律一变为清律”的印象。清代律学不乏精深见解，为继续探索明清法典的目录体系开拓了道路。而本章的任务，首先，解析律目最核心的索引功能，也就是法条的定名与法条的排序。其次，研究清律律目，除从唐、宋、元、明律令典章编纂上追寻篇章门类由来外，还要兼顾“有目有文”的律条与“有文无目”的条例，尤其注意后者在律典编纂时如何被对待：一则，《大清律例》律目以律文的简单摘录或律意的初步提炼为表现形式，以索引律条为基本功能，又用于例条的归类；二则，条例之于清代司法的意义不可谓不重要，但其在法典编撰体例中仍为律条之附庸，这种反差的成因与后果值得考量。

（一）索引律条

生成与演化一体两面，从事类到罪类，既沿袭又整合，这是清律目的来源和形式特点，也是其功能发挥的基础。律目中所包含的信息又不仅仅是律条内容的简介，从其在法典总目中所处的相对位置，也能展示出律条的某些性质特征。律条的计数与排列组合，最终完成了律目的索引功能。律条的定名与排序中，基于对法律原理的一定程度的认识和运用，相对集中地反映定律的水平。

《大清律例》是综合性法典，“名例律”之外的诸篇章中，即有以“正刑定罪”为目的、以“罪状—法定刑”为结构的刑事性规范，也有偏重“设范立制”而不直接规定刑罚的非刑事性规范。无论是刑事性还是非刑事性规范，均以情节的认定和评价为核心，[①] 而论罪与叙事也成为律条命题的两种倾向。清律“名例律”“吏律”“户律”“礼律”“兵律”“刑律”“工律”七篇中，首篇内条文的标题比较特殊，因“名例律”规定的特殊性，所以论罪的标题不多见。后六篇中的标题，从表现形式来看，有较为笼统地勾勒规范所涉及的事项、言事而未及罪的，有专注于行为描述的。后一种标题丰富多样，共同标志是其中往往透露出对违法行为的消极评价。专门针对官吏、军人等主体而设以督促其遵纪守法与履职、处罚其违法犯罪的条文，标题中常出现“私”[②]“违”[③]“冒”[④]“不觉”[⑤]“不当”[⑥]“不以实”[⑦] 等字眼。而一些常见、多发的犯罪，条文标题中便直书其事，因行为的危害性与结

① 上述刑事性规范的“正刑定罪”性质与非刑事性规范的“设范立制”性质，借用了唐代对“律、令、格、式”特征的分别描述，即“律以正刑定罪，令以设范立制”。（《唐六典》卷六“刑部尚书”条）

② 例如，以“私借……”为题的，“户律”中，“田宅”门有“私借官车船”、“仓库”门有“私借钱粮”“私借官物”，“兵律”中“厩牧”门有“私借官畜产”、“邮驿”门有“私借驿马”。再如，有“私役”字样的标题，如“户律”之“户役”门的“私役部民夫匠”、“兵律”之“军政”门的“公侯私役官军”、“关津”门的“私役弓兵”、“邮驿”门的“私役铺兵”和“私役民夫抬轿”。

③ 例如，以“……有违”为题的，有“吏律”之“公式”门的“制书有违”、“户律”之“仓库”门的“出纳官物有违”。其他含有“违”字的标题，如“户律”之“钱债”门的“违禁取利”、“户律”之“仓库”门的“收粮违限”、“兵律”之“军政”门的“从征违期”，等等。

④ 有“户律”之“仓库”门的“冒支官粮”、“兵律”之“关津”门的“私越冒度关津”“诈冒给路引”、“工律”之“营造”门的“冒破物料”。

⑤ 有“户律”之“仓库”门的“仓库不觉被盗”、“刑律”之“捕亡”门的“主守不觉失囚”。

⑥ 有“户律”之“仓库”门的“拟断赃罚不当”、“刑律”之“断狱”门的“断罪不当”“赦前断罪不当”。

⑦ 有“兵律”之“厩牧”门的“验畜产诈不以实”、“刑律”之“诈伪”门的“对制上书诈不以实”、“刑律”之“断狱”门的“检验尸伤不以实”。

果的严重性已为人所共知，如“盗”“杀”“殴”“诈”“奸”[①]等。

律目或可将发生在不同情境中，具有不同性质的犯罪行为区分开来。例如，不同篇章门类中，有多种“留难”,[②]多种“稽程”,[③]罪行分别由不同的主体、在不同的场合中所犯。又如，同一人、物、事的称谓，与不同种类的犯罪相关。物方面，出现“畜产”字样的律条有八，“厩牧”门各条中的“畜产”强调其官方或私人饲养者对其负有管理之责,[④]“邮驿”门“乘官畜产车船附私物”条中强调的是畜产可充当运输工具，“贼盗”门“盗马牛畜产”条中则强调畜产是官、私所有的财物。人方面，律目中涉及人之处往往要强调其品秩、职掌、家族地位等身份信息，“人”字有时特指与犯罪行为人无身份、血缘关系的“凡人”，有时又是无差别泛指。事方面，见于“兵律”之“邮驿”门“公事应行稽程”条，“刑律”之“杂犯”门“嘱托公事”“私和公事”条以及“名例律”中“公事失错”条的“公事”，名同事异。

条文层面的律目，出自律条而对律条内容有一定的概括提炼，从而针对相似相关的规范，既能通过相同的关键词来强调其中的关联，又能通过具体表述的不同而提示其间的区别，使得法典目录可成为法律规范系统性的体现。然而，律目的形成还有随意性。一则，叙事类标题，其命名方法多是“摘字叙名”，这有极为古老的渊源，是编纂《论语》等传统典籍时所使用的分段、题名办法。“摘字叙名”通过对律条文字的选取来达成标明事类的目标，如他条事有相似处，一般只要多摘几字便可解决。但这种

① 含上述五个关键字的“律目”，依次集中在“刑律”的“贼盗”门、“人命”门、“斗殴”门、“诈伪”门、“犯奸”门。但也非一概而论，如“贼盗”门有“诈欺官私取财”条等。

② “户律”之“仓库”门的“收支留难”、“礼律”之“仪制”门的“朝见留难”、“兵律”之“关津”门的“关津留难”。

③ “吏律”之“公式”门的“官文书稽程”、“兵律”之“邮驿”门的“驿使稽程”“公事应行稽程”。

④ 分别是“牧养畜产不如法”“验畜产不以实”“养疗瘦病畜产不如法”“畜产咬踢人”“隐匿孳生官畜产“私借官畜产”。

简便的命题方法的范围总是局限于内容中的首句、前几个字，缺乏对内容的总结，很难实现对罪行本质的把握。二则，如果说律条的标题应是定罪量刑等类内容的摘要，应是主要法律信息的概括，那么强调论罪内容的标题应当更接近该条规范的核心。但罪行描述式的命题办法还比较粗疏，很多题目对律意的展现也有不足，后文详述。

对清律目命题思路的探讨，还可以借用《明律目笺》中的“唐律目”作为参照系。简称若要形成专名，不但需要简明扼要，而且需要为人所熟悉。那么，针对社会生活中常见、多发的犯罪而设的法律规范，成熟较早，在其内容被吸收借鉴的同时，标题无论优劣，均可能长久地被传递和使用，某种程度上，律目的沿用并不总取决于其命题方法的优劣。更何况，清代的立法者未必不把标题的改动视为定律修例中的次要事宜，未必仅因循苟且，不着力推敲，否则，清律中又何以仍用“断罪引律令”这一条目呢？

对律条文字的摘录与文义的提炼，是律目实现其区分、索引律条功能的基础。在多种命名办法混用的法典中，标题的总体区分度还是可观的。但是，能够提示律文，不等于能够全面、完整地揭示律意。律目仅用寥寥数字，律条则往往内容丰富，这就对标题作用的发挥构成了考验。命题的质量，即标题对内容的展示效果，还要深究。

清律中，有一些在立法与司法中出现频率、关注度均较高的规范内容，其律条标题也因此为人所熟悉，但这并不意味着标题与内容是全然相符的，也许仅是惯用；“文不对题”的现象并不少见。衡量标题与内容的契合度，若采取逆向思维，以律意为中心审视，则下列问题值得思考：标题是否遗漏了律条的要点？标题是否远超出律条的范围？标题可否点出律条的关键？笔者因此将律目与律条的关联程度作三类评判，一是内容溢出标题，二是标题超出内容，三是标题、内容大致相符。（见表 3–1）

表 3-1 《大清律例》律目与律意关系[①]

		律意溢出标题	标题超出律意	标题、律意大致相符
名例律		应议者之父祖有犯、职官有犯、以理去官、无官犯罪、除名当差、流犯在道会赦、犯罪时未老疾、称乘舆车驾、称期亲祖父母、称与同罪、称监临主守、称日者以百刻、称道士女冠	应议者犯罪、文武官犯公罪、文武官犯私罪、犯罪免发遣、军籍有犯、流囚家属、犯罪存留养亲、天文生有犯、工乐户及妇人犯罪、徒流人又犯罪、老小废疾收赎、犯罪得累减、给没赃物、犯罪自首、犯罪共逃、同僚犯公罪、公事失错、犯罪事发在逃、亲属相为容隐、处决叛军、化外人有犯、本条别有罪名、断罪无正条	五刑、十恶、八议、常赦所不原、二罪俱发以重论、共犯罪分首从、加减罪例、断罪依新颁律、徒流迁徙地方、充军地方
吏律	职制	大臣专擅选官、滥设官吏、贡举非其人、擅离职役、官员赴任过限、无故不朝参公座	官员袭荫、信牌、奸党	文官不许封公侯、举用有过官吏、擅勾属官、交结近侍官员、上言大臣德政
	公式	制书有违、弃毁制书印信、上书奏事犯讳、事应奏而不奏	讲读律令、照刷文卷、磨勘卷宗、封掌印信	出使不复命、官文书稽程、同僚代判署文案、增减官文书、漏使印信、擅用调兵印信
户律	户役	立嫡子违法、收留迷失子女、丁夫差遣不平、禁革主保里长、卑幼私擅用财	脱漏户口、人户以籍为定、点差狱卒、收养孤老	私创庵院及私度僧道、赋役不均、隐蔽差役、逃避差役、私役部民夫匠、别籍异财
	田宅	欺隐田粮、盗卖田宅、擅食田园瓜果、私借官车船	检踏灾伤田粮、功臣田土、典买田宅	任所置买田宅、盗耕种官民田、荒芜田地弃毁器物稼穑等
	婚姻	典雇妻女、妻妾失序、逐婿嫁女、居丧嫁娶、父母囚禁嫁娶、娶部民妇女为妻妾、强占良家妻女、出妻、嫁娶违律主婚媒人罪	男女婚姻、同姓为婚、尊卑为婚、娶亲属妻妾、娶乐人为妻妾、良贱为婚姻	娶逃走妇女、僧道娶妻

① 关于律意，古人解读有广有狭，广如姚文然等有“律意律心说”，参见（清）姚文然:《姚端恪公外集·律意律心说》，载《清代诗文集汇编》第七五册《姚端恪公全集》，上海古籍出版社 2010 年据康熙桐城姚氏刻本影印。狭义的则针对具体规则，如明人张楷《律条疏议》中疏解条文之意。本表依狭义。

续表

		律意溢出标题	标题超出律意	标题、律意大致相符
	仓库	附余钱粮私下补数、私借钱粮、库秤雇役侵欺、仓库不觉被盗	钱法、私借官物、那移出纳、冒支官粮、钱粮互相觉察、起解金银足色、转解官物、守掌在官财物	收粮违限、多收税粮斛面、隐匿费用税粮课物、揽纳税粮、虚出通关朱钞、守支钱粮及擅开官封、出纳官物有违、收支留难、损坏仓库财物拟断赃罚不当、隐瞒入官家产
	课程	监临势要中盐、人户亏兑课程	盐法、阻坏盐法、匿税	私茶、私矾、舶商匿货
	钱债	费用受寄财产、得遗失物	违禁取利	
	市廛	把持行市、私造斛斗秤尺	市司评物价	私充牙行埠头、器用布绢不如法
礼律	祭祀	毁大祀邱坛、亵渎神明	祭享、致祭祀典神祇、历代帝王陵寝	禁止师巫邪术
礼律	仪制	收藏禁书、失误朝贺、公差人员欺陵长官、服舍违式、僧道拜父母、匿父母夫丧、弃亲之任	合和御药、乘舆服御物、御赐衣物、失仪、上书陈言、丧葬、乡饮酒礼	奏对失序、朝见留难、见任官辄自立碑、禁止迎送、失占天象、术士妄言祸福
兵律	宫卫	太庙门擅入、宫殿门擅入、宿卫守卫人私自代替、辄出入宫殿门、向宫殿射箭、越城	关防内使出入、宿卫人兵仗、行宫营门、门禁锁钥	从驾稽违、直行御道、内府工作人匠替役、宫殿造作罢不出、禁经断人充宿卫、冲突仪仗
兵律	军政	擅调官军、漏泄军情大事、军人替役、主将不固守、纵军掳掠、不操练军士、毁弃军器、私藏应禁军器、纵放军人歇役、公侯私役官军	申报军务、飞报军情、边境申索军需、失误军事、私卖战马、优恤军属、夜禁	从征违期、激变良民、私卖军器、从征守御官军逃
兵律	关津	关津留难、递送逃军妻女出城	盘诘奸细	私越冒度关津、诈冒给路引、私出外境及违禁下海、私役弓兵
兵律	厩牧	乘官畜脊破领穿、宰杀马牛、畜产咬踢人、公使人等索借马匹	牧养畜产不如法、孳生马匹	验畜产不以实、养疗瘦病畜产不如法、官马不调习、隐匿孳生官畜产、私借官畜产
兵律	邮驿	铺舍损坏、多乘驿马、文书应给驿而不给、乘驿马赍私物、私役民夫抬轿、承差转雇寄人	递送公文、病故官家属还乡	邀取实封公文、私役铺兵、驿使稽程、多支廪给、公事应行稽程、占宿驿舍上房、乘官畜产车船附私物、私借驿马

续表

		律意溢出标题	标题超出律意	标题、律意大致相符
刑律	贼盗	造妖书妖言、盗大祀神御物、盗制书、盗城门钥、盗园陵树木、强盗、劫囚、白昼抢夺、窃盗、盗田野谷麦、亲属相盗、略人略卖人、发冢、盗贼窝主	诈欺官私取财、夜无故人人家、共谋为盗	谋反大逆、谋叛、盗印信、盗内府财物、盗军器、监守自盗仓库钱粮、常人盗仓库钱粮、恐吓取财、盗马牛畜产、公取窃取皆为盗、起除刺字
	人命	谋杀祖父母父母、杀死奸夫、谋杀故夫父母、造畜蛊毒杀人、屏去人服食、夫殴死有罪妻妾、杀子孙及奴婢图赖人、弓箭伤人、窝弓杀伤人、尊长为人杀私和	谋杀人、杀一家三人、斗殴及故杀人、戏杀误杀过失杀伤人	谋杀制使及本管长官、采生折割人、车马杀伤人、庸医杀伤人、威逼人致死、同行知有谋害
	斗殴	殴制使及本管长官、威力制缚人、奴婢殴家长、妻妾殴夫、殴大功以下尊长、殴期亲尊长、殴祖父母父母、殴妻前夫之子、妻妾殴故夫父母	斗殴、良贱相殴、同姓亲属相殴、妻妾与夫亲属相殴、父祖被殴	保辜限期、宫内忿争、皇家袒免以上亲被殴、佐职统属殴长官、上司官与统属官相殴、九品以上官殴长官、拒殴追摄人、殴受业师
	骂詈	奴婢骂家长、骂祖父母父母、妻妾骂夫期亲尊长、妻妾骂故夫父母	骂人、骂尊长	骂制使及本管长官、佐职统属骂长官
	诉讼	告状不受理、子孙违犯教令、见禁囚不得告举他事、教唆词讼、诬告充军及迁徙	听讼回避、诬告、军民约会词讼、官吏词讼家人诉	越诉、投匿名文书告人罪、干名犯义
	受赃	有事以财请求、在官求索借贷人财物、家人求索、因公科敛	官吏受财、私受公侯财物、官吏听许财物	坐赃致罪、事后受财、风宪官吏犯赃、克留盗赃
	诈伪	诈为制书、诈传诏旨、对制上书诈不以实、私铸铜钱、诈假官、诈为瑞应、诈教诱人犯法	诈病死伤避事	伪造印信时宪书等、诈称内使等官、近侍诈称私行
	犯奸	纵容妻妾犯奸、诬执翁奸、奴及雇工人奸家长妻、奸部民妻女、官吏宿娼	犯奸、亲属相奸、良贱相奸、居丧及僧道犯奸	买良为娼
	杂犯	失火、放火故烧人房屋	夫匠军士病给医药、阉割火者、嘱托公事、搬做杂剧、违令、不应为	拆毁申明亭、赌博、私和公事

续表

		律意溢出标题	标题超出律意	标题、律意大致相符
	捕亡	罪人拒捕、徒流人逃、稽留囚徒、主守不觉失囚、知情藏匿罪人	应捕人追捕罪人	狱囚脱监及反狱在逃、盗贼捕限
	断狱	囚应禁而不禁、陵虐罪囚、与囚金刃解脱、主守教囚反异、狱囚诬指平人	狱囚衣粮、功臣应禁亲人入视、老幼不拷讯、鞫狱停囚徒对、依告状鞫狱、辩明冤枉、有司决囚等第、长官使人有犯、断罪引律令、狱囚取服辩、赦前断罪不当、妇人犯罪、死囚覆奏待报、断罪不当	故禁故勘平人、淹禁、死囚令人自杀、原告人事毕不放回、官司出入人罪、检验尸伤不以实、决罚不如法、闻有恩赦而故犯、徒囚不应役、吏典代写招草
工律	营造	虚费工力采取不堪用、造作过限	擅造作、造作不如法、冒破物料、修理仓库	带造缎疋、织造违禁龙凤文缎疋、有司官吏不住公廨
工律	河防	盗决河防、侵占街道	修理桥梁道路	失时不修堤防

标题单一、内容多样、律意远超标题的包括两类，第一类：律条中有多个层次，律条标题仅列举某一层次的主题。① 其又分两种：第一种，各层次在主观态度或客观表现上存在差异，标题仅列出故意一端或过失一端或行为阶段之一。② 第二种，涉及亲属相犯的规定，往往将卑犯尊、尊犯卑的处罚设于一条，标题中只体现卑犯尊一端。第二类：律条的标题仅为其中局部内容的写照。也分两种：或是律条为"分—总"形式，围绕同一主题，含有多个相似项，标题仅列出典型项；③ 或是律条内以刑罚相同、处理相似等标准，将数个事项之间形成类比，标题仅举出部分项。④

① 若律条作"正—反"式规定的，因其主旨明确，应被归入"文题相符"一类。例如，"常赦所不原"律条既阐释了何种情形"不从赦宥"，紧接着列举了哪些情况可以"从赦宥"，还区别了"常赦"与"特赦"。可以看作围绕"常赦所不原"的正、反例释。

② 律目中但凡含有"弃毁"的，律文多包"遗失"而言；含"不觉"的，律文多包"故纵""知情"；含违律"卖"的，律文中或同时处罚"买者"。

③ 如"匿父母夫丧"，其实仅是"匿丧"罪行中的少量情况，还有"闻期亲尊长丧匿不举哀"，等等。

④ 如"以理去官"中有一款规定，妇人犯夫仍得以子之官品荫而取得刑罚执行上的优待，此款未体现在标题中，但与前面几款"并依职官犯罪律拟断"。又如，规定中情节各异，后项情节相对于前项，"罪亦如之"。

标题宽泛、内容有限、标题覆盖面广于律文的，则是另外一些律条标题的特点。第一类，标题总括事类而内容仅关注局部。提炼一定数量犯罪的类型特征或总结一定数量规定的共同要素的律目，如“斗殴”“犯奸”“诬告”“钱法”“盐法”“男女婚姻”等，有些甚至等同于篇章之下的门类标题。这类标题，一来因其律条内容一般是总领性、综合性的，所以往往位于门类或相关律条之首。二来以类目作标题的律条，应与他条参看。因其题目虽宽泛，但内容就一类犯罪的各种表现而言，并不完整，或是针对一定范围内最典型常见的情节作规定，或者规定某一犯罪类型中最基本、最重要的事项。那些非典型的、次重要的内容，则另设他条来规定，标题也相应地更加具体。如“谋杀人”律中，并不包含“谋杀”亲属、长官等特殊情节。第二类，标题模糊而内容详细。其一，在“名例律”[①] 中多见的以“……犯罪”“……有犯”为名的，规定事项在律文中还需要详加说明。如“名例律”的“工乐户及妇人有犯”一条与“刑律”之“断狱”门下的“妇人有犯”一条，不读律文，无法确定所言“妇人有犯”各指何事。其二，标题来自律文规定的外围信息而非犯罪的核心要素的，如“功臣田土”一条，实际规定的是对功臣之家瞒报自置田土而隐粮匿税行为的处罚。其三，标题对部分内容进行了总结，指明处理意见，但未一并指出此种处理的条件性，如“犯罪免发遣”，读律文才可知“犯罪免发遣”基本是“旗人犯罪”专条。第三类，标题仅勾勒律条中对官吏等人守法、合规行事的正面要求，而律意着重对行为人违律违规的处罚。

① 笔者原则上对其中的标题与其他六篇中的标题使用同样的判定标准。但因为“名例律”规定具有特殊性的缘故，表中对此篇“律目”是否恰当的判定也有值得再斟酌之处。容易评定的标题，如前节分析的“流犯在道会赦”，无论如何都是内容较标题更宽；又如“犯罪存留养亲”“老少废疾收赎”，虽然处理态度比较明确，且既叙事又论罪的形式比较少见，但并不确切，是超出内容的标题。然而，所谓不确切的标题，放在规范系统中仍可观察出独特意义。举“应议者有犯”为例，因为其内容是特殊主体“应议者”在犯罪后得享的特殊待遇，主要在宣判与执行方面，而定罪量刑仍需依律、应与常人无异。所以单独来看，题目过大，但结合全律可知，专设这样一条的特殊用意。

与内容大致相符的标题也为数不少，[①] 且呈现出一些准确性和包容性兼备的特色：以描述行为或损害后果为中心，且有一定的表明处罚态度的词；列举多项时，或利用表示并列的“及”来关联两项，或在所举事项后再加“等”字；对在行为方式、责任人、后果等方面比较复杂的规范的命名上或回避差异、采选各种情状的共同点，或适当归纳律意；所在律文本身比较简单，[②] 等等。

总体而言，（1）标题过窄的原因，从命题角度来看，越求详求备、越拘泥于律条正文，越容易“挂一漏万”。从内容上看，法律规范制定中为追求与确定的刑罚一一对应而进行的精细的罪状描述，本身是难以通过简要的文字来抓住其本质特征的。（2）标题过宽的原因有二。一则，对情状复杂的犯罪采一体式规定，则标题往往取用宽泛。例如，“弃毁制书印信”条内还规定了对“遗失制书印信”的处罚。二则，若采分离式规定的，往往相近条文中，标题有过宽的，也有比较恰当或过窄的。例如，“奸党”条下，除对被认为有“奸党”行状的官员科以严刑外，还有对不避权势、赴

① 部分原因是笔者考虑标题的性质，对标题、律意契合度的判定标准比较宽松。因为标题如果一味复述内容，则不够简洁；强求简要的标题对内容的描述面面俱到，也不现实，如果过苛，恐怕找不到任何合适的标题。在律意是否超出标题的判断上，律条往往有多个层次，辨析各层的含义，把握各层的关系，还涉及立法技术和刑法观念方面的问题，即相对于前一层次，后一层次属于顺承前文的当然解释或为前文而设的反例，还是“数事共条”思想下的类推、拟制手法？在判断标题相对于律意是过于宽泛还是大体相符时，有的情况也不好判定。例如，“名例”中条文标题往往不含明确的论罪内容，而是指事。指事既有举一隅的，即标题小于内容，又有“大而无当”的。只有标题意思相对明确、所言范围与律条主题相适应的，才能归入“基本相符”一栏。另外，后六篇中的条文标题，还要参看篇章下诸如“婚姻”“人命”等门类，因为标题归在某门中即反映出律条的一些信息。

② 如“私茶”“私矾”“盗印信”“盗内府财物”等。但不可一概而论，所谓律条简单，不仅要文字简省，还要求规定事项比较单纯，且规定内容在门类、通篇乃至全律中都比较独特，不易和其他律条发生混淆。在此基础上，用词比较恰当的题名，可以成为律条主旨的反映。反之则不然。如“同姓为婚”，以常理思量，其与“尊卑为婚”“娶亲属妻妾”有部分重叠。又如“违令”“不应为”等名称，虽然律文简约，但罪状宽泛。以至于被称作“概括性禁律”。这些取自简单律条的“律目”，仍不能全面展示律条的确切涵义，也只有置于条文集合中才能把握其命题思路。

御前陈告的执法官的奖赏内容，其实“上言大臣德政”亦属于“奸党”的情形之一，因此，前一律目过宽，后一律目则与所在律文内容比较吻合。（3）标题过宽、过窄，都是不准确的。这主要是对各种情节缺乏统合而区分过细带来的后果。如杀、殴、骂、奸等犯状，在亲属相犯的场合，条文命题方式极为接近，即在名目为“卑犯尊”的条内一并规定“尊犯卑”的处罚，于是都与律意有不小的差距。因此，恰当的标题，不可过窄亦不能太宽。以律文简明为前提，又以适度整合律意、归纳主题为佳，要在不遗漏关键信息与过滤非重要信息之间求得平衡。

“题不对文”或“文题相符”等命题的不同效果，说明标题与内容呈现出大体相关但并不精确的对应；从创设目的到存在形式，个别律目与其说是对律条主题的概括，毋宁说是对本条律与他条律的区分。律目确为律条文义的某种反映，但与律条之法意未必百分之百契合，这就是律目作为具体条文标题的作用的发挥：展示律条的基本情况，概括性不足，而区分度尚可。

律目具有的最低限度的区分各条的功能，也是在历次修律、几经周转后才固定下来。少量标题如“干名犯义”“别籍异财”等，抓住律意精髓，便于司法操作，说明在如何使标题与内容相符方面，清律目还是积累了一些经验。但多数律目与论罪的需求不太一致。其粗糙的命名方法，既反映出对律条的命题不够重视，也体现复杂的规范结构对条文主题归纳的制约。其历史原因则是清代修律在体系方面的袭旧惰性。

（二）收纳条例

在前述律目为中心的探讨中，暂时搁置了一个问题，即清代法典的显著特点还包括“条例”的始终存在与时常更新。法典中，将“条例”附于相关律条之后，是一种在现有框架下扩充容量的办法。这也就对法典中原有的标题接纳新内容的“弹性”提出挑战。

"条例"附于律文之后，律目划定律条间的分界，也就标示出例文的大致范围，本节要探讨的"条标"的意义便由此引出。[①]《大清律例》中，围绕特定立法之意的律、例构成的法律规范组合，篇幅可以远远超过不带例条的律条，这是立法上，在篇章框架已定的背景下，对法典的扩容。

"例从律出，例有因时变通，律乃一成不易，有增减之例，无增减之律"[②]"律为永久不变之根本法，故一成则不妄行改废之。例即所谓条例，则与此异。因时变通，损益改废，无所不可"。[③]例条的创制动机是补律所未备、补律之不及，或为阐发律意，为律条作注脚，或为对律意的延伸，将司法中出现的新情况与既有规定作比附，或为对律意的变通。创制的途径，包括将律注转成例、官员条奏定例、谕旨定例，等等。依律目而"分门别类"，是修例时对条文的整理办法。在很多由律、例合构的规范组合中，就规定事项而言，例意对律意的补充和延伸是明确可见的，律目同时也是例条内容的恰当提示。

然而，例条一经创设，与原有律条的关系又复杂化了。[④]律目与例条的关系总体上比较疏远，所以不便引入上章的标题与律文的契合度测量，而只能关注律目与例意的兼容性问题。具体而言，清人考辨"条例"，往往交代某例条曾于某次修律时从某一条目之下移出，或论说某例条应移附

---

① 前已述及，因为"门"的容量大于"条"、层级高于"条"，一门之下可以有多条相互独立的规则，所以在律、例均以条来计量后，将某条律又称为某门，其实是基于对律例关系的把握，意在突出律条作为例条的存在基础和界定依据的意义。

②《刑案汇览》卷 42"听从尊长殴死次尊仍遵本律"载江西道御史奏。

③［日］织田万:《清国行政法》，李秀清、王沛点校，中国政法大学出版社 2003 年版，第 56 页。

④"研究清代例文的变化，颇能看出法律实施的时间效力。但由于户部定例或则例采入律例是出于'治罪'的需要，而采用后的刑律例文有语焉不详、歧义纷出之类错谬，这使我们仅仅依据大清律例的例文不能全面了解清代相关法律的变化，甚至会出现诸多'误读'。"林乾:《关于〈户部则例〉法律适用的再探讨》，载《法律史学研究》2004 年第 00 期。

于另一条目下。表 3-2 所展示的例条的挪动情况，便可示意条目下之律意与例意的冲突。[①]

表 3–2 《大清律例》律目与“条例”的迁移[②]

	修律时移出条例 （移出条；归入条 - 条例编号，移出时间）	《读例存疑》认为应移条例 （应移出条 - 条例编号；应归入条）
名例律	八议；应议者犯罪 -02，乾隆四十二年 职官有犯；五刑 -09，乾隆五年 职官有犯；五刑 -12，乾隆五年 文武官犯私罪；常赦所不原 -13，嘉庆六年 犯罪免发遣；应议者之父祖有犯 -01，乾隆五年 犯罪免发遣；天文生有犯 -02，乾隆五年 流囚家属；徒流迁徙地方 -20，嘉庆六年 常赦所不原；诬告 -18，乾隆五年 常赦所不原；诬告 -17，嘉庆六年 犯罪自首；强盗 -42，乾隆五十三年 徒流人又犯罪；常赦所不原 -09，嘉庆六年 徒流人又犯罪；徒流迁徙地方 -02，嘉庆六年 犯罪事发在逃；徒流人逃 -17，乾隆五十三年 工乐户及妇人犯罪；五刑 -14，嘉庆六年 工乐户及妇人犯罪；赌博 -01，雍正三年 加减罪例；五刑 -07，乾隆五十三年 称与同罪；有事以财行求 -02，嘉庆十九年	五刑 -02［应夹人犯］；故禁故勘平人 应议者犯罪 -11；职官有犯 犯罪事发在逃 -01［下段］；盗贼捕限[③] 徒流人又犯罪 -05；窃盗 徒流人又犯罪 -07；窃盗 徒流人又犯罪 -11；奴婢殴家长 徒流迁徙地方 -02；稽留囚徒 / 主守不觉失囚[④]

① 至于例条挪动的原因，各不相同。曾任刑部官员的律学家的认定标准是否合理，也不是本书关注重点。

② 同为记载“条例”纂修的资料，《大清律例根原》看重历次律例生效修改的断面，《读例存疑》着重研讨“条例”修改之理由、变动之过程，因此后者更便于追踪“条例”包括“移—归”在内的变化，“移”即从某条下移出，“归”即归入某条下位移。因体例、内容方面的考虑，虽不免遗漏，本书仍以《读律存疑》为主要材料之一。信息不全、不确则查《大清律例通考》与《大清律例根原》。表中条目名称以《大清律例》为准，“条例编号”依《读例存疑》电子版中编号，参见 http：//www.terada.law.kyoto-u.ac.jp/dlcy/index.htm，最后访问日期：2017 年 7 月 7 日。编号后若以方括号加注，注中文字均取自《读例存疑》原说，加注原因是该处的修改建议并非移动整个例条，而是希望对“条例”加以拆分，将其中部分内容或另立专条并归入其他条目下，或与其他条目下的“条例”内容进行整合。

③ 原文中仅言移至“捕亡”门中，分析此条例义，似应归入“盗贼捕限”条。

④ 原文称应移入“稽留囚徒”条或“主守不觉失囚”条中。

续表

		修律时移出条例 （移出条；归入条 - 条例编号，移出时间）	《读例存疑》认为应移条例 （应移出条 - 条例编号；应归入条）
吏律	职制	滥设官吏；欺隐钱粮 -04，乾隆五年 贡举非其人；官吏宿娼 -01，乾隆五年	—
	公式	官文书稽程；盗贼捕限 -02，乾隆五年 官文书稽程；盗贼捕限 -03，乾隆五年 官文书稽程；盗贼捕限 -22，乾隆五年 官文书稽程；淹禁 -02，乾隆五年 官文书稽程；鞫狱停囚待对 -02，乾隆五年 官文书稽程；鞫狱停囚待对 -03，乾隆五年 官文书稽程；鞫狱停囚待对 -04，乾隆五年	事应奏而不奏 -02；贡举非其人 官文书稽程 -04；鞫狱停囚待对① 官文书稽程 -08；盗贼捕限 照刷文卷 -03；事应奏而不奏 照刷文卷 -04；事应奏而不奏 照刷文卷 -05；徒流迁徙地方 同僚代判署文案 -02；有司决囚等第 同僚代判署文案 -03；职官有犯
户律	户役	—	人户以籍为定 -02［未经卖身之先以下］；良贱为婚
	田宅	任所置买田宅；典卖田宅 -04，乾隆五年	—
	婚姻	—	强占良家妻女 -05；略人略卖人②
	仓库	转解官物；收粮违限 -03，乾隆五年 转解官物；收粮违限 -04，乾隆五年 给没赃物；虚出通关朱钞 -01，乾隆五年 给没赃物；强盗 -17，乾隆五年 那移出纳 -11；虚出通关朱钞 -11，咸丰二年	收粮违限 -02；转解官物 收粮违限 -03；转解官物 收粮违限 -04；转解官物 隐匿费用税粮课物 -01；舶商匿货③ 虚出通关朱钞 -07；那移出纳 那移出纳 -05［下层］；损坏仓库财物 转解官物 -07；收支留难 转解官物 -17；钱法 拟断赃罚不当 -01；给没赃物 拟断赃罚不当 -02；给没赃物
	课程	盐法；人户亏兑课程 -01，乾隆五年	—
	市廛	把持行市；私出外境及违禁下海 -12，乾隆五年	把持行市 -06；转解官物

① 原文中仅言移至“断狱”门中，分析此条例义，或应归入“鞫狱停囚待对”条。

②《读例存疑》征引并赞同吴坛《大清律例通考》论断。

③ 原文仅称该例应移，未言应移往何处。据原文及例义推测，或应移至“户律”的“课程”门“舶商匿货”条。

续表

		修律时移出条例 （移出条；归入条 - 条例编号，移出时间）	《读例存疑》认为应移条例 （应移出条 - 条例编号；应归入条）
礼律	祭祀	祭享；五刑 -09，乾隆五年 禁止师巫邪术；术士妄言祸福 -01，嘉庆六年 禁止师巫邪术；庸医杀伤人 -01，嘉庆五年	—
兵律	宫卫	冲突仪仗；越诉 -01，乾隆五年	—
	军政	私藏应禁军器；斗殴及故杀人 -19，乾隆五十三年	从征守御官军逃 -03；转解官物
	关津	私出外境及违禁下海；私藏应禁军器 -06，乾隆五年 私出外境及违禁下海；私越冒度关津 -02，乾隆五年	私越冒度关津 -03；化外人有犯
	厩牧	宰杀马牛；盗马牛畜产 -06，乾隆五年	宰杀马牛 -02［盗牛及盗杀盗卖］；盗马牛畜产① 宰杀马牛 -03［盗杀盗卖及故买窃盗牲畜宰杀］；盗马牛畜产②
	邮驿	递送公文；驿使稽程 -03，乾隆五十三年 公事应行稽程；稽留囚徒 -04，嘉庆十四年 多支廪给；私出外境及违禁下海 -12，嘉庆十四年	多支廪给 -01；私出外境及违禁下海
刑律	贼盗	谋反大逆；谋叛 -01，雍正三年 强盗；诬告 -19，乾隆五十三年 强盗；诬告 -20，乾隆三十五年 窃盗；强盗 -29，嘉庆六年 窃盗；强盗 -30，嘉庆六年 窃盗 -10［奴仆平人犯窃犯抢］；起除刺字，乾隆五十三年 窃盗；起除刺字 -19，乾隆五十三年 恐吓取财；窃盗 -30，道光十九、二十四年 恐吓取财；官吏受财 -03，乾隆四十八年 恐吓取财；诬告 -21，乾隆五十三年 监守自盗仓库钱粮；常赦所不原 -10，嘉庆六年 监守自盗仓库钱粮；常人盗仓库钱粮 -01，雍正三年 劫囚；应捕人追捕罪人 -01，乾隆五年 白昼抢夺；强占良家妇女 -05，嘉庆六年 发冢；起除刺字 -14，乾隆五十三年	盗园陵树木 -01；历代帝王陵寝 强盗 -16；事应奏而不奏 强盗 -25；奴婢殴家长 强盗 -34；转解官物 强盗 -37；略人略卖人 白昼抢夺 -04；化外人有犯 白昼抢夺 -13；谋叛 白昼抢夺 -20；化外人有犯 窃盗 -26［养象窃贼］；盗贼窝主 窃盗 -27；从征守御官军逃 恐吓取财 -03；阉割火者 恐吓取财 -04；化外人有犯 诈欺官私取财 -03；转解官物 诈欺官私取财 -07；在官求索借贷人财物③ 盗贼窝主 -07；转解官物

① 《读例存疑》引乾隆五年修例按语。参见郭成伟:《大清律例根原》，上海辞书出版社 2012 年版，第 806 ~ 807 页。

② 原文中仅言移至“盗贼”门中，分析此条例义，似应归入“盗马牛畜产”条。

③ 原文中仅言应与“‘求索’门各条参看，亦应归入彼门”，分析此条例义，似应归入“在官求索借贷人财物”条。

续表

		修律时移出条例 （移出条；归入条 - 条例编号，移出时间）	《读例存疑》认为应移条例 （应移出条 - 条例编号；应归入条）
	人命	杀死奸夫 -10；罪人拒捕，道光四年 杀死奸夫；罪人拒捕 -14，道光八年 斗殴及故杀人；杀死奸夫 -22，嘉庆十四年 戏杀误杀过失杀伤人 -12；斗殴及故杀人，乾隆四十八年 斗殴及故杀人；戏杀误杀过失杀伤人 -12，嘉庆十九、二十年 戏杀误杀过失杀伤人；妻妾殴夫 -03，嘉庆三年 戏杀误杀过失杀伤人；殴祖父母父母 -12，道光二十三年 威逼人致死；犯奸 -08，乾隆四十二年	戏杀误杀过失杀商人 -01；给没赃物 杀子孙及奴婢图赖人 -04；检验尸伤不以实
	斗殴	保辜限期；殴大功以下尊长 -02，乾隆四十八年 殴期亲尊长；殴大功以下尊长 -12，嘉庆六年 殴期亲尊长；殴大功以下尊长，嘉庆六、九年 殴大功以下尊长［期亲］；殴期亲尊长，咸丰二年	斗殴 -01［疯病伤人］；戏杀误杀过失杀伤人 斗殴 -13；阉割火者 殴祖父母父母 -01；子孙违反教令①
	诉讼	诬告；越诉 -12，乾隆五年 诬告 -01［致死三人以上］；常赦所不原，雍正三年	越诉 -07；诬告 越诉 -11；告状不受理 越诉 -12；转解官物 诬告 -04；鞫狱停囚待对 诬告 -07；窃盗 诬告 -15；教唆词讼
	受赃	—	官吏受财 -08；同僚代判署文卷 在官求索借贷人财物 -06；家人求索 在官求索借贷人财物 -07；家人求索
	诈伪	—	诈假官 -04② 伪造印信时宪书等 -02；诈为制书
	犯奸	买良为娼；官吏宿娼 -01，雍正五年	—

① 原文中仅言移至“诉讼”门中，分析此条例义，似应归入“子孙违反教令”条。

② 该例规定“凡各省各营食粮兵丁，并有不食钱粮，假冒营兵，生事扰民，及合伙挟制官司，扰害地方者，该地方官审明，分别首从，各照律例定拟”等。薛允升的意见，一是既然“有犯可照本律治罪，又何必特立此专条耶”；二是查康熙五十七年（1718年）兵部议定此例之意，是防止“聚集伙党、生事扰民”，“并非专为平人假冒营兵而设，似应移入兵律军政门内”。但查“军政”各条，似乎并无恰当“条标”可以容纳此例。

续表

		修律时移出条例 （移出条；归入条 - 条例编号，移出时间）	《读例存疑》认为应移条例 （应移出条 - 条例编号；应归入条）
	杂犯	失火；费用受寄财产 -03，道光三十二年 不应为；造蓄蛊毒杀人 -01，乾隆三十二年①	拆毁申明亭 -01；讲读律令
	捕亡	徒流人逃；公事应行稽程，顺治三年 应捕人追捕罪人；劫囚 -04，道光十四年②	罪人拒捕 -06；殴大功以下尊长 罪人拒捕 -07；杀死奸夫 狱囚脱监及反狱在逃 -01；囚应禁不禁 狱囚脱监及反狱在逃 -02；与囚金刃解脱 盗贼捕限 -29［审限］；鞫狱停囚待对
	断狱	老幼不考讯；老少废疾收赎 -08，乾隆五十三年 辩明冤枉；职官有犯 -05，嘉庆六年 赦前断罪不当；常赦所不原 -03，乾隆五年 断罪不当；流徒迁徙地方 -16，嘉庆六年 稽留囚徒；有司决囚等第 -18，乾隆四十二年 稽留囚徒；有司决囚等第 -19，乾隆四十二年 稽留囚徒；有司决囚等第 -20，乾隆四十二年 故禁故勘平人；五刑 -02，乾隆五年 故禁故勘平人；五刑 -03，乾隆五年 有司决囚等第；五刑 -06，乾隆五年 检验尸伤不以实；斗殴及故杀人 -03，乾隆五年	狱囚衣粮 -02；辨明冤枉 鞫狱停囚待对 02［末一段］；盗贼捕限 有司决囚等第 -35；鞫狱停囚待对 有司决囚等第 -36；事应奏而不奏 有司决囚等第 -37；子孙违反教令 有司决囚等第 -51；军籍有犯 有司决囚等第 -54；事应奏而不奏 有司决囚等第 -55；事应奏而不奏 断罪不当 -01；化外人有犯

可见，在《大清律例》近 1/3 的条目下出现了例意与律意不适应的问题，不易归类的例条分布在几乎所有门类中。③ 移动例条的举措，在雍正、乾隆、嘉庆、道光、咸丰等朝的修例活动中均有所见。虽然从整体上来看，上千条例，难以界分的只是少数。但表中所见的律、例的结合，都不稳固，这至少说明，用律条的名目来指引例条的定位，未免鞭长莫及。学

① 原文仅言该例为乾隆三十年（1765 年）河南巡抚阿思哈条奏定例，后移附“造畜蛊毒杀人”。《大清律例通考》中，此例条即在“造畜蛊毒杀人”条，为乾隆三十二年（1767 年）馆修入律。《大清律例根原》中此例于“不应为”条下有收录，参见郭成伟主编:《大清律例根原》，上海辞书出版社 2012 年版，第 1642 页。

② 原文仅称“原载‘捕亡’门内”。查《大清律例根原》，此条为乾隆二十五年（1760 年）定例，乾隆二十六年（1761 年）纂修入律载于“应捕人追捕罪人”条下。参见郭成伟主编:《大清律例根原》，上海辞书出版社 2012 年版，第 806 ~ 807 页。

③ 发生或应有例条的移出、移入的律条，据表中“条标”统计，“名例律”中有 22 个，“吏律” 7 个，“户律” 21 个，“礼律” 4 个，“兵律” 7 个，“刑律” 70 个，共计 141 个。

者有言新例被置于“误导性的标题之下”，即是此意。[①]

与“文不对题”相随的弊病，还有“律文后附例过多”。[②]统计其数量，则清律《名例律》外，设吏户礼兵刑工六篇，每篇之下又有门类，从《吏律》《礼律》《工律》一篇分为两门，到《刑律》下设 11 门（斗殴、断狱两门各分为上下两节，贼盗一门分上中下三节，可以算作 15 小节），若按每门（节）所含律条数目计算清律中一“门”的平均容量，得出每门平均包含 11 条律。然而，至薛允升作《读例存疑》之时，附例在 11 条以上之律达 57 条，数量超过清律既定的 34 门（节）。有些律后附例数量极多，某一律例组合的规定内容，竟较一门规定为多。(见表 3–3) 如此，收罗庞杂内容的某一律目，廖廖三五字，其容量却堪比现今的一部单行法规或一批司法解释，很难说能在多大程度上展现其中的规定性质与内容。[③]

表 3–3　清律门类、律后附例数量统计

篇目	门类	律条数量	附例 11 条以上之律（附条例数，据《读例存疑》）
名例	—	46	五刑（17）；应议者犯罪（11）；流囚家属（13）；常赦所不原（13）；犯罪存留养亲（17）；徒流人又犯罪（13）；给没赃物（20）；犯罪自首（12）；徒流迁徙地方（49）[④]

① “在实际运作上，《大清律例》最重要的部分，乃是后来不断修改和增补的那部分内容，它们是对变化中的社会现实的实际回应……其文字仍充满空洞的原则和不合时宜的条文，同时往往又在不甚引人注意的地方增添了众多新订的关键条款，这些条款常常又是牵强附会于原先的概念，甚或置于误导性的标题之下”。[美]黄宗智:《清代的法律、社会与文化：民法的表达与实践》，上海书店出版社 2007 年版，第 87 ~ 88 页。

② 由此所产生的重大弊端是“条例制定于不同时期，内容往往前后冲突，量刑轻重不一，使执法者无所适从”。参见杨一凡、刘笃才:《历代例考》，社会科学文献出版社 2012 年版，第 293 ~ 295 页。

③ 从字数统计，则附例在 20 个以上的 23 条律中，“最多的一条附例达 61 个，字数为 8200 字；次多的附例 49 个,9400 字，其规模几乎相当于一部单行法规”，况且,“有的律文本身就达千字”，如“发冢”律条正文 900 余字，“诬告”律文近 1200 字，等等。杨一凡、刘笃才:《历代例考》，社会科学文献出版社 2012 年版，第 293 页。

④ 律例字数比为 282 ：9400，参见杨一凡、刘笃才:《历代例考》，社会科学文献出版社 2012 年版，第 294 页，下同。

续表

篇目	门类	律条数量	附例 11 条以上之律（附条例数，据《读例存疑》）
吏律	职制	14	官员袭荫（15）
	公式	14	—
户律	户役	15	人户以籍为定（25）①
	田宅	11	检踏灾伤田粮（15）；盗卖田宅（11）；典买田宅（11）
	婚姻	17	—
	仓库（上下）	23	虚出通关朱钞（11）；那移出纳（13）；转解官物（23）②
	课程	8	盐法（25）③
	钱债	3	—
	市厘	5	—
礼律	祭祀	6	—
	仪制	20	服舍违制（17）
兵律	宫卫	16	—
	军政	21	—
	关津	7	盘诘奸细（12）；私出外境及违禁下海（44）④
	厩牧	11	—
	邮驿	16	—

① 律例字数比为 120 : 2760。

② 律例字数比为 282 : 2000。

③ 律例字数比为 1029 : 3600。

④ 律例字数比为 179 : 700。

续表

篇目	门类	律条数量	附例 11 条以上之律（附条例数，据《读例存疑》）
刑律	贼盗（上中下）	28	强盗（49）；①白昼抢夺（27）；②窃盗（32）；③盗马牛畜产（16）；盗田野谷麦（20）；④恐吓取财（24）；⑤诈欺官私取财（13）；略人略卖人（18）；发冢（23）；⑥盗贼窝主（25）；⑦起除刺字（20）⑧
	人命	20	杀死奸夫（36）；⑨杀一家三人（17）；斗殴及故杀人（20）；⑩戏杀误杀过失杀伤人（22）；⑪威逼人致死（25）⑫
	斗殴（上下）	22	斗殴（14）；奴婢殴家长（16）；殴大功以下尊长（15）；殴期亲尊长（13）；殴祖父母父母（12）
	骂詈	8	—
	诉讼	12	越诉（27）；⑬诬告（26）；⑭教唆词讼（12）
	受赃	11	官吏受财（14）
	诈伪	11	私铸铜钱（12）

① 律例字数比为 310：6800。
② 律例字数比为 247：4588。
③ 律例字数比为 343：4400。
④ 律例字数比为 108：3660。
⑤ 律例字数比为 114：4340。
⑥ 律例字数比为 895：3730。
⑦ 律例字数比为 355：2330。
⑧ 律例字数比为 113：1330。
⑨ 律例字数比为 133：4300。
⑩ 律例字数比为 176：2520。
⑪ 律例字数比为 298：2440。
⑫ 律例字数比为 163：2400。
⑬ 律例字数比为 120：3750。
⑭ 律例字数比为 1183：3100。

续表

篇目	门类	律条数量	附例 11 条以上之律（附条例数，据《读例存疑》）
	犯奸	10	犯奸（13）
	杂犯	11	赌博（17）
	捕亡	8	应捕人捕罪人（11）；罪人拒捕（16）；狱囚脱监及反狱在逃（11）；徒流人逃（27）；①主守不觉失囚（12）；盗贼捕限（29）
	断狱（上下）	29	凌虐罪囚（14）；有司决囚等第（61）；②检验尸伤不以实（21）③
工律	营造	9	—
	河防	4	—

再从立法技术所讲究的规定应"赅括"、应制定"通例"而非仅针对一时一地的权宜之计等角度，观察清律体系中"条例"的一些特征及其成因。

表 3-4 《读例存疑》批评定例不"赅括"、非"通例"等问题

问题类型④	薛允升按语	定例
适用人员过窄	上条专言军流而未及外遣，此条专言发遣人犯而未及军流，均未赅括	名例·流囚家属-03 内地军流人犯身故，除妻子不愿回籍并会赦不准放还外，其余令该地方官给咨回籍。若妇人无子及子幼者，咨明本省督抚，令本犯亲戚领回原籍，不准官为资送。 流囚家属-04 旗民发遣人犯，系奉特旨着佥妻子及例应佥妻者，听遣所该管官同本犯一例管束……

① 律例字数比为 247∶4640。

② 律例字数比为 241∶8200。

③ 律例字数比为 313∶2920。

④ 兼适用对象、地域与情节过窄等问题的，择一归类。

续表

问题类型	薛允升按语	定例
	断罪引律令云，若律有数事共一条，官司止引所犯本罪听。此例前数句即系申明此律。其一条止断一事句，则补彼律之所未备也。专指刑部司官而言，似不赅括，可改为通例	名例·断罪无正条-01 引用律例，如律内数事共一条，全引恐有不合者，许其止引所犯本罪。若一条止断一事，不得任意删减，以致罪有出入。其律例无可引用，援引别条比附者，刑部会同三法司公同议定罪名，于疏内声明律无正条，今比照某律某例科断，或比照某律某例加一等、减一等科断，详细奏明，恭候谕旨遵行。若律例本有正条，承审官任意删减，以致情罪不符及故意出入人罪，不行引用正条，比照别条以致可轻可重者，该堂官查出，即将承审之司员指名题参，书吏严拏究审，各按本律治罪。其应会三法司定拟者，若刑部引例不确，许院寺自行查明律例改正。傥院寺驳改犹未允协，三法司堂官会同妥议，如院寺扶同朦混或草率疏忽，别经发觉，将院寺官员一并交部议处①
	此专言部院，而未及大小衙门，似不赅括。然既非有心作弊，即不必禁其复充。此条似可删除	吏律·职制·举用有过官吏-03 凡部院衙门书办，或因有疾，或因不谙文移，退役之后，傥有更名重役者，杖一百，革退②
	此专指汉军官员而言，盖恐其在外逗遛，别处居住也。惟《处分则例》，系统言旗员，此仅言汉军，似不赅括……文武官员赴任，吏兵二部均有定限，此门各例与处分例不无参差之处，且专言文官，而不及武职，亦未赅括，似均应删除	吏律·职制·官员赴任过限-02 外任汉军官员有升转来京，及年老有病，降级革职归旗者，务于定限之内起程……③
	此条专为放出家奴之子孙考试而设，自应改为通例	户律·户役·人户以籍为定-05 乾隆元年以后，白契所买之人，未入丁册者，准照例赎身为民……④

① 据《读例存疑》，雍正十一年，九卿议覆大学士张廷玉条奏定例。

② 据《读例存疑》，康熙十二年现行例，乾隆五年改定。

③ 据《读例存疑》，雍正三年例，乾隆五年改定。

④ 据《读例存疑》，乾隆三年例，五十三年修改，嘉庆十一年改定。

续表

问题类型	薛允升按语	定例
	只言民间子弟、家奴子孙，其另户亲属并未言及，亦属含混	户律·户役·立嫡子违法-07 旗人除乞养异姓为子，诈冒荫袭承受世职者，仍照本例拟发边远充军外，其虽无世职而诈冒抱养民间子弟、户下家奴子孙为嗣，紊乱旗籍者，将朦混抱养继立之旗人，及以子与旗人为嗣之人，并知情之义子，俱比照乞养义子诈冒袭荫充军例减一等，杖一百，徒三年……①
	此非故杀而以故杀论者，与枪铳杀人同。然专言番役而未及捕役，例未赅括，似应添入捕役人等	刑律·诉讼·诬告-18 番役诬陷无辜，妄用脑箍及竹籤、烙铁等刑，致毙人命者，以故杀人论
适用地域过窄	后添入在配一层，与此律亦属不类。且止言京旗而未及各省，亦未赅括	名例·流犯在道会赦-02 凡在京八旗兵丁、闲散人等，因犯逃罪及别项罪名，发遣黑龙江、新疆等处当差者，如在途在配，遇赦回京……
	似应改为外遣人犯通例	名例·徒流人又犯罪-13 乌鲁木齐地方遣犯，如有在配滋事犯法及乘间脱逃，并逃后另犯不法情事，除罪应斩绞者，仍照例办理外，其因罪无可加，例止枷责之犯……②
	此处专言部内题结便不赅括，似应改为部内及各省督抚审拟题结军流、徒犯云云，删去其各省人犯，该督抚照此确查办理二句	名例·犯罪存留养亲-02 凡部内题结军流、徒犯及免死流犯，未经发配以前，告称祖父母、父母老疾应侍，及其母系属孀妇，守节二十年，家无以次成丁者……③
	此例专言顺天府宛大两县，他处并未议及，有犯自应一体照办，似应改为通例	户律·户役·人户以籍为定-17 凡籍隶顺天府宛大两县人员出仕时，取具同乡京官印结者，各宜细心查核。如有混冒出结，除照例议罪外，遇有承追无着之项，即于定例后出结官名下追赔④

① 据《读例存疑》，乾隆五年户部议准定例，五十三年改定。

② 据《读例存疑》，咸丰元年乌鲁木齐都统毓书条奏定例。

③ 据《读例存疑》，此二条原例本系五条，第一，凡有军罪之犯云云。第二，凡免死流犯云云。第三，人犯咨解到部之后，控告无以次成丁者，不准行云云。第四，宛、大二县具结，申送府尹云云，系康熙十年、十二、二十六、二十九等年题准定例，雍正三年删并，乾隆五年、四十三年修改。第五，到案日讯明存案云云，系乾隆四十五年刑部奏准定例，五十二年修并，嘉庆六年改定，道光十二年将首条守节已逾二十年句内已逾二字删。

④ 据《读例存疑》，乾隆三十八年，户部侍郎兼管顺天府尹蒋赐棨奏，奉谕旨恭纂为例。

续表

问题类型	薛允升按语	定例
	此条专指盛京而言。京城附近地方有犯，例无明文，似应改为通例	户律·田宅·盗卖田宅-05 盛京家奴庄头人等，如有因伊主远在京师，私自盗卖所遗田产至五十亩者，均依子孙盗卖祖遗祀产例，发边远充军……①
	此专指江西山西二省而言，他处并不在内。二省曾经奏明，是以纂立专条，其余各省，不应办理两岐，似应改为通例	户律·课程·盐法-22 江西省营销淮盐，各州县并山西省河东盐池地方，除商雇巡役，仍各照例办理，不得擅带鸟枪外，其各派出缉私员弁兵役，准其携带鸟枪，编列字号，官为给发……②
	此条专言西宁等处，似不赅括，应与违禁下海门，商人携带引茶一条修并为一	户律·课程·私茶-02 凡兴贩私茶，潜住边境与外国交易，及在腹里贩卖与来京回还外国人者，不拘斤数，连知情、歇家、牙保，发烟瘴地面充军。其在西宁、甘肃河州、洮州、四川雅州贩卖者，虽不入番，一百斤以上，发附近……③
	制造花爆，各处俱有，不独京城为然，应改为通例	兵律·关津·私藏应禁军器-09 京城制造花爆之家。于地方保甲门牌内注明业花爆字样，止准售卖花爆，不准售卖火药。如违例售卖火药数不足十斤者，笞五十……④
	既纂有通例，无论何处，均应一体办理，此条即应删除	兵律·关津·私出外境及违禁下海-39 台湾奸民私煎硝黄，无论已未兴贩，如数在十斤以下者，杖一百，刺字，逐令过水……⑤
	此条系两湖、福建、广东及云南各省专条……虽一省有一省情形，第系均严惩窃匪之意，未便一省一例，致涉纷岐，似应参酌通例，修改画一	刑律·贼盗·窃盗-30 湖南、湖北两省抢窃及兴贩私盐各犯，并福建、广东二省抢窃匪徒，除罪应军流以上者，仍按本律本例定拟外，如罪应拟徒之犯，应刺字者，先行刺字，毋庸解配，在籍锁带铁杆、石墩五年，限满开释，分别杖责……⑥

① 据《读例存疑》，乾隆三十年，盛京副都统倭升额条奏定例。

② 据《读例存疑》，嘉庆二十一年，两江总督百龄等奏准定例。道光五年改定。

③ 据《读例存疑》，前明问刑条例，雍正三年修改，乾隆三十二年改定。

④ 据《读例存疑》，道光十七年刑部奏准定例。

⑤ 据《读例存疑》，道光十四年军机大臣会同刑部议覆闽浙总督程祖洛奏准定例。

⑥ 据《读例存疑》，道光七年，刑部议覆湖广总督嵩孚奏准定例。原载恐吓取财门，道光十九年、二十四年修改，并移入此门，咸丰二年改定。

续表

问题类型	薛允升按语	定例
	总由纂立结伙行窃通例时，未与各省专条参酌变通，故不免互相参差耳。至非行窃而类于行窃，枷杖不足以示惩者，尚有凶恶棍徒一条可引，似亦毋庸多设条例	刑律·贼盗·窃盗-32 寻常窃盗，除并无伙众持械，及虽伙众持械而赃至满贯，罪无可加，或犯该军流发遣者，均仍照律例办理外，其有纠伙十人以上，但有一人执持器械者，不计赃数、次数，为首之犯，实发云、贵、两广极边烟瘴充军……①
	此专言承德府属围场，而未及盛京边外围场，以尔时所办之案热河多，而盛京绝不概见故也。下所引嘉庆四年，议覆盛京刑部侍郎铁保条奏，知围场原非专指热河一处而言也。此例专言热河都统，殊不赅括。不然盛京威远堡南至凤凰城边外山谷附近围场处所一条，例内所云，偷伐木植，偷打鹿只人犯，分别流、徒之处，将由何处定拟耶。近年以来，此等案件不特盛京所无，即热河亦不经见矣	刑律·贼盗·盗田野谷麦-11 私入围场偷打牲畜、砍伐木植之犯，无论枷、杖、徒、流、发遣，均在犯事地方审拟发落起解，毋庸解部转发，仍专咨报部。其罪应徒、流、发遣者，令热河都统年终汇奏。罪止枷号人犯，年终汇册，咨部存案②
	各省匪徒俱有专条，亦俱不画一。而通例又有棍徒扰害拟军之例，似应修改一律，以免参差	刑律·贼盗·恐吓取财-24 拏获绰号棍徒，如系屡次行凶滋事，即照棍徒扰害例，发极边足四千里安置。凡系一时一事，确有凶恶实迹，亦照例拟发。若非屡次行凶滋事扰害，于军罪上量减科断。傥并无滋事实迹，祇有绰号，酌量科以不应重律，杖八十，加枷号一个月。此等绰号棍徒止准地方官弁访拏，不许讦告，有讦告者，均不准理③
	严惩窝主，不独直隶等省为然，且结伙行窃新例，各省皆同，不应窝窃彼此互异，似应改为通例	刑律·贼盗·盗贼窝主-24 顺天府五城、及直隶、山东二省窝藏窃盗一二名者，杖一百、徒三年。三名以上者，发近边充军。五名以上者，实发云、贵、两广极边烟瘴充军。窝留积匪之家，无论贼犯在彼行窃与否，但经知情窝留，亦实发云、贵、两广极边烟瘴充军。若罪应拟死，仍各从其重者论④

① 据《读例存疑》，咸丰元年，御史李临驯奏准定例。

② 据《读例存疑》，嘉庆六年，钦奉上谕纂辑为例，八年修改，十五年改定。

③ 据《读例存疑》，同治二年，给事中王宪成条奏定例。

④ 据《读例存疑》，嘉庆二十三年，钦奉上谕，恭纂为例。道光九年、二十五年修改，同治九年改定。

续表

问题类型	薛允升按语	定例
	此例因拐犯将人口卖与乌喇之人，拐卖之犯，照伙众开窑例斩决。特立混行买人专条，惟专言乌喇等处，亦不赅括，似应删除	刑律·贼盗·略人略卖人-04 盛京乌喇等处居住之人买人，仍照例用印行买外，若不详询来歷，混买人者，系另户，连妻子发往江宁杭州，披甲。系家人，止将本人发往江宁杭州，给穷披甲之人为奴
	此指广东一省而言，似可改为六省通例。六省严于他省，福建、广东严于六省，此条广东尤严于福建	刑律·斗殴·斗殴及故杀人-18 广东省纠众谋殴致毙人命之案，原谋应按致毙彼造人数，分别照例治罪……①
	此审办土苗之通例。与下黔省苗疆一条，似应修并为一	刑律·捕亡·盗贼捕限-03 凡承审土苗案件，俱以获犯到官日为始，照内地限期审结，限满不结，照例咨参……②
	原奏以昆明、太和二县设有县丞同城外，其余并无同城佐贰，因定此专例。惟贵州、广西等省，无同城佐贰者亦多，各省亦间有之，似应改为通例，与下由府委员一条，修并为一	刑律·断狱·有司决囚等第-40 云南省处决重囚，部文到日，如州县无同城佐贰，印官公出，除公出报府有案，并县在附郭者，仍照定例由府委员监决外，其非附郭首县，如有卒奉调遣，不及报府者……③
	上黔蜀等省一条，系为并无同城佐贰而设，此则专言盛暑一层，别省有似此者，自应一体照办矣。专言黔省，殊不赅括	刑律·断狱·检验尸伤不以实-17 黔省州县命案，如逢盛暑，印官公出，不能即回，邻封寫远，往返数日者，准代验之杂职等官，取立伤单，将尸棺殓……④
	此专指河南一省而言。各省均有水利，不独豫省为然，似应改为通例	工律·河防·冒破物料-06 豫省应修水利地方有动用帑项者，承修各员果能实力办理，俟保固三年之后，该督抚核题并交部分别议叙。倘有不预行修筑，以致田亩被淹，即将各员交部分别议处……⑤

① 据《读例存疑》，道光三年，广东巡抚陈中孚咨准定例。

② 据《读例存疑》，雍正五年例，原载官文书稽程门，乾隆五年，移附此律，嘉庆六年改定。

③ 据《读例存疑》，乾隆三十六年，云南按察使觉罗法明条奏定例。

④ 据《读例存疑》，乾隆四十一年，刑部议覆贵州巡抚裴宗锡条奏定例。

⑤ 据《读例存疑》，乾隆二年户部议覆河南按察使隋人鹏条奏定例。

续表

问题类型	薛允升按语	定例
遗漏犯罪情节	例只言复犯行窃，而不言复犯窝窃，亦不赅括	名例・徒流人又犯罪 -10 回民因行窃窝窃发遣、复在配行窃，初犯枷号二年，再犯枷号三年，三犯即永远枷号……①
	此例有遣犯而无军流徒，似嫌未尽赅括，亦与处分例不合。此解送发遣人犯之例，与此律意不相符合，似应移入稽留囚徒门或修并于主守不觉失囚例内亦可	名例・徒流迁徙地方 -02 凡发遣人犯，酌定名数，分起解送……②
	结会树党，原例减歃血订盟者一等，故原例有亦不论人数多寡之语。后添人二十人一层，四十人一层，又有年少居首一层，而结会树党一条，未经改易者，以系闽省专条，故未议及也。既经并为通例，似应酌加修改，方无歧误	谋叛 -04 凡异姓人，但有歃血定盟焚表、结拜弟兄者，照谋叛未行律，为首者，拟绞监候。为从，减一等……③
	此例系兼指强窃而言，首句专言窃盗，未能赅括，且载在强盗门内，不应独言窃盗	刑律・贼盗・强盗 -07 凡窃盗等事，责令该地保、营汛兵丁分报各衙门、文武员弁协力追拏。如地保、汛兵通同隐匿不报，及地保已报文职，而汛兵不报武弁，或汛兵已报武弁，而地保不报文职者，均杖一百。若首报迟延，杖八十④
	此例专指寇警而言，似嫌不赅括。拟改为事主或因事故外出，或闻寇警逃避云云	刑律・贼盗・白昼抢夺 -27 事主闻警逃避，乘间抢夺无人看守空室财物，如仅止一二人，并未持械者，照抢夺律问拟。若伙众三人以上持械者，照抢夺律加等问拟。倘事主及雇工人等往捕，护赃护伙持械格斗，有杀伤者，照强盗律治罪。邻佑人等往捕，有拒捕者，照抢夺拒捕分别杀伤科断⑤

① 据《读例存疑》，嘉庆二十年，顺天府府尹审奏，窝窃回匪大李三等拟遣一折，奉旨纂辑为例。又，此例共系二条，一载在徒流人逃，一载在盗贼窝主，应参看。

② 据《读例存疑》，雍正三年定例，原载徒流人又犯罪门。乾隆五年将雍正九年定例节删增入并为一条。嘉庆六年以此例前半段系发遣人犯起解章程，与徒流人又犯罪律意无涉，因修改为二条，一仍归彼门，二移附此律。

③ 据《读例存疑》，原系二条，一系康熙年间现行例，乾隆四十二年，嘉庆八年修改。二系乾隆二十九年，刑部议覆福建巡抚定长条奏定例，嘉庆十四年修并，道光二年改定。

④ 据《读例存疑》，雍正八年例，道光十二年改定。

⑤ 据《读例存疑》，咸丰十一年，刑部议覆直隶总督恒福奏准定例。

续表

问题类型	薛允升按语	定例
	船户夹带私钱，原例系照兴贩治罪，惟祇言船户而未及车两。例未赅括，似应修并于下条搀和货卖之内，此处自可删去。原例本系车船装载，修改时漏来添入，遂致参差	刑律·杂律·私铸铜钱 -01 凡各省拏获私铸之案，不论砂壳铜钱，核其所铸钱数至十千以上，或虽不及十千而私铸不止一次，后经发觉者，为首及匠人俱拟以斩候……①
	误杀有伯叔父母，而无伯叔及侄，似不赅括，原奏指明期服以上亲，例内似应添入，以免挂漏	刑律·断狱·有司决囚等第 -27 戏杀、误杀及窃赃满贯，并三犯窃盗，赃至五十两以上，问拟绞候，应入缓决之案……其抢夺满贯人犯，及误杀案内，所杀系其人之祖父母、父母、伯叔父母、妻、兄弟、子孙、在室女者，俱俟查办缓决时，再行照例办理，不在此例②
其他	查，折赎虽分有力、无力、稍有力，而应赎不应赎，律皆不载。惟条例有之，亦不赅括	名例·五刑（赎刑）
	同案之犯不得同发一处，此语专见此条，别项人犯并无明文，似可改为通例	徒流迁徙地方 -13 奉天、宁古塔、黑龙江等处有犯枷责发遣者……其同案之犯，不得共发一处

① 据《读例存疑》，原系八条，（1-2）凡私铸铜钱为首及匠人皆斩立决。为从及知情买使者，皆绞立决。地方文武各官知情故纵者，皆斩立决。凡官船船户夹带私钱，枷号两个月，流徙尚阳堡。均系康熙年间现行例，雍正年间并作一条，乾隆五年修改。（3）私铸，照强盗例分别，法所难宥，情有可原。系雍正十一年，议覆湖南巡抚王□条奏定例。（4）私铸无字砂壳小钱，为首及匠人，均拟斩监候。系乾隆六年，刑部议覆御史杨朝鼎条奏定例。（5)不论砂壳铜钱，为首及匠人俱拟斩监候。系乾隆十四年，刑部议覆福建巡抚潘思榘审拟赖脍私铸钱文一案，遵旨议定条例，并将上三条删除。（6）私铸铜钱数至十千以上，系乾隆二十三年，大学士、九卿会议奏准定例。（7）方造私铸器具尚未铸钱，系雍正十三年定例，乾隆三十二年修改。（8）凡私铸未成之房主、邻佑、十家长，系乾隆二十四年，刑部议覆湖北按察使沈作朋条奏定例，五十三年修并。同治九年，将新疆为奴各犯，俱改为发驻防给官兵为奴。

② 据《读例存疑》，原系三条，一系乾隆二十三年，江苏按察使崔应阶条奏定例。二系乾隆三十一年，江苏巡抚明德条奏，并在三十二年，军机大臣会同刑部奏准定例。三系乾隆四十八年定例，嘉庆六年修并。

续表

问题类型	薛允升按语	定例
	例首已改为文武各员，下文吏部门首即难赅括。且祇言文武官员及起送官吏等项，然无部中官吏通同作弊，亦属无成。似应于充军下添官吏知情、通同作弊者，罪同。赃重者，以枉法从重论。……玩例末数语，似系指改名冒捐而言，与下斥革监生一条相类，似应并入彼条之内	吏律・职制・举用有过官吏 -01 奉旨不准保升，及曾经获咎，不准捐复，并奉特旨永不叙用之文武各员，暨举贡监生并吏员承差人等，曾经考察论劾罢黜，及为事问革，例不入选者，倘敢改名弊混，若买求官吏改洗文卷，隐匿公私过名，或诈作丁忧起复，以图选用，事发问罪，吏部门首枷号一个月……①
	此专指一事而言，似应改为各部院通例	吏律・公式・漏使印信 -03 陵寝重地采办祭品，及一切有关钱粮行文出境等事，俱具稿呈堂，钤盖堂印咨行②
	兵役得赃包庇，系枭匪拒捕伤差通例，修并于此，下条反觉遗漏，似应仍照旧例另立一条，无庸修并	户律・课程・盐法 -05 凡豪强盐徒，聚众至十人以上……贵、两广极边烟瘴充军。凡得赃包庇之兵役，俱拟斩监候③
	此条与私藏应禁军器一条参看，惟既经改为通例，似应删除。此条本较内地民人治罪为重，后内地民人均经加严，此条均已包举在内矣	兵律・关津・私出外境及违禁下海 -08 附近苗疆五百里以内民人煎乞、窝囤、兴贩硝黄事发，如在十斤以下，杖一百……④
	此条系专指京城而言，故将首犯加重，拟以立决。他省有犯，自应仍拟斩候。乾隆五年，改为通例	刑律・贼盗・造妖书妖言 -01 凡妄布邪言，书写张贴，煽惑人心，为首者，斩立决。为从者，皆斩监候……⑤

① 据《读例存疑》，前明问刑条例，雍正三年、乾隆五年修改，嘉庆二十二年改定。

② 据《读例存疑》，乾隆四十五年，承办泰陵事务，散秩大臣宗室公承参奏奉祀礼部郎中阿敦，私用司印行査大兴县许祥，包办祭鱼舞弊案内，经刑部奏准定例。

③ 据《读例存疑》，原系二条，一系前明问刑条例，乾隆五年，三十二年修改。二系乾隆四十三年，大学士两江总督高晋等奏准定例，嘉庆六年修并。道光六年改定。

④ 据《读例存疑》，雍正十二年例，乾隆五年改定。

⑤ 据《读例存疑》，原系二条。一系康熙年间，钦遵崇德元年五月谕旨，恭纂为例，乾隆五年修改。二系康熙十六年题准，雍正三年纂定，嘉庆六年修并。

续表

问题类型	薛允升按语	定例
	探听消息，通线引路，本例已改遣罪。此例治罪颇严，惟贼犯应拟何罪。并未叙入。定例之时，因广西巡抚奏葛精怪行窃，勒索二十余次，本犯比照抢夺三犯例，拟绞立决。是以将逼令事主出钱赎赃之犯，拟以徒流。然究未著为成例。现在如有此案，万不能照此办理。若本犯罪名较轻，得赃无几，即有拟杖完结者矣，逼令出钱赎赃之犯反拟徒流，轻重大相悬殊，似应修改详明，并应改为通例	刑律·贼盗·窃盗 -19 两广、两湖及云、贵等省，凡有匪徒，明知窃情，并不帮同鸣官，反表里为奸，逼令事主出钱赎赃，俾贼匪获利，以至肆无忌惮，深为民害者，照为贼探听事主消息，通线引路者，照强盗窝主不行又不分赃杖流律减一等，杖一百、徒三年。如有贪图分肥但经得赃者，不论多寡，即照强盗窝主律，杖一百、流三千里①
	此铁枪等项均为拒捕而设者，且专论枷杖以下罪名。惟结伙持械行窃通例，即罪应拟徒，并非仅拟枷杖	刑律·贼盗·窃盗 -29 山东省窃贼如有携带铁鎗、流星、刀剑等物，及倚众叠窃，并凶横拒捕伤人，本罪止于枷杖者，酌加锁带铁杆、石墩一二年。如能悔罪自新，或有亲族、鄉邻保领者，地方官查实，随时释放，仍令州该县报明院司察考。至安徽省，罪止枷杖，情节较重之窃盗，亦照此例加系铁杆。傥数年后此风稍息，奏明，仍照旧例办理②
	人参产自东三省，围场在热河及盛京等处，并非通例，似应将有关私刨及围场各条摘出，另立名目，曰，私刨人参围场则例。鄙见如斯，姑记于此	刑律·贼盗·盗田野谷麦 -20 私入木兰等处围场，及南苑偷窃菜蔬、柴草、野鸡等项者，初犯枷号一个月……③

① 据《读例存疑》，乾隆四十五年，刑部议覆广西巡抚李世杰奏贼犯葛精怪，纠伙私窃牛马羊支，勒索分赃案内奏请定例。

② 据《读例存疑》，嘉庆二十三年，山东巡抚和舜武奏清定例，道光七年修改，二十五年增定。

③ 据《读例存疑》，原系三条，一系乾隆二十九年，刑部侍郎兼管顺天府府尹钱汝诚等条奏定例。（按，系专指南苑而言。）二系乾隆二十七年，围场总管齐凌札布条奏，及二十八年，刑部奏准，并三十一年，钦奉上谕并纂为例（按，似系指木兰围场而言）。三系乾隆三十八年，军机大臣舒赫德等议覆盛京将军宗室宏晌条奏，并三十九年，盛京刑部侍郎喀尔崇义审解旗人赛必那在围场打鎗，拟发驻防省城当差，及拏获人犯鲁才等偷进围场走狗两案，并纂为例（按，系指盛京围场而言）。嘉庆六年修并，八年、九年、二十三年，道光元年、七年修改，二十五年改定。

续表

问题类型	薛允升按语	定例
	虏捉妇女改为通例，幼孩专指两广，似嫌参差	刑律·贼盗·恐吓取财-18 广东、广西二省虏捉匪犯，如有将十五岁以下幼童捉回勒索者，除所犯本罪已至斩决，无可复加外，其余罪应斩绞监候者，加拟立决。罪应遣军者，加拟绞监候。罪应拟徒者，发极边足四千里充军。俟数年后，此风稍息，奏明仍复旧例办理①
	此条专为洋盗而设，后改为强盗通例，即应修并一条	刑律·贼盗·盗贼窝主-15 洋盗案内知情接买盗赃之犯，不论赃数多寡，一次杖一百、徒三年。二次发近边充军。三次以上发新疆给官兵为奴②
	窝窃应烟瘴充军通例，系窝留积匪一条，彼条指民人言，与贼犯同拟烟瘴充军，此条指回民言，较民人又加一等，下层亦然。与彼条参看。窝留窃盗五名以上，发烟瘴充军，系专指直隶、山东等处而言。此条既系通例，彼条似亦应改为通例	刑律·贼盗·盗贼窝主-17 回民窝窃罪应极边烟瘴者，改发新疆给官兵为奴
	此条原奏系专指丢包匪犯而言，以此等人犯先刺窃盗，后改刺抢夺故也。惟既定为通例，则又系专指发往新疆言之矣，现在新疆停止发遣，此例即属赘文	刑律·贼盗·起除刺字-06 发遣人犯如从前面上原刺之字，与现犯事由相同者，毋庸重复叠刺。倘现犯事由各别，仍于左面上另行刺字③
	此例止云逼奸，止云杀死，并无分别强奸，及登时、非登时之语，本极允当，后来条例愈烦，分析登时、非登时之处，亦愈形琐碎，是以嘉庆二十四年，复定有妇女杀死强奸调奸罪人，分别登时、非登时之例，虽系核情定断，第以孱弱妇女，责以登时将强壮男子杀死，恐无此理。查后条例文，即系因此例而设	刑律·人命·杀死奸夫-11 一，凡妇女拒奸杀死奸夫之案，如和奸之后，本妇悔过拒绝，确有证据，后被逼奸，将奸夫杀死者，照擅杀罪人律减一等，杖一百、流三千里。其因贪利与之通奸，后以无力资助拒殴致死者，或先经和奸，后覆与他人通奸情密，因而拒絶殴毙者，仍各依谋故斗殴等本律定拟④

① 据《读例存疑》，道光二十五年，刑部议覆两广总督耆英等条奏定例。咸丰三年改定。

② 据《读例存疑》，嘉庆十八年，刑部议覆浙江巡抚方受畴奏准定例。

③ 据《读例存疑》，乾隆二十七年，四川总督开泰咨准定例。

④ 据《读例存疑》，乾隆四十八年，刑部议覆直隶总督郑大进题张魏氏拒奸，殴伤魏贤生身死一案，奏请定例。

续表

问题类型	薛允升按语	定例
	此条止言杀死奸夫，而不言杀死奸妇。止言未婚夫，而不及有服亲属，仍未赅括，有犯，殊难援引。后有未婚妻因奸谋杀亲夫之例，此处似应添纂杀死奸妇一层，缘尔时并无杀死奸妇之案，是以亦不立此条例也	刑律·人命·杀死奸夫-12 凡聘定未婚之妻与人通奸，本夫闻知往捉，将奸夫杀死，审明奸情属实，除已离奸所，非登时杀死不拒捕奸夫者，仍照例拟绞外，其登时杀死，及登时逐至门外杀之者，俱照本夫杀死已就拘执之奸夫，引夜无故入人家已就拘执而擅杀律拟徒。其虽在奸所捉获，非登时而杀者，即照本夫杀死已就拘执之奸夫满徒例，加一等，杖一百、流二千里。如奸夫逞凶拒捕，为本夫格杀，照应捕之人擒拏罪人格斗致死律，勿论①
	各例，颇为烦琐。本夫杀死奸夫奸妇禀长及卑幼，有例。有服亲属杀死犯奸有服亲属杀死奸夫奸妇，有例。本夫杀死犯奸尊长及卑幼，有例。至杀死强奸之犯，有尊长而无卑幼，杀死图奸之犯，则又有卑幼而无尊长，终未能赅括	刑律·人命·杀死奸夫-16 亲属相奸，罪止杖徒，及律应监候者，如奸夫将本夫杀死，或与奸妇商同谋死者，奸妇依律问拟，奸夫拟斩立决②
	谋杀一家二命，律无明文，例改斩决，已较律加重矣。此例改为斩枭，未免太重，因一故一斗之案加重，遂将杀一家二命之案亦为加重，似嫌未协。况案情百出不穷，即一事一例，亦有不能赅括之处，何必因后案而改前例耶	刑律·人命·杀一家三人-08 凡杀一家非死罪二人，及杀三人而非一家，内二人仍系一家者，拟斩立决枭示。酌断财产一半，给被杀二命之家养赡。倘本犯监故，财产仍行断给。如致死一家二命，系一故一鬬者，及杀三人而非一家者，与本欲谋杀一人，而行者杀三人案内，造意不行之犯，俱拟斩立决。奏请定夺，毋庸断给财产③

① 据《读例存疑》，乾隆三十四年，刑部核覆广西巡抚宫兆麟审题梁亚受与卢将未婚之妻黄宁嫜通奸，被卢将捉奸，登时殴逐致死一案，奏请定例。

② 据《读例存疑》，雍正十二年定例。

③ 据《读例存疑》，原系二条，一系乾隆十一年，由聚众共殴条内，分出，另立一条。二系乾隆二十八年，西安按察使秦勇均条奏定例。五十三年修并。嘉庆六年、十一年改定。

续表

问题类型	薛允升按语	定例
	此条官员殴死赎身及放出奴婢，既照殴死族中奴婢例定拟，而旗人又不照此办理，因民人殴死赎身奴婢，定以徒三年罪名，遂将旗人亦定为枷号四十日，鞭一百，盖即民人满徒罪名也。惟祇言赎身而未及放出，言殴杀而未及故杀，有犯自亦应照民人定拟矣。而殴死赎身及放出奴婢之例，又无民人字样，则系通例可知，又何必分列两条耶	刑律·斗殴·奴婢殴家长-08官员殴死赎身及放出奴婢并该奴婢之子女者，照殴死族中奴婢，降二级调用。例减一等，降一级调用。故杀者，照故杀族中奴婢例，降三级调用。旗人殴死赎身奴婢者，枷号四十日，鞭一百①
	此条与下将自己银钱开场一条，俱系赌博通例，似应修并为一	刑律·杂律·赌赙-02凡赌博不分兵民，俱枷号两个月，杖一百……②
	此条例首云云，均系赌博通例，似应并入前例之内，以省繁复。民人二字系别于旗人而言，既不分旗、民一例科罪，则民人二字即应删去	刑律·杂律·赌赙-14凡民人将自己银钱，开场诱引赌博，经旬累月，聚集无赖，放头、抽头者，初犯，杖一百，徒三年……③
	此例专指一事而言，并非拒捕通例，似应移附本条例文之内，此处无庸载入	刑律·捕亡·罪人拒捕-04拏获围场内偷打牲口，砍伐木植人等，若缉拏时曾经拒捕，不肯就擒者，照拒捕律，加本罪二等问拟。犯至发遣者，先加枷号三个月，再行照例发遣。殴所捕人至折伤以上者，拟绞监候，杀人者。拟斩监候④
	此监禁人犯之通例，与本门专言越狱脱逃不同，似应移于应禁不禁门	刑律·捕亡·狱囚脱监及反狱在逃-01各处监狱俱分建内外两处，强盗并斩绞重犯，俱禁内监，军流以下俱禁外监，再另置一室，以禁女犯⑤

① 据《读例存疑》，乾隆二十八年，刑部汇题笔帖式宝祥打死赎身家人玉明一案，钦奉上谕，议准定例。四十二年修改，道光十四年改定。

② 据《读例存疑》，顺治初年、六年、十一年、十五年、康熙二年、七年、十一年、十二年、十五年节次定例，十九年并纂为通例（不分旗民）。三十年议准造卖牌骰通例。三十一年遵旨严定旗民犯赌，及造卖赌具之例。雍正三年将旗民分作二条（造卖赌具另为一条），乾隆五年修改。

③ 据《读例存疑》，雍正四年定例，乾隆五年删定。

④ 据《读例存疑》，乾隆四十一年，钦奉上谕，恭纂为例，嘉庆六年改定。

⑤ 据《读例存疑》，雍正七年，九卿议准定例。

续表

问题类型	薛允升按语	定例
	与鞫狱停囚待对一条参看。军流人犯限期，未经叙明，似系赅括于一切杂案之内矣	刑律·捕亡·盗贼捕限-01 直隶各省审理案件，寻常命案限六个月，盗劫及情重命案，钦部事件，并抢夺发掘坟墓，一切杂案，俱定限四个月……①

例条在“条标”之间的游移形态集中体现为三方面：

第一，前后立法对例条归属的判定标准不一。或有因相似事项分列于多条之下，而移动某些例条的。如薛允升希望“化外人有犯”条下，能够集中法典中分散的关于“苗人”“土司”等特殊主体各种犯罪的处罚例。又有因一条中“条例”芜杂而希望例条“各归本条”的。如“戏杀误杀过失杀”条下，就曾收入有关“子孙过失杀父母”“妻妾过失杀夫”的条文，再修例时均分出。

第二，为解决个案疑难而以灵活方式创设的条例，富有针对性，换言之作用范围狭窄、适用人群特殊，因此可能在行用一段时间后，会出现来源难以查考、内容难以理解，或制定时的社会基础不复存在等问题，对律意、例意的理解造成妨碍，在司法实践中形成各地适用不统一、轻重悬殊等问题。薛允升从维护法制统一的角度，留意区分特针对一省、一时、一事的“专例”与相对更加全面的“通例”：

乾隆年间，添纂条例最多，意在求其详备，未免过于烦琐。然俱系通例，尚无各省专条。嘉庆末年以后，一省一例，此何为者也。而亦可以观世变矣。

其批评“杀死奸夫”条历年立法繁杂、概括性差，“例愈多而愈不能画一者，此类是也。况世情变幻，百出不穷，例文万难赅括。若一事既立一例，未免烦杂，且有轻重失当之处”其从体系上来看，“以为不能赅括而另立科条，究亦未尽妥善，此刑章之所以日烦，而罪名之所以愈不画一也。”

① 据《读例存疑》，康熙年间，刑部议覆台臣王□题准定例，乾隆五年，十五年修改，嘉庆六年改定。

"通例"与"专例"，各有其侧重，前者用于"补律（别条）所未备"，具有一定的概括性，适用范围较广，有利于"同案同判"；"专例"则顺应一时一地的迫切需求，收效较为迅速明显，但一味加重或过于灵活，可能与已有规范发生冲突，破坏规定体系，给援引造成障碍。对"专例"，薛允升认为，若其事项具有普遍性、且暂无"通例"，应扩大"专例"的范围，尽早形成"通例"、填补空白；若有"通例"，则应删除"专例"，使其被"通例"所吸收，便于查阅；[①] 此外，"专例""通例"不应混淆，一条中如果既有较全面的规定，也针对特殊情况，后者应分出专设一条。

例如，薛允升认为"强盗"门所载各省专条均系同治九年以前，随时纂入，"有奉天、四川、湖北及湖北、河南、安徽三省交界地方，并山东之兖、沂、曹，江苏之淮、徐、海等府州，而无直隶等省"，刑罚亦轻重互异，后改定抢夺通例，各省专条似可删改，以归划一。而"窃盗"条例也纷繁歧出：两湖、福建、广东及云南各省有专条，"山东、安徽、直隶、四川、陕、甘亦各立有专条。山东、云南专言窃贼，福建、广东、直隶兼及抢夺，两湖又旁及盐匪，四川、陕、甘又专言绺匪，其寻常抢夺、窃盗亦另立有通例，而治罪又各有不同之处，有此轻而彼重者，有此重而彼轻者，且有专例与通例互相参差者，条例愈烦，办理愈不能画一……不能一律"。究其原因，各省情形不同，而惩盗目的相近："犯（窃盗）者颇多，而按律治罪不过加杖，法轻易犯，是以各省纷纷纂立专条"，为降低犯罪率，"各省设立专条原因，此等（恐吓取财）匪徒，日多一日，往往借口于整顿地方，从严惩办，一省偶然行之，他省亦相因而起"。无独有偶，"恐吓取财"门内各条，有滇、黔、台湾、陕西、江苏、山东、河南、安徽、江西、广东、广西、奉天各省专

① 如认为"恐吓取财"条的"凶恶棍徒"一条原系为八旗而设，后改为通例，各省凶徒有犯，均可援照定拟。一省一例，似可不必。

例，而不及直隶、福建、两湖、四川等省。又如，"赌博"门条例，均系随时添纂，故不免有参差繁复之处，似应通行修改，将赌博通例并为一条，造卖赌具并为一条，房主邻佑并为一条，职官赌博并为一条，其余各自为一条，以免混淆。[①]第二条及第十四条系赌博通例……第八条亦系赌博，可修并于第二条内。论其对策，薛允升认为，(1)"未便一省一例，致涉纷岐，似应参酌通例，修改画一"；(2)先有专例的情况下，再修通例时，应适当吸收、调和各条专例，保持规定内部的一致性。

第三，例条不适用既有的归类办法。例如，某些例条是律条的实施细则，集实体性规范与程序性规范于一身，某些例条专为稀见事项而设，便非常独特或跨多个事类，例条内容的丰富与具体，使其难以在律目框架下找到合适位置。

一定程度上清代条例的生硬归类，似乎重蹈薛允升所批判的借鉴唐律而设的明代律条不依十二篇而另设"六部总目"时的窘境，直接原因是明律新设篇章门类结构与袭旧制度条文难以兼容的问题，也因清朝照搬律目而继承。例如薛允升辨析明律"狱囚诬指平人"条，称"证不言情"罚则，因律有"译人诈伪"条款，唐置于诈伪律。明律改在"刑律之断狱"门，"乃不附入'老幼不拷讯'门，而附于'狱囚诬指平人'条下，遂致诸多错误，罪名亦相去太甚矣"。又如，"夜无故入人家，主家登时杀死者，勿论。奸盗罪人均包括在内。唐律不另立杀死奸盗罪人之法，殆由于此。明特立'杀死奸夫'专门，其奸所获奸，登时杀死，亦与主家登时杀死勿论律意相符。第未将拘执而杀拟徒一层纂人，故不免稍有参差耳。至并杀奸

① 薛允升认为，第三条、第六条系追究赌具来历之例，第七条、第十五条系造卖赌具之例，第五条、第十三条、第十六条三条均系房主邻佑治罪之例，似均应各以类相从，修并为一。第十二条及第十七条系外省专例。第一条专言教诱宗室，第四条专言串党驾船，第九条专言在京轿夫，第十条专言现任职官，第十一条非赌博而类于赌博，故各为一条，似应仍从其旧。

妇，唐律无文，自系明代特立之法，迄今遵守已数百年，不特本夫有杀死奸妇分别治罪之例，后并有亲属杀死奸妇分别治罪之例。本夫之亲属尚可言也，本妇之尊长尚可言也，本妇之卑幼则更难通矣。例文愈多，愈觉烦杂，古律之不可轻易增删也，如是"。再如，清例吸收明令，但编排上则依附于律条，明《户令》"嫁娶主婚"条规定如有男方"五年无故不娶及夫逃亡三年不还"的情形，女家"听经官告给执照，别行改嫁，亦不追财礼"，"本条的内容，本来是保护女子权利的，由于女子及女家无过错，故允许取消婚约，而且不必归还聘财。但清例却将其放置在'出妻'这一律条之后。其实，本条与'出妻'毫不相干"，"虽然通过这种转化办法，清代法制显得更全面些"，但直接结果应是检索不便，"因为不熟悉条文的人，是想不到本条会被置于'出妻'条下的"。[①] 不明就里，割裂体系，则断罪检索不便、轻重失衡也在所难免。[②]

此外，修例者回避问题的一时权宜，也可能促成条例繁冗难查的迷局。"例文的编排技术，容或未达到现代高度抽象、凝练的程度，但例文的安排，并非全然是毫无目的性的，即便于例文本身应有体系不合，但或许亦有其他方面的考虑"。[③] 进一步说，"有些例是根据皇帝的谕旨制定的。上谕具有超越、凌驾于一切法律之上的权威，很难在修例过程中进行修改。除非是皇帝的谕旨否定了前面的上谕，否则修例大臣只能坐视律例之

---

① 此令承元制，霍存福、张靖翊、冯学伟：《以〈大明令〉为枢纽看中国古代律令制体系》，载《法制与社会发展》2011 年第 5 期。

②（清）薛允升：《唐明律合编》，怀效锋、李鸣点校，法律出版社 1999 年版，第 792 页。

③ "雍正七年关于内外监之制的定例，分明是关涉监禁人犯的条例。但在修订律例之时，未放入'囚应禁而不禁条'律下，反置于'脱囚脱监及反狱脱逃条'律下。对此，晚清薛允升也曾发出疑问：此监禁人犯之通例，与本门专言越狱脱逃不同，似应移于'应禁不禁门'。笔者认为，这极可能是雍正朝有意避免与相互抵牾的康熙朝定例并置一处而惹人注目，故采取这种拉开纸面距离的策略。然而，这亦非解决两者冲突的根本之道。"参见陈兆肆：《清代私牢研究》，人民出版社 2015 年版，第 45 页正文及注 1。

间的矛盾，致使荒谬依旧”。①

小结

清律繁杂，例案层出，检索不便，② 反映出法典编排上的问题。如张伟仁教授指出：（1）中国传统律文，自汉至元都是依据所辖事务的性质而分类的，明清新的分类法将一切法规分属其掌理的官司，由于六部本应协调运作，勉强将律例另定隶属，不免割裂、疏漏、重复、矛盾等弊，某法究竟在何门何目也不易依理探索。（2）编排，法条并无序数标记，律文无论条数多寡连成一篇，例文条条独立，无索引，亦无相关条文相互查考的办法，研读适用困难。③

从律例关系角度探讨律目对“条例”的影响：第一，例条的机械定位不难。因为律条仍然是清律的根基，不能舍律而专言例；而例条是定律之后，满足适用法律上的确定性需求的第二重手段，其制定往往以律条为模板，重视新例与所附之律及旧例的衔接与协调。大多数例条，尤其是在具体案件中产生制定、修改需要的例条，共享律条中的部分要素，围绕律条而生成，以落实律条的适用、填补律意中空缺等为中心的。从其规定内容或制定目的出发，可以找到将其关联于特定律条、例条的契机。第二，例条的妥善安置则不易。定例与修例入律，都要善用原料、抓住契机，但后者的难点更在于，内容常在变动中的例条，是没有专属名称、类目的。律目对例条的意义，突出体现在此例与彼律的隔断效用上，但其提炼主旨、

---

① 杨一凡、刘笃才：《历代例考》，社会科学文献出版社 2012 年版，第 295 页。

② “律是易于讲习与理解的。例则随时刊定，不易查悉。成案更千头万绪，不得不假手书吏。县官断案以堂谕拟定罪刑之后，如其援引定例，即须商之于幕友。如其援用成案，更是操之于刑书。同一事而所引之例有轻重之别。同一罪而所援之案有出入之异。至于比，尤其可重可轻。”陶希圣：《清代州县衙门刑事审判制度及其程序》，台北，食货出版社 1972 年版，第 50 ~ 52 页。

③ 张伟仁：《清代的法学教育》，载贺卫方编：《中国法律教育之路》，中国政法大学出版社 1997 年版，第 59 ~ 60 页。

提示内容的功效在“条例”领域多隐而不彰。律条的“数事共条”特征却成为例条的纷繁错杂、难以归类的重要原因。第三，例条与据律而设的法典框架的协调也不易。借用律条的标题和内容对例条的位置作限定，则《大清律例》虽消除了同一个标题用于多个律条上的问题，但维持着同一个条目可以引领单条律和多个例条的状况。例条附于律条，其实还是延续着定律的“数事共条”思路：纂集于同一条目下的规范，或仅为技术性捏合，于事理上不一致。这在形式上意味着法条标题功能的泛化，从实体上讲，则是律目的索引功能在“条标”层面的弱化。简言之，稳定不变的“正律”“本条”仅是律典名义上的根基，在法律适用中，其主角地位实际上已经让位于适时、灵活的条例与成案，如陶希圣先生所言：“在形式上，据律而著例，援例以成案。律譬如树干，则例为枝而案是叶。但在实质上，积案而著例，积例而定律。案譬如木料砖瓦，则例为墙壁，律为屋脊”。这种重心的转换其实呼唤着法典编纂方式的调整，其标志便是部分律目已无力容纳新增的篇幅巨大的条例规定。

第四章　断案存档——《大清律例》律目的次要功能

明清人士的读律活动往往与其所从事的司法实务关联紧密。如清代刑部官员精心读律，时常利用律目进行法律解释与推理以解决法律适用疑难，又如，刑名幕友的重要业务素质即为熟读律例、例案娴熟，上述法律人均对律典体例有深刻认识和独到见解；清代“例以补律”“因案生例”等因素，亦对律典产生影响，律学家不时结合律目框架内评价律例规则，提出完善意见。笔者将这些因素纳入考量范围，意在沟通立法与司法，从法典文本与落实中看律目的功能。

无论是律条还是例条，它们虽因纂修于法典中而应当被遵从，但其现实效力还是要落实到具体的案件中，依靠司法活动中的法律适用来实现。律、例力图对定罪量刑作出精确的指示，但社会生活事件并不会不折不扣地演示法条规定。相比将犯罪情状条分缕析的律、例，真实事件要生动得多，既判案件中关于法律适用的细节也要丰富得多。一些案件的审断过程更堪称法律适用的样本，是法意的摹写与活用。清代对既成案件审判材料的收集、整理和利用，多以法律规定为线索，案件分类上也常以法典框架为依归，律目在一定程度上能够作为提示“罪名”类型、辨别案件性质的原点。[①]

（一）适用法律引律目

“断罪引律令”规定，在清代，实为“断罪引律例”。据乾隆五年（1740年）《大清律例》“断罪引律令”条：

凡（官司）断罪，皆须具引律例，违者（如不具引），笞三十；若（律有）数事共一条，（官司）止引所犯（本）罪者，听（所犯之罪，止合一事，听其摘引一事以断之）。

其特旨断罪、临时处治不为定律者，不得引比为律。若辄引（比）致断罪有出入者，以故失论（故行引比者，以故出入人全罪及所增减坐之，失于引比者，以失出入人罪减等坐之）。

要求判决必须准确引用律例，具体包括以下三点：一是必须妥当引用律例条文，以全引为基本原则，如条文中列举多种情况，可以单独引用符合案件的情况，否则不能任意删减。不应援引未经通行、未制定为律例的临时处断或远年旧案。二是如遇疑难案件或律例空白，无法找到明文规定

① 陶安（Arnd Helmut Hafner）先生在“试论明清时代的罪名例：“情”概念与法律制度”（《东洋文化研究所纪要》第141册，2001年3月，第47～124页）文中，从明清律外罪名以律中的罪名为基准，所规定的犯罪行为则更加详细的罪名“繁殖分裂的趋势”出发，以“罪名例”的演变为线索，分析用以将罪名分类的“情有可矜”“情稍可原”的“情”的概念的演变过程，揭示“情”与罪名的关系及这一概念的意义：“‘情’是用来比较罪名轻重的准绳之一，‘情’概念显示出既存法典上所未规定的犯罪内容上的差异。而这种差异又形成新罪名的构成要件。换言之，‘情’概念正是第一节所分析的以《律》为中心而不断地向外延伸罪名的原动力。”这是从司法运作实态对律外罪名生成过程的探讨。本章则从形式方面寻找线索，即关注司法文书的文字表述中提及特定律目（及其背后律意）时对既有规定和特殊案情对应关系的衡量：律目常用于既判案件的整理汇编，直接被司法判决援用的情况极少，后者即律目在司法层面的功能。有必要探讨究竟律目在何种情况下，可以得到法官的直接援用，换言之，律目在定罪量刑活动中的具体功能如何，在此基础上思索，为何清代刑律的“律目”不同于现今刑法上的“罪名”（高度抽象的罪状，为法律界高度认同）。对此，后文将结合“刑案汇编”，从刑部疑难案件裁判中的法律发现、法律论证等过程里寻找线索。

的对应处罚，依“断罪无正条”律，官吏不能擅自决定，必须请示上级、“议定奏闻”，否则负“故出入人罪”责任。

“断罪无正条”律规定：

凡律令该载不尽事理，若断罪无正条者，(援)引(他)律比附，应加、应减，定拟罪名，(申该上司)议定奏闻。若辄断决致罪有出入，以故失论。

“断罪无正条”条例规定：

引用律例，如律内数事共一条，全引恐有不合者，许其止引所犯本罪。若一条止断一事，不得任意删减以致罪有出入。其律例无可引用援引别条比附者，刑部会同三法司公同议定罪名，于疏内声明：律无正条，今比照某律、某例科断，或比照某律、某例加一等、减一等科断。详细奏明，恭候谕旨遵行……

三是督抚拟断必须“画一具题”，给出明确意见，不得“轻重两引”，准备多项备选，即“督抚审拟案件，务须详核情罪，画一具题，不许轻重两引……”①

作为透视规范内容的媒介，律目可能被引入判决中，发挥一定的代表律意的功效。一方面，断罪具引律、例正文，其慎重意味毋庸置疑，其中也有法条标题缺乏类型化而不堪用的因素。②另一方面，律目在清代刑部为中心的中央司法机关所出具的法律文书中不时可见，从文字上看相当于

① 此为乾隆五年（1740年）修并之例，道光十四年（1834年）修例时删除，原因是“此例专为议处官员而设，议处官员如何处分及应否免参，向照吏部处分则例办理，并不引用刑例”。郭成伟主编：《大清律例根原》，上海辞书出版社2012年版，第1884页。关于清代判决是否依律、如何依律，民事诉讼方面可参考滋贺秀三与黄宗智等的讨论，刑事方面的梳理可参见［日］寺田浩明：《“非规则型法”之概念——以清代中国法为素材》，魏敏译，载《权利与冤抑：寺田浩明中国法史论集》，清华大学出版社2012年版，第357～393页；徐忠明：《读律与哀矜：清代中国听审的核心概念》，载《吉林大学社会科学学报》2012年第1期，等等。

② 至于通行成案被援以为据，则无异于案中有案。一案之中，律、例、案嵌套，法律适用复杂化，其中律目的参与程度更弱化至无。

律条的“标题”，但在断罪中，特定律目即“律牌”的背后往往是相应法条的核心内容，即罪的认定与刑的科处。因此，律目时而于司法判决中得到直接引用。更关键的是，在疑难案件的法律发现或法律依据选择上，律目体系及具体条文的名目，也可充当法律适用的论据，即成为还原律意、例意，以支持引用或类推适用此条优于彼条的理由之一。易言之，清代刑官称“某门”，体现出对法律规范基于法典体系的一种分类把握，其用意无非是从条文规范的相对位置中辨明法意，以期判案的情罪相符、罪刑均衡。因法意并非一目了然，结合律目辨析相似条文与特定案情的相关度，权衡引此条或彼条效果孰胜，也就显得尤为重要。

例如，《刑案新编》载光绪九年（1883年）张广财“因妻父将伊妻诓卖后逼索休书将其故砍身死应照凡人故杀律定拟”案（“斗殴及故杀人”门下），[①] 据刑部奏，案情如下：

盛京将军奉天总督庆裕等题，新民厅民张广财……因妻父郝旬沅将伊妻郝氏诓卖后逼索休书，气忿用刀将郝旬沅故砍身死。前据该督等以已死郝旬沅虽系该犯妻父，第乘其外出将女诓卖恩义已绝，应同凡论，声明郝旬沅诓卖出嫁之女即属有罪之人，将张广财依罪人不拒捕而擅杀以斗杀论、斗杀者绞律拟绞监候等因具题。经臣部以引断未协题驳去后，兹据该督仍照原拟，依擅杀罪人律拟绞等因具题……该督既误会例意，恐各省引拟亦不免诸多参差，亟须随时更正，俾昭遵守而期画一。臣等公同酌议，应请嗣后致毙义绝起父母以常人论案件，只应按谋故斗杀各本律定拟，如情节实有可原，于疏内声明，俟秋审时酌核办理。已有区分，不得再照凡人擅杀科断，以免分歧而昭限制。如蒙俞允，臣部通行各省一体遵照，即将张广财改依故杀者斩律拟斩监候，入于秋审办理。余如该督等所题完

① （清）赵尔巽编《刑案新编》，兰州官书局光绪二十八年（1902年）排印本，美国哥伦比亚大学图书馆数字化，载 http://clio.columbia.edu/catalog/5998133，最后访问日期：2017年7月7日。此书简介可参见拙作《赵尔巽编〈刑案新编〉简介》（一）（二）（三），载《法律文化论丛》第2辑、第4辑、第6辑。

结。所有臣等由题改奏缘由谨恭折具奏请旨。光绪十年十一月二十九日奉旨：依议。钦此。

刑部议驳理由载赵舒翘《慎斋文集》卷三《奏稿一・奉天司命案驳稿》（法律出版社 2014 年版，第 61 页；亦载《新增刑案汇览》卷九），其中提及“干名犯义门”与“捕亡门”，前者为律条，后者为包含多个律条的门类。如表 4–1：

表 4–1　刑部驳张广财案所涉律目

<table>
<tr><td rowspan="2">律目</td><td>干名犯义（条）</td><td>捕亡（门）</td></tr>
<tr><td>第 337 条，《大清律例・刑律・诉讼》内</td><td>《大清律例・刑律・捕亡》，内含第 387 条至第 394 条</td></tr>
<tr><td rowspan="2">所引内容</td><td rowspan="2">女婿与妻父母有义绝之状各依常人论之律，载在干名犯义门内</td><td>擅杀罪人之律载在捕亡门内，原指捕役杀死罪囚而言</td></tr>
<tr><td>例内始有事主捕人擅杀奸盗及别项罪人分别治罪之条</td></tr>
<tr><td>律例之意</td><td>（女婿与妻父母有义绝之状各依常人论之律）系指所犯许相告言而言。原以翁婿之名分即从夫妻而起，若如律注所云“身在远方妻父母将妻改嫁或赶逐出外重别招婿”之类，已无恩义可言，即属义绝。故律注互相告言不在得相容隐及干名犯义之列
细绎律注所云义绝之状等语，本系兼指婿与妻父母两层，如谓可包杀伤在内，即如妻父母有义绝之状被婿杀死或将婿致毙，其妻父母已不以尊长自居，酌照凡人定拟办理尚无窒碍；倘婿有义绝之状将妻父母殴死或将妻父母谋杀，是妻父母并不失为尊长之道，若概照凡定拟，岂得为情法之平？核与例内各依凡论各字之义亦属未能符合</td><td>（擅杀罪人）必然实系事主及捕人，方可照擅杀科断
若如婿与妻父母果犯义绝律依常人论，已有差等，并无有犯照擅杀定拟之文
尤不得率行援引，致与例意不符</td></tr>
<tr><td>议驳观点</td><td colspan="2">其因义绝有犯杀伤应否以凡人论断，律例均无明文。检查向办成案亦不画一……全在司谳者准情酌例，引断自无歧误
郝甸沅系伊妻父，服制攸关，核与应捕之人杀死罪人迥不相同。即谓死者诓卖伊妻，翁婿之义已绝，应同凡人论，亦只应照凡人故杀律定拟。该督等将张广财照擅杀罪人律拟绞，引断殊未允协，罪名出入攸关，臣部碍难率覆</td></tr>
</table>

清代刑部覆核案件，追求案情与专条、正条相符或参照恰对成案，一定程度上可以说，其办案首重例案；但“断罪引律令”，其未尝不重视《大清律例》中的本律与门类。虽有例则不用律，但正如刑部公文套语即“律例各有专条，引断不容牵混”所言，推原法意须不遗余力。前揭张广财案，便

展示出刑部在“律例无文”、成案两歧背景下，综合考量“干名犯义”律条、律注与“擅杀罪人”律、例规定，驳斥奉天总督援引“擅杀罪人”律定拟即“坐死者以罪人，而等该犯于事主”观点。刑部一再议驳，认为该督谬在“以许告言之文牵入尊卑斗殴之内，已与律意不符”，其误会例意后果将是，虽“斗杀与擅杀同一绞罪名尚无出入，若案关谋故即有斩候绞候之分”，意在将原拟绞监候改为斩监候，避免“罪名出入”。

刑部结合律目辨析法意的思路，以《刑案汇览》六十卷［道光十四年（1834 年）刊本，以下版本同］为样本，以征引律目的“（某律）门内”为关键词，搜寻相关案例，简要列表如表 4–2 所示：

表 4–2 《刑案汇览》所征引的《大清律例》律目[1]

引《大清律例》	刑部议论	案情及各省（或现审之司）原拟	《刑案汇览》出处[2]
强占良家妻女（《户律·婚姻》） 良贱相殴，（《刑律·斗殴》） 良贱相奸，（《刑律·犯奸》）	本部查伙众抢夺妇女之例附于**强占良家妻女门**内。[3]律称“良家妻女”者，系对娼家与犯奸之妇而言……例称“妇女”，则婢女亦在其中 参观各律，虽**良人殴他人奴婢及奸他人婢**者，各减凡人一等，然律载良人殴他人奴婢若相侵财物者，注云“如盗窃强夺诈欺诓骗恐吓求索之类不用此减律，仍以凡殴法” 即**良人奸他人婢**律内注云“如强者仍照凡论拟绞监候，未成者杖一百流三千里”…… 细绎例意……抢夺他人婢女自应与良家妇女并论…… 如有抢夺他人婢女，系由伊父母径自凭媒价卖，及虽买自兴贩之人而抢夺之犯并不知情，即应照聚众伙抢妇女及强抢各本例分别问拟，不得仍以抢夺兴贩妇女论，以示区别而昭限制	张王氏纠抢阎兆书家婢女转妮已成……该省以转妮……不能与良家妇女并论，自应遵照部议比照伙抢犯奸妇女已成例问拟……应减等问拟方昭平允。律例并无正条，援引恐致失当，相应咨请部示	户律·婚姻·强占良家妻女，强抢婢女分别来历曾否知情，卷八，道光四年说帖

① 仅搜索含有“门内”之案，难免“挂一漏万”，是为简表。

② 依次为：案件在《刑案汇览》中所属的门类、标题、卷数、办案年份及材料性质。其归类原则，便是律目。

③ 粗体为列表所加，下同。

续表

引《大清律例》	刑部议论	案情及各省（或现审之司）原拟	《刑案汇览》出处
嫁娶违律主婚媒人罪（《户律·婚姻》）	例载……申明嫁娶违律之妇遇有尊卑亲属相犯分别是否仍按服制及以凡论故**载在嫁娶违律门内**……诚以愚民不谙例禁……并非以礼婚配，设有尊卑相犯，自应概从凡论……婚姻之礼既正，违律之罪甚轻，似不应以已定之名分等于凡人，故有犯仍按服制问拟，例义极为明显	（晋抚）声明该妇系律应离异之妇，既无夫妇之分，何有母子之称	户律·婚姻·嫁娶违律主婚媒人罪，嫁娶违律之妇于夫卑幼有犯，卷九，嘉庆二十年说帖
盗印信（刑律·贼盗） 弃毁制书印信（《吏律·公式》）	查**盗印信**则罪应拟斩，盗图记则罪止拟杖。生死出入罪名悬殊……查当该官吏知而不举与犯人同罪之例，系在**弃毁印信门内**。今舒图纳仅知全恒等欲盗图记其后次之将图记毁坏，该犯并不知情，该都统牵引**弃毁印信门**内知而不举之律，系属错误。舒图纳应革去步兵于全恒等流罪上量减一等杖一百徒三年。事犯亦在恩诏以前应准减为杖一百鞭责发落	乌鲁木齐都统奏步兵全恒等偷窃佐领图记私行销毁一案……奏称步兵舒图纳虽经劝阻并无同谋伙盗情事……合依当该官吏知而不举与犯人同罪至死减一等律，于全恒等斩罪上减一等，杖一百流三千里	刑律·贼盗·盗印信，兵丁偷窃佐领图记私行销毁，卷十二，道光元年说帖
强盗（《刑律·贼盗》） 犯罪自首（《名例律》） 窃盗（《刑律·贼盗》）	……此条原系**强盗专条**，其余案件未闻援引 惟查窃案较强盗为轻，而因窃拒捕杀伤事主即隶强盗门内，**窃盗知人欲告而于财主处首还财物律得减罪二等**……今该犯宋年……似可如该省所请比例援引。惟以本罪应拟斩候秋审例实之犯，援照本应免死减等盗犯之罪，尚未平允，应改依伙盗供出首盗逃匿所在限内拿获将供出之伙盗免死充军例，实发烟瘴充军	河抚题寇犁行窃拒捕扎伤事主焦氏身死一案……以宋年被获时即将首犯寇犁住址并恐逃往宋湾之处向事主告知，经事主即时追至宋湾，将寇犁拿获，与伙盗供出盗首逃匿所在限内拿获无异，将宋年一犯比例免死，改拟满流	刑律·贼盗·强盗，伙贼说出斩决首犯逃匿地方，卷十三，嘉庆二十年说帖
强盗（《刑律·贼盗》） 盗贼窝主（《刑律·贼盗》）	查**强盗门内**，律注云“造意不行又不分赃者杖一百流三千里”，又**例载“强盗窝主造意不行又不分赃者发附近充军”**，各等语，是强盗与窝主，律例各有专条，自应各按本条引用……此案陈老四……系属强盗造意不行又不分赃自应依强盗本门内律注拟流。该省……系属错误应行更正	广西抚题陈老四起意纠劫马进光家牛只衣物该犯并未同行又不分赃一案。 将该犯（陈老四）比照强盗窝主造意不行又不分赃例拟发附近充军	刑律·贼盗·强盗，造意不同行不分赃应按本律，卷十四，道光元年说帖

续表

引《大清律例》	刑部议论	案情及各省（或现审之司）原拟	《刑案汇览》出处
斗殴（《刑律·斗殴》） 罪人拒捕（《刑律·罪人拒捕》）	应以夏明雄当其重罪……引断殊未妥协且情节亦多支离似应驳令另行审拟以成信谳 至奉谕查骨损骨破应否照折伤拟断一节，查**斗殴门内律载**，折人一齿及手足一指与破伤人骨者俱拟杖一百。又历年办过窃贼拒伤事主折一齿一指之案均照折伤以上例拟绞监候。其殴至骨损骨破者，本罪与折齿同，亦应以折伤论 惟**罪人拒捕门内载**，殴所捕人至残废笃疾罪在满徒以上者方拟绞候……此指窃贼拒捕伤非事主及别项罪人而言。若抢窃拒伤事主例内载明折伤拟绞者，即不复论其是否罪至满徒，均应缳首	川督题刘正恩等抢夺殴死事主张添茂一案 将刘正恩依抢夺杀人例拟斩立决，夏明雄依为从帮殴，他物至折伤以上例，拟绞监候	刑律·斗殴·白昼抢夺，拒杀事主伤皆致命，卷十五，嘉庆二十年说帖
盗田野谷麦（《刑律·贼盗》） 强盗（《刑律·贼盗》） 罪人拒捕（《刑律·捕亡》）	查律载，盗山野柴草木石之类准窃盗论免刺。注云"有拒捕依'罪人拒捕'"等语。此条另载**"盗田野谷麦"门内**……以非实犯窃盗，故不与窃盗同科拒捕之罪 若实犯窃盗……**例载在强盗门内**，罪有等差，故例亦各从其类 ……此案济住儿……系因窃取柴草拒杀事主，自应照律依罪人拒捕论，未便与实犯窃盗临时拒杀事主之案同拟斩决 该司（今按：奉天司）议令依**罪人拒捕杀人本律**问拟斩候，与律相符，应请照办	黑龙江将军咨，济住儿偷窃柴草勒死事主幅明，应否照窃盗临时拒杀事主拟斩立决抑照罪人拒捕杀人问拟斩候	刑律·贼盗·盗田野谷麦，偷窃柴草故杀事主拟斩监候，卷十八，嘉庆二十一年说帖
谋叛（《刑律·贼盗》） 起除刺字（《刑律·贼盗》）	**查异姓人序齿结拜弟兄聚众至四十人以下二十人以上为首杖一百流三千里。此项流犯本条例内及起除刺字门内**均无刺字明文……自不得率予刺字，该省……系属错误应令更正	广西抚咨老廖等序齿结拜弟兄一案 将老廖刺字	刑律·贼盗·起除刺字，序齿结拜弟兄拟流毋庸刺字，卷二十二，道光四年说帖

续表

引《大清律例》	刑部议论	案情及各省（或现审之司）原拟	《刑案汇览》出处
嫁娶违律主婚媒人罪（《户律·婚姻》） 威逼人致死(《刑律·人命》)	查**嫁娶违律**，互有杀伤干犯者，系律应离异，即当以凡论 至**威逼人致死**律注内载审犯人必有可畏之威者……若条例内载因事用强殴打威逼人致死分别是否致命重伤定拟军徒，所云用强殴打即系律注所称可畏之威，显有足以致死之势，因载在**威逼人致死门内**，故以威逼二字申释用强殴打四字，所以重人命儆凶徒也…… （齐氏）死由于自缢缢由于殴自应依因事用强殴打威逼人致死致命而非重伤例杖一百徒三年…… （该司）误会律意……不惟审勘两歧，诚如钧批，置人命于不问，未为允协。应请饬交该司覆审	江西司审办英平契买有夫之妇齐氏为妾殴伤后致令自缢身死一案声明该犯所殴齐氏致命额颅等处均非重伤 以李士魁因贫卖妻断为并无卖休情事，以齐氏被英平责打自萌短见断为并无威逼……依受财典雇与人为妾知情同罪例拟杖	刑律·人命·夫殴死有罪妻妾，买休之妾气忿自尽殴非折伤，卷三十三，嘉庆二十四年说帖
威逼人致死(《刑律·人命》) “恐吓取财”(《刑律·贼盗》)	查**例载，因事威逼人致死者**杖一百，若因奸盗威逼人致死者斩监候。又例载，威逼人致死一家二命发近边充军，各等语 是律内斩候一条，必系本犯因奸盗逼死人命方予骈首 至例载刁徒无端肇衅平空讹诈欺压乡愚致被诈之人因而自尽者拟绞监候一条，在**恐吓取财门内**，其欺陵凶虐之情稍轻于光棍未酿命者，应同棍徒扰害治罪。若因酿命而其罪又浮于棍徒，故特设绞候之例，所犯之本罪既重，故酿命之加罪亦重……是此条例文与因事威逼致死律例各条可以参证，不可以强附 ……此案……既属事出有因……不当遽拟缳首。且……与一家二命俱被逼自尽者有间。参之律例，似只可依威逼致死一家二命例科罪，即因其袒庇匪侄逼酿二命情节较重，亦可比照棍徒例加至军罪，未便加入于死	陕抚咨王克成吓逼徐女娃等溺毙二命咨部请示一案	刑律·人命·威逼人致死，除奸盗外凡他事皆因事威逼，卷三十五，嘉庆二十四年说帖

续表

引《大清律例》	刑部议论	案情及各省（或现审之司）原拟	《刑案汇览》出处
尊长为人杀私和（《刑律·人命》） 官吏听许财物（《刑律·受赃》）	查**例载，尸亲期服以下亲属受财私和者，**俱计赃准枉法论 ……复查**受赃律官吏听许财物门内**载事若枉者准枉法论减受财一等，注云“此条既称准枉法论，又称减一等，假如听许准枉法赃满数至死减一等，杖一百流、三千里；又减一等，杖一百、徒三年，（方）合律”，等语。此亦足为此案明证。 该抚……与律未符。应改依有禄人枉法赃五十两杖一百、流二千五百里律，系无禄人减一等，为从减一等，杖九十、徒二年半	河抚题刘万泉等殴伤张偏身死贿和匿报一案 该抚以减三等	刑律·人命·尊长为人杀私和，贿和准枉法赃无禄人应递减，卷三十六，嘉庆二十二年说帖
斗殴（《刑律·斗殴》） 保辜限期（《刑律·斗殴》）	……奉谕令再议……遵查**斗殴律**……查折伤自指折人一齿而言……折伤以上原包刃伤在内，总类于折伤以上限内平复减等一条点明刃伤一项，系照斗殴门内添注，自可遵循 ……至**保辜限期原载在斗殴门**……是以谋故杀及有关服制并罪人拒捕各案俱不在保辜之列……恐办理未能画一，应通行各省遵照	奉天省刘江刃伤刘尚义左腿等处限内平复，将刘江照律减二等定拟	刑律·斗殴·保辜限期，谋故与拒捕及服制不准保辜，卷三十七，嘉庆六年说帖
保辜限期（《刑律·斗殴》） 罪人拒捕（《刑律·捕亡》）	查嘉庆六年通行内开，“**保辜限期原载在斗殴门内**……是以谋故杀及有关服制并罪人拒捕各案俱不在保辜之列”等语 该大臣……问拟系属错误，应改依**罪人拒捕**但刃伤者仍照律加本罪二等例，于刃伤人加二等，拟杖一百、徒三年	喀喇沙尔办事大臣咨谢泳青刃伤兵丁限内平复一案 将谢泳青依刃伤人减二等	刑律·斗殴·保辜限期，已通行罪人拒伤捕人不准保辜，卷三十七，道光六年说帖
殴期亲尊长（《刑律·斗殴》） 犯罪存留养亲（《名例律》）	查**斗殴门内例载，卑幼误伤尊长**至死罪干斩决，审非逞凶干犯，仍准叙明可原情节，夹签请旨 又**犯罪存留养亲门内**，殴死期功尊长者皆按律定拟概不准声请留养，若按其所犯情节实可矜悯者，该督抚于疏内声明恭候钦定，各等语 ……详核案情，伤虽由于误中，情实无可矜原，自应照斗杀门内并非逞凶干犯之例，声叙可原情节，夹签请旨 该抚……与例不符，且亦与平人误杀之案无所分别，应交司议驳，仍照例夹签	（浙江巡抚）将赵秀双援照情可矜悯例随本声请留养	刑律·斗殴·殴大功以下尊长，误杀功尊止准夹签不准留养，卷四十一，嘉庆七年说帖

续表

引《大清律例》	刑部议论	案情及各省（或现审之司）原拟	《刑案汇览》出处
越诉（《刑律·诉讼》）	臣等查现行例载，假以建言为由挟制官府及将暧昧不明奸赃情事污人名节报复私仇者，文武官俱革职，军民人等皆发附近充军，等语。此系前明旧例，笺释及辑注俱云“假以建言”句是总纲，下分挟制官府及污人名节为二项。是奸赃污人名节一项亦应承上“建言”而言。**此例载在越诉门内**。则所谓建言者宜兼条陈与控告言之……前贤……特立专条用昭惩创，其有捏奸捏赃控告到官止图拖累或止欲陷人于罪，并无污人名节之心，自当仍循诬告加等本律 ……部驳傅德、龚云瞻二案，一系由诬告改依污人名节军罪，一系由污人名节改依诬告加等徒罪，职等详加综核，两案情节似有区分……傅德……经本部改拟附近充军于二十一年十月咨结……龚云瞻等……经本部改照诬告加等本罪拟徒于本年四月奏结……此二案均系循例驳改并非两歧	陕督咨傅德、龚云瞻二案均系捏奸诬告部驳两歧咨请部示一案 将傅德等审依诬告律定拟 将龚云瞻等审依奸赃事情污人名节例定拟	刑律·诉讼·越诉，奸赃污人名节分别情节治罪卷四十五
干名犯义（《刑律·诉讼》） 教唆词讼（《刑律·诉讼》）	今该司将李张氏、郝庆宝分别问拟流徒尚属允当……惟将李张氏……拟流，引例究有未协 查妻之与夫名分攸关是以诬告拟绞载在**干名犯义门内**，与子孙同科。至期亲以下即各按服制递减科断并无为从之文。至**教唆词讼**分别首从之条，系指诬告平人者而言 此案郝庆宝与李骡子系属平人自应依教唆本例科以为首之罪，而李张氏与李骡子关系名分即不得以为从论，仍应依诬告夫本律拟绞，即其情节实有可原亦止应量减拟流 至教唆诬告与犯人同罪之律，现有教唆诬告之新例，即不应再援引旧律，致滋歧误。谨将该司所引律条删去并另拟稿尾录呈	提督咨送，郝庆宝教唆李张氏控告伊夫李骡子诱令卖奸等情一案……该司（陕西司）将李张氏、郝庆宝分别问拟流徒……将李张氏照教唆词讼以主令之人为首听从控告之人为从例，于诬告夫绞罪上依为从拟流	刑律·诉讼·干名犯义，教唆奸妇诬告本夫抑勒卖奸，卷四十八，道光三年说帖

续表

引《大清律例》	刑部议论	案情及各省（或现审之司）原拟	《刑案汇览》出处
杀死奸夫（《刑律·人命》） 子孙违反教令（《刑律·诉讼》）	查……夫于妻为敌体其分本无尊卑，舅姑于妇为长上其尊等于父母，是以所犯罪名有得而同者有不得而同者 ……至**人命门杀死奸夫**一条律称奸夫自杀其夫奸妇不知情者绞，例内添纂奸夫自杀夫之父母以便往来奸妇不知情亦绞一条，系旧日律注，雍正三年纂入例册…… 该抚审将姜氏……拟绞监候，本无错误。乃复牵引奸夫自杀其夫，奸妇当时喊救，事后首告不忍致死其夫之例，声请夹签，以姑媳名分攸关之案，而引本夫被杀之例，以**子孙违犯教令门内例文**与杀死奸夫门内例文强行牵合，于名不正，于言不顺，其刑罚亦即不中……大非定例之本意……应行议驳，并通行各省画一办理	苏抚题，蒋荣与周姜氏通奸谋死纵奸氏姑奸妇讯不知情一案 将姜氏依父母纵容子孙犯奸被人谋杀，将犯奸之子孙拟绞监候，子孙之妇有犯与子孙同科例，拟绞监候……声请夹签	刑律·诉讼·子孙违反教令，奸夫杀纵奸氏姑奸妇不知情，卷四十九，嘉庆二十一年说帖
有事以财行求（《刑律·受赃》） 官吏受财（《刑律·受赃》） 诈欺官司取财（《刑律·贼盗》）	且**以财行求之例，系专指官吏受财门内**枉法、不枉法赃而言。该督……系属一事两引。该犯（孙义）朦官得赃，于法尚无所枉，自应改照**不枉法赃律**拟流，从重酌拟遣戍，以归允当	直督奏，阜平县长随孙义等诈欺僧人如性银两一案 出银之如性、说合之赵鼎图照以财行求例与受财人同科均拟满流，又将该犯孙义照诈欺律定罪	刑律·受赃·家人求索，门丁干预官事得受有事人财，卷五十
罪人拒捕（《刑律·捕亡》） 劫囚（《刑律·贼盗》）	查律载，**罪人拒捕**杀所捕人者斩监候，为从减一等 又（律载）官司差人捕获罪人聚众中途打夺杀人及聚至十人，为首者斩监候，下手致命者绞监候，为从各减一等 又例载，官司差人捕获罪人有聚众中途打夺殴差致死，为首者斩立决，为从下手伤重致死者绞决，帮殴有伤者不论他物、金刃拟绞监候，随同拒捕未经殴人成伤之犯改发极边足四千里充军，各等语。是中途夺犯杀人之案……有例即不应用律，此条律例载在**劫囚门内**，与劫囚重犯连类而书…… 但必系官司差人获犯被罪人聚众打夺殴差致死方合此例，所以惩抗差藐法之徒法至重也。若被杀之人非官司所差，所夺之人并不得谓之罪人，则自有罪人拒捕为首斩候、为从减等专条，不得牵引重例治罪，以致毙命多人，有失定例本意	川督题，贼犯周老八纠同周贵来夺犯拒捕殴戳事主邻佑赵临光、胥庭柞各身死一案	刑律·捕亡·罪人拒捕，伙贼纠众夺犯杀死事主二命，卷五十四，嘉庆二十四年说帖

续表

引《大清律例》	刑部议论	案情及各省（或现审之司）原拟	《刑案汇览》出处
罪人拒捕（《刑律・捕亡》） 夜无故入人家（《刑律・贼盗》）	查擅杀罪人定律惟**罪人拒捕门内**载有罪人已就拘执及不拒捕而杀以斗杀论一条，系统举各项罪人言之，并无分别抢窃之文。迨雍正三年以后至嘉庆六年始节次纂定 殴死窃贼分别治罪条例，载在**夜无故入人家门内**。此推广夜无故入人家之例，故止言窃贼而不及抢夺，以抢夺罪人包在已就拘执而擅杀律内，凡擅杀无专条者皆可引此律也，历系如此办理 今该省……拟绞虽罪无出入，究属误会，应即更正	南抚题，刘石妹捕殴抢夺罪人谢奉羔身死一案 以律例内并无白昼抢夺被事主拘执擅杀作何治罪明文，比照事主因贼犯白日偷窃有人看守器物已就拘执辄复叠殴致毙例拟绞	刑律・捕亡・罪人拒捕，当场擅杀抢夺贼犯援捕亡律，卷五十四，嘉庆二十四年说帖
徒流人逃（《刑律・捕亡》） 徒流迁徙地方（《名例律》）	查充军常犯到配脱逃五军之数以次递加一等调发至新疆而止，此例载在**徒流人逃门内** 至从前新疆条款改发内地人犯……如有脱逃从前原例系照新疆遣犯脱逃例一体正法，迨嘉庆三年本部……另立专条，载在**名例徒流迁徙门内**，以示区别 该省前……本属错误，兹该犯复由极边军脱逃仍应按例加二等惟罪已至新疆无可复加。今该省……与例相符，应请照覆	陕抚咨拿获逃军李阿四一案 前将该犯援照充军常犯脱逃加一等例改发极边 今该省将该犯改发新疆酌拨种地当差	刑律・捕亡・徒流人逃，新疆改回内地军犯脱逃加等，卷五十七，嘉庆二十一年说帖
诬告（《刑律・诉讼》） 狱囚诬指平人（《刑律・断狱》）	该省……将高照于流罪上减二等已属引断未协，且徒罪折杖止杖一百、余罪收赎之条，系**诬告门内**诬轻为重之律 至**证佐不言实情本律内**，并无折杖明文，该省声明应杖一百，余罪收赎，更属与律不符。自应按律更正	云抚题，监犯张用殴伤李春身死案内禁卒高照听嘱诬证李春系被张用误碰失跌垫伤身死一案 以诬证情节张用罪应拟流将高照于流罪上减二等。声明应杖一百，余罪收赎	刑律・断狱・狱囚诬指平人监犯殴死禁卒旁人诬证脱罪，卷五十九，嘉庆二十五年说帖

表 4–2 所列案例 22 个，与全书收录众多案件相比，比例甚小。虽若放宽标准，或可多一些案例，但即便仅严格按照是否明确指出“某门”这一标准，来判定刑部司官撰写“说帖”时能否有意识地对律目信息加以利用，也足见断案引律目的情形是相当复杂的。

第一，刑部断案中对律目的利用，遍及三个层面：（1）律条与例条的比较或律例规定的综合考量；（2）律条之间的区分或关联；（3）例条之间的区分或关联。究其原因，在于不同条文所包含的定罪量刑信息不同，若选用条文出现错误，便说明承审官员对案件的事实认定与法律评判存在问题。刑部官员审查地方拟断时，认为地方所引律目不当而应改正，如《刑案汇览》卷二十二"听从伙窃患病不行事后分赃"、卷三十九"婢女与人通奸家长被人谋杀"等。案件裁判，审明事实情况后的法律认定环节，包含关于援引何种依据断罪的论证。"刑案汇编"所载驳案的刑部质疑与督抚辩解，疑案中法司会同复核或复审时的意见争鸣，常体现为将多条法律作比较，对根据不同规定所拟定的量刑结果作权衡等形式，其中作为条文简介的律目也就出现在法律论证中。同一案件，如依不同律目下的规则去评价，一是刑罚可能存在差异，如前述张广财案，又如光绪九年（1883年）李苏氏案，[①] 关注法律规定在不同律目之下的安置情况，成为刑部官员论证"律例各有指归，引断不容牵混"的常用方法，类似"体系解释"；二是刑罚无异，但归罪理由可能有最优、次优之别，或者说治罪名目可能有相符、不当之别。如表4-2中《刑案汇览》卷五十四载"当场擅杀抢夺贼犯援捕亡律"案，刑部辨析，"罪人已就拘执及不拒捕而杀以斗杀论"，统举各项罪人言之，归入"捕亡·罪人拒捕"门类；"殴死窃贼"之罪，则属于"贼盗·夜无故入人家"，止言窃贼而不及抢夺，如此一来，殴死窃贼之案，须引"夜无故入人家"门下专条，而殴死抢夺罪人，系"擅杀无专条者"，只能据"已就拘执而擅杀律"断，不可比引"殴死窃贼"之例。相比之下，

① 《刑案新编》"云"字卷（页53a ~ 55b）载光绪九年，刑部律例馆奉堂交核吉林将军咨李苏氏故杀童养大功侄媳秦奎儿身死一案：律载期亲以下缌麻以上尊长，殴伤卑幼之妇至死者绞，故杀亦绞，系指各项尊属殴死侄妇以下而言，载在"妻妾与夫亲属相殴"门内；至期亲尊长因图占财产官职，挟嫌惨杀毒毙十岁以下弟侄，依凡人谋杀故杀律拟斩之例，系指期尊杀死弟侄而言，载在"殴期亲尊长"门内，律例各有指归，引断不容牵混。

刑部覆核关注“罪名”，实则更重视其量刑层面的“生死攸关”及“出入”：若引律例不当将使刑罚轻重失衡，则必须议驳，纠正原拟，避免“出入人罪”办成错案、酿就冤案，招致处分乃至刑罚；若引律例虽有不妥，但刑罚相同，便可酌量照覆，类似“目的解释”。[①] 如《刑案汇览》卷三十五“图奸犯奸之妇未成将妇杀死”案。

如此说来，律目与能够指引定罪量刑的“罪名”，在功能特性上既相关，又有别。律目或多或少体现了对犯罪行为的类型化。不同律目关乎不同定罪意图，有可能导致量刑差异，然而，在刑罚相同时，定罪名目的区别可能会被刑部忽略。

第二，刑部断案“退一步”而引律目，其独特之处在于，律目遵循律典体系，而律典框架相对严谨、纲领较为稳固，据此所推原出来的立法意图，也偏重稳定性和系统性，一定程度上有利于规避条例的细碎化问题，减少条例冲突、成案两歧所带来的消极影响。通常情况下，甄别相关律

---

① “所谓体系解释，是指根据法律条文在法律体系上的位置，即它所在编、章、节、条、项以及该法律条文前后的关联，以确定它的意义、内容、适用范围、构成要件和法律效果的解释方法。体系解释的根据在于，法律是由许多概念、原则、制度所构成的，但这许多概念、原则、制度绝不是任意的、杂乱无章的堆砌，而是依一定的逻辑关系构成的完整体系，各个法律条文所在位置及与前后相关法律条文之间，均有某种逻辑关系存在。因此，当我们对某个法律条文作解释时，不能不考虑该条文在法律上的位置及其与前后相关条文之间的逻辑关系。……体系解释的根据在于法律内部的逻辑关系，当采用文义解释得到两种不同的解释结果时，可以再采用体系解释方法，根据法律内部的逻辑关系，判定哪一种解释结果更正确、更合理，因此是一种重要的解释方法”，其局限性来自法典体系、法律条文相互关系中的漏洞，“现实生活的复杂性，不可能严格符合逻辑。加上法律是由人制定的，人会发生错误，法律起草的某个时候，逻辑混乱了，安排某个条文不合逻辑，这不常见吗？我们每一个新的法律颁布后几乎都受到学者和法官的挑剔，说这个条文不通，那个条文不通，也就是不合逻辑。这就是体系解释方法之所以有局限性的原因”。“目的解释，指以立法目的作为根据，以解释法律的一种解释方法。也就是说，关于某个条文、某个制度，可能有两种解释，各有其理由，则应选择其中符合立法目的的解释，以符合立法目的的解释为准。这就是目的解释。目的解释的依据，就在于法律的目的。我国台湾地区著名学者王泽鉴先生指出，任何法律均有其立法目的，解释法律应以贯彻、实践此立法目的为其基本任务。”参见梁慧星:《裁判的方法》，法律出版社 2012 年版。

例，既要指明案发之省或现审之司所援引的法条有误，此错误或源于对案情把握不准，或源于误会律意或误会例意，又要论证刑部司官查核意见、覆核决议的妥当性。两种用意皆集中在阐发立法意图上。然而，如果逆向思考，则律典内律例条文繁多而律目相对空疏的状况，可能导致司法解释和法律适用的标准不确定，刑部只得于覆核活动中介入，以被动回应此种法制缺陷，其议驳时称“律例各有专条，引断不容牵混”，但一案的法律依据可能要在律条、例条、成案当中谨慎选择，若律例本就混乱，则引断误入歧途的概率也会提高。例如，夫之于妻、舅姑之于媳妇，尊卑名分时有相通，但也不乏无法类比之时：“以子孙违犯教令门内例文，与杀死奸夫门内例文强行牵合，于名不正，于言不顺，其刑罚亦即不中。”（《刑案汇览》卷四十九“奸夫杀纵奸氏姑奸妇不知情”）

如若量刑不殊，刑部面对有关引例是否能贴切个案情节的疑问，可能束手无策，或干脆置之不理。光绪年间云南卢敬修诈称官亲、假冒千总招摇撞骗一案。光绪九年（1883年），云贵总督咨部请示，刑部回复，[①]此案虽归入《刑案新编》“刑律”“诈伪”“诈假官”门类，实则关涉“兵律”“刑律”各篇中的多个条例。换言之，虽然此案承审与复核官员所引据的条例，所依附的律文性质差异较大，但这些条例本身很是相似。云贵总督的疑问也就由此而生：“所有该犯罪名应否照无官诈称有官并未造有凭札问拟，抑应照伪造凭札自为假官例办理之处，查无办过成案，咨部示覆。”

---

①《刑案新编》“倚”字卷，页2a～2b。

表 4–3　云南卢敬修诈称官亲、假冒千总招摇撞骗案情节与判决

光绪九年	府司	总督	刑部
案情分析	该犯因无盘费，闻云贵总督系属同乡，起意商允王老四等诈称官亲诓钱使用，并检获功牌一张，填写卢敬修姓名，假冒六品军功蓝翎千总，自称堂侄岑三少爷，向沿路州县骗得银三十六两 该犯一路诈借均说是岑侄少爷，地方官才肯允借，若是诈说是武官，谁肯借与银钱等语，亦属实在情形	卢敬修所造木质总督钤记字文并非关防，未便照伪造关防例上减等问拟 即其诈称现任官堂侄骗借川资，核与指称文武大臣族属虚张声势扰害索取之例亦情事不同 该犯伪造功牌札文假冒六品军功蓝翎千总，据供恐人查问借以掩饰，实为无官诈称有官以图骗人行事。查军务以后凡军营立功弁勇以牌札投效收标者甚多，则功牌札文似与部颁凭札相同 第该犯所造牌札系为图骗起见，且札文内尚无印信年月，究与凭札稍有区别	—
法律适用	该府司将该犯依指称文武大臣族属扰害例科断，自系重在冒充官亲	该督拟将该犯照并未造有凭札犯该徒罪以下拟军之例问拟，系专为诈为职官起见	惟查此两条同一拟军，情事均属相近，无论比引何条，均无出入。应令该督速饬按例妥拟报部再行核覆可也
清律条例	“兵律”“邮驿”“多乘驿马”门：指称文武大臣族属，扰害经过有司衙门，索取财物、诓骗违法者，徒罪以上枷号一个月，发近边充军[1]	“刑律”“诈伪”“诈假官”门无官诈称有官，并未造有凭劄，但系图骗一人、图行一事犯该徒罪以下者，发近边充军[2]	—
光绪十年	府司	总督	刑部
法律适用	—	卢敬修既无扰害驿递衙门、占宿公馆、索取夫马及希图免税诓骗等项重情，未便截取例文比照指称文武大臣族属扰害例问拟。况计该犯所骗赃银三十两仅止杖罪以下，亦不在徒罪以上，更不便援引前例拟军。惟该犯将黄光亮六品功牌挖填自己姓名，复伪造札文假冒六品军功蓝翎千总以图掩饰，虽札文内并无印信年月，与伪造凭札有间，但该犯挖填功牌、假冒顶带已罪应拟徒，复敢无官诈称有官，将卢敬修依无官诈称有官并未造有凭札但系图骗一人图行一事犯该徒罪以下例，发近边充军	情罪尚属允协，应如所咨办理

① 据《读例存疑》，系明例，顺治三年添小注。全文见后。下同。

② 据《读例存疑》，原系乾隆二十四年刑部遵旨议准定例二条，嘉庆十四年修并为一。

续表

光绪九年	府司	总督	刑部
是否通行	—	该督声称外省诈称官亲诓借财物，事所常有，计赃轻者向系杖责发落，嗣后似此案件，如其并无扰害驿递衙门、占宿公馆、索取夫马及希图免税诓骗等项重情，应否按照诈称现任官子侄律计赃从重论罪，抑即无前项重情亦不计其赃数多少，但经诓得财物者即应照指称文武大臣族属扰害例拟军之处，并乞部示核覆通行遵照，免致罪名出入错误	查诈称官亲与无官诈称有官，条例已极详明，遇有此等案件，司谳者果详核定拟，自无畸轻畸重之虞 所有该督声情由部核覆同不行遵照之处，应毋庸议，余如所咨办理，仍令照例汇题

光绪十年（1884 年），总督再次咨部，刑部最终核覆。[①] 虽依各条例均系“同一拟军”，但条例名目互有重叠，适用条件互有参差，而量刑轻重也未必持平。

表 4–4　云南卢敬修诈称官亲、假冒千总招摇撞骗案相关条例及评析

例文	律文	刑部议论	薛允升《读例存疑》评析
凡无官而诈称有官，并冒称见任官员姓名，并未造有凭札，但系图骗一人，图行一事，犯该**徒罪以下**者，发近边充军……	“刑律”“诈伪”“诈假官”：凡（伪造凭札）诈（为）假官，（及为伪劄或将有故官员文凭而）假与人官者，斩（监候）。……若无官而（不曾假造凭札，但）诈称有官，有所求为，或诈称官司差遣而捕人，及诈冒（见任）官员姓名（有所求为）者，杖一百，徒三年。（以上三项，总重有所求为。）若诈称见任官子孙、弟侄、家人、总领于按临部内有所求为者，杖一百。为从者，各加一等。若得财者，并计赃（各主者以一主为重）准窃盗（免刺）从重论（赃轻以诈科罪）……	—	徒罪以下系别于军流遣罪而言，惟既有以下二字。则凡罪应拟杖者，均加重拟军，似与别条所云，徒罪以上拟以充军之文，互有参差 惟查律文无官而诈称有官，并诈冒现任官员姓名，有所求为者，杖一百，徒三年，即此例所云，图骗一人，图行一事也。一经诈冒，即应满徒盖别项诓骗得财，律系分别赃数，准窃盗治罪，如为数未及五十两，不过拟杖，假官诓骗，虽得赃无多，律亦应拟满徒

① 《刑案新编》“云”字卷，页 42a ~ 43b。

续表

例文	律文	刑部议论	薛允升《读例存疑》评析
凡指称勋戚、文武大臣、近侍官员、姻党、族属家人名目，虚张声势，扰害经过军卫、有司、驿递、衙门，占宿公馆，索取人夫、马匹、车辆、财物等项，及奸徒诈称势要衙门，乘坐黑楼等船只，悬挂牌面，希图免税，诓骗违法者，**徒罪以上**，俱于所犯地方，枷号一个月，发近边充军……（索取财物，问求索。希图免税，问匿税。诓骗违法，问**诈称见任官家人于所部内得财**）	“兵律”“邮驿”“多乘驿马”：凡出使人员，应乘驿船驿马，数外多乘一船一马者，杖八十……	若此案情形，即以指称文武大臣族属一例论，则其诈为假官亦在虚张声势徒罪以上之列，不必定论赃之多少也	前明此等例文最多，盖指所犯并非一事而言，应参看“诈称内使等官”条
凡诈冒内官亲属、家人等项名色，恐吓官司，诓骗财物者，除实犯死罪（如盗或伪造符验，或因吓骗殴故杀死之类。）外，其余枷号一个月，发近边充军……①	“刑律”“诈伪”“诈称内使等官”：凡（凭空）诈称内使（近臣）、内阁、六科、六部、都察院、监察御史、按察司官在外体察事务，欺诈官府，煽惑人民者（虽无伪造劄付）斩（监候）。知情随行者，减一等（杖一百，流三千里）。……若（本无符验）诈称使臣乘驿者，杖一百，流三千里。为从者，减一等……	—	“诈假官”门内二条，一诈冒皇亲族属、姻党、家人。二假充大臣及近侍官员家人名目。犯徒罪以上者，始行充军，与此不符。应参看 诈冒内官亲属、家人，与假充大臣及近侍官员家人名目相等，而科罪不同，似应修并于彼条之内。皆诈假官律，诈称现任官子孙弟侄，家人，有所求为之事也

如表 4–4 所示，“徒罪”以上或以下的标准，涉及“诈假官”本律及计赃规则，而诸多“诈冒”情节与骗财表现，则纠缠不清，量刑无所适从：一般诓骗，得财计赃准窃盗论，五十两以下均拟杖，假官诓骗则“律拟满徒，已属加重矣，例改拟充军，又将犯至军流者，加重拟绞，似嫌太重”“诈冒内官亲属、家人、与诈冒内官不同，一经恐吓诓骗，即拟充军，似嫌太重”，要做到如刑部所言“例意各有指归，引断不容歧异。即遇有案情介在疑似，并无恰合专条者，无妨参核比拟，酌量科罪，以期无枉无

纵"，谈何容易！

此外，刑部断案引律目，集中在"强盗""斗殴""罪人拒捕"等常见命盗重案类型。对于一些特定条文，往往使用优于律目的惯用表述。

"断罪引律令"有多种形式，而断案引律条标题的只是少数。这是法条标题指示断罪方面功能缺失所导致的。[①] 以律目指明罪、刑的，一般需满足以下积极条件：据律条断罪；问刑所习用；律条的主旨清晰、标题恰当，引用标题即可说明律意。消极条件则是引律目在还原立法意图等方面较具引条文更有优势。上述条件也可以反过来解释为何多数判决中如引用条法，大多不采取列出律条标题的方法，即或者是因为依据的是对案件更具有针对性的例条，而例条内容与律条标题的关联性往往不足，如同一律条下可附多条例文，所以用律目来指"条例"的办法不可行；或者是因为司法活动中的表述惯例，例如，"夜无故入人家"条下的法律规定，在司法活动中常用，但司法中更常见的表述却是"擅杀"，虽然此条并不冠以"擅杀"标题，清律各篇章门类中也找不到以"擅杀"为题的条文；[②] 抑或当律条中情况复杂、层次繁多时"止引所关者"，如"罪人拒捕"条的规定，在司法中被引用时，往往会视案件情况，作"罪人拒捕"或"罪人不拒捕"等区分，并对应不同的刑罚。

又如，《驳案新编》卷二十九载乾隆三十五年（1870 年）刑部覆核广东巡抚题钟亚六、黄满"强奸已成"案（"犯奸"门下），案情如表 4–5

---

① 在立法中已现端倪，如"罪亦如之""罪同"等比照论罪的表述，因紧承前项而可以缩略由罪至刑的主体表述。而"告状不受理"条"依'告状不受理'论罪","干名犯义"条"不在'干名犯义'之限"等表述，并非常见的对条文规定的引用办法。更多的征引形式，或是条文标题的二次缩略，如"监守盗""常人盗"，或是根据条文标题而细化出来的子类别，如"强盗不得财""故出""失入"，等等。司法中，因更重视援引断罪的具体与精确，所以引述律文的方式又不同。

② 清代断案中，以"擅杀"定性的情状，很是复杂。"捕亡"门下的"罪人拒捕"条内，也含有多则与"擅杀"相关的律条款项和例条。

所示：[①]

表 4–5　刑部驳钟亚六、黄满案所涉律例

案犯	钟亚六	黄满
所涉律例	强奸本律（实为“犯奸”律下之例，载《大清律例·刑律·犯奸》）	“凶恶棍徒”例（“恐吓取财”律下之例，《大清律例·刑律·贼盗》）
案情（乾隆三十三年七月二十七日）	（有刘日亮未婚之媳胡长妹同郑贵发之妻张氏往山割草，由田边经过。）钟亚六上前向拉胡长妹（各至旱坑地方） 钟亚六图奸胡长妹不遂，将胡长妹推倒……殆至奸毕，钟亚六解放腰布，胡长妹业已殒命	（有刘日亮未婚之媳胡长妹同郑贵发之妻张氏往山割草，由田边经过。）黄满亦拉住张氏（各至旱坑地方） 黄满向张氏求奸，张氏不允，黄满声言不从便要杀死。张氏害怕，即被推倒成奸
巡抚拟断	钟亚六合依“强奸杀死本妇”律拟斩立决	黄满依“凶恶棍徒”例拟军
刑部覆核	应如该抚所题 依“强奸将本妇立时杀死，斩立决”例拟斩立决 应令该抚将钟亚六先行正法	该抚舍强奸本律，转引“凶恶棍徒”例将黄满拟军，案情律义均未允协 其黄满一犯讯取确供，按律妥拟具题，到日再议等因
奉旨（乾隆三十四年七月初七）	钟亚六著即处斩	余依议
巡抚再题	将斩犯钟亚六押赴市曹处决讫	提黄满覆加研讯……将黄满改依“强奸已成”律拟绞监候
奉旨（乾隆三十五年四月十九日）	……	黄满依拟应绞，著监候，秋后处决。余依议

刑部驳钟亚六、黄满之案，辨析律例之意时称“强奸本律”“凶恶棍徒例”，就规定内容而言，相较本来律目即“犯奸”与“恐吓取财”，更加贴切。

《刑案汇览》等文献中，反映出清代刑部驳案径引律目相对低频，律目与规定含义相距较远导致其定罪功能不强，在量刑方面的影响亦极为有限。究其原因，大致包括律目表述的简约、律目设置的滞后及“条例”的

① （清）全士潮等纂《驳案新编》卷二十九“强奸已成”，何勤华等点校，法律出版社 2009 年版，第 536 ~ 537 页。

大量创设与迅速更新，以及如有比照成案等策，则无须运用笼统简略的律目来纠偏的实践经验，等等。在此仍需思考的是，利用律目，是否是刑部官员的专利？虽然本节选用材料多为刑部案例，不乏刑部内部的专业性讨论，但笔者的推断是，说刑部官员垄断了对律目的理解与阐释，这未必然，但刑部官员利用律目的优势在于，他们的职责兼有纂修律例与司法，而律目体系本身与律典制定、律例修订有着最密切的关联，所以说，任何兼思考律典体系与具体规则完善的人士，尤其是将上述思考用以断案者，都有利用律目的便利，而集中具备上述条件的便是刑部官员。

断案引律目，其深层意义是在解释以适用法律的过程中，将律目背后的罪类系统及律典体系作为论据，辨析此罪与彼罪情节及立法意图，以斟酌量刑轻重。譬如，包世臣代刑部官员提出修律建议，[①] 删除与律文相悖、引起实践中误会的律注，即“纵容妻妾犯奸条律载‘用财买休卖休和娶人妻者，本夫本妇及买休人各杖一百，妇人离异归宗，财礼入官，若买休人与妇人用计逼勒本夫休弃其夫，别无卖休之情者，不坐。买休人及本妇各杖六十，徒一年，妇人余罪收赎，给付本夫，从其嫁卖，妾减一等’。说者因本律注有‘因奸不陈告而嫁卖与奸夫者，本夫杖一百，奸夫奸妇各尽本法’之文，遂谓此条并非因奸，凡民间以本夫不能养活嫁卖其妻者，皆科卖休，以致嘉庆十六年有山西赵姓买娶有夫之妻为纯妻，而纯妻谋杀姑及夫两命，原因买休离异，仍依凡论之案”。其辨析人情与律意，论述中与律目有关的包括：（1）买休卖休，若非有奸在前，应依“嫁娶违律门”规定处断。（2）“律不云奸夫而云买休人者，盖称以奸夫，则本法（今按：

① “嘉庆二十五年，刑部尚书韩公谕饬司员将现行律例中有未安者各献其疑以凭奏明修改，时滞迹都下，刑部诸君来问者十余人，各为条议数事，其呈堂蒙采录与否不可知，是年仲冬集录各稿，并具于篇”。事载（清）包世臣：《小倦遊阁集》，载《续修四库全书》1500 册，上海古籍出版社 2002 年据安徽省图书馆藏清包氏抄本影印。但查《大清律例根原》与《读例存疑》，“纵容妻妾犯奸”此条律注并无改动。

犯奸条）止杖八十，此重在买休，故称为买休人，不得以文无奸字，遂疑其非奸也，且律目已明言纵容”。其观点是，此条律目已限定规则的适用条件即“因奸”，不应依律注将范围扩大到“非因奸”，律注与条例不应与律条正文冲突，“查例因随时整饬，故轻重多与律殊，律注皆为申明律意而补其不备，唯此注与和奸律文歧出，致滋疑窦，应请从删”，而律目则是刑官在进行类似于现代的“体系解释”“目的解释”的过程中，辨明律条原意之钥。

（二）汇编案例依律目

清代的“刑案汇编”，往往套用法典目录来编辑案件，即案件依照某条判罚的，便将案件归入某一律目之下，“使例必附律，案必依例，州次部居，门分类别，能俾用者心开目明，知某例在某律之下，某案附某例之条”。[①]“刑案汇编”套用《大清律例》的律条分类，采用律目作为案件的索引，应是大规模收录案例时采用的技巧。以律目构建目录，以其他信息作为内容划分的辅助，[②]主要搜集、刊刻刑部办案记录的《刑案汇览》正是如此，其“续增”“续编”仿此体例，也便于不同时期相似案件的补充；后出的《刑案新编》，其索引编排也是如此。地方编集成案，有时也利用律目。[③]

断案用律目，实是将律、例全体内容作为抓取案件中心、罗列相似案件的标准。例、案都无专名，借用律目来区分案件性质的权宜处置，遇有

---

① 参见李馥为:《例案全集》所作之序，载《例案全集》，康熙六十一年（1722年）思敬堂刊本，日本东京大学东洋文化研究所汉籍善本全文影像资料库藏，载http://shanben.ioc.u-tokyo.ac.jp/main_p.php?nu=B3850500&order=rn_no&no=00625&tim=hb，最后访问日期：2017年7月7日。

② 如对简介个案情节，又如加注“依某例”或“某新例”，再如依“律牌”初步分类后，再根据每个“律牌”下收集的案件宗数进行分卷调整。

③ 如《湖南省例成案》，其介绍参见杨一凡、刘笃才:《历代例考》，社会科学文献出版社2012年版，第353～354页。

一案之中议及二三事者，难免淆乱。要么如《刑案汇览·凡例》所言，不厌其烦，一一注明：如千总私役兵丁护送眷属回籍致兵丁被车轧身死，系照“千总空歇军役私使出境因而致死”律拟军，则按律目将正案归入“兵律”“军政”“纵放军人歇役”条。因案内议及该弁亲老留养并职官犯罪应行具题，故复于“名例”“犯罪存留养亲“条内书头注云“武弁拟军准其留养案载某处”，又于“刑律”“断狱”“有司决囚等第”条内书头注云“千总拟军未便咨结驳令具题案载某处”，庶检查不致隐漏，余可类推；要么如《刑案新编》一般，择一而从，粗疏索引。

例如，《大清律例》“名例律”上下两卷，包含 46 条律，《刑案新编》搜集案件涉及“名例”律目 18 个：五刑、应议者犯罪、应议者之父祖有犯、职官有犯、犯罪免发遣、流囚家属、常赦所不原、犯罪存留养亲、工乐户及妇人犯罪、徒流人又犯罪、老少废疾收赎、犯罪自首、共犯罪分首从、犯罪事发在逃、亲属相为容隐、化外人有犯、加减罪例、徒流迁徙地方，提要条目载于“佳”字卷（第 14 卷），计 120 条（一条通常对应一则案件）。

表 4-6 《刑案新编》提要类目与《大清律例·名例律》条目对照

《刑案新编》提要门类及案件数量	《大清律例》（乾隆五年）中序号
纳赎，2 案	001[①]
应议者犯罪，6 案	004
应议者之父祖有犯，1 案	005
职官有犯，2 案	006
犯罪免发遣，1 案	009
流囚家属，2 案	015
常赦所不原，19 案	016
犯罪存留养亲，13 案	018

① “赎刑”附于“五刑”条。

续表

《刑案新编》提要门类及案件数量	《大清律例》（乾隆五年）中序号
工乐户及妇人犯罪，2 案	020
徒流人又犯罪，3 案	021
老少废疾收赎，6 案	022
犯罪自首，8 案	025
共犯罪分首从，5 案	030
犯罪事发在逃，22 案	031
亲属相为容隐，1 案	032
化外人有犯，1 案	034
加减罪例，2 案	036
徒流迁徙地方，24 案	045

表 4–7　《刑案新编》"应议者犯罪""犯罪自首"类案件提要

类别	《刑案新编》提要	时间	案犯或事项
应议者犯罪	宗室妇折伤王府番单枪	光绪十七年	片底
	宗室两犯棍徒拟军照发黑龙江中途脱逃被获枷责	同治十二年	宗室溥岱
	宗室妇女出名刁控照违制拟杖罪坐其子照例折罚钱粮	光绪八年	宗室李佳氏
	宗室觉罗妇女控案仍照例令亲丁人等抱告如系喊控予限十日亦令找寻例应抱告之人	光绪九年	宗室妇人控告章程
	宗室犯该斩绞监候解交盛京监禁黄册亦由该将军进呈	光绪十五年	宗室犯死罪解奉章程
	宗室纠伙迭劫恃无赃据坚不承招	光绪十六年	得■等
犯罪自首	行窃临时盗所用刀拒伤事主越十六日抽风身死事未发携赃自首免因照斗杀拟绞未便因事主死由抽风再行议减	光绪十年	王黑旦
	因窃起意致死年甫九岁幼女自首免所因仍按谋杀幼孩定拟	光绪十二年	庄辛娃
	因兄图财杀人向乡约告知并未首赃例不准以自首论	光绪十二年	李二狗
	强盗打劫仓库抱赃自首系例不准首之犯驳另拟	光绪十二年	郭六
	偷窃马匹经胞兄访获送官	光绪十四年	李玉珍
	抢犯于拿获后始行赔赃驳讯	光绪十四年	郑幅
	军犯在配被贼冲散复自回归	光绪十六年	刘川幅
	聚众抢夺妇女已成伙犯拒捕杀人首犯闻拿带同被抢之人投首	光绪十七年	董振得

以表 4-7 为例，从提要来看，"应议者犯罪"类案件，仍需联系"刑律"中有关"贼盗""斗殴""诉讼"类规定来量刑，而"犯罪自首"类案情涉及窃盗、强盗、抢夺、图财害命等，几乎都与"贼盗"门规则有关。可见对于律目的利用，无论是区分案件性质，还是指示例条归属，都是权宜之策。一则，例、案都无专名。二则，"间有一案之中议及二三事者"，分类只能择一。三则，借助律目来整理案例，基础是对律条、例条内容的熟悉，否则面对那些本在律例之中，但不见于或溢出律目指示范围的案件，便无所适从。

官方"断罪引律牌"之不确，私家"存案附律牌"之不足，[①] 恐怕都要直接归因于规范与个案、既有律目与新设"条例"的扞格。

小结

以清律条目为样本的考察说明，如果将古代法典中条文标题放在古代法律生活的背景中进行评价的话，应该看到，标题取自律条内容，以简便灵活见长；一些重要条文的标题在法典中取得了相对稳定地位；标题作为法典的组成部分，其分门别类的索引性质为读律者、用法者接受；对于熟习法律的人士而言，标题或许不构成理解律意的障碍。然而，清代条文标题也存在一些缺憾，如与律意不总能准确对应、与例意不总能衔接等，其影响力有限。一方面，清律目与律条内容大致相关但不够契合，也不能为

① 私家法律文献汇编方面还需注意的是清初对"条例"的整理，岸本美绪教授在"关于清代前期定例集的利用"(《中国近世の规范と秩序》，研文出版 2014 年版）中探讨：在清朝，为了从日积月累的庞大命令、成例当中确切找出适用于行政参考的规定，出版了不少定例集，自康熙年间到乾隆初年、内容较丰富的五本坊刻定例集包括《本朝则例类贬》(康熙四十三年序)、《本朝续增则例类编》(康熙五十二年刊行)、《定例全编》(康熙五十五年序)、《定例成案合编》(康熙四十六年序、康熙六十年左右刊行增补版)、《定例续编（残)》(乾隆十年刊行)，均为在既有版本上根据邸抄增补新例而成，编者非科举出身，而是以幕友等为业的"无名知识人"，就内容构成而言，可以分为以律为基础的编辑方法和以会典为基础的编辑方法。

掌握律例精义提供多少方便；另一方面，其虽尚不具备准确交代罪名的作用，却是多类法源的便捷分类办法。在官颁律典律目简约、稳定的基础上，才有更实用的时效性强、内容全面（合律、例、案于一体）的坊刻“法律大全”。[①]

无论古律是否“诸法合体”，其“以刑为主”是不争的事实，律典中大量刑事法规的标题亦有可能透露、指示罪名。本章从刑事规范的适用角度，探求律典编纂的技艺与原理，尤其是《大清律例》律目如何维系条文与实施细则的关联以及如何用于典型案例的汇集。如果以现代刑法观念来观照，另外一些问题也呼之欲出：法条的名目与法条所规定的罪名有何关系？律目在法律适用过程中所扮演的角色，是否能成为刑律分则“罪名”的基础？探索律目怎样与近代刑法典体系衔接，或者说律目如何为刑律所吸收，必须将目光投向晚清。但在此之前，还要从法律知识获取的角度，考察律目在读律中所扮演的角色。

① “法律大全”的体例与传播，参见张婷：《法典、幕友与书商——论清代江南法律书籍的出版与流通》，载《浙江大学学报》（人文社会科学版）2015年第1期。

第五章 讲读律例——《大清律例》律目的相关表现

律典收录律例，“讲读律令”必关乎律典。具体而言，官、民读律，前者从治理的角度，目的是有犯则引律科罚，办案求妥，适用法律力求精确，读律须主动、深入；后者乃是被教化的对象，[①] 从“出礼则入刑”的角

① 作为民间知识，渗透在日常用语和观念中的“律目”，如清人释“诱人犯法”，举《大清律例·刑律》为例：“诈伪”科目有“诈教诱人犯法”；关于“服辩”条，则解释曰：“《元典章·吏制》：凡府司官对众审讫，取服辩文状。按：今律仍有‘狱囚取服辩’条，注云：‘服者心服，辩者分辩。理当则服，不当则辩。或服或辩，故曰服辩。’近易其名谓之‘遵依’，则有服而无辩矣。”（清）翟灏：《通俗编》卷六《政治》，颜春峰点校，中华书局 2013 年版，第 76 ~ 77 页。又如，《清稗类钞·诙谐类》收入“妒律”，便是仿照清律七篇的体例，“虽属游戏，亦颇有组织”。如其归入“户律”的一则事由“凡妇使婢年已长大，不令蓄发，恐丈夫有见猎之喜，拟坐以嫁娶失时律，杖七十，徒一年半”。判曰：“芳草无情，随春来而渐茂。绿杨何意，因时至而垂丝。恶竹笋之冲檐，删其凤羽。嗔蔷薇之踰架，剪彼蓬心。自崔夫人不许丽服，而袁绍妻遂使髡头。乃虞掷果而禁偷桃，未咏标梅而歌冰泮。不疑他意，祗问失时。”（清）徐珂编撰：《清稗类钞》第四册《诙谐类·妬律》，中华书局 2010 年版，第 1855 页。据考证，应是效仿明人作“弈律”体例：“明王思任撰《弈律》一卷，以明代律文列前，而以弈者所犯附会比照之。分笞、杖、徒三等，纳赎有差，凡四十二条。《四库提要》谓：‘夫弈以消闲遣兴，而限以苛例，使拘苦万状，动辄得咎，斯亦不韵之极矣，无论其所定当否也’云云。阅之令人失笑。国朝□□□撰《妒律》一卷，刊入《昭代檀几丛书》中。虽属游戏之笔，与王思任之《弈律》正同，虽本不能谓之撰述，亦不善于游戏者。此种人知识学问极陋，不能成他书，其心思才力，只能成此种不值识者一笑之无用书，然又何必敝精劳神于泥涂中哉！”（清）刘声木：《苌楚斋随笔》卷四《明王思任弈律》，刘笃龄点校，中华书局 1998 年版，第 87 页。俞樾称《妒律》作者或即海宁陈元龙。（清）俞樾：《九九销夏录》（卷十二）《妬律》，崔高维点校，中华书局 1995 年版，第 138 页。关于“告不干己事法”等的法制传承与语词变迁，参见霍存福：《汉语言的法文化透视》，法律出版社 2015 年版，第 3 ~ 4 页。

度，官员宣讲律例大义，意在使百姓趋利避害，迁善改过，免陷刑辟，其主动权仍由朝廷、官吏把握。[①] 以上两环节，正展示出官方定律“明刑弼教”之意。[②]

律典自有体例，读者各怀心思，读律又未必全照律典目录。[③] 清代司法者读律，如刑部官员、地方刑幕等，虽各有独特的表现，共性则是专业性和实用性兼具。本章将基于司法目的之读律分为三个层次，以探讨研习律例的路径与效果：有的放矢地了解个别条文，如根据待决案件情节来查阅律例；通读并系统把握律典结构与规定含义；理解律意，心领神会，灵

① 叶世倬在《律例须知弁言》中称“律例卷帙綦繁，势难尽喻于民，而百姓囿于见闻之陋，锢于习染之汗，有明犯爰书而习焉不察者，殊堪悯恻。兹于律例中择其地方易犯各条，略加注释，并以律载服制条目附列于后，于宣讲圣谕后并讲一二十条，使愚民动色相戒。又令绅耆家购一编，暇日为子弟讲说，庶知遵守，不复误罗法网，则默化潜移，藉以保其身家，或不无小补”。参见徐栋辑：《牧令书》卷十六《教化》，收入《官箴书集成》，黄山书社1997年影印，第357页。编者谨按“顺治十二年奏准，各问刑衙门止有律书一部，小民不得与闻，故犯法者众。令督抚将刑律有关于民者摘而录之，有司于春秋暇日为之讲说，并令学官常为士子讲习，载在礼部则例”。

② 官员亦应知法守法，以求自保，避免误触刑禁。如明人称：“‘读书万卷不读律，致君尧舜终无术’，此虽讥切时事之言，然律令一代典法，学者知此，未能律人，亦可律己，不可不读也。《书》言‘议事以制’，而必曰‘典常作师’，其不可偏废明矣。尝见文人中有等迂腐及浮薄者，往往指斥持法勤事之士，以为俗流，而于时制漫不之省。及其临事，误犯吏议，则无可释，而溺于亲爱者，顾以法司为刻，良可笑也。”（明）陆容撰：《菽园杂记》（卷六），中华书局1985年版，第70页。清人亦感叹：“居官而读律令，所谓入国问禁也……昔何休注春秋，率举汉律，郑君注三礼，亦举律说，此穷礼好古之则也。予案邢昺论语疏亦引宋律。今人于会典、通礼、律例等书视为俗学。不知所谓不俗者何学也。”（清）周寿昌：《思益堂日札》（卷九），许逸民点校，中华书局2007年版，第184页。

③ 非官员身份者主动学习法律知识，除了避罪免祸保身家的目的外，还可能有意识地通过识文断字、通晓律例而谋生营利。这方面的典型便是讼师读律，在此暂不探讨。

活运用，甚至“用法恒得法外意”，则是最高级的阅读。①

《牧令书·刑名》中辑录的官箴中，有三条是面向司法官吏的读律心得或指南，刚好可展示出三种读律方法：

其一，官员在任，若要办案，便要读律，应留心于平日，见缝插针，逐步了解有关“听讼”的条文。这是汪辉祖在《学治说赘·律例不可不读》中所言：

且官之读律与幕不同：幕须全部熟贯；官则庶务纷乘，势有不暇，凡律例之不关听讼者，原可任之幕友，若田宅、婚姻、钱债、贼盗、人命、斗殴、诉讼、诈伪、犯奸、杂犯、断狱诸条，非了然于心，则两造对簿，猝难质诸幕友者，势必游移莫决，为讼师之所窥测。惟熟之平日，则因事傅例，讼端百变，不难立时折断，使讼师慑服，诳状自少，即获讼简刑清之益。

民间争讼时常涉及的“田宅、婚姻、钱债、贼盗、人命、斗殴、诉

① 关于清代的法律知识传播、法学教育与法律考试，参见张婷:《法典、幕友与书商——论清代江南法律书籍的出版与流通》，载《浙江大学学报》(人文社会科学版) 2015 年第 1 期；邱澎生:《律例本乎圣经：明清士人与官员的法律知识论述》，载《明代研究》2013 年第 21 期；尤陈俊:《法律知识的文字传播：明清日用类书与社会日常生活》，上海人民出版社 2013 年版；张伟仁:《磨镜——法学教育论文集》，清华大学出版社 2012 年版；徐忠明、杜金:《传播与阅读：明清法律知识史》，北京大学出版社 2012 年版；曾宪义等主编:《律学与法学：中国古代法律教育与法律学术的传统及其现代发展》，中国人民大学出版社 2012 年版；李仪:《清代法律职业者的法律知识与法律实践》，中国政法大学 2008 届博士学位论文；叶晓川:《清代科举法律文化研究》，知识产权出版社 2008 年版，第五章“清代科举中的试‘判’”；张小也:《官、民与法：明清国家与基层社会》，中华书局 2007 年版，“儒者之刑名——清代地方官员与法律教育”一章；任喜荣:《刑官的世界：中国法律人职业化的历史透视》，法律出版社 2007 年版，第四章“从科举考试的科目与内容看刑官基本的知识储备”一节；龚汝富:《明清时期司法官吏的法律教育》，载《江西财经大学学报》2007 年第 5 期，等等。刑部官员读律并研讨，“如士人治本经”的苦心，邱澎生、徐忠明、郑小悠:《清代刑部官员的形象：自我期许与外部评价》，载《北京师范大学学报》(社会科学版) 2015 年第 1 期等学者均论及。刑名幕友的读律与实习，参见专著高浣月:《清代刑名幕友研究》，中国政法大学出版社 1999 年版，张伟仁先生有关汪辉祖、陈天锡的研究(收入其《磨镜——法学教育论文集》，清华大学出版社 2012 年版)等。关于讼师法律技能的取得与运用，学者如龚汝富、邱澎生、潘宇等有集中讨论。

讼、诈伪、犯奸、杂犯、断狱诸条”，讼师知，幕友知，但官员亲自坐堂问案，仍须自知，汪辉祖大体指定官员应了解的规则类型，其建议是积少成多，不避烦难，以收判决合情合理之效，“每遇公余，留心一二条，不过数月，可得其要。惮而不为，是为安于怠惰，甘于作孽矣”“听讼不协情理，虽两造曲遵，毕竟是孽，断事茫无把握，以覆讯收场，安得不怠。推原其故，只是不谙律例所致”。①

其二，潜心读律，先读《刑律》中常用类目，后读《名例律》，充分掌握律典各篇。刘衡先从自身经历出发，称“司牧者未必人人读律”，但随之而来的依仗胥吏、滥准词讼等弊均使良民受苦，其“奉檄试令广东时，律未熟，未得要领，苦无胆力，是以在粤七年三任，自愧有忝厥官，己卯冬以忧归，乃更悉心读律，凡八阅月方得微窥圣人制律之精意”，随读随记，整理笔记为案头之用。此后他再任知县，“律例熟，胆力壮”，准驳得心应手，结案不复翻控，心得是《刑律》之“诉讼”“断狱”门最为紧要，因此“司牧者于刑律内诉讼断狱两门共四十一条，果能潜心熟读，则能于收呈时即发觉棍蠹，于未出票之先而禁止之，尤为息事安人之要，久之又久，熟而又熟，自能仰见圣天子视民如伤剔除弊窦之至意”。在此基础上其《蜀僚问答》直陈律典中“有尤要而宜先读者”：

或问：律例浩繁，其要旨安在，有尤要而宜先读者乎？

曰：有。伏查现行律例计四百三十有六门，凡一千七百六十有六条，言言酌情理之平，字字协中和之轨，而其要旨敢以一言蔽之，曰保全良民，禁制棍蠹诬扰而已。至诉讼门之十二条，断狱门之二十九条，则其尤要而宜先读者也。

再须细读的，如《刑律》中“人命”“贼盗”等门，以及“户礼工”等“六律”篇章：

① （清）徐栋辑：《牧令书》卷一六《教化》，收入《官箴书集成》，黄山书社 1997 年影印，第 371 页。

或问：读律以诉讼断狱诬告各门各条为要，其余俱不必读乎？

曰：宜读。若人命、贼盗、斗殴、杂犯、受赃、诈伪，及户礼工各律均须细读。

刘衡见解，在循序渐进方面有与汪辉祖相似之处，如“或于审案之前一二日，检取本案之律例，悉心细读，并与幕友虚衷商搉，迟之又久，临事既多，自然通贯”，便是集听、讼、读律于一体的实习方法。但汪辉祖乃是刑幕起家，自有其拜师学艺之法，所著官箴则以简便易行为主；而刘衡读律则多赖自学，在介绍自身经验时，对于做官所需法律知识，提出更高的要求，不但要读全律，还要结合案例，辨明“似是而非”等难点；不但要读律典，还要了解处分则例，免遭处分，亦免受他人蒙蔽：

至名例律，乃全律之总也，枢纽也。全部律例各条均不能出其范围。譬如满屋散钱，一条索子穿得，尤宜细心推究，但须各律既熟后方读之，勿先读也，先读则无所依傍，茫然不解矣。

至各律既熟后，又须取刑部《驳案新编》推究之，方能于例义案情似是而非之处辨别清晰。

再读处分则例，尤能检束放心，先事知警，亦不受人朦蔽。①

其三，则是从规则内部、具有特殊法律含义或提示上下文并列、转折等关系的字词入手：

欲理刑名，先明律例。

……看律之法，先明八字之义。

……八字之外，尚有十五字亦宜详也。

……顾曼曰：八字十五字外，《读律佩觿》载“律眼”……②

---

①（清）徐栋辑：《牧令书》卷一七《刑名上》，收入《官箴书集成》，黄山书社1997年影印，第372～374页。

②（清）徐栋辑：《牧令书》卷一七《刑名上》，收入《官箴书集成》，黄山书社1997年影印，第373～374页。

以上摘自《州县须知·刑名总论》，其与汪辉祖、刘衡就律例内容类别而论阅读重点不同，关注的是律条独特的行文方式与构成元素，如“以盗论”“与真犯同”，“准盗论”“但准其罪”，“皆斩”不分首从等，运用原理载于《名例律》而罚则散见六律诸篇，仅观个别条文，理解难免偏差；又如“各”“及”“若”“其”“即”或表“分别”，或示意并列，或提示转折，事先掌握其用意，读律事半功倍，若缺乏了解，可能引律不确。“例分八字之义”载于清律卷首图表中，“律眼”等则见于律学著述。此类字词意义，虽不尽直接指示定罪量刑内容，但其运用于定律者遣词造句之中，是律意的组成部分，能否正确解读，关乎定罪量刑。[①]

读律之法极多，以上三种，有同有异，综合起来，则应先了解律典卷首图表中“八字”等基础要素，再针对读律之官员的听讼职能，阅读《刑律》中有关程序的“诉讼”“断狱”门类，及“贼盗”“人命”“斗讼”等门类中定罪量刑的实体性规则。在汪辉祖看来，官员读律的必要范围关乎民间争讼，如命盗与户婚田土等案件的常见规则；刘衡之说可作为补充，即命案多样，相关规则未能穷尽于“人命”门，《工律》等其他篇章中亦可能收录，因此须读全律。汪辉祖、刘衡的共识，则是官员应了解律例，即便可向幕友咨询，也应预习；最好能边干边学，积少成多，熟能生巧，逐渐熟悉重点规则。

从上述针对一般官员的读律方法来看，律目似乎扮演着若即若离、可有可无的角色——要分配有限的时间、精力，则读律须分门别类；但基于听讼职能的循序渐进读律，并非一定要依照律典从《名例律》到《工律》的次第，而是先取《刑律》各门，甚至篇目为首的《名例律》应最后掌握。至于条目，读律官员如果随案检阅律例，则并无一定之规。然则读律与律典体例关系的具体表现，还要从篇章门类与条目两方面，结合各类律学作

① 近年来，有关律典中这“八字”，陈锐教授、吴欢博士等从法律逻辑、律学传统等不同角度加以探讨。梳理和专论亦可参见拙作《律典“八字例”研究——以〈唐律疏议〉为中心》，吉林大学 2014 年博士学位论文。

品展开分析。

（一）律目与歌诀图表类律学著作

较为通俗的歌诀与图表形式，可为法律知识的获取和掌握提供便利。[①]歌赋解律，从宋《刑统赋》到清《读律琯朗》《读律一得歌》等，多是直奔律意，概括罚则，以便记诵。但也有歌诀介绍律典目录，以满足读者要通览全律布局以便进一步了解大义的需求。《六律总括歌》与日用类书中的“律卷总条款名歌”可为例证。[②]

表 5-1　有关律典篇章门类的歌诀作品

篇目	门类	六律总括歌	律卷总条款名歌
名例	—	六律枢要首名例	**名例职制兼公式**
吏律	职制、公式	吏律职制公式异	**名例职制兼公式**[③]
户律	户役、田宅、婚姻、仓库、课程、钱债、市廛	户律有七首户役 田宅婚姻仓库事 课程钱债与市廛	户役田宅与婚姻 仓库课程接钱债 **市廛祭祀仪制明**
礼律	祭祀、仪制	礼律祭祀并仪制	**市廛祭祀仪制明**

① 根据学者梳理，图表本、歌诀本亦可以归入司法应用本系统，（张晋藩将律学著作分为以下几个系统：一是辑注本系统，代表作有康熙年间沈之奇所著《大清律例辑注》、乾隆年间万维翰所著《大清律例集注》；二是考证本系统，代表作有乾隆年间吴坛所著《大清律例通考》、光绪年间薛允升所著《读例存疑》；三是司法应用本系统，代表作有康熙年间王明德所著《读律佩觿》、于琨所著《祥刑要览》；四是图表本系统，代表作有乾隆年间沈辛田所著《名法指掌》、万维翰所著《律例图说》；五是歌诀本系统，代表作有光绪年间程梦元所著《大清律例歌诀》、梁他山所著《读律琯朗》）而比较本可以归入考证本系统（何敏增加比较研究一类，代表作是薛允升所著《唐明律合编》、沈家本所著《汉律拾遗》），这样律学著作实际上由三个部分组成：以解释律例为特点的辑注本系统、以考证律例源流为特点的考证本系统和以方便司法实践为特点的司法应用本系统。参见张小也：《官、民与法：明清国家与基层社会》，中华书局 2007 年版，第 103 ~ 104 页。

② 前者见于明代《新刻摘选增补注释法家要览折狱明珠》《古今律条公案》等，后者载于《大明律直引》（杨一凡编：《中国律学文献》第 3 辑，黑龙江出版社 2006 年影印，第 609 ~ 610 页）等。参见尤陈俊：《法律知识的文字传播：明清日用类书与社会日常生活》，上海人民出版社 2013 年版，第 153 页。

③ 粗体为列表时所加，因歌诀一句涵盖多篇，所以重复列出，下同。

续表

篇目	门类	六律总括歌	律卷总条款名歌
兵律	宫卫、军政、关津、厩牧、邮驿	兵律宫卫军政随 关津厩牧邮驲继①	宫卫军政关津密 **厩牧邮驿盗贼宁**
刑律	贼盗、人命、斗殴、骂詈、诉讼、受赃、诈伪、犯奸、杂犯、捕亡、断狱	刑律名条首贼盗 人命斗殴并骂詈 诉讼受赃诈伪来 犯奸杂犯捕亡结 终之断狱凡十一	**厩牧邮驿盗贼宁** 人命斗殴连骂詈 词讼受赃诈伪倾② 犯奸杂犯捕亡获 **断狱营造河防成**
工律	营造、河防	工律营造河防意	**断狱营造河防成**
备注	—	律共四百六十条 学律之人须熟计	十句总言三十卷 条有四百六十名

由表5–1可见，“六律总括”歌诀，兼顾篇目与门类名目，而“律卷总条款名歌”从简，仅介绍门类名称，这或许是因为“六律”基于六部设置，相对容易记忆。然而，“厩牧邮驿盗贼宁”“断狱营造河防成”等句，强合多篇内容，求简而失律意。

百姓要了解法律知识，一般无须概览律典全貌；若要通览全律，又不能止步于知晓门类，以上歌诀，仅为律学作品之局部，所涉律目，限于篇目和门类，而不及条目，则仅为入门而已。此类知识收入明代日用类书，便于传播，但在利用上则有局限，类书“编者多系下层文人，律例之学非其擅长，甚至还可能相当陌生，在从律学作品中抄录相关内容并编入日用类书之时，常有误抄、漏抄的情况发生，再加上制版刻工可能的手民误植，结果造成明代日用类书中所收录的律例知识，不仅文字舛错众多，以至于常常令人不解其意，甚至其中一些被抄录的法律规定实际上是早已不复适用的旧版本。对于时人而言，其参考价值实际上并不高，甚至还颇具误导性。再加上律例知识乃属精深之学，其读者群原本就比较狭隘，而当

① 今按：应为邮驿。

② 今按：应为诉讼。

时社会上流传的优秀律学作品已有不少，即便是在识字能力较高的士人阶层中，恐怕也很少有人会依赖日用类书这种逐利而编的杂书来学习律例知识”。① 相比之下，《读律琯朗》等作品，承《刑统赋》之意，以歌诀解律，定罪量刑规则均化为歌诀，不再单纯重复律目。②

先看《读律琯朗·名例》：

表 5–2 《读律琯朗·名例》歌诀与《大清律例·名例律》的关联

歌诀	对应条目
职官有犯须奏闻 请旨不许擅勾问 下司若被上凌虐 实封奏陈亦须听	职官有犯
文武官俸后免追 公罪私罪赎各论	文武官犯公罪、文武官犯死罪
犯罪存留养亲例 家无次丁应须议	犯罪存留养亲
妇人犯罪除奸盗 余俱收赎皆当记	工乐户及妇人犯罪
徒流人犯罪相连 总徒不得过四年	徒流人又犯罪
七十为老十五小 流徒俱应收赎钱	老小废疾收赎
罪人自首应免罪 免罪不免赃之罪	犯罪自首
强盗伤人若未死 并未得财抢夺罪	—
二罪俱发以重论 后先之际须推并	二罪俱发以重论
犯罪共逃能首捕 一半以上罪不问	犯罪共逃
何者亲族相容隐 大功以上皆不论 不限籍之异与同 同居共财皆一等	亲属相为容隐

再分析《读律琯朗》有关“礼律”的“祭祀”“仪制”二则内容与清

① 参见尤陈俊:《法律知识的文字传播：明清日用类书与社会日常生活》，上海人民出版社 2013 年版，第 169 ~ 170 页。自明至清，类书中律例知识从大量收录到显著减少，这与明代私家注律的繁荣、诉讼社会的需求相关，其退场因此类知识“过于专业、深奥”（吴蕙芳），或科举考试中取消试判、刑名成为专门之学而官员依赖幕友判案、官吏从其他途径获取法律知识等因素影响书商的“商业化逻辑”从而作出的删减。

②《读律琯朗》除“五刑赎罪”“六赃”“七杀”“八议”“十恶”五则外，“名例”“吏律”“公式”等细目，均对应《大清律例》篇章门类；其内容则是以歌诀介绍同一类目中的主要刑名。

律规定的相关度：

表 5-3 《读律琯朗·礼律》歌诀与《大清律例·礼律》的内容关联

歌诀	对应条目	内容是否相关
禁止师巫邪术神 左道惑众绞流分 扶鸾祷圣俱犯禁 鸣锣赛会问不应	礼律·祭祀·禁止师巫邪术	部分
收藏禁书习天文 杖罪赏首并追银	礼律·仪制·收藏禁书	是
生员不许建一言 犯者黜革违制论	礼律·仪制·上书陈言	部分①
服舍违式不可强 有官无官答各讲 龙文凤文加杖徒 首告给银五十两	礼律·仪制·服舍违制	是
弃亲之任八十上 妄称老亲亦同杖	礼律·仪制·弃亲之任	是
乡党序齿不序爵 佃户见主非奴样	礼律·仪制·乡饮酒礼	部分

《读律一得歌》四卷，内容借鉴多种“律歌”而更详密，② 能使“习其文不通其意”的候补官员通晓律义。如其编者宗继增自序：

每於趋公余暇，辄取索阅律书，遵照制定原规，分门别类，仍仿律歌旧式，更拟新辞，俾阅者易於会心，了如指掌。律则十编，其九例则择其常引用者而编之，越六阅月，而拟成律例三百九十三条，字义、律眼二十一条，六赃六杀二条。虽未能尽括无遗，而於各门之中，固已相得其梗概。

编者在黄彭年任臬司所设“学律馆”中以歌诀作为读律入门，③ 如其

① 符合条例内容而非律条正文。

② “全律一书，条理纷繁，句读参差，非特诵记，不易翻阅，亦难向得。前人删繁就简，由博返约，叶以音韵，编为律歌，意取便览，法洵美也。惟借挂漏过多，节目未析，按编稽考，殊难详明增，不揣鄙陋，久拟续貂，有志而末逮也”。宗继增重编:《读律一得歌》，光绪庚寅正月江苏书局刊版。

③ “清代没有专门的中央法律教育机构，官员的法律教育也不是制度化的，能够找到的法律教育机构也是屈指可数，只是学律馆和课吏馆的有关材料能帮我们一窥当时的法律教育”。参见曾宪义等主编:《律学与法学：中国古代法律教育与法律学术的传统及其现代发展》，中国人民大学出版社 2012 年版，第 49 ~ 53 页。对地方官吏学律的介绍，参见张小也:《官、民与法：明清国家与基层社会》，中华书局 2007 年版，第 119 ~ 121 页。

自述，长官“犹恐新进之士，未能通晓律义，一旦临民折狱，难望谳发（无?）持平。爰设读律之馆，用课候补人员，必使平日制锦有方，庶免临时操刀无术，是以有志造就者，无不乐受其陶成，增黍入仕途，幸备其列”，后出任亲民官，当得益于此前究心法律的过程。黄彭年《序》称：

余昔陈臬鄂中设学律馆，课僚属读律，先以句读而入门，则不限一途，或校勘异文，或剖析疑义，或博考成案，或图以明之，或表以分之，或为歌诀以便记忆，各有成书，其为歌诀者四人，宗君恒斋其一也。恒斋所为歌，既精简，又摘律例要言附格上，使人一览而明，尤便初学，余怂恿付刊。[①]

平心而论，无论是通览全律还是查找专条，现成的律目无非是辅助。巧用图表，对相关规则的解析和掌握可能更好。如载于律典篇首的“六赃图”等，又如《律例图说》为便于办案者查阅，采用与《大清律例》不同的编排方式。

《律例图说》按六部分篇，以事项统类，将“名例律”内规则打散，重新归于其余六篇之中；其内容亦不限于律例，而是从实用出发，兼采《吏部处分则例》。[②]其凡例指出：

名例贯串诸律，别为纲领，今图内概编入六部，不另为一门，又有以类相从者，如私铸类于钱法，劫囚类于越狱，打夺罪人近于拒殴追摄，激变良民即为因事聚众，比类叙之，不以律为此第也。[③]

何以如此，在编者看来，律例繁而彼此分隔，“图者合也”，因而有必要采用图表形式使之便于显示某种共性，体现“统分于合”“分中有合”：

独律例则日趋于繁而不合，昔李悝著法经六篇，酂侯定律益为九，后增

① 宗继增重编：《读律一得歌》，光绪庚寅正月江苏书局刊版。

② “《大清律例》皆载治罪之条，而议叙议处不与焉，今并摘录处分则例之切要者汇叙两书为一编，虽非大备，亦已简明”。万维翰：《律例图说》，中华书局 2015 影印清乾隆十五年芸晖堂刻本。

③ 万维翰：《律例图说》，中华书局 2015 影印清乾隆十五年芸晖堂刻本。

至六十篇，又令三百余篇，决事比九百六篇，盖綦繁矣。魏明帝间，陈群等规删汉法，定二百四十余篇，隋开甲辰，都官改刑部，皇甫绩除存五百条，唐武德七年增新格五十三条，是言律者以唐为准，嗣代相沿，大同小异。

本朝定律四十七卷，凡四百五十七条，寻改为四百三十有六，因事比例又益其三之二，自简而趋于繁，势使然也，繁则世之晰其分者少也。幸而有晰之者，而统之不能，则亦不能使其合也。夫说莫统于合而必由分以晰。余注心律，案装贯百余卷，合为图说，随时增薙，其大例载凡目中。宋王沂公云，比繁统于合，岂非然哉。①

法律条文积少成多、由简至繁，势在必然，立法者不免袭旧，解律者不妨创新。需要说明的是，一则，法律法规的图表式汇编不是清代始见，元王元亮“纂例”即采用图表形式，②《元典章》中亦穿插表格；二则，图表类作品，往往对律典目录重新编排，《律例图说》就反映出在便于查阅的原则下，法律内容的编排方式是灵活多样、因时而异的，较之官颁律典，也往往更注重实用，从而体例显得别具一格。但这种体例探索未被立法者吸收采纳。

（二）律目与应试判语和刑幕习律

明清律目一脉相承，律学也同样如此，有另辟蹊径而未必依赖律目的歌诀、图表类作品，亦多有紧扣律典、逐条诠释的注释类作品。在此探讨的“应试判语”合集，属于“拟判”而非“实判”，③其特殊性在于，形式

---

① 万维翰:《律例图说》，中华书局 2015 影印清乾隆十五年芸晖堂刻本。

② 可参见张田田:《元代律学探析——以王元亮“纂例”图表为中心》，载范忠信主编:《中西法律传统》（第 9 卷），北京大学出版社 2014 年版。

③ “实判是实际诉讼中所产生的判词，是司法官员对案件审理后所作出的裁判，属于法律公文并且具有法律效力。而拟判则是文人仿照实际诉讼判词所拟的判词，它主要包括文士或为消闲娱乐或为应举制辞的类比之作以及文学作品（例如公案小说）中根据故事情节需要而撰写的判词这两大部分”。高璐:《明清公案小说判词与明清实际诉讼判词的差异》，载《中国俗文化研究》2016 年第 1 期。

上虽依律目，但实际上未必紧扣律例。[①]

明代有《新纂四六合律判语》(以下简称《合律判》)。特点是:“案件属于虚拟而非实有形式，讲求对仗用典。它类似于唐代的甲乙判，编纂此书的目的主要是供参加策科考试的官员参用。明清时代，提供给行政、司法官吏施政参考的官箴书中，如官常政要、律例临民宝镜、刑台法律皆有此类判语收录，不过条目多寡与判词文字不尽相同，有无注释和注释内容也各有差异。收入本书的四六合律判语 142 则，大明律计 460 条目，就收入该文献的各类判语而言，吏户礼兵工律下各门大体有一半左右条目附有判语，而刑律仅涉及断狱。”[②]

四六即骈体，合律即依律目，“四六合律判语”即以骈体文形式按律目所列罪名拟出判语，这体现考试形式上对唐代试判的效仿。“唐人集中多判词，其文率用骈偶，盖程式之文也。唐贡举有明法之科，考以四事，一曰身，二曰言，三曰书，四曰判。凡判试问目，试判两道，识达义理问无疑碍者为通，粗知纲例未究指归者为不通，唐以律令为取士之一途，以

① 有学者指出，考生似乎没有仔细研读过相关律文，他们很有可能只是准备一些常识性的、道德性的套话来应考，甚至是仅仅模拟当时流行的判牍资料和应试判文来从事判题的写作。参见徐忠明、杜金:《清代司法官员知识结构的考察》，载《华东政法学院学报》2006 年第 5 期。又如，陈惠馨教授指出，清代的科举考试，注重的是参加考试的人对《大清律例》的精神是否理解，而不是他对法规条文的认识与否。参见陈惠馨:《东亚法律文化与法律交易——传统中国与现代台湾的比较》，高明士编《东亚传统教育与法制研究(一): 教育与政治社会》，台北，台湾大学出版中心 2005 年版，第 59 ~ 60 页。这种对精神原则的把握，儒生可以从读经中触类旁通。张伟仁教授在《清代的法学教育》一文(载贺卫方编:《中国法律教育之路》，中国政法大学出版社 1997 年版，第 172 ~ 174 页；亦收入张伟仁:《磨镜——法学教育论文集》，清华大学出版社 2012 年版)中慨叹:“法学一项，本来只靠考判而迫使士子稍加注意”“科举考试中制义诗论表策都变得与法学无关，甚至明显应该根据法律而拟的判，也改成了以经义为凭的道德性判断，更不幸的是，到了清代中叶，这一项考试竟被取消了。法学既与考试出仕脱了节，士子怎么还会去学法律呢！”

② 参见《新纂四六合律判语》，《历代判例判牍》第四册，中国社会科学出版社 2005 年版，整理者言。亦可参考郭成伟、田涛先生点校的《明清公牍秘本五种》，中国政法大学出版社 2013 年版。收明代“合律判语”。

判牒为铨吏之一事……宋人判牍之体，与今人同。其以俪偶为工者，惟科举判词沿唐人成式耳……明人批判，亦以八股笔法为之”。[①]

判语围绕律目，但律目所起的提示作用，仅能大致指示出事项，即规则所关涉的领域，而罪状、法定刑等内容则仍需熟记；判语为虚拟，并不针对真实案例，甚至不必预设具体案情。于是判词的重心往往落实在“为何要罚”上，也就是描述某罪情节如何恶劣、性质如何严重等，可不必给出律条关于何种罪行应如何科罪的具体内容。读此种判语可知作者领会了立法意图，但未必能确信作判者熟知条文详情。

例如，“致祭祀典神祇”一条，判语如下：

周立宗伯，天地神祇之义明。汉置祀官，春报秋祈之礼备。由先圣而达于社稷，礼当祭而祭；自国都以及于县司，职当行而行。今某视祀典而不敬，以致失误临期；于监礼而谄渎，何尝祭有成宪？所处不恭，杖有余罪。

其中先言祭祀之由来和意义，再概言某人之罪状，最后以“杖有余罪”给出处理方案。查《大明律》第178条“致祭祀典神祇”（礼律祭祀）：

凡社稷山川风云雷雨等神及圣帝明王忠臣烈士载在祀典、应合致祭神祇，所在有司，置立牌面，开写神号、祭祀日期，于洁净处常川悬挂、依时致祭。至期失误祭祀者，杖一百。其不当奉祀之神而致祭者，杖八十。

可见律条规定情形不一，若应祭而失误，得罪杖一百，若不应祭而祭则杖八十。判语中则笼统对举。虽然如此，但此条已经算是判语与律目有直接对应的，换言之，从判语中明言应“杖”可推断，其作者是查阅了此条律文，并使判语展示出了律条中的刑事处罚。

使判语关乎律目，这是作判者的本意，而判语能否展示律条大意，不

① 许同莘：《公牍学史》，档案出版社1989年版，第97～193页。但唐明试判亦有区别，顾炎武评价，明朝以唐代吏部选人之法而施之贡举，但“此法止可施于选人引试俄顷之间，而不可行之通场广众竟日之久”。顾炎武著：《日知录校注》卷一六《判》，陈垣校注，安徽大学出版社2007年版，第922～923页。

能一概而论，有判、律基本对应的，也有部分对应的，更有不少判语笼统，不易看出与律条的联系。参见附表三及图 5-1。

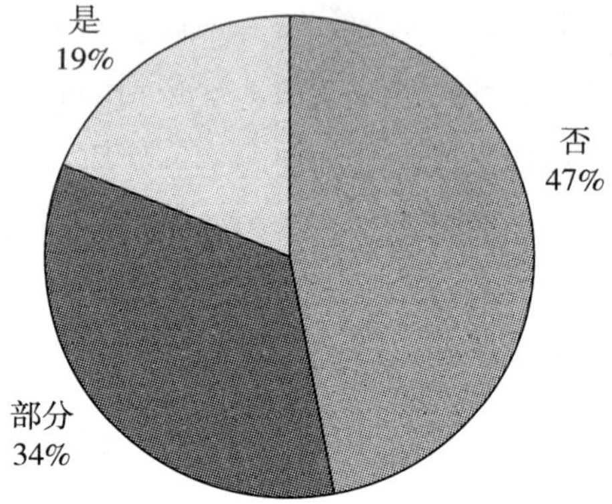

图 5-1 "合律判"能否对应律文准确量刑

律意难以全部贯彻在应试骈判中，主要原因有两方面。首先，是律典内容方面，律条分为多个层次，涉及多种情状，而针对不同情节，刑罚也区分轻重等次，而判语则多考虑典型情况。以清代《合例判庆云集》(以下简称《合例判》)的编纂思路为例，编者虽曰"制科用判，非取一日词章，实征将来吏治，故断罪处，必奉大清律文。但帖括家究心八股，既不能览全律，遂尔虚辞，是集袭取六曹定例，分晰注明，庶读者瞭若指掌"，[①] 且判语后附"新例"，然而权衡律、判，不难看出，"合例"即"合律"，而"合律"仍多半落实在形式上，即对应律目，虽引述"新例"，但所引规则无非是摘录律条的部分内容，若律条中仅一款则判语必关乎主旨，若律条包含多个复杂款项时，只好截取一二款（大多是第一款）。例如，为"信牌"条所拟判语，末尾表示"法律岂容姑贷，笞杖各有定条"，所附新例

① （清）周梦熊辑:《合例判庆云集》，载杨一凡主编:《历代珍稀司法文献》(第三册)，社会科学文献出版社 2012 年版，第 1007 页。

为“凡府州县置立信牌，量地远近，定立程限，随事销缴，违者，一日笞一十，每一日加一等”。[①]

查《大清律例》“吏律”“职制”“信牌”，分为两款：

凡府州县置立信牌，[拘提人犯，催督公事。] 量地远近，定立程限，随事销缴，违者 [指差人违牌限]，一日笞一十，每一日加一等，罪止笞四十。

若府县官，遇有催办事务，不行依律发遣信牌，辄下所属 [坐] 守 [催] 并者杖一百。[所属指州县乡村言。] 其点视桥梁、圩岸、驿传、递铺，踏勘灾伤，检尸，捕贼，抄札之类，不在此限。

对比拟判合集与法律规定可知，判词仅针对律条中的部分事项而作，“新例”即是从律文中节选相应规定。就“信牌”条而言，“新例”遗漏了第一款中违者“罪止笞四十”，非律条全貌。

规定的复杂性，除一条中有多款外，还体现在，虽为绝对确定刑，但量刑未必指定刑罚，也可能计赃、计日量刑，可能要参考“罪止”，还可能比照正犯，科共犯罪者以“同罪”或加减刑罚，这些都不易转换为四六骈文。如《大明律》“吏律”“公式”“信牌”分为两层：

凡府州县置立信牌，量地远近，定立程限，随事销缴，违者一日笞一十，每一日加一等，罪止笞四十。

若府县官，遇有催办事务，不行依律发遣信牌，辄下所属守并者杖一百。其点视桥梁、圩岸、驿传、递铺，踏勘灾伤，检尸、捕贼、抄札之类，不在此限。

《合律判》中此条判语为“稽程者计日以加笞，违律者原情而用杖”，大致涵盖两款中的笞、杖之罪，较为巧妙。

---

① (清) 周梦熊：《合例判庆云集》，载杨一凡主编：《历代珍稀司法文献》(第三册)，社会科学文献出版社 2012 年版，第 1008 页。

面对繁多的条文、复杂的规则，虚拟骈文判语中，也就只好泛泛给出“置诸国法，以慰民情”“罪有所归，法难故纵”“将来是戒，从旧为宜”“若兹弊政，宜服常刑”等结论。①

其次，不仅律典难读，应试者的态度也影响读律作判的质量。拟判不尽合乎律意，与此种判词的写作目的和用途有关。

考判命题中，集中考察记诵与文才体现不出对法理的重视。张伟仁教授在“清代的法学教育”文中介绍其查阅史语所清档所见乡试与会试的题目：并由此判断此种考试不同于唐宋依“问目”作判，亦不同于近人所熟悉的案例分析，其“并非假设一项事实，使考生加以分析，并依据法律作一判决，而是以《大清律例》的门目为题，听任考生揣摩其义，然后自行拟定一事，加以判断，但并不需要引用条文作成具体判决。所以考生只要

① 判文的发展脉络及骈判的利弊，根据学者对唐宋判文的考察："唐代是中国古代判文的成熟期，这与该时期中国古代法制的成型以及文学的繁盛这一社会文化背景是一致的。而唐代科举取士中的试判制度则直接促成了判文的兴盛。唐代判文传世作品多，而且种类、形式多样。唐代判文依内容功用和制判主体可分为拟判、实判和杂判""骈体判文的利弊，其利在用严格格式要求和有限篇幅的文字，对案例加以分析、处理，要求极强的文字表达能力和较高的文学水平。其次从另一方面看，唐代的试判，考核重心往往在于文学水准，无法全面考核应试者的吏能、才识，而判文骈体用典、篇幅短小等特点又不免限制制判者的发挥。唐代之后，宋代及其后世的判文逐渐摆脱骈体束缚，多为散体实判"。刘小明：《唐宋判文研究：以〈文苑英华〉和〈名公书判清明集〉为中心》，华东师范大学2012年博士学位论文。汪世荣教授在《中国古代判词研究》（载《法律科学》1995年第3期）中指出：司法中骈判逐渐被淘汰。至明清，叙事清楚、说理分明、文理通畅、语言平实，由事实、理由和判决结果等部分构成的散判占绝大多数，散判的“援律比例”彻底改变了唐代骈判“不归于律格”的现象。借用高璐《明清公案小说判词与明清实际诉讼判词的差异》（载《中国俗文化研究》2016年第1期）一文中对比公案小说骈判与明清司法散判差异的框架，即“行文——骈四俪六与浅显畅达”“体例——点石成金与遵章守度”“语言——热烈高昂与淳朴无华”，分析试判相对于实际判词的偏差，一在内容非从案情事实出发的虚拟性，二在骈判形式追求辞藻华丽的文学性。除试判外，清代骈判或为法官偶一为之的炫技之举，或为诙谐戏谑的游戏之作（如前揭“妒律”）。

没有猜错题意，便可作答，无须更多的法律知识”。[①] 结合叶晓川在《清代科举法律文化研究》（知识产权出版社 2008 年版）中介绍摘自中国第一历史档案馆的清初考题，见表 5–4 所示：

表 5–4　清代部分考判题目

试题	时间	备注
信牌、盐法、祭享、夜禁、越诉	康熙二十四年	顺天乡试
信牌、匿税、失仪、夜禁、诬告	乾隆九年	江南乡试
官员袭荫，欺隐田粮，上书陈言，优叙军属，修理仓库	顺治十八年	会试
讲读律令，欺隐田粮，服舍违式，门禁锁钥，冒破物料	康熙二十三年	江南乡试
擅离职役、揽纳税粮、禁止迎送、多支廪给、侵占街道	康熙三十年	会试
讲读律令、收支留难、禁止迎送、优恤军属、修理仓库	乾隆十二年	江南乡试
禁止师巫邪术、悬带关防牌面、修理桥梁道路、官员赴任过限、人户以籍为定	康熙三年	会试

以应试为目的所编辑判语，自明至清，无论是《合律判》还是《合例判》，其要点无非是简便易用，以备考试，其受众是“究心八股”而难以研读律典全文的应试者，所谓“坊刻判集充栋，然多列于制艺之殿，故所载判文皆系众所周知，余故博采兼收，计所见善本不啻数十余帙，其间繁者芟之就简，腐者易之使新，俗者令雅，浮者从实”，[②] 恐怕重点在文学辞令的合规及雅驯，法律内容的适时与平实。或许编者也曾用心，如《合例判》中列出参照之条，但总体看来，读律非其备考的首要任务。所选律目

---

① 张伟仁：《磨镜——法学教育论文集》，清华大学出版社 2012 年版，第 22 ～ 23 页。叶晓川的看法也相似：“只要考生正确揣摩题意，然后记住该条文的刑事处罚的刑种便可以作判，并不需要引用条文，因此试‘判’难度并不大。这样的司法训练，是不足以应付入仕后复杂的司法实践的。”叶晓川：《清代科举法律文化研究》，知识产权出版社 2008 年版，第 115 页。

② （清）周梦熊：《合例判庆云集》，载杨一凡主编：《历代珍稀司法文献》（第三册），社会科学文献出版社 2012 年版，第 1007 页。

更围绕着士子们心照不宣的“考试大纲”:(1)不涉《名例律》,原因是“闱中取士，题分五道，部备六曹，字句各以类从，名例未经标列，故集中于名例内，不敢虚载”。(2)不收律目内容与取士这一“朝廷庆典”场合不符的，意即“律中全题不下四百有奇，但实兴取士，本系朝廷庆典，凡题稍有不合于时者，如二字中失火，四字中如谋反大逆，五字中如盗园陵树木，六字中如收留迷失子女之类，皆不开列，非敢故略也”。(3)为便于记忆，不依原本篇目门类次序，而是按律目字数归类，且大量删减，“至由二字以及九字，全目无遗，非无三字与十字可以标题者，以不过一二条而止，既无合于功令，焉敢混入”。[①] 经此“不敢虚载”“非敢故略”“焉敢混入”的苦心编辑，呈现在此书目标群体即应试人士眼中的，仅仅是律典中涉及治官之法(吏律等)、礼仪(礼律)、钱粮征收(户律)等的一隅，而刑律中“贼盗”“人命”“斗讼”“犯奸”等门类的律目，几乎都未入选。纵然此种考试确实持续、认真举办，考生所能获取的法律知识也是有限的、片面的；试判依律，非全依律典、律文，而仅从概览律意的律目入手，甚至不依条文性质、适用频繁程度等现实指标来选取律目，仅仪式性地回避“谋反大逆”“丧葬”“失火”等名目，则试判之效，流于形式，也就可想而知。在《合例判》中，存留“判语”条数大于所删减律目(条目，下同)数量的为“工律”“礼律”“吏律”类；在“兵律”“刑律”“户律”中，作者忽略大量律目而仅选取其中少部分撰写判语，“刑律”中不作判的条文达到“判语”数量的四倍多；“名例律”条文更是一概不取。见图5-2及附表四：

① (清)周梦熊:《合例判庆云集》，载杨一凡主编:《历代珍稀司法文献》(第三册)，社会科学文献出版社2012年版，第1007页。

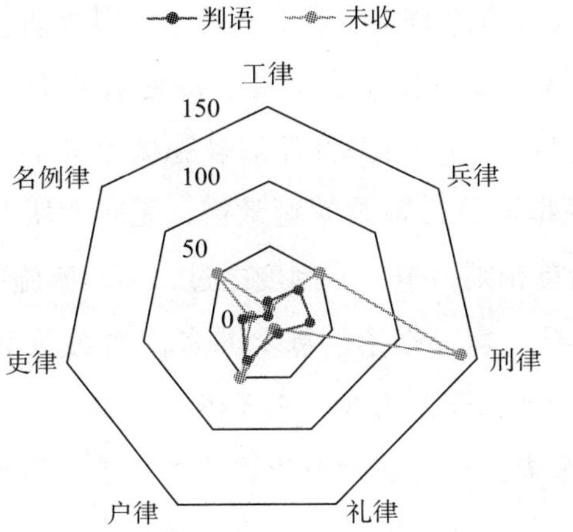

图 5-2 “合例判”目录与未收入其中的“律目”数量比

从附表四、附表五可知，以《刑案汇览》与《刑案新编》为代表的“刑案汇编”中，有案可稽的“刑律”律目多达 128 个；《合例判》涉及“刑律”中条目的有 27 条，其中有 6 条据“刑案汇编”来看无案。从实际案件的发生频率来看，[①] 数量较多的十类是“强盗”“斗殴及故杀人”“杀死奸夫”“威逼人致死”“杀一家三人”“戏杀误杀过失杀伤人”“殴期亲尊长”“诬告”“罪人拒捕”“狱囚脱监及反狱在逃”，粗略统计，刑律之“人命”门案件最多。然而《合例判》中仅见“诬告”，其余几类，或因名目中含有“盗”“杀”字样而不入试题，在编撰者看来，也就不必留意。

理应引导应试者读律的考试，从《合律判》《合例判》等资料看来，判语与律意“貌合神离”，多是借题发挥创作骈文以彰显文采，而对刑名的把握很是粗疏。此种空洞的考试内容设计，熟读律例者并无施展才华的

① 根据“刑案汇编”统计案件发生次数，当然不够准确，因为其中主要收录典型刑部驳案等，多为案情疑难、审断错误的。不过其中多少也能反映出常见多发命盗重案的类型，《刑案汇览》收录乾隆、嘉庆、道光朝案件，《刑案新编》搜罗道咸同光时期案件，虽时间上有先后，但从案件类目来看，哪些类目下驳案多发，哪些类目中案件寥寥无几，两书的编选情况是较为一致的。

空间，也就只剩下引经据典“堆垛故事”这一条出路，泛泛而谈、但求无过的判语中，难见应试者通晓多少法意，更难观其能否体察人情，是否有吏事之能，其本意或许要督促士人读律，却使备考变成了读律目与背判语。[①] 乾隆九年（1744 年），兵部侍郎舒赫德批评科举本非良法，积弊已深，“表、判可以预拟而得，答策就题敷衍，无所发明，此其不足以得人者四”，鄂文端公为首相则力争，非制度之过，而是实施中名不符实：

即经义、表、判、策、论等，苟求其实，亦岂易副？经文虽与《四书》并重，而积习相沿，慢忽既久，士子不肯专心肄习，诚有如舒赫德所云，数月为之而有余者。今若著为令甲，非工不录，则服习讲求，为益匪浅。表、判、策、论，皆加核实，则必淹洽乎词章，而后可以为表；通晓乎律令，而后可以为判……[②]

“通晓乎律令而后可以为判”恐怕只是理想。事实则是依律目作虚判，容易投机取巧；考试形式存在漏洞，测试应试者法律水平的目标就难以落

① 结合唐、宋人对考判的态度来看，如洪迈于《容斋续笔》卷一二《龙筋凤髓判》条中称许白居易判词“不背人情，合于法意，援经引史，比喻甚明”。对唐判的分析，参见霍存福:《张鷟〈龙筋凤髓判〉与白居易〈甲乙判〉异同论》，载《法制与社会发展》1997 年第 2 期；陈锐:《唐代判词中的法意、逻辑与修辞——以〈文苑英华·刑狱门〉为中心的考察》，载《现代法学》2013 年第 4 期。就试判而言，唐、宋与明、清考试制度的差异略举两端：其一，唐、宋“身言书判”为“吏部选人之法”，而明、清考判为科举一环。如顾炎武批评“至明朝之制，以吏部选人之法而施之贡举，欲使一经之士皆通吏事，其意甚美，又不用假设甲乙，止据律文，尤为正大得体。但以五尺之童能强记者，旬日之力，便可尽答而无难，亦何以定人才之高下哉！盖此法止可施于选人引试俄顷之间，而不可行之通场广众竟日之久。宜乎各记一曹，互相倒换。朝廷之制，有名行而实废者，此类是矣”。（明）顾炎武:《日知录校注》卷一六《判》，陈垣校注，安徽大学出版社 2007 年版，第 922 ~ 923 页。其二，唐、宋有常科、制科之别，如“书判拔萃科”等破格录官之制，宋代官员选举，尤其在法官选任方面，君臣充分的讨论下的方案设置与灵活调整方面充分体现出对官员综合能力与专业素质的重视，“试刑法”更是由中央司法机关主持；明、清选举则尊崇科举一途，取士重首场八股，从命题到判卷，削足适履，千篇一律，法司的声音无闻。唐、宋法律考试制度方面的资料，得益于蒋楠楠博士的学位论文良多，特此说明。

②（清）梁章钜:《浪迹丛谈》卷五，吴蒙校点，上海古籍出版社 2012 年版，第 59 页。

到实处。①但这却是选官中为数不多的与法律知识相关的测试了。自乾隆朝二十二年（1757年）起，这种侧重记诵之功与对仗之才的判语之试，已逐步从考试科目中剔除。②乾隆二十四年（1759年），年满三十的汪辉祖应考，“是科二场删表判，以第一场经文四篇改入二场，增论一篇，二场增五言八韵排律一首”。结果，有作幕经验的汪辉祖，出师不利，“八月初八日入闱后，大雨水溢及坐版，闱中狼狈，几不完卷”，归家大病一场。③

由上述的现象可知，明、清律目是试判者读律之线索，但这种线索，侧重事类，而非罪刑。如“私借官物”条，刑罚是“各笞五十”，而《合律判》中作“与者当科那移之罪，受者宜加侵盗之刑”。试判者可由此体谅立法者意图，了解重要规定之大概，但要剖析案情、判决妥当，则依律目作虚拟判语，正与歌诀、图表的用途相似，只是读律的引子。

问题重重的科举试判，其科目设置与内容设计使得应考者无心读律，而熟读律例者无法施展才华，通晓律令而后为判之理想难以落实。事实上，出于儒家警惕“以法为教”的理念，虽时有重视磨砺官员法律素质、培养法官精通律法的方案，但因被指责为偏离了“德行为先”“经义为重”

① 张伟仁先生归纳，篇幅较长，难以完稿；格式较言，动辄犯错；题目有限，易于揣摩，是诏诰表判四项考试共同的缺点，曾经乾隆上谕一再指出。后来“判”也被废了，但未见特别说明，大约理由就在于此。张伟仁：《磨镜——法学教育论文集》，清华大学出版社2012年版，第20页。

② 乾隆二十一年，“嗣后乡试第一场止试以书文三篇，第二场经文四篇，第三场策五道，其论表判概行删省……以乾隆己卯科为始”“至会试则既以名列贤书，且将拔其尤者备明廷制作之选淹长尔雅斯为通才，其第二场经文之外，加试表文一道，即以明春会试为始”，二十二年又下旨，“嗣后会试第二场表文，可易以五言八韵唐律一首……即以本年丁丑科会试为始”。《清朝文献通考》卷五一《选举考五举士》，载王云五主编：《万有文库》，商务印书馆1936年版，考5331。其理由中包括考官能否合理评判，值得注意。乾隆二十八年七月辛未，“礼部议准贵州学政李敏行奏，嗣后各省考试选拔生员删去判语，改用五言八韵排律一首”。（清）王先谦：《东华续录》乾隆五十八，《续修四库全书》373册，上海古籍出版社影印，第80页。而在此之前，“表判”之利弊已见于有关科目存废的论争中，见上文乾隆九年事。试判为清承明制，明沿唐宋选官考判之意，而顾炎武早有批评。

③《清汪辉祖先生自定年谱：一名病榻梦痕录》，载王云五主编：《新编中国名人年谱集成》（第八辑），商务印书馆1980年影印。

的用人原则而无以为继。[①] 明、清更明确提出要防范生员通晓法律而“持吏短长”“把持词讼”，士人碎片化读律这一结果，恐是朝廷有意为之，这又涉及“读书万卷不读律，致君尧舜终无术”（苏轼诗）还是“刑为盛世所不尚”[②] 的“德礼—政刑”关系命题。朝廷充分利用考试这一指挥棒，在推崇经义的同时，警惕民间对法律知识的深入系统把握，尤其着力避免使士人养成法律专业技能，以免其把持词讼：一方面，三场考试、多种形式选拔朝廷可用之通才，即“夫先之以经义以观其理学，继之以论以观其器识，继之以判以观其断狱，继之以表以观其才华，而终之以策以观其通达乎时务”（黄中坚《制科策》），“清代科举教育和科举考试不重视专业技术的原因之一，是儒家希望培养‘君子’”。[③] 另一方面，礼部曾以“国家设科取士，责以报称者甚多，不独在理刑一端，若于进身之始先责以名法之学，无论剿说雷同无裨实用，即真心讲贯者亦必荒其本业，旁及专家，以法律为诗书”将导致“士书之不习”等为由，因而反对道光十五年（1835 年）十月甲申御史易镜清奏请的取消三场试策而“改用律例一道”。[④]

---

① “以法为教”（《韩非子》）被指为法家立场，如刘挚《忠肃集》卷四《论取士并乞复贤良科疏》认为“进新科罢其兼经，专于刑书，则意若止欲得浅陋刻害之人、固滞深险之士而已”。马端临:《文献通考》卷一六七《刑考六》，载司马光议论：马端临:《文献通考》卷一六七《刑考六》载司马光议论:“律令敕式，皆当官者所须，何必置明法一科，使为士者豫习之。夫礼之所去，刑之所取，为士者果能知道，又自与法律冥合；若其不知，但日诵徒流绞斩之书，习锻炼文致之事，为士已成刻薄，从政岂有循良，非所以长育人材，敦厚风俗也”。又如，清人辨析苏轼的对律学的态度:“苏诗‘读书万卷不读律，致君尧舜终无术’。人多误解为律之当读，大失本旨。考公《乌台诗话》公自解云:‘是时朝廷新兴律学，轼意非之，以为法律不足以致君尧舜。今时又专用法律而忘诗书，故言我读万卷书不读法律，盖闻法律之中无致尧舜之术也。’观此则下句正承明上句不可读律之故，非申言律之当读也。唐沈全交《嘲谐词》‘评士不读律、博士不寻章’，韩退之诗‘致君岂无术、自进诚独难’，公诗所本。”（清）杭世骏:《订讹类编》卷一《义讹•读书万卷不读律》，陈抗点校，中华书局 2006 年版，第 49 页。

②《四库全书》编者按:“刑为盛世所不能废，而亦盛世所不尚”。

③ 叶晓川:《清代科举法律文化研究》，知识产权出版社 2008 年版，第 217 页。

④（清）王先谦《东华续录》道光三十二，载《续修四库全书》三七五册，上海古籍出版社影印，第 539 页。

笔者于本章开篇时提出，官、民读律，在主动被动、深入程度与用途方面大有差异。而同样是意在熟读律例以顺利进行司法审判方面，官、幕读律，有同有异，可能对应着各类律学作品的不同面向：通过歌诀记诵律典篇目，与学幕"先读大清律例""尤须熟背其目录"之意相符；而《读律琯朗》选取各门中数条律例，简介罪名与刑罚，于幕友习刑名似失之过简，对官员了解律意兴许有益；应试判语选取律目的标准，则与幕友学律大有差异，"策论表判"取士的命题范围，不及《名例律》，且大量删减刑律中的谋叛反逆与人命奸盗等名目，多选《吏律》《礼律》《工律》中名目；而幕友读律，"首应细读名例，其余各律，则须按需用之多寡，为研读之先后"，先《刑律》《户律》，后其余四律。至官员履职后读律，则多从刑律中"诉讼""断狱""人命""盗贼"等门类规则入手，有官员建议后读《名例律》；而幕友则充分利用"八字""律眼"的律学传承，从原则精神的《名例律》中大做文章。换个角度看，三年读律非易事，千人学幕百人成，刑幕所学即所用；而科场成败，关键并不在读律，为做官而试判，为试判而读律，是"所学非所用"，如若"术业有专通"，[①]科举出身者，听讼临民，焉能不用幕？

先要体谅地方官的情况，其"科举出身"或是为官长项，却成办案短板。首先，"读律难于读经"。光绪时，有人感叹："昔苏文忠公尝曰：'读书万卷不读律，致君尧舜终无术'，律固不可不读也。然余谓读书易，读律难，"何以如此，原因既在"书外"，即"读书自童而习之于心，志专终无泛骛，复竭数十年之攻业，朝考夕究，故能熟记，其文即或偶有遗

① 法律为专门之学，在今已毋庸置疑。以下引文恰可与"读书—读律"的古代观念相映成趣。"法律是一门复杂的学问，绝非一个聪明和受过人文社科高等教育者通过自行阅读法条就能自通。法律规范性文件层级纷繁，法律条文的修改废止变动不居，法律用语的含义意味深长，法律规范分析博大精深，法律的运作逻辑未必同于生活常识。整个法律人职业的存在以法律人具有独特的思维方式为前提"。参见缪因知：《基于媒体报道的案例研究方法》，载《法律和社会科学》2015年第2期。

忘，犹可望文取义，更不必沾沾有类钞胥至。若读律恒在巫仕，后年已及壮酬应纷如，有今日读之，明日即觉茫然矣”。读书与举业同源，士子有动力、有基础，不难“望文生义”，更难得的是从小学起，专心致志，成年后记忆犹新；读律不受重视，只能临时抱佛脚，官员缺乏积极性，又因律法的内容专业而畏难，也在情理之中。原因又在律内，即“律分六部”，“条目繁重，尤为更仆难终。比如，牧令衙门有六房，其议功议过有例也，则掌在吏房，其钱谷榷税有例也，则掌在户房；其兴礼教乐祀典会典有例也，则掌在礼房；其遇变带勇征剿有例也，则掌在兵房；至验尸验盗及七杀名目有例也，则掌在刑房；其河工水利修城郭建桥梁有例也，则掌在工房。是牧令一官，须读六官律例”，加之法律条文更新快，法制状况变化多，更增添官员习律之难。[①] 其次，引例、比照成案，相比通晓律条数百，更要了然全局并随机应变、难上加难。司法者不但要记诵，还要活用。“律乃一代之章程，例为应时之断制。有例应照例行，无例方照律行，律例俱无则用比照，比照宜的确，不得游移”。[②]“遇案援引，必取专条，如无专条，仍须比例以拟，倘明者定法，愚者拘焉，贤者定礼，不肖者滞焉，一出入之间恐不免毫厘千里”。[③] 陶希圣先生论述：“清代州县官以科第出身者居多数，亦以科第出身者有根底有魄力。若是幕友经由保举而得署州县事，固熟悉律令。其由举人或进士转官者，如久任县政，对于律令尚能理解。如任职未久，不谙律令，即非求助于幕宾不可。”具体而言，“以堂谕断罪刑是州县官的全权，具引律令则为州县官商之于幕友而询之于刑书的事务”。其原因大抵是律例繁杂而国家明令“断罪引律令”，然而司法不仅是规则的适用，更要注意判决的社会效果，“法令虽然如此，但在实际上，州县官断案，大抵是依据案中的具体情节，参考当地风俗习惯，而折衷于

①《增订刑部说帖》（光绪九年，板存广西臬署）国英序。

② 徐栋辑：《牧令书》卷一七《刑名上》，收入《官箴书集成》，黄山书社 1997 年影印，第 373 ~ 374 页。

③《增订刑部说帖》（光绪九年，板存广西臬署）国英序。

伦理观念与伦理规范，亦就是准情酌理而判定罪刑”。于是存在一种平衡的方式，即“准情酌理”的主见出自官员，而“具引律例”的走过场委诸辅助人员：“具引律令如何商之幕友，询于刑书？因为具引律令的方法是有例者引例，无例者引律，且除正律正例而外，果有与旧案相合可援为例者，亦可于案内声明，据以定罪刑。若是成案未经通行而著为定例者，不得援用。其与律例不吻合而成案亦无可援者，量其情理，比照律例以定拟罪刑……有学识、经验与魄力的县官常以堂谕定拟罪刑，而后商之于幕友，询之于刑书，以叠成文案而符合法定程序之要求。”①

再来体会从幕友的立场，从“实用”的角度，许同莘讽古喻今指摘“明经进士出身者临民决事取办胥吏之口，而有能政者有短于词判，举业之不切实用，能吏之不善文词，自唐已然”，并基于清代“言公牍于雍乾之际则理多于文，言公牍于嘉道以后则例胜于理”的实况，针对“例利吏”等弊，现身说法，为幕友辈正名：“举督抚州县束缚于例案之间，而犹能支持补直，以延国命者，则别有人焉。论文章则不如著作承明，论经济则不尽茂材异等，然而明习律令，灼知情伪，机牙足以应变，智计足以解纷。其贤者能驭吏而不为吏所愚，其不肖者则与吏联为一气，而犹能弥缝无迹，为主人规避处分，其人惟何？曰：幕友是已。”② 从“专业”的角度，如陈天锡作为幕友读律的代表，“学幕之初，兄命先读大清律例，律为常经，例则因时而定，尤须熟背其目录，律例中首应细读名例，其余各律，则须按需用之多寡，为研读之先后。如刑律计有十一目，户律计有七目，为办理刑名钱谷者首先所触及，适用为最多，故读毕名例，即须及之。以次读吏礼兵工四律，以类其全。此四律除兵律计有五目外，其余三律各只二目。在读刑律时，一面即须研究律文中‘以准皆各其及即若’之

① 陶希圣：《清代州县衙门刑事审判制度及其程序》，台北，食货出版社 1972 年版，第 50 ~ 52 页。

② 许同莘：《公牍学史》，档案出版社 1989 年版，第 98、233 页。亦可参见叶晓川：《清代科举法律文化研究》，知识产权出版社 2008 年版，第 115 ~ 117 页。

八字……”[①] 无论是“全部贯熟”还是先读“刑律”，多少都要凭律目检索律条内容。所有官员无暇学、不易学的，幕友都要一一攻克难关。[②]

至于清代学幕，时谚有“多读一年书，少读十年律”之语，因“法律虽系专门学，此亦视诗书根底为何如，根底深者不惟易成，成后词理亦必充沛，若仅识之无即令学成亦多贻浅俗之诮”，[③] 由州县至臬藩的樊增祥则称“听讼与作文同是一理”，[④] 户婚田土诈伪欺愚等案听讼“贵在酌理准情，片言立断，不但不能照西法，亦并不必用中律……世尝有读书万卷而坐衙不能一言，治律专家而做官不了一案者”，[⑤] 这又涉及书本、专业知识如何向实务经验转化的问题。[⑥]

小结

在官颁律典体例稳定的基础上，案例汇编与更实用的时效性强、内容全面即合律、例、案于一体的坊刻“法律大全”等纷纷涌现，其编纂往往利用律目。读律以获取法律知识的活动，与律目产生了关联。

---

① （清）陈天锡《迟庄回忆录》（一）第七章第五节“十六岁至二十岁”之“十二、吾从三兄弟学幕兼县署西席与从事幕学之经过”，载沈云龙主编:《近代中国史料丛刊》第二辑，台北，文海出版社，第 34 页。

② 结合陈天锡学幕经历来看，难点正须“预之于平时，理解既充，用之于临事，乖违可免”。（清）陈天锡《迟庄回忆录》（一）第七章第五节“十六岁至二十岁”之“十二、吾从三兄弟学幕兼县署西席与从事幕学之经过”，沈云龙主编:《近代中国史料丛刊》（第二辑），台北，文海出版社，第 34 ~ 35 页。

③（清）周询:《蜀海丛谈》卷二“幕友”，载沈云龙主编《近代中国史料丛刊一辑》，台北，文海出版社，第 385 ~ 386 页。

④《樊山政书》卷一八“批蒲城县曾令士刚词讼册”，（清）樊增祥:《樊山政书》，那思陆、孙家红点校，中华书局 2007 年版，第 502 页。

⑤《樊山政书》卷二〇“批拣选知县马象雍等禀”，（清）樊增祥:《樊山政书》，那思陆、孙家红点校，中华书局 2007 年版，第 595 页。

⑥ 参见拙作:“《樊山政书》中藩司批阅州县自理判册研究——传统法律教育中一种特殊的法官培训”，载《法律文化论丛》第 8 辑，知识产权出版社 2017 年版。

歌诀解律，特点是将系统的东西零散化，复杂的内容简单化，大量删减以突出重点，适于入门概览；图表形式则尽可能保留原律文，采取表格这一更醒目清晰的方式呈现规则内容，使文字层次化、线索清晰化，以便检索，同时以类相从，可不依律目。但歌诀、图表形式的律学作品，仅停留在对律典篇章门类作初步介绍，或是解析个别规则方面，与律典条目的关联程度有限；形式上严格依照律条名目而定的判语考试，却又止步于局部，而无益于对律典的系统把握。

经验丰富的读律者告诫后来人，对法律规定的掌握，分轻重缓急。律目的稳定性甚至是滞后性，虽不免给司法实践和学理钻研带来不便，似乎无碍于重要规则的普及与一般法律知识的传播。然而，泛泛读律、寻求速成的代价，是对法律知识的掌握不精确、不系统。从律目中了解大概，也许能够权宜应付考试，但"望文生义"者一旦遭遇"盗伐官柳误刺字""盗祖坟木"等深奥问题时，[①]恐怕措手不及。律典因条文繁多，被读者视为畏途，但读律的难处更在条文的分门别类上——看似清晰明了的律目之下潜伏在着新例旧律的冲突与文不对题的纠结。面对这样一部错综复杂而并不完善的律典，除了逐条分析、纵横比核，再无捷径——律难读，读律难，读律有成能几人？或许，清末孙宝瑄所言，确为的论，可借用来解释序言提及的姚文然等熟读儒家经典、又心契哀矜折狱精神者，在具体司法活动中不谙律例、误解律目之失：

然谓知道义者不必明法律，自能与之冥合，则未尽然。夫所谓冥合者，不过大旨所在。若夫条目曲折，岂能尽知。惟士夫以此自恃，故遇事为吏所欺，隐而不觉也。善夫周人孟月读法之制，既未尝专设一科，而入人又无患不明律学，其命意之深远，抑可知矣。[②]

---

① 详见本书序言。分别见于《折狱龟鉴补》《皇朝经世文编》，及姚文然、王友亮文集。

② 孙宝瑄:《忘山庐日记》，上海古籍出版社 1983 年版，第 291 页。

第六章　从律典到刑法典：律目与近代立法思路的转换

明律借鉴唐律有功有过，但对开国立法者而言，条文不可不改，体系随之而变，剪裁唐律，正如借鉴元制一样，都是满足其现实目标的手段；或许对于清人，明律虽不完善但仍要依赖，因为全盘更新律典的条件并不充足；直至晚清修刑律，立法走上了新的道路。从作为法律体系组成部分的“刑法”名目来看，民国始见，即“1928 年，南京国民政府继承了北洋政府的优秀刑事立法成果，正式制定公布了《中华民国刑法》。这是中国历史第一次以‘刑法’命名的法律”。但区别刑事法规与民事法规、行政法规等的意识，则晚清人士已经具备。①

本章中，笔者先观察既存律目，又设序号的体现“传统中国法对日本刑事立法最后的影响”② 的 1873 年的《改定律例》，以此种处于“东方法文化与欧西近代法文明”交锋的过渡时期的法典形态，与《大清律例》所代表的传统律目法典体例作对比参照，再将传统律典与晚清刑律作目录比较，以描述法典编纂思路的变迁。

---

① 周少元：《中国近代刑法的肇端——〈钦定大清刑律〉》，商务印书馆 2012 年版，第 258 页。“新刑律”的习惯表述与“大清刑律”的正式名称之辨析，亦见周少元教授著作。

② 黄源盛：《传统中国法对日本刑事立法最后的影响——以〈新律纲领〉与〈改定律例〉为中心》，载《台大历史学报》第 30 期。

（一）律例合编的过渡形态

关于《大清律例》中相同条目下的律意、例意不协，尤其是条例难以归类的问题，笔者近年来在翻看19世纪后期日本《新律纲领》与《改定律例》两部刑典时，受到触动。一方面，后两者篇目、条目仿照清律目，偶有变化，如专设“疯癫杀人”条等。另一方面，补充《新律纲领》而与前者并行的《改定律例》，既沿用传统的篇目、名目，又在条文之前加上序号，如此来界分相同标题下的多个条文。以“人命”内容为例列表6–1所示。

表6–1 《大清律例》“刑律·人命门”（乾隆五年）与日本《新律纲领》及《改定律例》“人命律”的条目比较

大清律例	新律纲领	改定律例
谋杀人（附条例4条）	谋杀	谋杀条例第百六十条
		第百六十一条
		第百六十二条
		第百六十三条
		第百六十四条
谋杀制使及本管长官	谋杀本属长官	谋杀官吏律第百六十五条
		第百六十六条
		第百六十七条
谋杀祖父母父母（附条例1条）	谋杀祖父母父母	谋杀祖父母父母条例第百六十八条
—	谋杀家长	—
杀死奸夫（附条例11条）	杀死奸夫	杀死奸夫条例第百六十九条
		第百七十条
		第百七十一条
		第百七十二条
谋杀故夫父母	—	—
杀一家三人（附条例8条）	杀一家三人	杀一家三人条例第百七十三条
采生折割人（附条例1条）	—	—
造畜蛊毒杀人	厌魅人	—
—	毒药杀人	毒药杀人条例第百七十四条

续表

大清律例	新律纲领	改定律例
斗殴及故杀人（附条例 7 条）	斗殴及故杀	斗殴及故杀条例第百七十五条
		第百七十六条
		第百七十七条
		第百七十八条
		第百七十九条
屏去人服食	屏去服食	屏去服食条例第百八十条
戏杀误杀过失杀伤人（附条例 7 条）	戏杀伤人	—
	误杀旁人	—
	诈称杀人	—
	过失杀伤人	过失杀伤人条例第百八十一条
		第百八十二条
夫殴死有罪妻妾（附条例 2 条）	殴死有罪妻妾	殴死有罪妻妾条例第百八十三条
杀子孙及奴婢图赖人（附条例 4 条）	杀奴婢	改正杀雇人律第百八十四条
		第百八十五条
	将尸图赖	将尸图赖条例第百八十六条
弓箭伤人	弓铳杀伤人	改正弓铳杀伤人律第百八十七条
		第百八十八条
		第百八十九条
车马杀伤人（附条例 1 条）	车马杀伤人	车马杀伤人条例第百九十条
		第百九十一条
庸医杀伤人	庸医杀伤人	—
窝弓杀伤人	—	—
威逼人致死（附条例 13 条）	威逼致死	—
—①	疯癫杀人	疯癫杀人条例第百九十二条
		第百九十三条
		第百九十四条
		第百九十五条
		第百九十六条
		第百九十七条

① “戏杀误杀过失杀伤人”条例，有“疯病杀人者，从犯人名下追取埋葬银十二两四钱二分，给付死者之家”及“各省及八旗凡有疯病之人……”等。

续表

大清律例	新律纲领	改定律例
—	谋同死	谋同死条例第百九十八条
		第百九十九条
尊长为人杀私和	私和人命	私和人命条例第二百条
—	移地界内死尸	移地界内死尸条例第二百一条
		第二百二条
		第二百三条
		第二百四条
		第二百五条
		第二百六条
同行知有谋害	同行知有谋害	同行知有谋害条例第二百七条

《改定律例》是对《新律纲领》的补充，内容以条例居多，但也有对《新律纲领》中律文名称、内容的修改，如“杀奴婢”名目改为“杀雇人”。如此则律例混杂，且依赖《新律纲领》中的大量律条，则虽有序号，但体系未臻完备。然而，将律、例一视同仁而统一编号，毕竟能使那些在司法裁判中与律文同等重要甚至引用更频的条例取得专名（特定序号）。而引用时可用某名目(《新律纲领》)、某名目(《改定律例》)以及某条例(序号)，相较清人引例条时的“具引”或“节文”，应是更加便捷。如此，“脱亚入欧”前夜的过渡刑典，展示了一种通过相同名目来分组，以顺序编号来分条的法典体例。及至19世纪80年代日本公布并实施脱胎于法国拿破仑刑法典（1810年）的《旧刑法》，1908年沈家本上章奏请中称“考日本未行新刑法以前，折衷我国刑律，颁行《新律纲领》……继复酌采欧制，颁行《改定律例》三百余条，以补纲领所未备，维持于新旧之间”，反映了“中日法继受地位的逆转”。①

① 黄源盛:《传统中国法对日本刑事立法最后的影响——以〈新律纲领〉与〈改定律例〉为中心》，载《台大历史学报》第30期。

清末修律引发从法典名称到结构的调整乃至巨变。[①] 作为过渡法典而仍旧律例合编、最大限度保留《大清律例》（本章以下简称旧律）目录的“现行刑律”，在内容组织上也有“删除总目”的局部调整，即一改此前从“职制”到“营造”各门分别隶属“吏律、户律、礼律、兵律、刑律、工律”六部名下的局面，而是径分为三十门。如奕劻等光绪三十四年（1907年）五月二十八日具奏：

正月二十九日准军机处片交本日侍郎沈家本等奏请编定现行刑律一折，奉旨宪政编查馆会同法部议奏。钦此。钦遵钞交前来，查阅原奏各节，因新刑律草案虽经编拟而一时教育审判警察监狱各项规制诸未完善，恐难急切见于实行，故援日本从前新律纲领及改定律例之办法，删订旧律以利变通，系为循序渐进期间。所拟修订章程分删除总目、厘正刑名、节取新章、删并例文四项……今官制更张已与前代不同，事例既增自非旧日总目所能赅载，今律篇目分……凡三十门，条举已详，即无总目，已便检查，仍照今律三十门分隶而删除六律之名以昭核查……

奉旨依议钦此。[②] 其主要理据正如汪荣宝在《修订法律大臣编纂现行刑律删除总目议》中所言，“现行刑律”有别于“行政法”等的性质与功能定位：

今律篇目承明旧，既按切事理析为三十门，复曰援职制总为六律，牵强割裂，本不可通，夫刑律所以断罪明罚，与会典纂叙各种行政法者体例回目不同，行政法可以官司职掌分列纲目，而刑律当以犯罪之事类为次

① 孙家红指出：“清末新刑律的修订，包括本草案和后来的冈田氏刑律草案在内，固然是以日本刑法为改革的模范和样板，但也有两点值得注意：一、在将外域法律引进移植过程中，对日本刑法的斟酌修改；二、对多国相关法律的比较参观，择优而取。”孙家红：《清末章董氏〈刑律草案〉（稿本）的发现和初步研究》，载《华中科技大学学报》（社会科学版）2010年第3期。

②《大清现行刑律》，《续修四库全书》八六四册，上海古籍出版社2002年影印。

序，不能与官司职掌一一比附。[①]

具体条款上，“现行刑律”则有删除“奴婢”字样或将其改为“雇工人”，以及删除某律而将其下附条例改隶别门的举措，在体例上，与此前历次修例思路基本无异；在量刑轻重与名目设置的具体理由方面，则体现宽恤刑法及改良监狱等意味。

表 6–2 《核定现行刑律》[②] 修改律目理由

	新律目	原律目	附例删改	其他删改	理由
修改律例	婚姻·娶娼妓为妻	婚姻·娶乐人为妻妾，页 189	—	—	“乐人”二字系沿明律，现在并无乐籍
	人命·杀子孙图赖人	人命·杀子孙及奴婢图赖人，页 222	—	奴婢一项，现以雇工人论，则家长故杀雇工，本罪已至绞候，自毋庸再因图赖而加重。律内故杀奴婢一层，拟请节删。本条律目即改为以符名实。其第二节“奴婢”二字，亦应节去	宣统元年十二月二十一日，臣馆会同修订法律大臣奏称：……拟嗣后契雇贫民子女及从前旧有之奴婢，均以雇工人论，有犯即按雇工人本律本例科断。其与家长之属有犯，亦照此办理等因，奉旨允准，钦遵在案
	斗殴下·雇工人骂家长	斗殴下·奴婢殴家长，页 225 ～ 226	—	律文体例凡斩绞罪名小注不加监候字样者即系立决，本律立决二字系属衍文，应即节去	

① （清）汪荣宝：《金薤琳琅文存》，收入沈云龙主编《近代中国史料丛刊》第六十辑，台北，文海出版社影印，第 93 ~ 95 页。再，沈家本《大清现行刑律案语》中称“前刑部尚书薛允升所著《读例存疑》经历既深，而于因革要端持论尤极精审，前经刑部奏进上备乙览，是以一体采择”，又言“上年法律馆修改《现行刑律》，于《读例存疑》之说，采取独多”。华友根先生认为，删除总目便是采择薛允升主张的一项具体表现：“薛对唐明二律是右唐而左明……批评（明律）改用吏户礼兵刑工六目。”华友根：《薛允升的古律研究与改革：中国近代修订新律的先导》，上海社会科学院出版社 1999 年版，第 341 页。

② 怀效锋主编：《清末法制变革史料》，中国政法大学出版社 2010 年版，页码注于表格“原律目”之后。

续表

	新律目	原律目	附例删改	其他删改	理由
	骂詈·雇工人骂家长	骂詈·奴婢骂家长，页 230～231	—	奴婢詈主，唐律处流，明律改绞本非古法，至以诽谤而入死罪，尤为过于严厉。且奴婢罪名现改照雇工人问拟，律文奴婢一节，应即节删①	
	犯奸·雇工人奸家长妻	犯奸·奴及雇工人奸家长妻，页 237	—	再，在官役使之人，不止军伴、弓兵、门皂三项，一一罗列，转致挂漏，律注门皂等六字，应请一并节去	
删除律条	—	关津·私出外境及违禁下海，页 198	“海关各口……照例分别参处治罪”条，移隶“盘诘奸细”门内②	此条因律目删除，移改“私越冒度关津”门内。唯查验往洋船只，本以严杜匪船出入，乃“盘诘奸细”之一端，与“私度关津”本不相涉，且彼条现亦议删，自应改隶“盘诘奸细”门内，以归一类	
	—	斗殴上·良贱相殴，页 225	—	第三节言家长之亲属殴雇工人之罪，乃“奴婢殴家长”门所未备，应即移入彼门，以免疏漏	此条律目现已奏准删去，自应删除
	—	捕亡·徒流人逃，页 240～241	“流遣罪犯在途在配脱逃……”条移隶“主守不觉失囚门”内“发遣新疆当差人犯……”条及“各省遣犯脱逃，内有年老者……”条移隶“狱囚脱监及反狱在逃”门内	徒流人犯之工所即监狱之一种，现拟于狱囚脱监及反狱在逃条增入，此条应即删除	

① 改为“凡雇工人骂家长者徒二年……”

② “海关各口，如遇往洋船只倒换照票，务须查验人数，登填簿籍，钤盖印戳，始准放行。进口时，责成该委员吏役稽查。其有人照不符、船货互异，即送地方官审究。如失于查察，致匪船滥出滥入，审明系何处口岸，有委员者，将该委员照例议处；无委员者，将该吏役处十等罚，革役，并将失察之该管官，交部议处。倘关口员役藉端需索，照例分别参处治罪”。据《读例存疑》：乾隆三十年两江总督高晋条奏定例，道光八年改定作“……将该吏役责革，加枷号一个月……”

续表

	新律目	原律目	附例删改	其他删改	理由
	—	营造·有司官吏不住公廨，页 249	“凡各省督抚提镇及有属员等官到任……”条，移隶“修理仓库条”内	有司官吏从无不住公廨之事。至埋没公用器物，自有毁失官物律足资引用，亦属重出。此条拟请删除	
删除条例	人命·杀一家三人	人命·杀一家三人，页 217	“凡谋、故杀缌麻尊长一家二命者……”条	本条律目系杀一家三人，其律文则曰杀一家非死罪三人，词严义正。若被杀三人内，有一人应处死罪，即不以三人论。唐……宋元明律亦皆以杀一家非死罪三人定罪，均不及一家二命。国初仍沿用之。自乾隆四年定杀死缌卑幼一家二命之例，嘉庆十四年乃复定谋故杀缌麻尊长一家二命、殴死缌麻尊长一家二命之例，实均于律外加重，且与名例二罪俱发相等者从一科罪之律相背。……此条拟请删除	

（二）“总—分则”刑律体系

“新刑律”制定中反映出修律思路的根本转变。一则，“总则”代“名例”。如孙家红在《清末章董氏〈刑律草案〉（稿本）的发现和初步研究》一文中介绍“新近发现的清末由章宗祥和董康联合纂拟的《刑律草案》（稿本），在时间上早于由冈田朝太郎主持完成的新刑律草案，属于中国近代法史上第一部由国人自己主持起草的刑法草案。本草案开始采用现代刑法体例，打破了以往律例合编、六曹分职的旧律格局”，并列表展示草案中“总则”与《日本刑法·总则》的惊人相似度，也即有别于传统律典的现代刑法典的编排体例：

二者皆在总则编下分章、分节，然后再列举条文，但是前者仅分三章，后者却分成十章；与此相应，章下各节数目也不一致。尽管存在上述不同，我们还是可以从章节标题、条文内容上发现二者具有很高的相似度。即如前者第二章第一节、第四节，第三章第四节，与后者第二章第一节、第六节，第七章，在标题上完全一致；第二章第二、第三、第五节，

第三章第二节、第三节、第五节，标题仅是一二字之差；其余章节，标题或有不同，或者并未列有专题，但是彼此内容之间也有很强的对应关系。

刑律草案（1905年）只见上编“总则”。修律者在案语中解释了以“总则”取代“名例”的思路，从中可见划分法律部门，注重刑、民等律协调的意识，以及为求新律协调统一而舍弃旧有称谓的选择：

谨案东西各国法律，俱以总则弁首，或称为前加篇，中律沿北齐之制，则曰名例，窃思名例乃刑名法例之约词，仅就刑律而言，名例之于总则本无差异，然国家法律，名目正繁，如裁判诉讼、民律商律之类并不止刑律一项，若各律均袭旧称，殊嫌名实未符，如彼此异名，又涉歧出，是以改从今名，以昭画一。第总则乃总揭全编通常之规则，其有关于特别处分者，仍可斟酌情形分定于各本律中，此编并不预为限制也。[①]

到光绪三十三年（1907年）由沈家本等先后上奏的“刑律草案”，在“总则”“分则”的划分上，沿续此前草案的思路。在解释理由上，既梳理固有“名例”的演变脉络，又比较各国刑法之例：

总则之义，略与名例相似。往古法制无总则与名例之称，各国皆然。其在中国，李悝《法经》六篇殿以具法，汉律益户、兴、厩三篇为九章而具法列第六，魏律始改称刑名居十八篇之首，晋律分刑名、法例为二，北齐始合而为一曰名例，厥后历隋、唐、宋、元、明，洎于我朝，沿而不改。是编以刑名、法例之外，凡一切通则，悉宜赅载。若仍用名例，其义过狭，故仿欧美及日本各国刑法之例，定名曰总则。[②]

相比之下，前一草案坦言“仅就刑律而言，名例之于总则本无差异”，后一草案则认为“若仍用名例，其义过狭，故仿欧美及日本各国刑法之例”。“总则”中又分为数章，其中虽有“法例”之名，但内容已有新意，

① 黄源盛纂辑：《晚清民国刑法史料辑注》，元照出版有限公司2010年版，第5页。

② 怀效锋主编：《清末法制变革史料》，中国政法大学出版社2010年版，第72页。

并非照搬古律。[①]刑律“总—分”体例的新意，或许要从规则内部和外来理论上找寻：“总则内容丰富完备，较之名例具体内容而微，显属刑法体系史上空前的变化和进步，”并抛弃了以家天下为根据和以家长制家族主义为基础的“八议”“十恶”等制度和概念，“这一飞跃发展的由来，无疑是引进了外国先进知识经验的产物”。[②]

“当一个新概念出现时，提出的问题是明显的。当一项熟悉的制度走了样，困难就比较大：这时就存在这样的危险，即名称被保存下来了，而名称的相似却掩盖这个名称要表达的内容的不同”。[③]如用刑法典的编纂标准指摘《大清律例》“旧律”等。[④]而用“总则”可与“分则”呼应，吸取先进立法经验，这是“刑律”之“总则”中相较“旧律”之“名例”的优势。“分则者，所以定各种犯成立罪之要件，然必待总则所定普通要件完备之后，始可论罪”。分则篇目要更清晰地体现刑律的新面貌，这是修律思路转变的第二重体现。《修订法律大臣沈家本等奏进呈刑律分则草案折（并清单）》同样比较古今与中外指出：

考中国刑书之目次，以李悝法经为最古，所谓盗、贼、囚、捕、杂、

---

① 如“第一章　法例”的按语“本章系规定刑法之效力，如关于时之效力，关于人及地之效力，及刑法总则对于此外罚则之效力等，故曰法例，与晋律所谓法例语同而义异”。怀效锋主编：《清末法制变革史料》，中国政法大学出版社 2010 年版，第 72 页。

② 蔡枢衡：《中国刑法史》，中国法制出版社 2005 年版，第 104 ~ 107 页。同书称，“与时俱进地吸取先进知识经验和立法技术，才使刑法内容体系的结构摆脱了固步自封的朴素和落后状态”。

③ [法]勒内·达维德：《当代主要法律体系》，漆竹生译，上海译文出版社 1984 年版。

④ 蔡枢衡从刑法典编纂的角度，指摘明清律典“职制以下，并按各罪所违反的法律秩序的性质，概括为吏户礼兵刑工六类，足见认识大有进步，唯因吏户礼兵刑工六部，原属政府机关设官分职名称，且属旧习相沿，非为各罪分类而设，亦非有统一标准，职制、公式之类是制度，斗殴、骂詈之类属行为，刑部的刑字所表示的是惩罚犯罪职务，并非刑部所属各罪所侵害的制度的概括。六部名称不能成为进一步概括廿九门犯罪的概念，不待多言而明。问题还不只此。其中项目名称，也还存在思考欠密、人谋不臧的问题。从贼盗律中分出人命后，所剩唯有盗罪，而标题仍为贼盗，未免名实不符，即其一例。清沿明旧，直至末叶，无所变更”。蔡枢衡：《中国刑法史》，中国法制出版社 2005 年版，第 104 ~ 107 页。

具六篇是也。汉萧何益为九章，叔孙通益为十八章。复得马融、郑康成诸儒为之章句，资于诵习，功侔六经。虽其书散亡，而分析之源流具详《晋书·刑法志》。即汉律之佚文胜义，犹散见经疏史注，尚可裒集成帙。历魏晋以迄南北朝，世有增损。唐贞观时诏长孙无忌等循武德之旧，撰唐律，分名例、卫禁、职制、户婚、厩库、擅兴、贼盗、斗讼、诈伪、杂律、捕亡、断狱为十二篇，文例加密。其后大中统类、宋之建隆刑统、元之圣政典章、明之明律及问刑条例等，卒莫能轶其绳墨之外。此古今沿革之大较也。

窃惟法律之损益，随乎世运之递迁，往昔律书体裁虽专属刑事，而军事、民事、商事以及诉讼等项错综其间，现在兵制既改，则军律已属陆军部之专责，民商及诉讼等律，钦遵明谕特别编纂，则刑律之大凡，自应专注于刑事之一部。推诸穷通久变之理，实今昔之不宜相袭也。是编修订大旨，折衷各国大同之良规，兼采近世最新之学说，而仍不戾乎我国历世相沿之礼教民情。集类为章，略分序次。春秋之义，首重尊王，故以关于帝室之罪弁冕简端。内政外交为国家治安之基本，而选举尤立宪国之通例也，故以内乱、国交、外患、泄漏机务、渎职、妨害公务、选举次之。为维持社会之交际，宜注重于公益，故以搔扰、囚捕、伪证、诬告、水火危险物品、交通秩序、货币、官私文书、度量衡、祀典、鸦片又次之。文明进步端于风俗，验于生计，故次以赌博、奸非、水道、水源、卫生。而国民之私益应沐法律保护者，莫如生命、身体、财产，故以杀伤、堕胎、遗弃、逮捕、监禁、掠诱和诱、名誉、信用安全、秘密窃盗、强盗、诈欺、侵占赃物、毁弃损坏缀其后焉。事增于前，文省于旧，合诸总则凡五十三章三百八十七条。①

刑律草案（1907年）的起草者解释其分则篇目的设置，非依学理与逻

① 怀效锋主编:《清末法制变革史料》，中国政法大学出版社2010年版，第100页。

辑，而是根据社会、政策的考量，其排序亦体现立法者的对刑事法规功能的价值评判：先规定侵犯国家、社会利益的，再交代侵害个人利益的。“各章之上不作任何概括和分类，实际排斥了分各罪为国家利益和个人利益两分类的旧意识，而以较新的国家利益、社会利益和个人利益三分类方法为各章排列的顺序”。①

各国立法例俱规定各罪分为数大类，有以对国家罪、对个人罪、对身体罪、对财产罪等，举其大纲者，更有以害公安罪、害生命罪、害身体罪、窃盗罪、诈欺取财罪等，立其细目者。然如此分别纲目，其宗旨于学理未能贯彻，于警察、检察及裁判等之实务上，亦属空无利益，故本案不据此例，直揭各种罪名而列举之。惟其次序，仍以直接有害国家存立之条件者居于首项，其害社会而间接以害国家次之，其害个人而间接害及国家社会者又次之，是盖按各罪配列之次序而斟酌以定之，非学理上有此特质也。②

具体而言，刑律既采“概括主义”，如宣统二年（1910年）十一月初一日，资政院审议初读之时，政府特派员杨度说明新律之主旨时称“法律之用，贵在范围一切，所以法律条文以概括为主义，力能适用。中国旧律往往于正条没有规定的，审判官临时加入自己的意见。大清律例全书不下一千八百余条，然尚须援引比附，实为条文不足之故，不得已出以己见，勉强牵合。如此看来，恐怕再加几千条，也还是不足的”，③则刑律分则中“关于杀伤之罪”“关于窃盗及强盗之罪”等篇、规定“杀人”“窃盗”“强盗”等条，都冲击着唐宋元明清法典相沿的罗列“六赃”“七杀”等形态

① 蔡枢衡：《中国刑法史》，中国法制出版社2005年版，第104～107页。

② 怀效锋主编：《清末法制变革史料》，中国政法大学出版社2010年版，第100～101页。

③ 转引自高汉成：《〈大清新刑律〉立法资料汇编》，社会科学文献出版社2013年版，第594页。

并区别罪责的旧制。[①]“杀人罪的立法体例包括两方面的内容，一是条文表述的体例，即刑法分则对杀人罪具体罪状表述的特点；二是法典编纂的体例，即刑法典总则与分则二元划分的结构对杀人罪定罪量刑的影响”。[②]面对沈家本等主持撰写的《大清新刑律草案》[③]专设的“关于杀伤之罪”一章，陕西签注表达观感：“本章杀伤之罪可包括一切，如本夫捉奸杀伤奸夫奸妇、妇女拒奸杀伤奸夫、强盗拒捕之格杀，虽本章所无，而可属于总则第十五条、十六条之内。唯杀子孙、杀卑幼、杀妻妾之刑未有明文，然如期亲尊长之杀卑幼、家主之杀奴婢、夫之杀妻，依凡论则可，如父母、祖父母之杀子孙，亦依凡论则不可。《现行律》于祖父杀子孙之刑，力从轻减，自有深意，似未可轻改。”对该草案第299条的质疑，譬如“旧律七杀之分难知易误，近人颇有言之者，本律取其意，欲以唯一之刑施唯一之罪，自是画一之法”，然而“可销融者，七杀加减之等级；不可变灭者，七杀区分之情事”。具体说来，“前人厘定七门，自有精意，即本条注语亦明言情变万端非二三十条之例可以赅载，夫二三十例所不能赅者，今以一例括之，似非慎重刑章之意”。[④]又如，“今草案除斗杀、过失杀、盗杀另见各条外，其余概归此条，定为普通杀人之罪，而区分死刑、无期徒刑、一等有期徒刑三项，其轻重悉任审判官按情节而定，未免过于笼统”。[⑤]《大清律例》关于杀伤的门类条项之精意，据两广签注阐发，即是“杀人以谋、故、斗殴、戏、误、过失为六杀，其余采生折割、蛊毒杀人各列专条，而

---

① 相关研究，参见刘志勇：《清代受赃律例研究》，黑龙江大学出版社2015年版；孙向阳：《中国古代盗罪研究》，中国政法大学出版社2013年版；刘晓林：《唐律“七杀”研究》，商务印书馆2012年版等。

② 刘晓林：《唐律“七杀”研究》，商务印书馆2012年版，第219页。

③ 参见《大清新刑律草案》，载怀效锋主编：《清末法制变革史料》下卷《刑法、民商法编》，中国政法大学出版社2010年版。

④ 高汉成：《〈大清新刑律〉立法资料汇编》，社会科学文献出版社2013年版，第459页。

⑤ 高汉成：《〈大清新刑律〉立法资料汇编》，社会科学文献出版社2013年版，第262～263页。

捕亡门内有擅杀，贼盗门内有盗杀，情节各有不同，问罪自当区别。又如，谋杀制史及本管长官，杀一家三人与杀子孙、奴婢、妻妾皆逐一条列，所以重名义、惩凶残、辨等威也”。①

在盗罪、诈欺取财罪等方面，该草案的归纳、化简也遭受批评，两广总督签注并不赞成此种“去原律远甚”的修改方案，指出《现行律》“盗贼门内条目分明，至为详审，今但将窃盗、强盗两项列于贼盗一类，其余或移至他门，或竟从删节”，原律“亲属相盗一门律例至为详审……似非一言所能尽括”，恐吓取财“罪名轻重之间，似非一例所能包举”，② 等等。一言以蔽之，《大清律例》定律之初即精细区别情节并确定刑罚，并针对个案特殊情节的出现而不断修补，此种“绝对确定刑”的立法思路年深日久，③ 已习惯此种旧制的官吏，面对“新刑律”将量刑任务交由司法者根据具体案情在一定范围内裁量刑罚的新方式，并不容易适应。④

“新刑律”相较《大清律例》，吸收域外刑法理论，纯化内容，精炼体系，这是前进一步，然而其内容与精神较传统法制与清末社会则走得太远，因而前述“普通杀人”等条款，在司法实践中又有反复或“退

① 高汉成：《〈大清新刑律〉立法资料汇编》，社会科学文献出版社 2013 年版，第 262 ~ 263 页。

② 高汉成：《〈大清新刑律〉立法资料汇编》，社会科学文献出版社 2013 年版，第 270 ~ 273 页。

③ 传统刑法中的刑等是一个固定点，具体表现为，“刑法分则关于某一种犯罪的法定刑是固定的，在刑种与刑等方面都没有裁量的余地”“当法定量刑情节出现时，刑种与刑等的变化也是固定的，绝对法定刑导致了其量刑模式缺少从轻与从重模式，只有加重减轻或免除模式”等。而《大清新刑律》的刑等具有一定幅度，这样的立法扩大了法官的自由裁量权。参见蒋铁初：《中国传统量刑制度的近代化——以〈大清新刑律〉为对象》，载《政法论丛》2012 年第 2 期。

④ “中国传统思维是直观外推式的，缺乏西方式的抽象概括和逻辑分析能力，因而传统律典罪名的规定也是以具体、个别的犯罪行为为对象进行定义的，这种列举式的罪名规定方式缺乏解释的弹性，对层出不穷的犯罪现象显然做不到无所不包”，另外，“列举式和概括式本身无好坏之分，但只有在无法列举的情况下采用概括才是适当的。传统法律采用列举式的立法方式是有其可取之处的，而概括式立法是有潜在风险的，它需以一般民众对法律的善意理解和审判人员业务和人品上的高素质为前提，而这又是近代百年来中国司法制度中最缺乏的”。高汉成：《〈大清新刑律〉与中国近代刑法继受》，社会科学文献出版社 2015 年版，第 155 页。

步”，1919年颁行由司法总长董康所拟《科刑标准条例》九条，便是一例。其罗列应科“死刑”这唯一确定刑的情节包括犯刑律第311条之罪且“（1）出于预谋者；（2）卑幼对旁系尊亲属而犯者；（3）支解析割，或以其他残忍方法而犯者；（4）累犯本条之罪或俱发者；（5）意图免犯罪之责任，或防护犯罪所得之利益而犯者”，勘伤有下列情形“……（6）热水汤泼伤情残忍，或时值盛暑有心泼淋者”等，“命盗两项必须拟定可行标准”的理由是，科刑标准的细化“古今中外，本无异术”，清代律例两千余条，“新律删约旧文为411条，各条科刑均设上下之限，盖因一条之中实包旧律十数条或百余条不等……历代刑书，递有因革，条目虽繁，关于杀伤盗三事，本未轶其范围，即今新律尤墨守勿替，嬗递之间宗传遽堕，以致漫无标准，恐长此以往，讹误相习，纠正无由，适以启健讼者操纵之风，于辟以止辟之旨反背驰也”，而其定例思路则源自民国刑律与清律在“事实法律”两端的契合之理，若“科刑从同，其事实即为二律所公认，亦不能趋轻以避重”。[①]当然，清代定律的“一事一罪”思路，民国法官以为“束缚法官之自由裁量”，颇不以为然：“至可笑者为第四条第五款，盛暑以热汤淋人者以杀人论，不知严寒以火烙者又应如何科刑？司法部所发布之命令，未有若此条例之幼稚陈腐者。”[②]

以上种种，均意味着清末定律（刑律）的思路转向：西学传入前，对旧律体系的批评，如“杀”“盗”等条散落各门而并不集中等，而对策无非是全面而深入地读律、融会贯通，并体察律意，在司法中准情酌理、依律断罪。而修立“新刑律”所涉论争，反映出旧律依近代刑法典标准衡量而“杂乱无章”的形象：杂乱，即内容多样、刑民不分；无章，即六部篇章及其下的门类不合刑律规定“犯罪及其刑罚”的需求。由“新刑律”开

① 谢振民编著：《中华民国立法史》，中国政法大学出版社1999年版，第951 ~ 952页。

② 江庸：《五十年来中国之法制》，载《江庸法学文集》，法律出版社2014年版，第105页。

始，近代中国的法典化抛弃律例合编与条文标题，走向了“区别民刑”、明晰法律部门新的路径，刑法典采用舶来的“总则—分则”立法例，分则致力于提炼“概念化”的罪名并在法典中根据价值位阶作篇章排序。①

视线转向清末“刑律草案”与“刑律”，及民国以来刑法典的目录，对其体例的沿革与新旧刑事法典编纂的得失，作一番思考。（见附表六）

仅据标题文字而论，在分则中，立法者高频运用的，一是从“关于……之罪”到直接概括为“某罪”，这暂且存而不论，值得注意的是第二点，对“及”字的运用，能使两篇合为一篇，反之，则可将“A及B”之篇，拆分为二，即“A罪”“B罪”。由此可见篇目的灵活性。

而从内容来看，历次修订，展现出一定的连续性，分则中尤甚。分则篇目的拟定，一以贯之的是列举事类的原则，而列举之项目，视社会现实及立法思路而时有增删。在沿革中形成了某种惯例，如以“内乱罪”“外患罪”起始，“赃物罪”“毁弃损坏罪”收尾。其中思路，征诸古代律典，亦不难理解。而列举式的分则体例，也为时移事异留有余地：台湾地区“刑法典”（2010年）增设的末篇，即“妨害电脑使用罪”的加入，便是一例。

小结

汇集“六部”相关规则为一的《大清律例》终被拆分，先删除“六部”总目、保留“名例”而与其他“类目”并列，冠名为“现行刑律”以实现

---

① 当然此种篇章设置，从实质角度也遭致批评，如谢觉哉从《民法》与《刑法》中“看到了国民政府法律制度对农民阶级利益的忽视”，其日记称“看国民党政府现行民法，不只是和广大工农无关，而且并不都是中国的资产阶级所需要……刑法比较现实，如内乱罪、外患罪等，合乎卖国政府的需要，但公共危险罪章，几处说到决堤妨害工厂、自来水、电车等，却不知道决堤淹没农村田园的罪恶，这些人以为天下就只有他们住惯了的城市圈子”。转引自刘全娥：《陕甘宁边区司法改革与“政法传统”的形成》，人民出版社2016年版。

向部门法的过渡，再以“总则”替换“名例”，刑律分则仿外国立法例重新排序，刑事规则也由“列举式”转为“概括式”，如此修律改制可谓“脱胎换骨”，刑律的目录与《大清律例》律目相去甚远。立法成果已摇身一变、面目一新，而司法者、守法者及其所存身的社会则多在新旧交接的道路上踟蹰。对此，日本学者冷眼旁观道：“清国政府鉴于世界之趋势，拟逐渐革新其政，参酌列国立法，纂修刑法法典，时机世运已熟。及光绪二十八年四月，诏沈家本、伍廷芳从事于此。夫律例为列圣之遗宝，今舍而不顾，其勇也可称。然则实行之后将若何？余只见其难耳。盖社会犹形也，法犹影也，有社会而法反映焉，中国社会之革新，今尚未行。独计改正法制，孰谓之非轻举？以余视现下清国之形势，无容欧美最新主义刑法之地，舍旧取新，参酌折衷可矣。然欲举新法，形诸未开之俗，余窃恐不能遂行之。以故即纂修新法，其实行甚难。虽然此业倘成，则清国立法，亦渐次进入各法分化之域，以此可知刑法一科，必与他法对峙独立矣。”①

① 参见［日］织田万:《清国行政法》，李秀清、王沛点校，中国政法大学出版社2003年版，第60页。

余　论

律目的外在形式，一言以蔽之，即“分门别类”。略加引申，则“门”可以借用来表达被比附为现今“法律部门”的“刑律”判定或类比于“法律形式”的“律令”“律例”中“律”的定位；[①]“类”可以对应“律典”之内的“总目”“细目”与“条目”，经由律目所传达的分门别类的体系化状态，其背后是决定或影响立法思路的社会文化背景与价值判断，而不同时期对律典精神与体例的评判，则受论者所处时代思潮与价值观念的感染，这些在史籍与论述中或深藏或语焉不详，但也是认识律典的关键。今人基于部门法背景看律典，无论是“刑律”还是“以刑为主”，多少都带着成见，而这种成见也影响着对立法意图与编纂技术的认识。

从巩固政权、促进法制统一、对法规进行体系性整理、防止司法擅断等政治功能与技术角度来讲，古代律典的制定与实施，符合“法典化”目标，尤以《唐律疏议》为当之无愧的立法成就。在技术性角度，唐、明、清等朝定律的经验教训可古为今用。从时间点上比较，中国古代定律的起点早、历时长，曾卓有成效、成为典范，而在近代遭受挫折，终于见弃。如何理解这种落差？有必要将“律典”放在比较法的视野中，观察其轨迹，把握其根基。

① “虽然古代法律形式的名目繁杂，但律、令、例是贯穿中国古代立法史的最重要的法律形式”。参见杨一凡:《注重法律形式研究，全面揭示古代法律体系和法制的面貌》，载《法学研究》2009 年第 2 期。

致力于通过比较法学研究而“利用所有国家的经验”的法国学者勒内·达维德在其巨著《当代主要法律体系》中强调对类型差异的重视：“规定可以形形色色、千变万化；相反，用于说明规定的技术、将规定分类的方法，解释规定所用的推理方式，则可以归结为数目有限的一些类型”“在概念之间，甚至在这里或那里接受的法律上的类别之间缺乏一致，这是有志于在不同法制之间比较的法学家所遇到的最大困难之一……在外国法中找不到一种在我们看来似乎是由事物性质本身决定的、对法律规定进行分类的方式……”当然，其论述着重介绍“异曲同工”的西方两大法系，即“罗马日耳曼法系”和“英美法系”，也涉及其他国家法制，作者敏锐地指出：“存在着一些不能随意变更的其他要素，因为它们是同我们的文明和思想方式密切联系着的。”[①] 西方法律理论与制度表现的共通性，与中国古代律学、律典的技术性契合与原则性差异，是笔者在前面篇幅中浅尝辄止、而希望在本书结尾处追加讨论的。

（一）关于法典编纂技术

律统之变迁，是整个中国传统法制演变的缩影：

中国法制之在昔，除礼之外，以律为主，几与现代国家必须有其宪章同然，律虽不必皆在每代中占优胜之地位，然其蜿蜒起伏之路线，自秦以后未曾断也。蜀吴重视科条，元代只有条格，亦不过为临时之备用，且或取以充律而已！宋虽以敕代律，顾律仍在形式上处于敕之后备地位，即其所谓刑统者矣。至于汉之比，唐之敕格，明之条例，清之例，在实际上固皆破律之精神，在法律上则又皆视其为补律之不及耳。故欲定中国法制之系统，惟有以律为代表焉。他如魏晋之经义断狱，实出汉制之旧；三国之

① ［法］勒内·达维德：《当代主要法律体系》，漆竹生译，上海译文出版社 1984 年版。

各立科条，仍系汉法之承；宋齐梁陈之令，更皆以晋令为本，隋唐两宋之格式，或又以魏制是宗。降而如唐之以敕入格，并系宋元格之所始；格汇以敕，并系五代及宋敕之自出；同时，唐宋之敕，则亦明清例之先导也。其间各有其系统，但与律之起伏路线，颇相吻合；仅述律统之变迁，整个法统之变迁，自可得其过半矣。①

从分散的单一条文，到以一定顺序作关联，再到汇为一类、聚为一体，这种法典编纂和修订的手段，从传统社会和法制精神的角度上讲，主要体现一脉相承的连续性。而从篇章体例的调整上看，又显示出“改造”幅度较大的特征，② 清代的律例合编体例，使律典的风格从适度抽象概括转向一事一例、因事立法的具体列举式。③ 从律目设置的得失中，可总结一系列法典编纂技术。

一是条文数量，以及何时设立专条、何时“数事共条”的标准把握。

---

① 陈顾远：《中国法制史概要》，三民书局 1977 年版，第 27 ～ 28 页。

② 可对比参照高丽律对唐律的移植。张春海教授归纳，高丽统治集团吸收唐律内容的“改造法”有：照搬律意，并以列举式的立法技术来转述；截取律文部分条款；截取部分律文、律疏并加以混合、改造；各截取某几个律文的一部分并将它们融合为一。在此基础上添加一些反映其固有传统、文化和社会状况的内容。其背景是“筛选法”，即通盘考察唐律后，“通过决定吸收哪些条文、摒弃哪些条文这种有倾向性、选择性的方式来决定整部法典的面貌和性质”。其问题出现在，对唐律进行“改造”的过程中，会因对唐律某些制度的误解而出现错误；“过滤”掉唐律的大多数律文，导致高丽律不可能像唐律那样缜密周到。“高丽律和唐律采用的立法技术不同，唐律采用的是概括式的立法技术，而高丽律采用的则是列举式。之所以如此，一个重要的原因就是高丽律极为简单，尤其缺乏总则和通例性的规定，不得不将内容详细展开。这样做的好处在于明了易懂，但是却导致了律条的臃肿烦琐以及内容的不周延。立法技术的不同是两律一些律条在量刑上出现差异的重要原因”。张春海：《唐律、高丽律比较研究：以法典及其适用为中心》，法律出版社 2016 年版，第 170 ～ 172 页。

③ 德庇时（John Francis Davis）在《中国人：中华帝国及其居民概述》一书中则指出，中国刑法规定过于具体、琐碎的缺点：“考虑每一种可能性，反而不能区别对待案件，这与欧洲相反。”John Francis Davis. *The Chinese: a general description of the empire of China and its inhabitants.* London: Charles Knight&Co., 1836. 转引自张振明：《晚清英美对〈大清律例〉的认识与研究》，载《北京理工大学学报》（社会科学版）2011 年第 3 期。

唐、明、清律条数量有明显不同，而数量的减少很大程度上取决于律条命名方法的转换。明代通过整合相关内容、在单条律中增设款项等方法，使明律相较唐律条数减少。清律和明律极为相近：无论明制优劣，清代多图简便而延用之；清代将律条减至436条也主要是将同名数条合为一条。可见，条文数量虽是衡量法典容量甚至立法质量的一个指标，但这一指标仅具有参考价值。①

在律例合编的法典结构中，“条”的涵义变得丰富，这又是定律“数事共条”之意的延伸。虽然可以将不同性质的规定数量简单相加以综合把握法典的内容含量，但是律条与例条的意义是无法等同的。每条律都有确定的名目，而例条从产生起，就要附着于律条，从这一意义上可以理解将律条作为“门”以容纳条例的说法。②

二是条文排序，包括孰先孰后，以及首尾呼应等。

清代律学家认为，唐律条文并不是随意排序的：（1）篇目上，价值层面，“名例”之下，“卫禁”为先，宣示“尊君”；技术层面，“名例”为首，总括“刑名”“法例”，“断狱”收尾，体现对司法环节的把握。（2）各篇之中，律条排列散而不乱，有条不紊，相邻几条一般关系最近；本篇内的“通例”或居篇首，或居篇尾，构成比较完整的“正刑定罪”链条。一定的类目有助于相似条文的聚拢和循序排列，这种经验也为明清立法所继承。沿着这一思路，笔者探讨清律篇章门类各级标题与律目的关系。以“户律”中“婚姻”门为例，“男女婚姻”等条的标题作为“婚姻”一门中的细目，既不应溢出门类的范围，又可省略门类标题中已叙述的事项而侧重与其他同

---

① 例如，明律条不过五百之数，恐怕也有追求法律简约、使“讲读律令”更易实行的意图。但因为单条内容扩充，所以明律整体仍然是内容繁多，实行中也有诸多不便。

② 不过，律条名称影响例条的程度有限。在例条方面，只有未固定下来的简单引述，并无固定的名称。特定律条后是否附例，从其“律目”上无法确知。从例条数上可以推知的信息也甚少。例条在法典各篇章门类中的分布也不均衡。例的位置还时常变动。

门标题的区别。通过仿明律而在篇目之下、律目之上设置门类标题，清律其实比唐律更彻底地完成了类型的提取与类别的梳理。

清律中，小范围内，也不乏律条前后呼应、以类相从的现象。“婚姻”门类下的法律条文，围绕着门类共同特征，以“总起—分述”、循序渐进以及相似就近等模式排列的。该门中，既有继承明律规范的部分，也有将明律中不适用的规范删去的部分。[①]继承明律的，很多也便脱胎于唐律。此门首条“男女婚姻”是综合性规范，其中揉合了很多唐律中分散于多条的内容，因此题目相对空泛。[②]之后数条均描述不同“婚姻”类违法行为，也便以突出多种行为之间的差异为命题思路。最后一条，搜罗之前条文中未尽之意而合并说明，类似于“余条准此”，标题中也点明了与前面各条不同的处罚对象。该门规定从定婚开始，到“嫁娶违律”的诸多形态，到婚姻的解除，最后以前述种种“嫁娶违律”行为中主婚人、媒人的处罚收尾，形成较为完整的规范系统。

三是门类设置，包括“总目”与“细目”的层次关系，以及“细目”之间的并列关系等。

分类以比较为基础，在比较中，把握事物本质，辨别同异，求同存异设定大类，在针对差异划分小类，由此形成从属关系与多层结构。分类的过程，尤其是细目的出现，往往是认识过程深化的结果。门类相对于篇章，分类更细致，突出律条之间的联系，便于条文的整理，但其分类标准着眼于现象而非本质，因此也存在弊端。[③]一则，门类的存在，可能干扰

---

① 删除明代“蒙古色目人为婚姻”一条。

② 沈家本认为，明律“男女婚姻”条借鉴“唐目三,一曰‘许嫁女报婚书’，一曰‘为婚女家妄冒’，一曰‘尊长与卑幼定婚’，明并为一律”。参见(清)沈家本:《历代刑法考：附寄簃文存》(四)，邓经元、骈宇骞点校，中华书局1985年版，第1836页。“唐目三”即唐律第175条、第176条、第188条。笔者认为，与明律此条有对应关系的至少还应包括唐律关于“期要未至而强娶”的第193条。

③ 从形式逻辑角度，清代律目折射出“多标准划分”和“越级划分”等错误。也就是说，不符合分类上“同一次划分必须依据同一个标准”和“必须逐层次划分”，以及划分出的子项在外延上不能存在相容关系等要求。

到具体条文的命名。例如，门类中首条的标题或嫌过大，这是因为同门规定一般是自典型至特殊、自核心至外围的，总起各条的任务往往由首条承担。二则，“杂项”也不可能完全消灭，如“名例律”中对法律条文中反复用到的“加”、“减”等操作方法，“日”“年”等判定方法的规定，意义自成一格。这也许是“名例律”分卷但不分门的原因。三则，旨在涵盖所有律目的“门标”，范围有大有小，设置标准不一，有时只是不同事项的勉强捏合，[①]有时却又将相近事项强作分割，[②]带来了律目安置上的困难。

从更大范围看，由于篇章的划分标准，自唐至明有显著变化，所以清代律学家指摘，“名例律”虽保留，依六部职事划分成篇，容易导致各篇章下条数不均，且整部律以“工律”结尾，则律中如唐律那样自“名例”而“断狱”的首尾关照不复存在。[③]平心而论，唐以“事”统篇，明在此基础上，又加入了一重以“罪”定类；且律条归类与六部设官分职之意相符，[④]也就为集中查阅相关条文提供了方便。法典的比较要结合时代背景和法制状况，自其变者而观之，“名例律”外六篇分块规定的倾向，便于法典各篇章规定与各部则例衔接对照；自其不变者观之，清代律目无论怎样调整，都无法脱离法典构成上新旧杂糅的底色，仍然要吸纳“十二篇”体例的唐律元素。

“体系性整合”与“系统化整理”，可谓中国古代定律与修律的基本方

---

① 比如“户役”一门，规定混杂。

② 如“人命”“斗殴”“骂詈”三门，其中的“律目”在构造风格上极为相似，只是把同样身份关系中由重至轻的杀死、殴伤、辱骂等侵害行为分开来规定。

③ 据清代律学家介绍，“律目”的安置、门类的设置，都被篇目框定了。形式上，因可归于户、兵、刑三篇的律多，属吏、礼、工三事类的律少。定律便倾向于原在唐律“职制”“卫禁”“杂犯”等篇中虽与户、兵、刑相近，但也与吏、礼、工相关的条文，挪来充实吏、礼、工这三篇。虽然如此，但从卷数、条数及字数各方面来衡量，“工律”等篇，相对于内容丰富的“刑律”等篇，分量也不相称。

④ 相关因素，最显著的变化则为篇目的重新划分。明初立法的体例从游移到最终固定，有其政治背景，即明清学者所反复强调的“古今一大变”的裁撤宰相而权分六部。

式。立法的编排方式影响法律知识的传播，且与司法者的行动息息相关。从清律律目的功能演化来看，律目锚定了立法原意与古律传承，其粗疏线条则容纳了新规定的涌现，而立法中将不同效力等级的规范进行汇编，司法中对各种形式的法律依据加以参用，虽一时便利但留下隐患，[①] 从中可见法典编纂权衡规则的概括性与针对性的不易。

法典篇目与条文的增减，始终是塑造法典面貌、体现制度更新的重要手段。[②] 现代立法技术的“概念化”表现为“我国当代主要法律和法规的各篇、章、节也有相应的标题，目录部分即由标题构成。标题虽不是法律构成的主体，但却是不可或缺的一部分。从整个目录的标题，我们就能清晰地把握整部法律的结构、体例和内容，也方便人们去检索法律条文。因此，每部法律各篇、章、节的标题，应当具有法律语言的基本特征。现代立法技术具有理性化、规范化和抽象化的特征，各法律的标题应当是对各

① “条例不断增改加重的结果使得‘刑罚’层级大大高于‘罪行’层级，这种不平衡的对称又造成位于‘罪行’层级上层的一些犯罪行为无法得到更有力的制裁，立法者只能对一些个别案件做出调控，而面对日益纷乱的社会现实，立法者在疲于应对的同时，他们已无暇反思自身的做法”。姚旸:《清代刑案律例发展的内因浅析》，载《历史档案》2007 年第 2 期。

② 例如，从“79 刑法”到“97 刑法”，在整体变化方面，学者指出:（1）“79 刑法”的立法技术原则是“宜粗不宜细”或曰“宁疏勿密”，“79 刑法”分总则和分则两编，总则含 5 章，其中第 2、3、4 章各分成若干节，总则部分共有 89 个法律条文；分则含 8 章，不分节，共有 103 个法律条文。整部刑法共 192 个法律条文，这在世界刑事立法例中当算篇幅简短。（2）“97 刑法”总则部分划分章、节的结构同“79 刑法”比变化不大，但法律条文由原来的 89 条增至 101 条，增加 12 条。分则部分变化比较大：一是由原来的 8 章扩大为 10 章，其中第 7 章“危害国防利益罪”属新增设的一个罪章，第 10 章“军人违反职责罪”系单行刑法移植进来，这两章的增加表明了制定一部统一的、比较完备的刑法典；第 8 章“贪污贿赂罪”由原来的“侵犯财产罪”和“渎职罪”中分离出来，又大量吸收了拟制定的反贪污贿赂法的内容。二是突破“79 刑法”分则分章不分节的结构模式，在第 3 章“破坏社会主义市场经济秩序罪”和第 6 章“妨害社会管理秩序罪”中细分为若干节，这是根据这 2 章的实际情况和特点而定。三是增加了较多的法律条文，由原来的 103 条增至 350 条，增加 247 条，这一方面是根据许多新出现的需要追究刑事责任的犯罪行为而设定，另一方面也是改变“79 刑法”粗疏立法技术原则而尽量具体明确规定犯罪行为的体现。”参见刘守芬:《关于“97 刑法”与“79 刑法”若干问题的比较》，载《中外法学》1997 年第 3 期。

篇、章、节内容的高度概括和抽象。这些标题，无论是对相关内容、法律原则的基本概括，还是以法律制度、法律概念来直接表述，都表现出概念化的法律语言特征”。[①] 至于刑法典，如何设置条文、[②] 斟酌罪名表述等，在学理上有其意义，在裁判实务与法律教育等方面，也显示出重要性。序号与罪名的搭配能够实现条文内容的准确引用。这看起来已经摆脱了清代法律条文在命题上的混乱和使用上的局限。然而，除却语言文字局限性与分类标准多元化等问题，仍有法律法规结构方面的技术性问题需要思量。引入标题，无非是为查找特定内容提供便利。索引功能的实现以有效的定位手段为基础，顺利地定位需要法典结构的固定化，然而，法律规范与时更新的需求却始终存在，如何使法典体例严整又便于更新，能否同时避免粗疏与琐碎？结合实践来说，立法者与法学家更多讲求原理、原则与规则的内在一致，司法者则当然偏爱有适时、可操作的细则与案例指导。比较法学者论述罗马日—耳曼法系法典时给出如下理想状态：“其任务是作出一些充分概括、形成体系、易找易学的规定，以使法官与公民从这些规定中，通过尽可能简单的劳动，能轻而易举地推论出这个或那个具体困难应该怎样解决的办法。法律规范介于两者之间：裁决争端的规范的具体应用（判决），概括性原则——法学家的艺术就在于能找到规范并在一定的平衡点上提出它，规范不应概括性太强，否则它将不再是充分可靠的实践指南，又需要足够的概括性，以针对一定类型的情况。”[③]

---

① 赵晓耕、杨光：《用现代方法规范唐律条标》，载夏锦文、李玉生主编：《唐典研究：钱大群教授唐律与〈唐六典〉研究观点与评论》，北京大学出版社 2015 年版，第 204 ~ 207 页。

② 如范忠信教授针对“97 刑法”撰文《刑法典应力求垂范久远——论修订后的〈刑法〉的局限与缺陷》（载《法学》1997 年第 10 期），认为立法者把许多办案经验、适用法律指南或司法解释性的东西塞入刑法典，列为正条，损害了刑法典应有的简洁、逻辑性，也使内容显得重复。这一方面最为典型的三种情形是：许多条文仅属引伸性解释，没有刑罚规定；纯粹定义性条款太多；纯粹将某犯罪的一种情节单列条款。

③［法］勒内·达维德：《当代主要法律体系》，漆竹生译，上海译文出版社 1984 年版，第 97 页。

“概括性”规则为纲，注重其稳定性与包容性，“列举式”细则附后，注重其针对性与时效性，这是从清律条目微观层面的“律例关系”角度得出的实用办法。而在中观层面，即目录编排上，结合唐、宋、明、清至民国的法制变迁，可获得这般印象：总篇目不可无，而细目不必过执；篇目前呼后应、联系紧密，固然佳妙，但联系紧密的精巧布局好比榫卯，拆散便难以复原，舍整体而挪用局部，难免全盘失序。即是说，篇目少则条目归类便易；篇目精细，条目在安置上容易左支右绌。[①]此外，碎片化、情景化与电子化的现代社会，既应注重体系，又应正视“法典化、解法典化、再法典化、再解法典化”的循环，[②]“法典”的完善，或许只能是“永远在路上”，对法典的期许，“没有最好，只有更好”。

（二）关于“旧律”的价值

中国古代“政治社会一切公私行动，莫不与法典相关，而法典为儒家学说具体之实现。故二千年来华夏民族所受儒家学说之影响，最深最巨

① 难免生出“诈伪文书”情节应规定在“吏律”“公式”门还是“刑律”“诈伪”门，“斗殴及故杀”之罪应统一载于“刑律”“斗殴”门还是将杀死情节移至“人命”门等无穷困境。

② “历史上，法典化的功能主要有如下几个：（1）使法律公开；（2）让人民方便地掌握法律；（3）为社会提供全面的、无漏洞的规则集合；（4）使得法律统一化；（5）获取民族国家身份认同（identity）；（6）将法律材料体系化。前五个法典化的功能在今天均已不具有意义。当今社会，法典化最大的功能是实现法律材料的体系整合。通过明确各个法律领域之间的关联以及背后的基本原则，法典有助于法律适用者找寻具有贯融性的法律解决方案。而且，法典化也为其他的特别立法提供基本的概念体系。法典化的技术有助于防止法律体系的碎片化，防止法律秩序被分解为无数个法律渊源，以致受到专业训练的法学者找法也颇为困难。法典化有助于定期地对法律秩序进行清扫和整理，因此也有助于增强法律的明确性和可获得性以及法的安定性。在电子化检索如此发达的今天，我们不必期待民法典可以更加有利于法律公开及对法律条文的检索。在立法日益碎片化和情景化的解法典化时代，我们可以预期的毋宁是法典化、解法典化、再法典化、再解法典化、再法典化……这个循环”。纪海龙：《理想与现实的距离——对中国民法典编纂的冷观察》，载《华东政法大学学报》2016年第6期。

者，实在制度法律公私生活之方面”。[①]想象我们回到古代，无论是来华的外邦人，还是在华夏大地上世代生活着的炎黄子孙，从以法治国治吏与治民者，到治于人、被要求遵从法律的芸芸众生，要了解中华帝国的法律并衡量其价值，律目无疑是一个窗口。但晚清以降，评判律典的尺度，多为舶来之物，我们反思自身，多采西方视角，这或多或少地操纵了近代以来对传统法制的历史叙事；分解综合性律典、重构法典体例，乃至转变定罪量刑的思路等都与此有关。因此，有必要就这方面话题稍作引申。

“从形式上对依法判决的要求到入人以罪的法典精神，西方人逐渐了解到中国法的内在特点”。[②]于乾隆朝访华的马戛尔尼使团成员巴罗对清律赞许有加，认为其“文字清晰，结构严谨，完全可以与布莱克斯顿的《英国法释义》相媲美”，规定内容“在确定罪与罚的轻重尺度时尤其慎重，根本谈不上血腥味……就所有现存的专制政府而言，没有一个像中国那样，从法律上视人的生命如此神圣”，但如此赞誉的前提是法律须得名实相符。[③]在外国学者看来，成文法典的颁行指向“以法治国”的文明：“中国存在法律，这与西方世界流行于大多数人中的观点相违背。这暗示了存在某种文明，并将中国从野蛮和凶猛的国家中除名。在有法律的地方，尤其是有书面法典的地方，法典在某种程度上已规范了其法律和形式。从这个意义上说，法典使社会装备了一副盾牌，一方面保护生命和财产免受无政府和暴力的侵害，另一方面也设置了抵挡暴政和压制的栅栏。”[④]

---

① 陈寅恪:《冯友兰中国哲学史下册审查报告》，载《金明馆丛稿二编》，三联书店 2001 年版，第 283 页。

② 徐爱国主编:《无害的偏见：西方学者论中国法律传统》，北京大学出版社 2011 年版，第 16 页。

③ “如果实践与理论一致的话，没有几个国家能够夸口说自己有一种更加宽容、又更加有效的司法制度”。[英]约翰·巴罗:《我看乾隆盛世》，李国庆等译，上海书店出版社 2005 年版，第 287 页。

④ Lex. *The administration of Chinese law*. China Review，1874，2(4):230-244. 转引自张振明:《晚清英美对〈大清律例〉的认识与研究》，载《北京理工大学学报》(社会科学版)2011 年第 3 期。

传统中国法的原始性表现为刑事法规范多，私法规定少，不利于民事权利的保障，法律规范的编排是机械的，虽有相对简明的公文形式和某种体系安排，仍算不上是法典编纂，这是韦伯的见解。①1874年则有外国学者撰文指出，中国刑法典的根基是父母和子女关系，子女对父母的尊敬是神圣不可侵犯的，这构成了《大清律例》的基础。该作者还追溯中国刑法典始于"萧何将经书分成9章"，比基督纪元早了200年，而成文法律最早见于唐朝，"明朝通过增补或删减的方式发展和扩充了这些法律，而且这些法律是从特定用法中推断而来。当前王朝也只是通过增补或者删减而轻微修改已存在的法律"。对此，张振明评论称，"虽然，此文作者认为中国成文法最早形成于唐代的认识是谬误，但其追溯中国成文法典的历史，则是对西方流行的古代中国无法典观点的直接批驳"。②1899年出版的《关于中国刑法和同类性质论题的评注》一书中，作者阿拉巴德（Ernest Alabaster）承认其曾误以为中国刑法仅存在于《大清律例》之中，事实上中国刑法涵盖的内容更加全面和庞大，还可在判例中找到："中国法律，尽管在某种意义上是有体系的，但是很难说是集中的。我是指，例如在法典中，所有涉及的考虑因素，如任何特定犯罪，不是依据所述罪名判刑，而是出现在多维度的关联之中。"③

"1910年，《大清新刑律》颁布，标志着中国刑法典的诞生"。④与这部"新刑律"相对，《大清律例》被指为"旧律"。新旧区分的关键在于"新

① [德]韦伯：《法律社会学》，广西师范大学出版社2005年版，第279页

② Lex. *The administration of Chinese law*. China Review, 1874, 2 (4): 230-244. 转引自张振明：《晚清英美对〈大清律例〉的认识与研究》，载《北京理工大学学报》（社会科学版）2011年第3期。

③ Ernest Alabaster. *Notes and Commentaries on Chinese Criminal Law and Cognate Topics*. London: Luzac & Co., 1899: 1. 转引自张振明：《晚清英美对〈大清律例〉的认识与研究》，载《北京理工大学学报》（社会科学版）2011年第3期。

④《"中国刑法典诞生100周年学术研讨会暨华中科技大学近代法研究所第二届工作年会"成功召开》，载《华中科技大学学报》（社会科学版）2010年第3期。

刑律”是符合“西方法律观”的部门分类的产物，“旧律”则自汉唐至明清一脉相承地体现为“诸法合体”。关于“新旧之别”的意义，日本学者的见解具有启发性：

西方法律观的另一个独特性，它体现在最基本的概念“法”之中，而且很少受到西方学者的质疑，它通过诸如初民法、本地法、部落法、活法和习惯法之类的惯用语显示出来。和“法”这个词相比，这些惯用语中的修饰词在本质上具有其含义的明确限定性。在这些惯用语中，法的完美本质不属于除了主权国家的法律制度之外的任何其他规范体系，这样的法律制度指的是不需要修饰词的“法”。从国家法的视角看，这些惯用语无疑是理所当然的，就国家法作为人类政治组织结构中不可缺少的一部分而言，将国家法和其他各种法区别开来也是理所当然的。然而，问题就出现在这些惯用语中修饰词的含义上，其含义包含了一种偏见，即这些法律的性质不用说也是此等的，也就是说，它们是非文明的、非集权的、非国家的、非系统的、非授权的，等等。尽管如此，一些倾向于科学观察的学者却避免了这样的偏见。在西方国家中，由于有一个统一的法律体系，所以在法律方面就运可以合情合理地适用这样一些有价值倾向的术语。但是，就法律而言，当这些术语使用于已移植了西方法的非西方国家中时，其结果就是将固有法标识为文化上属于次等的东西。①

有中国学者批判道：“旧律是农业社会生活的规范。论精神很薄弱；论物质很粗糙；论技术很幼稚；论形式很庞杂；论内容很简单；论理论也太朴素。”② 于“人治”中创设是旧律的“原罪”，“不仅是输入的西洋法律制度

---

① ［日］千叶正士：《法律多元：从日本法律文化迈向一般理论》，强世功等译，中国政法大学出版社1997年版，第57页。

② “不但中国旧律的主要内容不是中国所独有，就是中国法律由旧律发展到近代式的法典，也是必然的……（近代法律的）这些特点，谁也可以不假思索断定大半都是民主政治、法治思想、自由主义、个人主义的必然产物。”蔡枢衡：《中国法律之批判》，山西人民出版社2014年版，第36～37页。

已经成了中国的法律制度，就是所谓中国固有的旧律也不是古今中外无与伦比的独创物……中国旧律的特色都和专制政体有分不开的关系”。[①]“皇权大于常法”，旧律无可称道，“汉唐以来，律例规定虽称綦详，其本质不过为一种为命令大全，且以对于特定之问题无特殊之新令为限，始获适用之机会。惟以其为人治之故，不容有所谓违宪及违法观念存在”。[②]

在“主权者命令为法”的角度上，究竟“国王命令即是法律”，还是严格按照“人民主权说”认定“公意”方为法律，关系到“规则”与“法”是一元还是二元的本质问题，这虽然重要，但笔者拟另文探讨，在此不展开论述。既已引入西方法学理论审视中国古代律目所依托的“律典”的性质与特征，接下来将从“学理”“价值”与“功能”三方面阐述。

首先是“法典化”所需的理论基础。“法典”首先是规则汇编，而从法与社会的关系及法律文化的底蕴来探求，则又不止于此。汇编体例不一，所形成的法典结构框架也多种多样，西方中世纪时的“蛮族法”即部族法集成，“就其形式上以言，此种种制定法有时纯粹记载现行习惯，换言之，即完全为因袭相传之‘古训格言’；惟有时其形式上又近于立法之形式，如其中法规即常为人称之为钦定宪法或制定法，斯即一例。虽然，无论从何种形式观之，此种种制定法终究大部分以习惯之记述为主，故其中在外观上若立法形式之法律者，究不过宣示元有之规则而已”。[③]这种规则合集，尚未经过汲取罗马法资源的“理论的一跃”，成为“罗马—日耳曼法系”的标志性成就。勒内·达维德指出，西方近代意义上的法典编纂乃是经过了长期的理论准备后的“瓜熟蒂落”乃至“众望所归”——“罗

---

① 蔡枢衡:《中国法律之批判》，山西人民出版社 2014 年版，第 62 ~ 63 页。

② 蔡枢衡:《中国法律之批判》，山西人民出版社 2014 年版，第 71 页。这与王亚南先生在《中国官僚政治研究》中的论点“官僚政治基本上没有多少法治可言……人治是官僚政治固有的基本特征或规律”一致。

③ [美]孟罗·斯密:《欧陆法律发达史》，姚梅镇译，中国政法大学出版社 1988 年版，第 130 页。

马—日耳曼法系各国是通过承认法律具有主要作用这一同一观念而联合起来的”。另外，法学家们把各部门成文法典看成是起点而不是终点，原因是法典的理论基础一脉相承：“这些法典清楚地区别于在普通法各国可以找到的汇编，同样也区别于法国大革命以前的习惯汇编或法典。实际上，它们是同罗马法与罗马法论著，而不是同这些习惯或过去的法典一脉相承的。”①“有别于前几个世纪官方或私家的编纂工作，这些工作固然有的实现了一些有益的改革，但无论从目标的广度或实施的广泛性讲，都不曾实现自然法学派法学家们的抱负”“这是若干世纪以来各大学所维护的观念与所进行的全部工作的当然归宿。六个世纪以来，各大学讲授的是它们奉之为正义典范的法”。②

黑格尔有言，“真正的法典是从思维上来把握并表达法的各种原则的普遍性和它们的规定性的”。国家法律作为理性建构的抽象分类体系，③应有一定的理论支撑。而理论到制度的转变，往往有其时代契机。这种线索在西方法律史上至为明显。虽然，欧陆各国基于学理共识而从事法典编纂的后果有利有弊，利如共享一套部门法分类体系与法律概念等，弊则体现在法理的普遍性有让位于立足民族国家独特需求的实证法学的倾向，但其学理普遍性与制度共通性的影响显然更为深远：“法典编纂运动在十九与

---

① [法]勒内·达维德:《当代主要法律体系》，漆竹生译，上海译文出版社1984年版，第119～120页。

② [法]勒内·达维德:《当代主要法律体系》，漆竹生译，上海译文出版社1984年版。

③ “现代的国家法律和地方性的规范都是解决实际问题的一套分类体系，但是国家法律作为一套精英阶层的知识产物……所表达和包含的价值和意义对于社会大众来讲是抽象和遥远的，而且这套普适性的、更多的是一种技术性的分类体系不会包含人们需要的对人生意义的思考、生活的价值、对神的态度、对宇宙的想象等构成人生观和世界观的意义，在这张巨大而精致的网里没有为人们预留用来悬挂地方性的意义或人生观、世界观的位置”。参见王启梁:《法律——一个安排秩序的分类体系》，曾以《法律是什么?——一个安排秩序的分类体系》发表于《现代法学》2004年第4期。修改稿收录于朱晓阳、侯猛主编:《法律与人类学：中国读本》，北京大学出版社2008年版；以及王启梁著:《迈向深嵌在社会与文化中的法律》，中国法制出版社2010年版。

二十世纪推广到罗马—日耳曼法系的所有国家。这些国家之间的法的亲密关系不仅表现在全都采取了编纂法典的方法，也表现在把法律规范分成若干法典的归类方式，"[1] 即公私法划分及宪法、行政法、国际公法、刑法、诉讼法、民法与商法、劳动法等基本门类。相应地，其"法学是建立在以罗马法与教会法为基础的同样的教学之上的。传授这门科学与使之适应实践的需要所采用的方法可能因时代或国家而有所不同，然而所使用的词汇一向是同样的，并用于表达同样的观念"。[2] 罗马—日耳曼法系这种共享制度与内在精神相对一致性、贯穿理论与实践层面的知识体系，对于法律教育与法律职业共同体的塑造意义重大：

法的主要部分显然是法的结构本身、它所认可的分类、它所使用的概念、作为它的基础的法律规范典型，而不仅仅是在某个时候它所包含的法律规定。只是因为是这样的情况，法律教学本身才能设想：因为在变动不居的规定上面，存在着相对稳定的范畴。法律系学生主要的是学习一套"词汇"，熟悉一些"概念"，这些概念将长期存在并使他今后得以研究某个问题，而他在法律学校学到的那部分条文则很可能到时已发生了变化。修改或废止现行法的某某规定是取决于立法者的，而改变我们所用的语言和变更我们用以推理的范畴则很少取决于立法者。通过多次变动与革命，我们仍然保留着所有权、契约、婚姻、抵押权这些词和概念；关于这些问题的规定不再一样了。但取代旧规定的新规定在法学著作中以同样的地位加以阐述。若干个世纪以来法学著作的提纲几乎没有变换过。[3]

---

① [法]勒内·达维德:《当代主要法律体系》，漆竹生译，上海译文出版社 1984 年版，第 104 ~ 105 页。

② [法]勒内·达维德:《当代主要法律体系》，漆竹生译，上海译文出版社 1984 年版，第 104 ~ 105 页。

③ [法]勒内·达维德:《当代主要法律体系》，漆竹生译，上海译文出版社 1984 年版，第 314 ~ 315 页。

至于汉、唐至明、清“律典”的传承，明清律学作品多有涉及。而“引经注律”也被认为是注释律学的学术传统。唐律研究者指出，“中国有过自己传统的法学研究方法，即是中国传统的律学研究方法。这一方法曾取得很大成功，以致中国传统律学不断发展，传统的律典也因此不断颁行”“唐律运用律学研究的方法，对律文进行必要的解释，使其内容完善、表述清晰、内涵明确，以致被认为是中国古代律典中的‘最善’者。可以想象，如果没有律学的研究方法，没有‘疏议’的解释结果，唐律根本无法达到这种水平”“宋刑统、大元通制、大明律、大清律例等律典的制订者都以唐律为楷模，借鉴唐律的律学研究法，制定自己的律典，使之趋向完善，中国传统的律学研究方法也因此而得以传承和发展”。① 一定程度上，这可以解释前朝后代均重视颁修律典的思想和技术共性。

罗马法之后，为西方现代法律制度奠基的是教会，其通过把罗马法中繁复的范畴和分类变为抽象的法律概念，改造了罗马法。② 西方法律通过与宗教共享的仪式、传统、权威和普遍性要素，产生了某种“神圣性”，提供了促使人们内心认同而守法的情感基础。③ 然而从理想与情感角度看，中国传统法制中的“引经注律”及“引礼入法”等要点，其根基则是对儒家经典与礼治理想的认同，而这种基调也渗透在如何认识“律”的价值的过程中。有鉴于此，笔者其次要从“德礼”“政刑”的关系出发，分析古人如何看待“律典”在治国理念与实践中的价值。

---

① 王立民：《中国传统律学研究方法论纲——以唐律律文的研究方法为例》，载《法学》2016 年第 4 期。

② ［美］伯尔曼：《法律与宗教》，梁治平译，中国政法大学出版社 2002 年版，第 52 页。

③ “法律主要不是规则或者适用这些规则于案件的法律意见的汇编，不是对如何把规则应用于案件的各种方法加以分析的博学论著和文章的汇集。这些都是专家们头脑中法律的残迹，而在任何一个社会，构成法律之基本实体的乃是持续不断地制定和重订法律的戏剧；这些戏剧，连同其仪式、传统、权威和普遍性，不但显示和实现了法律的原则和策略，而且表明并且实现了法律的价值、法律的情感。而这些，又有助于确立法律的宗教性和神圣性”。［美］伯尔曼：《法律与宗教》，梁治平译，中国政法大学出版社 2002 年版，第 66 页。

儒家治国，以“道德齐礼”为理想，对滥用“政刑”则并不赞同；然而，刑不能废，定律以救弊，却是现实。如苏轼则折中于礼刑之间，试图寻求一种引经折狱与依律断罪之间的平衡：“古者礼刑相为表里，礼之所去，刑之所取。《诗》曰：淑问如皋陶，在泮献囚。而汉之盛时，儒者皆以《春秋》断狱。今世因人以立事，因事以立法，事无穷而法日新，则唐之律令有失于本矣，而况《礼》与《春秋》儒者之论乎？”[①] 元人也讲：“古者帝王恃以治天下者，大经大法而已，未所谓律也。世道既降，巧伪横生，法家者流，始制律以钳钛天下之民。奸日滋，则律日烦，亦时使然也。盖律令起于秦，定于汉，律法刑统遂大著于唐宋，而傅霖氏为之赋刑统，以便律学之诵习。夫绳墨陈而天下之曲直不能逃，规矩设而天下之方圜不能越，律固救弊之绳墨规矩乎？”[②] 以救弊为目的，利用“律”如“权衡度量”“绳墨规矩”般的界定是非曲直的功效，这是古人对律典的工具性认识。又如，《全元文》载泰定二年（1325年）刘有庆所作《故唐律疏议序》，辨析律的权衡轻重性质，以及德礼为本、政刑为末的基本立场：

律起于黄钟，权衡度量生焉。是律者，法度之所自出。故刑名家亦谓之律，五等之刑，铢校丝比，榷轻重，时损益，与天地之气相为贯通。阳一嘘而万物生，阴一吸而万物死，故古人谓，未押字以前属阳，押字以后属阴，阳阴不在天而在我，是故先王慎之。唐虞画衣冠而民不犯，成周司马教民读法，亦象刑遗意。子产铸刑书而叔向乃非之，盖惧其弃礼忘义，而一征于书则薄矣。汉兴，三章之约，不足以治天下，故命萧何制律，后世酌而行之。国家律书未颁，比例为断。然例本于律，参其意不泥其文尔。汴梁人王长卿精刑名之学，以《唐律》析为横图，用太史公诸表式，

① 其策问命题便是“夫欲追世俗而忘返，则教化日微，泥经术而为断，则人情不安。愿闻所以折衷于斯二者”。（宋）苏轼撰，（明）茅维编：《苏轼文集》卷七《策问·礼刑》，孔凡礼点校，中华书局1986年版，第216页。

② 李修生主编：《全元文》卷一二九四《杨维桢·刑统赋释义序》，凤凰出版社1998年版，第157页。

经纬错综成文。五刑三千，如指诸掌，其用心亦仁矣哉。虽然，德礼本也，政刑末也。善用者，德礼行乎政刑之间；不善者及此，故曰："有《关雎》《麟趾》之意，然后可以行《周官》之法度。"①

虽然承认规则在治国方面的作用，但对"刑名法术"②工具的不信任，深植于中国人的法律观，无益于法学教育与法律职业的发展，不同程度地妨碍了立法技术的精益求精。比较法学家注意到"在中国人看来，法远不是秩序的条件与正义的象征，而是专断的工具与混乱的因素……当然也有些法律，具有威慑作用或用作典范，制定这些法律并非为了象在西方那样实施。一些背离礼仪与教养、企图依法行事的人，一些在学习法和实施法中度日的人，只会受到歧视"，并从"礼高于一切"的儒家意识形态角度把握现实："所以中国能够在没有有组织的法律职业的情况下生存了许多世纪。司法工作由根本不懂法律、只经过文学考试晋升的行政官员负责，它们审理案件听取的是世代承袭的熟谙律例的衙门师爷的意见。讼师是受人鄙视的。要征询它们的意见只能在暗中进行。在中国漫长的历史上，并没有形成任何法学理论，也没有任何法学家留名于后世。"当然，随着外力作用，"这种没有法的社会理想似乎随着辛亥革命的爆发而重新成为问题。为了摆脱西方的控制，中国参照西方的模式制定自己的法典。表面上，中国法已西方化，属于由罗马法衍生的各国法的法系。在这种表象的后面，传统的观念在中国继续存在，除了某些限制外，继续主宰中国社会的实际生活。少数人醉心于西方化，它们的工作未能突然改变中国人的思

---

① 李修生主编：《全元文·卷一六九九·刘有庆·故唐律疏议序》，凤凰出版社 1998 年版，第 96 页。

② 如《史记·老子韩非列传》刻画法家代表人物形象："韩非者，韩之诸公子也。喜刑名法术之学。"集解称，新序曰："申子之书言人主当执术无刑，因循以督责臣下，其责深刻，故号曰'术'。商鞅所为书号曰'法'。皆曰'刑名'，故号曰'刑名法术之书'。"（汉）司马迁撰，（南朝宋）裴骃集解，（唐）司马贞索隐，（唐）张守节正义：《史记·老子韩非列传第三》，中华书局编辑部点校，中华书局 1982 年版，第 2146 页。

想，也未能在几年的时间内使中国的法学家和人民接受一千多年来西方天主教法学家研究发展的罗马法观念。法典与法律在中国只有在符合人民的公正和礼的观念的情况下才被援用，当他们与传统发生抵触的时候就不起作用”。[①]

相似地，美国学者伯尔曼在《法律与宗教》一书中指出：“在所有的社会里，虽然是极不相同的方式，法律都部分地借助于人关于神圣事物的观念，以便使人具有为正义观念而现身的激情。古代中国也是如此，只是换了一种方式。那里，法律被看做是必要的邪恶，不过，它又辩证地与儒教的礼仪、修养及新儒家的祖先崇拜和皇帝崇拜有密切关系。”他从情感认同角度分析儒家礼重于法的传统思想：“古代圣贤确立了崇高的礼，它与人的内在情感和天地之序相一致，规范家庭、朋友和君臣的人伦秩序；礼的道德是利他的；各种礼仪为生命增添诗意和美感。反之，法被认为是由现代人的命令和规则组成的，用以节制他们所管治的社会的活动；它是机械化的、不带情感的，它缺乏普世有效性；法不同于礼，它不是根源于人的内在情感，”但传统儒家的法律观“并没有妨碍中国在十九世纪和二十世纪初向西方取经发展某种法制，如大致参照西方模式制定的法典和法庭”。[②]此书译者梁治平教授又阐释中国传统文化的独特性与移植西法的精神困境：“我们并不是渐渐失去了对于法律的信任，而是一开始就不能信任这法律。因为它与我们五千年来一贯尊行的价值相悖，与我们有着同样久长之传统的文化格格不入。十九世纪中叶，由于西方列强的侵入，我们历

① 勒内·达维德因此推断：“中国 1949 年后颁布的法律为数不多，也源于中国人对法律的过分明确的、讲究字眼的法律用语有传统的反感。”逮捕“四人帮”之后，人们关心起法制与法律条文来了。但要真正实施这些立法条文，只有等到法院、审判员与律师的数目大大增加，尤其是传统上敌视法律的心理状态有所改变时才能做到。[法]勒内·达维德：《当代主要法律体系》，漆竹生译，上海译文出版社 1984 年版，第 497 页。

② [美]伯尔曼：《法律与宗教》，梁治平译，中国政法大学出版社 2002 年版，第 36 ~ 37 页、第 202 页。

史的进程改变了。我们被迫接受西方的事物，从生产技术，一直到西方人的基本价值。在这种强有力的挑战面前，传统的文化格局分崩离析，这是较伯尔曼书中所谓法律与宗教之间纽带的断裂更为严重的时间，也是我们五千年文明史中前所未有的震荡。”①

传统观点从价值上将“律”视为“本末”之“末”、“体用”之“用”，因而从清末变法以后，法律移植与文明震荡互为表里，制度表象与传统观念的抵触在所难免。然而也需要注意的是，“末”或“用”在功能层面是不可或缺的，“律典”的修纂往往是解决现实问题的必经之路，而正是因由“律典”可诉诸传统与现实的强大功能，“刑律”这一表述，在“变与不变”的动荡时期，又被激发出新的意义，这就是笔者将要最后讨论的“律为常经”与“律以正罪名”的功能。

“律为常经”的本质，是皇权、家族主义等原理通过律典统一固定下来，并随着律典的颁布而获得权威性，统治者也有意保持律典的稳定性，使之实现效力最大化。正如韦伯在《论经济与社会中的法律》中的论断：“君主的权力越稳固，法典化的趋势就越明显”，即“君权有助于法律的统一和系统化（法典化）”。高明士先生论述隋代的立国政策与律令制时指出，其规定设置及篇目顺序明显反映政治理念与特质：“从制度上落实文化认同政策；具体实现以皇帝为顶点的中央集权政策；依法（=律令）为治。”张

① “我们文化的独特性还表现在政治的道德化上面。这种政治的道德化建立在一种久远的家、国不分的传统之上，它造成一种家与国、道德与法律、个人生活与公共生活混然部分的特殊格局”“‘法律必须被信仰，否则它将形同虚设。’这个判断即使不合于中国古时的情形，却至少是可以针对今日的……我们的现代法律制度包括宪法、行政法、民法、诉讼法等许多门类，它们被设计来调整社会生活的各个领域，为建构一个现代社会奠定基础，同时，它们也代表了一种精神价值，一种在久远的历史中逐渐形成的传统。问题在于，这恰好不是我们的传统。这里不但没有融入我们的历史，我们的经验，反倒常常与我们‘固有的’文化价值相悖。于是，当我们最后不得不接受这套法律制度的时候，立即就陷入到无可解脱的精神困境里面”。梁治平：《死亡与再生：新世纪的曙光（代译序）》，载［美］伯尔曼：《法律与宗教》，梁治平译，中国政法大学出版社 2002 年版，第 12 ~ 13 页。

春海教授据此阐发，这一论断也适用于唐律令体系："单就唐律本身而言，从其名例、事律各篇及其后罪律和专则的排列顺序来看，我们不难看出先皇帝、后国家、后人民这样的序列，不难看出皇权至上、官僚本位、人民附从这样的理念。律就是要优先保障专制皇权的绝对权力和地位，保障官僚机构的顺利运行，为此就要保障官僚、贵族的特殊利益，同时赋予他们相应的责任；之后执行的才是保障大多数人基本生存条件的公共职能，只有在这个方面，它才和现代的刑法类似。也就是说，唐律是唐代的根本大法。"相比之下，剥离了"根本法"属性，仅保留技术性条款的高丽律，则集中展示出集中运用"刑罚"手段的一面。①

"律为常经""律者历代之典"的意义，在规则纷繁、编排无序时特重。在"律统"断裂的朝代，有识之士总结历史经验，往往呼吁早日制定和颁行律典。元代便是例证。郑介夫上《太平策》，其一即为"定律"，其出发点在于当时"有例可援，无法可守""号令不常"且奉行不力，官吏借此为奸，百官莫知所守，百姓莫知所避，而律典"至公大定"、普遍公布，且条理分明，易于遵守，乃是自三代以来的重要统治工具，因此有必要定律：

律者，所以齐天下之动，至公大定之制也。皋陶作士，明于五刑；穆王训书，罚属三千。纲举目张，井然不紊。故百官奉法，各知所守而不敢踰；百姓视法，各知所避而不敢犯。自三代而下，国家立政，必以刑书为先。历观古今，未有无法而能一朝居也。②

苏天爵本着元代立国"虽律令之未行，皆因事以立法"，虽英宗时定《通制》，但数十年间新规则与日俱增，百姓难知，奸吏舞弊的情况，奏请

① 相比之下，篇幅在百条以内的高丽律"律内空白点极多，涉及国家根本制度的内容少，多为就事论事的技术性条款。从这个角度来看，高丽律与现代刑法更为相似，国家根本法的性质非常模糊"。张春海：《唐律、高丽律比较研究：以法典及其适用为中心》，法律出版社2016年版，第170～172页。

② 李修生主编：《全元文》卷一二一八《郑介夫·太平策》，凤凰出版社1998年版，第23～46页。

续修“通融不滞于一偏，明白可行于久远”的法典，使规则统一，民知所避，吏有所守：

法者天下之公，所以辅乎治也。律者历代之典，所以行乎法也。故自昔国家为治者必立一代之法，立法者必制一定之律。盖礼乐教化固为治之本，而法制禁令实辅治之具。故设律学以教人，置律科以试吏，其所以辅乎治者，岂不详且密欤。我国家自太祖皇帝戡定中夏，法尚宽简，世祖皇帝混一海宇，肇立制度。列圣相承，日图政治。虽律令之未行，皆因事以立法。岁月既久，条例滋多。英宗皇帝始命中书定为通制，颁行多方，官吏遵守。然自延佑至今，又几二十年矣。夫人情有万状，岂一例之能拘，加以一时官曹材识有高下之异，以致诸人罪状议拟有轻重之殊，是以烦条碎目，与日俱增。每罚一辜，或断一事，有司引用，不能遍举。若不类编，颁示中外，诚恐远方之民，或不识而误犯，奸贪之吏，独习知而舞文。事至于斯，深为未便。宜从都省早为奏闻，精选文臣学通经术、明于治体、练达民政者，圆坐听读，定拟去取，续为通制，刻板颁行。中间或有与先行通制参差抵捂，本末不应，悉当会同，斟若画一。要在详书情犯，显言法意，通融不滞于一偏，明白可行于久远。庶几列圣之制度，合为一代之宪章。民知所避，吏有所守。刑政肃清，治化熙洽矣。①

高明士先生在《从律令制的演变看唐宋间的变革》文中解析：律有罚，令无罚，中国古代逐步构建起“罚与不罚的法律系统”，晋唐之间所建立的法律系统如此，即使宋代以后，令典不发达，而有会典、则例等，但以律来定罪名的原则不变。皇权所要掌握的正是刑律，以及格、敕的效力。从这个观点出发，各朝立法时，乃将成文法典统称为“刑法”或“刑书”，而史书遂有“刑法志”。若要用今日法律观念去寻找传统有无民事法典，当然找不到。

---

①（元）苏天爵:《滋溪文稿》卷二六《章疏•乞续编通制》，陈高华、孟繁清点校，中华书局 1997 年版，第 434 页。

另外，律有多重功能，其稳定性与权威性固然是其形式上受重视[①]的主要原因，而据其内容，则有“正罪名”“正刑定罪”的专门性，关于“罪刑”的制度发达与否，这也是由政治统治需要决定的。[②]“刑”及“刑书”本通“规则”“法度”，[③]而有时偏重“惩罚”，尤其是在与“法”对举的场

---

① 刘广安教授评价浅井虎夫总结中国传统法典不都是现行法而追求搜罗理想之良法，具有保留祖宗成法特点的观点，认为很有见地，但未认识到“中国传统法典保留祖宗成法，不是为了司法实践的需要，而是为了法制宣传教育的需要，为了增强法典的权威性的需要以及增强法典的教化作用和威慑作用的需要”。参见刘广安:《中国古代法典作用的再探讨》(原载《中国法律史学会 2007 年国际学术研讨会论文集》，中国政法大学出版社 2008 年版)，收入刘广安:《中国古代法律体系新论》，高等教育出版社 2012 年版，第 55 页。又如，学者论证“律文从律典传统中承继了圣人治理哲学，道德化的天命来源和弼成教化的立法目的是这种圣人治理哲学在立法领域的表现，清律所包含的大量具文所具有的宣示‘秩序的理想’意义进一步表明了圣人治理的立场”。李耀跃:《律典对传统统治正当性的依附与证成——以〈大清律例〉为中心的分析》，载《中南大学学报》(社会科学版)2012 年第 5 期。

② 学者指出：中国古代社会政治早熟，维护统治是政权的首要目标。刑法的高效率，有利于国家利用有限资源维护政治统治，立法便倾向于使用刑法这一治理手段，逐渐形成以刑为主的国家法特色，并具有规模效应：古代国家司法机关的设置以及司法人员的配备一直向刑法倾斜，日益发达并无处不在的刑事法律通过司法实践早已为普通百姓所熟知，因此这些法律更易被他们所遵守，大大降低了国家执法的成本以及法律宣传的成本。虽然有种种弊端，但制度转型的成本过于高昂，且其他法律部门的成长空间收到挤压也难以迅速成长。夏扬:《中国法律传统的经济理性》，载《法学研究》2016 年第 5 期。

③《崇文总目》和《文渊阁书目》均设立了“刑法类”或“刑书类”，这正是中国古代以刑法为主的法律思想在书目中的体现。古代官修目录集大成的《四库全书总目》，史部下设十五小类，其中“诏令奏议类”“政书类”“职官类”是法律文献的主要类目，“政书类”仅收《唐律疏议》《大清律例》两部官颁律书，理由是“《唐律疏议》，见世轻世重之源流，并恭录《钦定大清律例》，以昭圣代之法守”。存目里有《永徽法经》《至正条格》《明律》三部；其他记载典章制度的会要、会典、通典、通制、通考、通礼则多有收录。“诏令奏议类”除了清代皇帝的圣训以外，收录了《两汉诏令》《唐大诏令》等，存目收录了《明诏制》《明诏令》及奏议。郑杰:《中国古典书目中法律文献类别的演变》，载《政法论坛》1999 年第 3 期。钱先生则兼顾法学、目录学角度对法律文献的分类办法，批评宋人修《新唐书·刑法志》的“唐之刑书有四”说及由此衍生的唐“律令格式皆刑法”等说。其先梳理(1)立法角度,《唐六典》中《刑部式》将律令格式“四法”概括为“文法”(性质区分是“凡律以正刑定罪，令以设范立制，格以禁违正邪，式以轨物程事”)。(2)司法角度,《唐律疏义》对“四法”的概括是“法律”。(3)图书栏目分类上，《唐六典》中《秘书式》把法律图书概括为“刑法”。从隋代到清代正史《经籍志》或《艺文志》把所有法律书典概括为“刑法”(部、类、篇)，问题是与同一部史书中的《刑法志》对法律与法律书概括的方法乖违不一。《新唐书》作者误在用目录学上对法律图书管理栏目的“刑法”取代立法上的“文法”概括与司法上的“法律”概括。钱大群:《律令格式不能以其图书管理栏目名称取代其法学概括——〈新唐书〉“四刑书”说辨析续篇》，载《法律文化论丛》(第 6 辑)，知识产权出版社 2016 年版，第 13 ~ 21 页。

合，“出礼则入刑”之“刑”，外表是“上下比罪”而内核是督促政令实施的刑罚工具。《魏书》载，高祖询问高闾：“刑、法者，王道之所用。何者为法？何者为刑？施行之日，何先何后？”高闾答道：“臣闻创制立会，轨物齐众，谓之法；犯违制约，致之于宪，谓之刑。然则法必先施，刑必后著。自鞭杖已上至于死罪，皆谓之刑。刑者，成也，成而不可改。”① 清律亦主要关乎罪刑，以此与其他“政书”相区别。如林乾教授指出，律例中的例文，有相当一部分采自各部则例。但由于律例主要关系刑罪，而各部则例显然与之不同，因即使同一法律渊源的例文，反映在律例和各部则例上，其适用范围又有明显区别。② 又如，日本学者认识到：“会典以明百官有司之职守，律例以正官民之非违，两者相依，始为国家之大经大法”“律之于刑事法也，犹会典之于行政法”。③ 因此，这种“以刑为主”的汇编标准，在引进罗马—日耳曼法系的部门法分类时，便有助于“律典”向“刑律”名目较为顺畅的对接。虽然，西法中律各有渊源，在移植西法的时候，名目虽有迹可循，而“总目”“细目”等则格格不入，只好另起炉灶，连近乎“总则”的“名例”篇名也不能保存，旧律律目也就在“新刑律”中荡然无存了。

① （北齐）魏收撰：《魏书》卷五四《列传第四十二·高闾》，中华书局编辑部点校，中华书局 1974 年版，第 1204 页。

② 林乾：《关于〈户部则例〉法律适用的再探讨》，载《法律史学研究》2004 年第 00 期。

③ ［日］织田万：《清国行政法》，李秀清、王沛点校，中国政法大学出版社 2003 年版，第 56 页。

附　　录

附表一　明、清律学家论律目

唐律篇目条标 （《唐明律合编》解说）	明律目（《唐明律合编》编选） （附《律条疏议》解说“疏议曰……”）	《唐明律合编》解说
卷一　名例	卷一　名例律	以上（唐律）七条，与明律略同。 唐（名例）为六卷，明共一卷。 今分附于唐律各卷之后，余条准此。页4
笞刑五、杖刑五、徒刑五、流刑三、死刑二、十恶、八议	五刑、十恶、八议 疏议曰：唐律疏议云，名者五刑之罪名，例者五刑之体例也，魏文侯造法经，其六曰具律，汉加九章，具律如旧，曹魏改为刑名第一，晋谓之刑名法例，宋齐梁后魏因而不改，北齐并为名例，周复为刑名，隋因北齐更为名例，唐因于隋析其数为六，宋初芟裁旧敕定为二百八十六条，唯律分十二目，是名例未尝改也。国朝因唐制悉并为一，凡与今制不合者，如七品以上之官府号官称、妇人官品色号、五品以上妾有犯之类则除去。增立职官犯罪、军官有犯、流囚家属、应议者之父祖有犯等条，总名曰名例	

续表

唐律篇目条标 （《唐明律合编》解说）	明律目（《唐明律合编》编选） （附《律条疏议》解说“疏议曰……”）	《唐明律合编》解说
卷二　名例		
八议者、皇太子妃、七品以上之官、应议请减、妇人有官品邑号、五品以上妾有犯、人有议请减、以理去官、无官犯罪、以官当徒、十恶反逆缘坐	应议者犯罪、职官有犯、军官有犯、文武官犯公罪、文武官犯私罪、应议者之父祖有犯、军官军人犯罪免徒流、犯罪得累减、以理去官、无官犯罪	以上（唐律）十一条，明律亦略同，而无官当减赎及荫法，其十恶反逆及下首一条即明律所谓常赦所不原者也。页22 （文武官犯私罪、文武官犯私罪）此二律乃有明一代之典章，与唐律不同，与今律亦异。页27
卷三　名例		
奸盗略人受财、府号官称、除名者、以官当徒不尽、除名比徒三年、犯流应配、流配人在道、犯死罪非十恶、徒应役无兼丁、工乐杂户	除名当差、流囚家属、犯罪存留养亲、工乐户及妇人犯罪	以上（唐律）十条，明律亦同，徒应役无兼丁一条，明律无文。页36
卷四　名例		
犯罪已发、老少废疾、犯时未老疾、彼此俱罪之赃、以赃入罪、平赃者、略和诱人、会赦改正征收	徒流人又犯罪、老小废疾收赎、犯罪时未老疾、给没赃物、常赦所不原、徒流人在道会赦	以上（唐律）八条，明律略同，而无蔽匿不首之法。页47
卷五　名例		
犯罪未发自首、犯罪共亡、盗诈取人财物、同职犯公坐、公事失错、共犯罪造意为首、共犯罪本罪别、共犯罪有逃亡	犯罪自首、犯罪共逃、同僚犯公罪、公事失错、共犯罪分首从、犯罪事发在逃	—

续表

唐律篇目条标 （《唐明律合编》解说）	明律目（《唐明律合编》编选） （附《律条疏议》解说“疏议曰……”）	《唐明律合编》解说
卷六　名例		
二罪从重、同居相为隐、官户部曲、化外人相犯、本条别有制、断罪无正条、乘舆车马、称期亲祖父母、称反坐罪之、统摄案验为监临、称日者以百刻、称加就重、称道士女官	二罪俱发以重论、亲属相为容隐、吏卒犯死罪、处决叛军、杀害军人、在京犯罪军民、化外人有犯、本条别有罪名、加减罪例、称乘舆车驾、称期亲祖父母、称与同罪、称监临主守、称日者以百刻、称道士女冠、断罪依新颁律、断罪无正条、徒流迁徙地方、边远充军	以上（唐律）十三条，明律略同，亦俱在名例。重赃并满轻赃及官户部曲一条，明律无文。页80 （明律）以上（吏卒犯死罪、处决叛军、杀害军人、在京犯罪军民）数条，唐律俱无文，而于名例亦无干涉，明律增入，殊觉不伦不类。页87 （化外人有犯）明时无部曲、官户等名色，是以律内不载。页88 （断罪依新颁律）唐律无文。页96
卷七　卫禁	卷十三　宫卫 兵律一	
阑入太庙门、阑入宫门、阑入逾阈为限、宫殿门无籍、非应宿卫自代、因事入宫辄宿、无著籍入宫殿、宫殿作罢不出、登高临宫中、宿卫被奏劾、应出宫殿辄留、阑入非御在所、已配仗卫回改、奉敕夜开宫殿门、夜禁宫殿出入、向宫殿射、车驾行冲队、宿卫上番不到	太庙门擅入、宫殿门擅入、宿卫守卫人私自代替、从驾稽违、直行御道、内府工作人匠替役、宫殿造作罢不出、辄出入宫殿门、冲突仪仗 疏议曰：宫卫，秦汉及魏无此篇目，晋因前律事类为宫卫律，宋梁因之，北齐以关禁附之，更名禁卫，后周复为卫宫。隋开皇改为卫禁，唐因之。国朝改曰宫卫而置兵律之首，其太庙门擅入皇城们擅入守卫私自代替辄出入宫殿门诸条则取唐律擅入太庙门、擅入宫门、非应宿卫自代、无著籍入宫殿等条而互有增损，私度关以下诸条系关津律，去其不合今制者如登高临宫中、已配使卫回还诸条，又审其未备增立直行御道从驾稽违悬带关防牌面等条，总名曰宫卫	晋有宫卫律，唐改为卫禁，明复为宫卫，另设关津一篇。明律计一卷，今照唐律以事相合者分附于后 宫卫门所载各条，明律均较唐律治罪为轻，唯从车驾行而逃，向宫殿射箭，及此条（冲突仪仗三条）较唐律为重。再，唐律畜产冲入宫门者，杖一百，明律则改为皇城，可知明律之皇城门，即唐律之宫城门也。而宫门则又在禁秘之处，与唐律之宫门迥异。两律之互相参差，盖由于此，参看自明。页119

续表

唐律篇目条标 （《唐明律合编》解说）	明律目（《唐明律合编》编选） （附《律条疏议》解说“疏议曰……”）	《唐明律合编》解说
卷八　卫禁	卷十三　宫卫 兵律一	
宿卫兵仗、行宫营门、宫内外行夜、犯庙社禁苑罪名、宫门等冒名守卫、越州镇戍等垣城	向宫殿射箭、宿卫人兵仗、行宫营门、宿卫守卫人私自代替、越城、门禁锁钥、关防内使出入、悬带关防牌面、禁经断人充宿卫	明律载在此门（宫卫） 私度关（唐律）等八条，在关津门 烽候不警（唐律）一条，明律无文。页 123 （关防内使出入）以下三（?）条，唐律无文。页 127 （悬带关防牌面）唐律无文，明律皆以关防诈伪也，而罪名究嫌太重。页 128
	卷十五　关津 兵律三	
私度关、不应度关、关津留难、私度有他罪、人兵度关妄随度、赍禁物私度关、越度缘边关塞、缘边城戍、烽候不警	私度冒度关津、诈冒给路引、关津留难、递送逃军妻女出城、盘诘奸细、私出外境及违禁下海、私役弓兵 疏议曰：关津，自秦汉魏晋皆无其目，梁天监定律二十篇，其十九曰关市律，度减损其制，后周始定关津律，隋开皇复云之，唐因隋制，以其事系禁卫之末。国朝立关津律，系军政之后，取唐律之合制者，若关津留难、私度关、越度沿边关塞条律。其重复不类者，如不应度关、私度有他罪、人兵度关妄随度、烽候不警诸条，易缘边城戍为盘诘奸细，赍禁物度关为私出外境。又审其未备，增立诈冒给路引、递送逃军妻女出城、私役弓兵三条，总名曰关津	（唐律）以上俱言卫，自此以下则言禁也。唐律本系一篇，今分为两篇，以便与明律互相阅校，而卷数仍从其旧。页 131 关津之律，意主稽查。隋唐合于宫禁曰卫禁，明分宫卫、关禁为两篇，以有内外轻重之别也。页 135

续表

唐律篇目条标 (《唐明律合编》解说)	明律目(《唐明律合编》编选) (附《律条疏议》解说“疏议曰……”)	《唐明律合编》解说
卷九　职制	卷二　吏律一 职制	(唐律)二十三条，官有员数及稽缓制书等十条，明律俱在此门。官人从驾稽违一条，在兵律宫卫门。大祀不预申期四条，在礼律祭祀门。合和御药七条，在礼律仪制门。页 149 唐律凡事涉官员公务者，均入此门，分上中下三卷。明律不过三分之一，余则另见各门。页 150 (选用军职)特设此律，亦一代之典章页。页 150 (文官不许封公侯)唐律无文，系明代专条，总系猜忌大臣之意……页 152 (官员袭荫)唐律此条载在诈伪门……然既云文武官员，何以兵律并无明文耶?页 154 (举用有过官吏)此条唐律载在诈伪门……明律则兼及举官而言，故列于职制门。然唐律与假官相连，故俱系徒罪。明律仅拟满杖，未知本于何条。页 160 (擅勾属官)此条唐律无文。页 166 (官吏给由)此条唐律无文，盖有明一代之制也。页 167 (奸党)此律与下二律(交结近侍官员、上言大臣德政)，皆洪武年间增定者也。明祖猜忌臣下，无弊不防，所定之律，亦苛刻显著，与唐律迥不相同。页 167
官有员数、贡举非其人、刺史县令私出界、在官应直不直、官人无故不上、之官限满、官人从驾稽违、大祀不预申期、大祀散斋吊丧、祭祀有事于园陵、庙享有丧、合和御药、造御膳犯食禁、御幸舟船、乘舆服御物、主司借服御物、监当主食有犯、百官外膳、漏泄大事、玄象器物、稽缓制书、被制书施行违者、受制忘误	选用军职、大臣专擅选官、文官不许封公侯、官员袭荫、滥设官吏、贡举非其人、举用有过官吏、擅离职役、官员赴任过限、无故不朝参公座、擅勾属官、官吏给由、奸党、交结近侍官员、上言大臣德政 疏议曰：唐律疏议云职制起自晋名曰违制，隋开皇改为职制，律言职司法制，备在此篇，唐律因之。国朝仍唐旧名，定居吏律，取唐律中不系职司者别为公式以附其后，他如散斋吊丧问疾、匿父母丧、驿使稽程、增乘驿马、有所求受所监临财物之类，唐律隶职制而其事与今之礼兵刑律相关者，散隶各律；又宋唐诈伪等律非正嫡承袭等条有关职司者并入此律。又审其未备增立选用军职奸党官吏给由等条，总名职制	
	卷十一　礼律 祭祀	笺释：历代无此篇目，唯北周有祀享之律，唐律有大祀不预申期，明增以为此篇。页 169
	祭享、毁大祀丘坛、致祭祀典神祇、历代帝王陵寝、亵渎神明、禁止师巫邪术 疏议曰：祭祀自李悝法经及汉九章晋齐梁律皆不载，后周制大律二十五篇，其三曰祀享，隋唐去其目，今考唐律有大祀不预申期、大祀散斋吊丧庙享有丧见职制，大祀牺牲不如法见厩牧，毁神御之物毁大祀丘坛见杂律，其他无及祀事者。国朝以吏户礼兵刑工分六类，而以祭祀系礼律之首，并唐律不预申期、散斋吊丧、庙享有丧牺牲不如法三条为一，毁丘坛、毁神御物二条为一，增立祀典神祇、帝王陵寝、亵渎神明、禁止师巫邪术四条，总名曰祭祀	

续表

唐律篇目条标 （《唐明律合编》解说）	明律目（《唐明律合编》编选） （附《律条疏议》解说“疏议曰……”）	《唐明律合编》解说
	卷十二　礼律 仪制 疏议曰：汉法九章，不载其目，晋增为十一篇有曰违制，萧梁北齐皆曰违制，而仪制之名不立，后周二十一篇虽有朝会居其四，其制亦不可考，唐因于隋，其目不备，而仪制之事往往散见诸篇。国朝始立仪制，分隶礼律，其事多出于唐，如合和御药、乘舆服御物、玄象器物、匿父母丧、见任官辄自立碑则取诸职制，父母死言余丧则取诸诈伪，服舍违式则取诸杂律，增立朝见留难、禁止迎送、上书陈言、失占天象、乡饮酒礼，一等有关礼仪者裒为一类，总名曰仪制	笺释：前代唯有违制之律，唐律仪制之事，散见诸篇。明并为一篇。页 177 （乘舆服御物）唐律有指斥乘舆及对捍制使两条，明律不载，此则从宽之得体者。页 179 （失仪）此与失误朝贺，唐律系为一事，明律分作两条，改笞五十为笞四十，而此律之笞四十，又改为罚俸钱半月，均不解其故。页 180 （奏对失序）此似不应入于刑律者。页 181 （禁止迎送）此条唐律无文，盖谓不必禁止也。明特立专条，可谓严矣。然试问终能禁止否耶？与其虚设，不如删除。页 183 （公差人员欺陵长官）唐律无文，亦系临时特定之律。今则并无此等名目矣，似应删除。页 184 （术士妄言祸福）唐律无文，此妄言祸福，自系指一身一家而言，并未牵及国事，是以止科满杖，应与禁止师巫邪术律参看。页 187 （匿父母夫丧）匿父母等丧，唐律在职制门。诈称余丧等，在诈伪门。明律并入于此，亦可，惟此等均系十恶不孝不义，是以唐律定为徒流罪名，明律俱改而从轻，未知其故。页 188 （丧葬）唐律无文，以与毁弃死尸之律有碍故也。……毁弃尊卑死尸，与发冢门不同。页 190 （乡饮酒）唐律无文，故明律亦不载，而此律尚得古意。页 191

续表

<table>
<tr><th>唐律篇目条标
（《唐明律合编》解说）</th><th>明律目（《唐明律合编》编选）
（附《律条疏议》解说“疏议曰……”）</th><th>《唐明律合编》解说</th></tr>
<tr><td rowspan="4">卷十　职制
制书误辄改定、上书奏事犯讳、上书奏事误、事应奏不奏、事直代判署、受制出使不返、匿父母夫丧、府号官称犯名、指斥乘舆、驿使稽程、驿使以书寄人、文书应遣驿、驿使不依题署、增乘驿马、乘驿马枉道、乘驿马赍私物、长官使人有犯、用符节事讫、公事应行稽留</td><td>卷第三　吏律二 公式</td><td rowspan="2">制书误辄改定等七条，明律载在此及公式门
匿父母夫丧一条，在礼律仪制门
驿使稽程八条，在兵律邮驿门
长官使人有犯条，在断狱门
府号官称犯名、指斥乘舆二条，明律无文
笺释：前代无此条目，统在职制律内，明时取唐律职制中所载，分出为此，曰公式，谓可为公共之体式也。页 199
（讲读律令）特设此律，即使讲解明通，亦属未探其本，况并此而茫然乎？页 202
（增减官文书）唐律在诈伪门，与诈为官文书同论，以均系作伪之事也。明律分列两门，而罪名亦较唐律为轻。页 214
（封掌印信）以下各条唐律俱无文，以风气不同，故办法亦异也。此亦系防其作弊之意。元制……
（信牌）唐律无文，盖本于元制</td></tr>
<tr><td>讲读律令、制书有违、弃毁制书印信、弃毁制书印信、上书奏事犯讳、事应奏而不奏、出使不复命、漏泄军情大事、官文书稽程、照刷文卷、磨勘卷宗、同僚代判署文案、增减官文书、封掌印信、漏使印信、漏用钞印、擅用调兵印信、信牌
疏议曰：公式自晋以降皆无其名，考今所载，隋唐律皆隶职制，亦无定目。国朝取唐律职制中所载可为公共体式者，著为此律。改漏泄大事为漏泄军情大事、直待判署为同僚代署文案、受制事毕不返为出使不复命、公事应行稽留为官文书稽程，又上书奏事犯讳及上书奏事误二事为一，稽缓制书、施行违者、受制忘误三事为一，及取杂律内弃毁官文书官物、失簿书二事合为一条并入此律。又审其未备，增立讲读律令、照刷文卷、磨勘卷宗、封掌印信等条，总名曰公式</td></tr>
<tr><td>卷十七　兵律五 邮驿</td><td rowspan="2">笺释：曹魏新律序略曰：秦世旧有厩置、乘传、副车、食厨。汉初承秦不改，后以费广稍节，故后汉但设骑置而除厩律，取其可用合科者，以为邮驿令。自是以后，历代不见其目。考之唐律亦多错杂，明特定为此篇。页 218
此门所载递送公文各律，系有明一代之邮政，其余俱与唐律略同，而亦多增改，至邀取实封公文一条，则过甚矣。宜唐律之并无其文也。页 231
（递送公文）唐律无文，此明代特定之专条也。页 220
（邀取实封公文）唐律无文，明特立此律，总系防其壅蔽之意。页 221
（私役铺兵）唐无邮驿律，故此条无文，犹兵律之私役弓兵也。页 222
（驿使稽程）唐无邮驿门，故驿事均在职制律。页 223
（多支廪给）唐律不应入驿，不合受供给，及应给传送而限外剩取，俱载在杂律。明既定有邮驿专律，是以列入此门。页 226
（私役民夫抬轿）唐律无文，亦与邮驿有何干涉？页 229
（病故官家属还乡）唐律从征及从行公使所在身死一条，及卒官家无手力一条，均载在杂律。……明律军政门阵亡病故官军回乡家属行粮脚力经过有司不即应付者迟一日笞二十每三日加一等罪止笞五十亦专言家属而均不及本官。唐律疏议于从征等及卒官还乡，言之最悉。明律两处俱无一语，何也？页 229
（乘官畜产车船附私物）唐律应乘官船者听载衣粮二百斤载在杂律，应乘官马等畜驮物不得过十斤车不得过三百斤载在厩律。凡分三条。明律并为一条，亦可。但车船本有分别，均不得过三十斤，则相去太悬绝矣……页 230</td></tr>
<tr><td>递送公文、邀取实封公文、铺舍损坏、私役铺兵、驿使稽程、多乘驿马、多支廪给、文书应给驿而不给、公事应行稽程、占宿驿舍上房、乘驿马赍私物、私役民夫抬轿、病故官家属还乡、承差转雇寄人、乘官畜产车船附私物、私借驿马
疏议曰：曹魏新律序略曰：秦世旧有厩置乘传，汉初承秦不改，后以费广稍省，东汉但设骑置，无车马而律犹著其文则为虚设，故除厩律，取其可用合科者以为邮驿，今之邮驿，自魏始也。晋梁北齐大抵属之厩类，隋唐亦无其目，考之唐律可见者，则不应入驿而入驿，见于杂律，驿使不依题署、增乘驿马、乘驿马枉道、乘驿马赍私物见于职制，乘官畜私驮物见于厩牧，皆杂然无统，国朝并取诸条加以决择而定为一类。又审其未备，增立递送公文、邀取实封公文、铺舍损坏、多支廪给、病故官家属还乡等条，总名曰邮驿</td></tr>
</table>

续表

唐律篇目条标 （《唐明律合编》解说）	明律目（《唐明律合编》编选） （附《律条疏议》解说“疏议曰……”）	《唐明律合编》解说
卷十一　职制	卷二十三　刑律六 受赃	
奉使部送雇寄人、长吏辄立碑、有所请求、受人财请求、有事以财行求、监主受财枉法、有事先不许财、受所监临财物、因使受送遗、贷所监临财物、役使所监临、监临受供馈、率敛监临财物、监临家人乞借、去官受旧官属、挟势乞索、称律令式	官吏受财、坐赃致罪、事后受财、官吏听许财物、有事以财请求、在官求索借贷人财物、家人求索、风宪官吏犯赃、因公擅科敛、私受公侯财物、克留盗赃 疏议曰：昔李悝造法经六篇，不廉载于杂律，汉立九章，虽无其制，景帝元年诏，吏受所监临即坐免官爵为重，是亦有其目也。晋分李悝杂律为请求，梁易为受赇，后魏北齐皆去其目。后周复为请求，隋又去之，其事系职制，唐因之。国朝以赃为蠹政之由，特立其目，而于无禄有禄、枉法不枉法之制，尤加详审。取唐律职制下篇有事以财行求、有事先不许财、因使受送馈、率敛监临财物、挟势求索诸条，而易其目。又审其未备，增立家人求索、风宪犯赃、克留盗赃等条，总名曰受赃	笺释：受赃律，在曹魏曰请赇，晋曰请赇，北周曰请求，余代多附他律，至明汇为受赃一篇。页 238 明律俱不在此门，奉使部送雇给人一条，在邮驿门。长吏则立碑一条，在礼律仪制门。有所请求一条，在杂犯门。有事以财行求十二条，在受赃门。称律令式一条，在礼律上书陈言。页 238 唐律职官有犯赃私，均在职制门，不另列受赃名目，可谓得体。页 239 （官吏听许财物）唐律有事后受财之文，而无听许财物。既未受财，于法亦无所枉，犹准不枉法论罪，似嫌太重。页 256 （克留盗赃）唐律无文
卷十二　户婚	卷四　户律一 户役	唐为户婚律，明分户役、田宅、婚姻为三项，凡户口赋役之事，俱入于此。页 272 （人户以籍为定）唐律并无专条，惟诈伪门诈除去死免官户婢及匿脱诈自复除诈去工乐杂户名各条，有与此律相发明者。页 274 （收留迷失子女）唐律无此专条，惟贼盗门，若得逃亡奴婢，不送官而卖者，以和诱论。藏隐者，减一等坐之。不言良人子女，亦无迷失之文，盖统括于和略诱律内矣。明律添入此层，以示与起意诱拐者不同，亦有因盗日攘之意也。惟并未分别和略及是否年已及岁一体科断，求详而反失之略。唐杂律有错认良人为奴婢及错认奴婢财物之条，诈伪门有妄人良人为奴婢及妻妾子孙之条，以错认与妄人，情罪各别，故分列两处也。明律有冒认而无错认，殊不可解。再，娶犯罪逃走妇女者，知情与同罪，此收留自为妻者，徒二年，买者知情，又减一等。与彼律大相抵牾，亦不可解。名目愈多愈不画一，此又增添唐律之失也矣，参看自明。页 281 （丁夫差遣不平）此律既编入此门，故解者皆与上条对举以见义，惟丁夫究与部民不同，唐律载在擅兴门，一曰丁夫差遣不平，一曰丁夫杂匠稽留，而科罪则唐律重而明律轻，与上条轻重又不相同。唐律又有拣点卫士取舍不平及军名先定而差遣不平两条，在擅兴门，与此亦属相类，而明律无文。页 285
脱户、里正不觉脱漏、州县不觉脱漏、里正官司妄脱漏、私入道、子孙不得别籍、居父母丧生子、养子舍去、立嫡违法、养杂户等为子孙、放部曲为良、相冒合户、卑幼私辄用财、卖口分田	脱漏户口、人户以籍为定、私创庵院及私度僧道、立嫡子违法、收留迷失子女、赋役不均、丁夫差遣不平、隐蔽差役、禁革主保里长、逃避差役、点差狱卒、私役部民夫匠、别籍异财、卑幼私擅用财、收养孤老 疏议曰：唐律疏议云：萧何承秦六篇加户兵厩为九章，迄至后周，皆名户律，北齐以婚事附之，名为婚户，隋开皇以户在前，改为户婚，唐因其制而无所别。国朝取事系户口差役者别为一类，名曰户役，并唐律中脱户及相冒合户、里正不觉脱漏、州县不觉脱漏四条为一，立嫡子违法、养子舍去二条为一，改卑幼私辄用财为私擅，子孙不得别籍为别籍异财，其他不系户役者一切不取。又审其未备，增立人户以籍为定、收留迷失子女、赋役不均、隐蔽差役等条，总名曰户役	

续表

唐律篇目条标 (《唐明律合编》解说)	明律目(《唐明律合编》编选) (附《律条疏议》解说“疏议曰……”)	《唐明律合编》解说
		(逃避差役)唐律此条在捕亡门，重在逃也。明律在户役门，重在役也。页289 (点差狱卒)狱卒之于牢狱，如库秤、斗级之于仓库……库子等如何应役之处，并无明文，盖各衙门各有办法，刑律不能议及此也，然此与户役何干?入于此门，殊不相类。页290 (私役部民夫匠)唐律监临官私役使所监临以受所监临财物论载在职制门，丁夫杂匠在役监临官司私使计庸准盗论载在擅兴门。明律均在此门，盖以役使而连类及之也。然部民与夫匠，究有不同。私役与赋役亦难混而为一。页291
卷十三　户婚	卷五　户律二 田宅	占田过限等六条，明律在田宅门 盗耕人墓田在发冢门 差科赋役违法在户役门 输课税物违期在仓库门 许嫁女报婚书七条(与上本系一卷，今分出另为下卷，以与明律阅校更便也，页321)在婚姻门。 应复除不给，唐律无文。页301 唐律田宅之事俱在户婚律中，明分出另为一门。页301 (任所置买田宅)唐律无文。页307 (典买田宅)唐律有口分田不准卖永业田准卖之分余俱无文。明律则重在税契及过割等事矣。页308 (弃毁器物稼穑等)唐律弃毁诸件俱在杂律，明律改移于此而文书印信又在别律不知其故。如以为稼穑与田地相连，碑碣神主并不联属何以亦入此门耶。页313 (私借官车船)私借钱粮及官物均在仓库门，此车船亦官物也入于田宅门内殊不可解。页315
占田过限、盗耕种公私田、妄认盗卖公私田、在官侵夺私田、盗耕人墓田、部内旱涝霜雹、部内田畴荒芜、里正授田课农桑、应复除不给、差科赋役违法、输课税物违期	欺隐田粮、检踏灾伤田粮、功臣田土、盗卖田宅、任所置买田宅、典卖田宅、盗耕种官民田、荒芜田地、弃毁器物稼穑等、擅食田园瓜果、私借官车船 疏议曰：田宅之制，自晋隋以降皆属户婚，至唐不改。国朝稽考唐律，止有占田过限、盗耕种公私田等六条，混置户婚律。宅则未闻。乃妄认盗卖公私田、在官侵夺公私田二条为一，部内田亩荒芜、里正授田课农桑二条为一，改部内旱涝霜雹为踏勘灾伤田土，及并杂律内弃毁器物稼穑、毁人碑碣石兽为一条，类入此律。又审其未备，增立欺隐田粮、功臣田土等条，总名曰田宅	

续表

唐律篇目条标 （《唐明律合编》解说）	明律目（《唐明律合编》编选） （附《律条疏议》解说“疏议曰……”）	《唐明律合编》解说
	卷六　户婚三 婚姻	
许嫁女报婚书、为婚女家妄冒、有妻更娶、以妻为妾、居父母夫丧嫁娶、父母囚禁嫁娶、居父母丧主婚	男女婚姻、典雇妻女、妻妾失序、逐婿嫁女、居丧嫁娶、父母囚禁嫁娶 疏议曰：婚姻，汉晋律皆不载，至北周与户律同立，谓之户婚。后周制律，其五曰婚姻，隋开皇仍北齐之旧，炀帝析为户律、婚律，唐武德复并为户婚。国朝取唐律中系婚事者，如同姓为婚、娶逃亡妇女、父母囚禁嫁娶等条则仍其旧名，并许嫁女女家妄冒、尊长与卑幼定婚二条为一，有妻更娶妻、以妻为妾二条为一，居丧嫁娶、主婚、夫丧守志三条为一，改监临娶所监临女为娶部民妻妾，改祖免妻嫁娶为尊卑为婚。又审其未备，增立逐婿嫁女、强占良家妻女、僧道娶妻、娶乐人为妻妾等条，总名曰婚姻	婚姻田土唐律俱在户婚门内，明律则各为一篇，故此专言婚姻。页 323
卷十四　户婚 同姓为婚、为祖免妻嫁娶、夫丧守志、娶逃亡妇女、监临娶所监临女、和娶人妻、尊长与卑幼定婚、妻无七出、义绝离之、奴娶良人为妻、杂户不得娶良人、违律为婚、违律为婚离正、嫁娶违律	同姓为婚、尊卑为婚、娶亲属妻妾、娶部民妇女为妻妾、娶逃走妇女、强占良家妻女、娶乐人为妻妾、僧道娶妻、良贱为婚姻、蒙古色目人婚姻、出妻、嫁娶违律主婚媒人罪	俱系婚姻之事，同姓为婚十二条，明律在此门 娶逃走妇女，在户律收留迷失子女门 和娶人妻，在犯奸买休卖休门。页 340 （娶逃走妇女）此律与唐律同。惟明律尚有收留在逃子女为妻妾一条载在户律。彼律不论逃者罪名轻重均徒二年，此律与所犯同罪，殊属参差。唐律无收留在逃子女为妻妾之文，最为简当，余说见彼条。页 346 （强占良家妻女）此条唐律无文，以强奸罪名比明律较轻故也。且明系奸条，故不载此门，明律之不及唐律，皆此类也。页 346 （娶乐人为妻妾）唐律无文，以系绝无之事也。乐人、娼妓，均系下贱之流，官吏纵无行，何至不知廉耻，向此等人家行聘娶之礼乎？即有私纳以为妻者，照以婢为妻、以妾及客女为妻论断可也，又何必多立此等名目乎？元律……页 348

续表

唐律篇目条标 (《唐明律合编》解说)	明律目(《唐明律合编》编选) (附《律条疏议》解说“疏议曰……”)	《唐明律合编》解说
卷十五　厩库	卷十六　兵律四 厩牧	
牧畜产课不充、验畜产不实、受官羸病畜产、乘官畜私驮物、大祀牺牲不如法、乘官畜脊破领穿、官马不调习、故杀官私马牛、官畜毁食官私物、杀缌麻亲马牛、犬伤杀畜产、畜产抵蹋啮人、监主借官奴畜、官私畜损食物	牧养畜产不如法、孳生马匹、验畜产不以实、养疗瘦病畜产不如法、乘官畜脊破领穿、官马不调习、宰杀马牛、畜产咬踢人、隐匿孳生官畜产、私借官畜产、公使人等索借马匹 疏议曰：唐律疏议云：汉制九章，创加厩律，魏以厩事散入诸篇，晋以牧事合之，名为厩牧律，自宋及梁复名厩律，后魏太和年名牧产律，至正始年复名厩牧律，历北齐、后周，更无改作，隋开皇以库事附之，更名厩库律，唐因之 国朝分吏户礼兵刑工为六类，取库事属户律，以牧事合厩系之兵律，改唐牧畜产课不充为孳生马匹，受官羸病畜产为养疗瘦病畜产不如法，畜产抵蹋啮人为畜产咬踢人，以官私畜损食官私物、杀缌麻亲马牛二条系宰杀马牛条内。取其不类者，如大祀牺牲不如法则属之祭祀，乘官畜私驼物则属之邮驿，惟验畜产不实、乘官畜脊破领穿、官马不调习三条则因其旧。又审其未备，增立公使人等索借马匹、牧养畜产不如法、隐匿孳牲官畜产三条，总名曰厩牧	笺释：唐既为厩库律，明以二事原非伦类，改库事属户律，厩事属兵律，各从其类，名曰厩牧。页 362 此律俱言厩牧之事，明律亦在此门。惟大祀牺牲不如法在礼律祭享门，乘官畜驮私物在兵律邮驿门。页 361 (隐匿孳生官畜产) 唐律无文，死失及课不充三者，牧事尽矣。此律何为者也。页 369 (公使人等索借马匹) 唐律无此条，以上条已有借人及借之者罪名，故不复叙也。明另立一条，殊觉无谓。页 370

续表

唐律篇目条标 （《唐明律合编》解说）	明律目（《唐明律合编》编选） （附《律条疏议》解说“疏议曰……”）	《唐明律合编》解说
	卷七　户律四 仓库	
库藏主司搜检、假借官物不还、监主贷官物、监主以官物借人、损败仓库积聚物、财物应入官私、放散官物、应输课税、监临官僦运租税、输给给受留难、官物有印封、输课物齎财市籴、出纳官物有违、官物应入私	钞法、钱法、收粮违限、多收税粮斛面、隐匿费用税粮课物、揽纳税粮、虚出通关朱钞、附余钱粮私下补数、私借钱粮、私借官物、那移出纳、库秤雇役侵欺、冒支官粮、钱粮互相觉察、仓库不觉被盗、守支钱粮及擅开官封、出纳官物有违、收支留难、起解金银足色、损坏仓库财物、转解官物、拟断赃罚不当、守掌在官财物、隐瞒入官家产 疏议曰：仓库，汉晋皆属户律，梁武天监定为仓库，隋开皇以库事附厩而名曰厩库，炀帝大业复析为仓库，唐仍开皇律并为厩库。国朝别制仓库律，以令考之，唐律库事一十四，今律二十四，所增者钞法、钱法、收粮违限、揽纳税粮、虚出通关硃钞等条，总名曰仓库	以上十四条（唐律）惟亡失所假及充公廨放散官物监临官僦运租税各条明律无文，余俱在此门。页 375 唐为厩库律，明以二事不类，分为二门，以厩牧隶兵律，而仓库附户律焉。页 375 唐律厩库本系一章，亦无甚轩轾，明律则库事多而厩事少，是视库事重，而厩则甚不经意矣。古今风气之不同又如此。页 400 （收粮违限）此条唐律在户役门。页 378 （多收税粮斛面）唐律无此条。户婚律中有非法擅赋敛及以法赋敛而擅加益一条，与此相类。惟有入私者以枉法论一层，明律无文。页 379 （揽纳税粮）唐律无文……明律盖就元律而损益之也。页 381 （附余钱粮私下补数）唐律无文，亦明律之过于严厉者。页 385 （私借钱粮）唐律以监临主守及监临主守之官分列两条，均系指官物而言。明律以官钱粮及官物分列两条，然官物可云私借，钱粮亦可私借耶？殊不可解。唐律以私财贸易官物者有准盗及以盗之分，载在贼盗门。明律俱以监守盗论，亦无所贷之人不能备偿者征判署之官，均属不符。页 385 （那移出纳）唐律并无此条，惟云官物还充官用而违者笞四十，此处准监守自盗论，太觉悬绝……平情而论，实与坐赃相似。页 388 （冒支官粮）唐律无此条。页 389 （钱粮互相觉察）此条唐律无文，似系本于元律。页 390 （起解金银足色）此条唐律无文，盖尔时并不以金银为货币也。页 394 （隐瞒入官家产）唐律诸缘坐应没官而放之，及非应没而没之者，各以流罪故失论，在断狱门，与此律首段大略相同。余无文。页 399
	卷八　户律五 课程	
—	盐法、监临势要中盐、阻坏盐法、私茶、私矾、匿税、舶商匿货、人户亏兑课程 疏议曰：课程本户律，历代皆无其名，律莫备于唐，稽之户婚，止有应输课税物违期间出课字，又不明言课程。国朝鉴前代之缺，以盐课之利贪窃者多，故设为一切之制，他如茶矾商税之利，皆不可以无禁。前律皆不备载，故特表其事，总名曰课程	笺释：山海地泽之税，汉入少府，给人主私用，以其岁办有额数，谓之课程。历代法家，未有其目，唐律中税课多连言，税即赋税，课即课程也。明时始立篇条，而于盐法特详焉。页 400 此门所载各条，唐律俱无文，以情形各不相同故也。俱系税课之事，故附列于仓库之后。页 412

续表

唐律篇目条标 （《唐明律合编》解说）	明律目（《唐明律合编》编选） （附《律条疏议》解说“疏议曰……”）	《唐明律合编》解说
卷十六擅兴	卷十四　军政 兵律二	以上二十四条，擅发兵十三条，明律俱在军政门，丁夫差遣不平及稽留不赴、私役夫匠三条在户役门，拣点卫士征人三条明律无文，兴造言上四条在工律营役门。页 419 唐为擅兴律，明改为军政，隶于兵律。而兴造诸事另列于篇改隶工律焉。页 419 发兵营造，即古之所谓兴律也，故唐并为一律，明一在兵律，一在工律，失其旨也。然曰擅调官军，曰擅造作，俱列在各律之首，似犹得古律之意。页 436 （不操练军士）此与上条俱系军令，故唐律无文 （私卖战马）此条唐律无文，以既在军前，自可照军法办理也。页 427 （私卖军器）唐律有军防令，有犯即可查照办理，是以无此律条。上条同。页 428 （毁弃军器）至停留弃毁及亡失误毁唐律俱在杂律与明律科罪亦各不相同。页 430 （优恤军属）唐律无此条，其从征从行公使等身死，送还本乡，载在杂律。页 434 （夜禁）唐律名犯夜，载在杂律，最为合宜。明改入军政门，义无所取。宫卫门，唐律详而明律较略；军政门，唐律简而明律较烦。页 435
擅发兵、调发供给军事、不给发兵符、拣点卫士征人、征人冒名相代、校阅违期、乏军兴、征人稽留、征讨告消息、主将守城、主将临阵先退、镇所放征人还、征人巧诈避役、镇戍有犯、非公文出给戎仗、遣番代违限	擅调官军、申报军务、飞报军情、边境申索军需、失误军事、从征违期、军人替役、主将不固守、纵军掳掠、不操练军士、激变良民、私卖战马、私卖军器、毁弃军器、私藏应禁军器、纵放军人歇役、公侯私役官军、从征守御官军逃、优恤军属、夜禁 疏议曰：汉萧何创兴律，事系军戎，曹魏以擅事附之谓之擅兴，晋复去擅为兴律，宋复为擅兴律，北齐因之，后周为兴擅律，隋开皇复为擅兴，唐因于隋不改。国朝以军事至重，而与丁夫杂匠总隶，失轻重之伦，特立军政条目，系于宫卫之下，改唐擅发兵为擅调官军，调发供给军事为边境申索军需，征人冒名相代为军人代役，并主将不固守、主将临阵先退为一，征人稽留、征人巧诈为一，去其不合今制者如不给兵符、拣点卫士征人、校阅违期、镇城有犯诸条。又审其未备，增立申报军务、飞报军情、失误军事、激变良民等条，总名曰军政	
	卷二十九　营造 工律一	此古来之兴擅律也，明以六部分统诸条，故此在工律。页 439 （冒破物料）以下数条，唐律俱无文。页 442
兴造言上、非法兴造、工作不如法、私有禁兵器、功力采取不任用、丁夫差遣不平、丁夫杂匠稽留、私使丁夫杂匠	擅造作、虚费工力采取不堪用、造作不如法、冒破物料、带造缎疋、织造违禁龙凤纹缎疋、造作过限、修理仓库、有司官吏不住公廨 疏议曰：营造自秦以前无其目，汉有擅兴，造作之事附焉，历魏晋梁齐皆属擅兴，后周始名兴擅，开皇复为擅兴唐因之。国朝分吏户礼兵刑工六类，特立营造之目，系之工律，取唐擅兴律兴造言上、非法营造、工作不如法、功力采取不任用四条，损益非其制，易为擅造作不如法、虚费功力采取不堪用、制造违禁龙凤文段匹。又审其未备，增立冒破物料、带造段匹、修理仓库、有司官吏未住公廨四条，总名曰营造	

续表

唐律篇目条标 （《唐明律合编》解说）	明律目（《唐明律合编》编选） （附《律条疏议》解说“疏议曰……”）	《唐明律合编》解说
卷十七　贼盗	卷十八　盗贼 刑律一	以上十三条，谋反大逆及劫囚五条，明律俱在此门 谋杀府主等条，及祖父母为人杀七条，明律在人命门 规避执人一条，明律无文。页450 辑注：杀人曰贼，窃物曰盗，贼者害也，害及生民，故曰贼。盗则止于一身一家一处一事而已，事分大小故罪有轻重 明共一卷，今取事相类者，照唐律各附于后，而人命另为一卷。页450 （劫囚）唐律劫囚之后，尚有规避执人一条，即汉律之所谓持质也。明律不载，不知何故。页458
谋反大逆、缘坐非同居、口陈欲反之言、谋叛、谋杀府主等官、谋杀期亲尊长、部曲奴婢杀主、谋杀故夫父母、谋杀人、劫囚、规避执人、杀一家三人、祖父母夫为人杀	谋反大逆、谋叛、劫囚 疏议曰：唐律疏议云：李悝首制法经，有盗法、贼法，自汉至后魏，皆名贼律、盗律，北齐合为贼盗，后周改为盗律，复有贼叛律，隋开皇合为贼盗律，唐袭不改。国朝因之，摘唐律中谋杀人、谋杀期亲尊长之类入人命律，以物置人耳鼻入斗殴律，故烧人房屋入杂犯律，并略人、略卖和诱奴婢、略卖期亲卑幼、和同相卖四条为一，发冢、残害死尸、穿地得死尸三条为一，去其不合今制者如杀人移乡、盗毁天尊佛像之类。又审其未备，增立白昼抢夺、起除刺字二条，总名曰贼盗	
以物置人耳鼻、造畜蛊毒、以毒药药人、憎恶造厌魅、杀人移乡、残害死尸、穿地得死人、造祆书祆言、夜无故入人家	卷十八　盗贼 刑律一 造妖书妖言、夜无故入人家 卷十九　人命 刑律二 谋杀人、谋杀制使及本管长官、谋杀祖父母父母、杀死奸夫、谋杀故夫父母、杀一家三人、采生拆割人、造畜蛊毒杀人、斗殴及故杀人、屏去人服食、戏杀误杀过失杀伤人、夫殴死有罪妻妾、杀子孙及奴婢图赖人、弓箭伤人、车马杀伤人、庸医杀伤人、窝弓杀伤人、威逼人致死、尊长为人杀私和、同行知有谋害 疏议曰：人命，李悝法经不载，汉高祖约三章法有曰杀人者死，曹魏有怨毒杀人之令，皆人命法也。晋宋及梁并无其目，后魏杀人者听与死家葬具以平之，北齐杀人者首从皆斩，亦人命法也。隋唐与贼盗混系，今考唐律，止有谋杀府主等官、谋杀期亲尊长、奴婢杀主、谋杀故夫父母、谋杀人、祖父母父母为人（杀）、杀一家三人、造畜蛊毒八条，见于盗律，他无闻焉。国朝以人命至重，特立其目，系于盗贼之后，取唐律八条而增损之，并斗讼律戏杀误杀过失杀三条为一，附载此类。及并毒药杀人、爱憎造厌魅为一，系于造畜蛊毒条内。又审其未备，增立采生拆割人、杀死奸夫、弓箭杀人诸条，总名曰人命	以上九条，残害死尸四条，与明律同，以物置人耳鼻四条，明律在人命门，杀人移乡一条，明律无文。页462 （夜无故入人家）唐律自反叛至此皆言贼事，谋杀人及制使本管官并有服尊长凡一切贼害人之事均在此律。其盗大祀神御物以下等条俱在盗律。合之则为一章，分之仍系两篇。明律另立人命一门，失其意矣。页466 唐律无人命专门，情重者见于盗贼，情轻者见于斗讼。页467 明另立人命一门，殊属无谓，审如所云，殴伤未死者应入斗殴门，殴伤已死者即应入人命门矣，而斗殴门内言至死者不一而足，何也？且谋杀有服尊长等在人命门，殴死有服尊长等仍在斗殴门，抑又何也？……唐律合（盗贼）于一章，与卫禁、厩库、户婚、斗讼等律，以二事合为一章之意亦属相同，是以谋杀蛊毒等类均入于贼律，其因斗致死者仍入斗律，非因争斗而致杀人，入车马庸医等类，则入于杂律，最为妥当。如谓业已致人于死即应入于此门，彼放火烧房屋及盗决故决河防以致杀伤人命者何以仍在杂律及工律耶？笺释谓隋唐以人命混于贼盗等律似非笃论，至杀伤奸夫及威逼人致死等条均为唐律所无则又不必置辨矣。页468 （杀死奸夫）唐捕亡律：诸被人殴击……此旁人杀死奸盗及行凶罪人之律也，明律不载，未知何故，是目睹行奸行盗行凶诸事皆不许过问矣，岂律意乎？再，唐律重在拒捕不拒捕，今例则重在应捕非应捕，亦各不同。页474 （采生拆割人）此律盖本于元律，唐时尚无此风，故律无文。页480 （斗殴及故杀人）唐律在斗讼门……明律分列两门，且只言同谋而不言不同谋，只言致命伤重而不言后下手，亦无乱殴不知先后轻重各层，均不知其故。……意在求详，而反至诸多遗漏。页482

续表

唐律篇目条标 （《唐明律合编》解说）	明律目（《唐明律合编》编选） （附《律条疏议》解说“疏议曰……”）	《唐明律合编》解说
		（夫殴死有罪妻妾）殴故杀妻本有专条，原不分别系因何故。至不孝翁姑即在应出之列，律许出而不许擅杀，是以唐律并无此条。明律添入，殊觉无谓。页 493 （杀子孙及奴婢图赖人）上条较本律为轻，此条又较本律为重，俱为唐律所无，似可不必。页 495 （庸医杀伤人）唐律违方诈疗病取财以盗论，在诈伪门。故误不如本方，在杂律，误杀人者科以徒二年半，并无过失杀之文。页 496 （威逼人致死）唐律无因事威逼人致死之文，以死由自尽，无罪可科故也。然事理赅载不尽者，又有不应为一条，分别情节轻重，科以笞杖足矣。明特立专律，满杖之外，又追给银两，虽为慎重人命起见，究非古法。……唐律有恐迫人畏惧致死伤者……明律不载而另立此律，未解其故。页 499 （尊长为人杀私和）唐律此条载在贼盗门，恶其贪利忘仇也。页 502 （同行知有谋害）此律同伴人不知何指……唐捕亡律诸邻里被强盗及杀人见而不救阻者杖一百闻而不救助者减一等，似即此意，而较觉明晰。唐律尚有杀人应死会赦免者移乡千里外一条，明律不载，未知其故。页 503
卷十九　贼盗	卷十八　盗贼 刑律一	
盗大祀神御物、盗御宝、盗官文书印、盗制书、盗宫殿门符、盗禁兵器、盗毁天尊佛像、发冢、盗园陵内草木、盗官私牛马杀、盗不计赃罪名、强盗、窃盗、监临主守自盗、故烧人舍屋、恐喝取人财物、本以他故殴人夺物	盗大祀神御物、盗制书、盗印信、盗内府财物、盗城门钥、盗军器、盗园陵树木、盗马牛畜产、发冢、监守自盗仓库钱粮、常人盗仓库钱粮、强盗、白昼抢夺、窃盗、恐吓取财	以上十七条，盗大祀神御物及本以他故殴人夺物十四条与明律同，故烧人舍屋一条明律在杂犯门，盗毁天尊佛像盗不计赃罪名二条明律无文。页 510 （发冢）以上诸律皆唐律之所谓不计赃而立罪名者也，故不照明律次序。页 525 （盗马牛畜产）此律系专为盗官私马牛而设，其余俱有窃盗本律，是以唐律无文，明律所添，殊觉无谓。页 521

续表

唐律篇目条标 （《唐明律合编》解说）	明律目（《唐明律合编》编选） （附《律条疏议》解说“疏议曰……”）	《唐明律合编》解说
卷二十　贼盗		
盗缌麻小功财物、卑幼将人盗己家财、因盗过失杀伤人、私财奴婢贸易官物、山野物已加功力、略人略卖人、略和诱奴婢、略卖期亲卑幼、知略和诱和同相卖、知略和诱强窃盗、共盗并赃论、共谋强盗不行、盗经断后三犯、公取窃取皆为盗、部内容止盗者	亲属相盗、盗田野谷麦、诈欺官私取财、略人略卖人、盗贼窝主、共谋为盗、公取窃取皆为盗、起除刺字	以上十五条，盗缌麻小功财物十三条与明律同，私财奴婢贸易官物一条在户律私借钱粮门，部内容止盗一条明律无文。页 549 （诈欺官私取财）唐律尚有诈为官私文书及增减欺妄以求财赏及避没入备偿者准盗论一条，亦即诈欺官私取财物之意也。明律添入诓骗局骗等情意在补唐律之未备而于唐律此条，反删去不载，求详而反失之略。页 555 （公取窃取皆为盗）此律与唐律俱同其前后小注亦俱系疏议中语。唐律尚有盗不计赃而立罪名及言减罪而轻于凡盗者计赃重以凡盗论加一等一条明律无文。页 563 （起除刺字）唐律无刺字之法，明律有之。页 565
卷二十一　斗讼	卷二十　刑律三 斗殴	
斗殴手足他物伤、斗殴折齿毁耳鼻、兵刃斫射人、殴人折跌支体瞎目、斗故杀用兵刃、保辜、同谋不同谋殴伤人、威力制缚人、两相殴伤论如律、宫内忿争、殴制使府主县令、佐职统属殴长官、殴府主县令父母、皇家袒免以上亲、流外官殴议贵	斗殴、保辜限期、宫内忿争、皇家袒免以上亲被殴、殴制使及本管长官、佐职统属殴长官、上司官与统属官相殴、九品以上官殴长官 疏议曰：斗殴自秦汉及晋未有此篇，至后魏太和分系讯律为斗律，北齐以讼事系之，为斗讼律，后周为斗竞律，隋开皇依齐斗讼，唐因于隋无所更改。国朝以斗讼事繁，难混为一，分斗事曰斗殴，讼事曰诉讼。并斗殴手足他物伤、斗殴折齿毁鼻、折跌肢体瞎目、同谋殴伤人、两相殴伤人、兵刃砍人六条为一，其余亲属职官相殴，唐律分为各条，今皆并之。惟宫内忿争、威力致（制?）缚人、保辜、殴皇家袒免以上亲、佐职统属殴长官诸条，则因其旧。又审其未备，增立殴受业师、拒斗（殴?）追摄人、良贱相殴等条，总名曰斗殴	以上十五条，其十四条明律俱在此门，殴府主县令父母，明律无文。页 572 晋刑法志云两讼相趣谓之斗唐为斗讼律，明分斗殴诉讼为二篇，故此篇专言殴事。然总目曰斗殴，而散目亦曰斗殴，究嫌未尽允协。明律计一卷，今以事之相和者，照唐律卷数，附录于后。页 572 唐律无人命门，均系杀伤并举，其同谋不同谋之处，亦最分明。明律特立人命一门，而罪坐原谋，初斗转无明文，且只有同谋共殴，而无不同谋一层，求详而反失之略……分诉讼斗殴为两门可也，斗殴之外，又特立人命一门，似可不必。此门所载，因斗殴而致成人命者十居八九，盖可见矣。页 575

续表

唐律篇目条标 （《唐明律合编》解说）	明律目（《唐明律合编》编选） （附《律条疏议》解说“疏议曰……”）	《唐明律合编》解说
卷二十二　斗讼		
九品以上殴议贵、监临官司殴统属、拒殴州县使、部曲奴婢良人相殴、主杀有罪奴婢、殴部曲死决罚、部曲奴婢过失杀主、殴缌麻亲部曲奴婢、殴伤妻妾、媵妾殴詈夫、殴缌麻兄姊、殴兄姊、殴詈祖父母父母、妻妾殴詈夫父母、妻妾殴詈故夫父母、殴兄妻夫弟妹	拒殴追摄人、威力制缚人、良贱相殴、奴婢殴家长、妻妾殴夫、同姓亲属相殴、殴大功以下尊长、殴期亲尊长、殴祖父母父母、妻妾殴故夫父母、妻妾与夫亲属相殴	以上十六条，明律俱在此门。页 591 （殴期亲尊长）唐律贼盗门有所规求而故杀期以下卑幼者绞，余条准此……此因盗因奸等类杀伤卑幼之专条也。明律不载，殊不可解，而例文亦纷烦不能画一矣。页 610
卷二十三　斗讼	卷二十　刑律三 斗殴	
	殴妻前夫之子、殴受业师、父祖被殴	
	卷二十一　刑律四 骂詈	
殴妻前夫子、殴詈夫期亲尊长、祖父母为人殴击、斗殴误杀傍人、部曲奴婢詈旧主、戏杀伤人、过失杀伤人	骂人、骂制使及本管长官、佐职统属骂长官、奴婢骂家长、骂尊长、骂祖父母父母、妻妾骂夫期亲尊长、妻妾骂故夫父母 疏议曰：骂詈自秦汉晋隋皆无其目，唐斗讼律有媵妾殴詈故夫、殴詈祖父母父母、妻妾殴詈夫父母、妻妾殴詈故夫父母、殴詈夫期亲尊长、部曲奴婢詈旧主六条，然皆与殴并称，未免混杂无统。国朝分斗、詈为二目，其情属骂詈而混处斗讼间者，悉分制之，又审其未备，增立骂人、骂制使及本管长官、佐职统属骂长官三条，总名曰骂詈	以上七条，殴妻前夫子四条明律在此门，斗殴误杀旁人三条明律在人命门。页 618 唐律有詈而无骂，而詈与殴多系并言，亦只寥寥数条。大抵有关名分居多。明特立骂詈一门，并添入骂人罪名，殊觉无谓。页 624

续表

唐律篇目条标 （《唐明律合编》解说）	明律目（《唐明律合编》编选） （附《律条疏议》解说“疏议曰……”）	《唐明律合编》解说
密告谋反大逆、诬告谋反大逆、诬告反坐、告小事虚、诬告人流罪引虚、告祖父母父母绞	—	以上言斗事，此则专言讼事也。页 629 以上六条，明律俱在诉讼门。页 631
卷二十四　斗讼	卷二十二　诉讼 刑律五	
告期亲尊长、告缌麻卑幼、子孙违犯教令、部曲奴婢告主、诬告府主刺史县令、投匿名书告人罪、囚不得告举他事、犯罪经所在官司首、以赦前事相告言、告人罪须明注年月、为人作辞牒加状、教令人告事虚、邀车驾挝鼓诉事、越诉、强盗杀人、监临知犯法	越诉、投匿名文书告人罪、告状不受理、诬告、干名犯义、子孙违犯教令、听讼回避、见禁囚不得告举他事、教唆词讼、军民约会词讼、官吏词讼家人诉、诬告充军及迁徙 疏议曰：诉讼，自秦汉未有此篇，曹魏新律有告劾系讯，梁因之，北齐附于斗事，谓之斗讼，后周改为告言，隋因北齐，仍为斗讼，至唐不改。国朝以斗殴事，多难与讼混，析为斗殴、诉讼二篇，并诬告反坐、小事告虚、诬告人流罪引虚三条为一，而目曰诬告；告祖父母父母绞、告期亲尊长、告缌麻卑幼、奴婢告主四条为一，而目曰干名犯义，为人作辞牒加状、教令人告事虚二条为一，而目曰教唆词讼，他如越诉、投匿名文书告人罪、囚不得告他事、子孙遣犯教令等条，则因其旧。又审其未备，增立告状不受理、听讼回避、官吏词讼家人诉等条，总名曰诉讼	以上十六条，告期亲尊长等十条，明律在此门。以赦前事相告言一条，在常赦所不原门（名例）。诬告府主县令，犯罪经所在官司等五条，明律无文。页 637 唐为斗讼律，明以事多难合为一，分为二篇，故此曰诉讼。页 637 （官吏词讼家人诉）唐律尚有告人罪者皆须明注年月事实不得称疑一条，明律不载，办案者遂以怀疑误控等词为诬告人轻减罪名矣，又，有监临主司知所部有犯法不举劾者及同伍保内在家有犯知而不纠者各条，此通律也。凡律有专条者照本律外，其律不言者即可照此定断，明律无文，恐未免有遗漏之处。页 656 （诬告充军及迁徙）说事过钱本罪与寻常徒罪不同故反坐之罪亦与寻常徒罪有异也，此系明代创立之法，古律并无是也。诬告反坐，此古法也，亦最平允。明律笞罪加二等，杖徒以上加三等，罪名较重者反无可加，又立有诬告迁徙之法，益觉离奇，刑之不中莫甚于此，古法何可任意增减耶。页 658

续表

唐律篇目条标 （《唐明律合编》解说）	明律目（《唐明律合编》编选） （附《律条疏议》解说“疏议曰……”）	《唐明律合编》解说
卷二十五　诈伪	卷二十四　刑律七 诈伪	
伪造皇帝宝、伪写官文书印、伪写宫殿门符、伪宝印符节假人、盗宝印符节封用、诈为制书、对制上书不以实、诈为官文书增减、诈假官假与人官、非正嫡诈承袭、诈称官所捕人、诈欺官私取物、诈为官私文书增减、妄认良人为奴婢、诈除去官户奴婢、诈为瑞应、诈陷人死伤、保任不如所任、证不言情、诈冒官司	诈为制书、诈传诏旨、对制上书诈不以实、伪造印信历日等、伪造宝钞、私铸铜钱、诈假官、诈称内使等官、近侍诈称私行、诈为瑞应、诈病死伤避事、诈教诱人犯法 疏议曰：周礼行伪而坚、言伪而辩，以疑众者杀，即诈伪之禁也。汉律有诈伪生死、诈自免复，事类众多。曹魏分为诈律，晋贾充等分盗律为请赇、诈伪、水火毁亡。梁夫监定为诈伪。北齐改诈欺，后周复为诈伪，隋唐因之。国朝系之刑律，今考唐律诈伪二十七条，今摘其不类者，如非嫡承袭则入职制，诈欺取财则入贼盗，妄认良人为奴婢则入户役，父母死言非丧则如仪制，证不言情则入断狱，诈官文书则并诈制书为一，诈病死丧不实则并诈疾病有所避为一，诈称官司捕人则并诈假官为一。去其不合今制者，如诈除去官户奴婢、诈自复除、保任不如所保诸条。又审其未备，增立诈称内使等官、近侍诈称私行、伪造宝钞等条，总名曰诈伪	以上二十七条，伪写官文书印至诈冒官司等十一条，明律俱在此门。诈为官文书增减二条在吏律公式门。非正嫡诈承袭一条在职制门。诈欺官私取物一条在贼盗门。妄认良人为奴婢一条在户役门。医违方诈疗病诈陷人死伤二条在人命门。父母死言余丧匿父母丧二条在礼律。证不言情一条在断狱门，伪造皇帝宝等六条明律俱无文。页 668 笺释：明律疏议曰汉律有诈伪生死、诈自免复，曹魏分为诈律。晋刑法志云背信藏巧谓之诈，晋分为诈伪、水火毁亡，梁定为诈伪，北齐改诈欺，北周复为诈伪，隋唐因之明仍为此篇，而名目较简于唐 按：明律疏议，尔时尚有传本，故笺释犹得引之，今则绝无知有此书矣。传世与否，盖亦有幸有不幸也。页 668 （私铸铜钱）唐律无伪造金银之罪……私铸在杂律……页 676 （近侍诈称私行）唐律无文，而科罪未免太重。页 679 唐律尚有保任不如所任，及保赃虚假人名为保一条，明律无文。此外又有诈冒官司有所求为主司承诈知而听行与同罪不知不坐一条，注谓此篇于条内无主司罪名者，此亦通律也，与斗讼门监临知所部有犯法不举劾一条意同，明律亦无文。唐律计二十七条，凡诈伪之事，无论诈为何项，犯者何人，均汇列于一处，明律止有三分之一，其余则分见各律，岂此数条为诈伪，而别条非诈伪乎？页 680
卷二十六　杂律	卷二十六　刑律九 杂犯	

<table>
<tr><th>唐律篇目条标
（《唐明律合编》解说）</th><th>明律目（《唐明律合编》编选）
（附《律条疏议》解说“疏议曰……”）</th><th>《唐明律合编》解说</th></tr>
<tr><td rowspan="3">坐赃致罪、国忌作乐、私铸钱、城内街巷走车马、向城官私宅射、施机枪作坑阱、医合药不如方、丁匠防人等疾病、受寄物费用、负债违契不偿、负债强牵掣畜产、良人为奴婢质债、错认良人为奴婢、博戏赌财物、舍宅车服器物、侵巷街阡陌、占山野陂湖利、犯夜、从征从行身死、应给传送剩取、不应入驿而入、奸徒一年半、奸缌麻亲及妻、奸从姐母姑、奸父祖妾、奴奸良人、和奸无妇女罪名、监主于监守内奸、校斛斗秤度、器用绢布行滥、市司评物价、私作斛斗秤度、卖买不和较固、买奴婢牛马立券</td><td>拆毁申明亭、夫匠军士病给医药、赌博、阉割火者、嘱托公事、私和公事
疏议曰：李悝法经有曰杂法，秦汉因之。曹魏新律序略曰：杂律有假借不廉、有呵人受钱，其事相类，故分为请赇律、盗律，则知汉改名杂律矣，晋因于魏，梁齐皆止称杂律，后周始为杂犯，隋复为杂律，唐因之
国朝取唐杂律所载，如坐赃杖罪则入犯赃，负欠违契不还等条则入钱债，奸徒一年半等条则入犯奸，较斗斛秤度等条则入市厘，毁神御之物等条则入仪制、公式、田宅，去其不合今制者如国忌作乐、茹船不如法、非时烧田野诸条。惟失火、赌博、违令、不应为、夫匠军士病给医药五条，颇存其旧，取职制嘱托公事等条入此律。又审其未备，增立拆毁申明亭、阉割火者、私和公事、搬做杂剧四条。总名曰杂犯</td><td rowspan="3">以上三十四条惟丁匠防人等疾病、博戏赌财物二条明律载在此门
嘱托公事、坐赃致罪在官吏受财门
私铸钱一条在诈伪门。城内街巷走车马等四条在人命门
受寄物费用等三条在户律钱债门
舍宅车服器物一条在礼律仪制门
侵巷街阡陌一条在工律河防门
占山野陂湖利一条在户律田宅门
犯夜一条在兵律军政门
从征从行身死三条在兵律邮驿门
奸徒一年半七条在犯奸门
校斛斗秤度五条在户律市厘门
国忌作乐以良人为奴婢质债错认良人为奴婢买奴婢牛马立券等四，条明律无文。页 691
唐为杂律，李悝首制法经，而有杂法之目，历代因之，条数甚多，唐律上三十条，下二十八条，明按款分隶别律，止存十一条。明律计一卷，今仍分为两卷，并将刑律犯奸及户律工律与唐此律相类者俱附入焉。页 692
（拆毁申明亭）明代添设之律非近于苛刻即失于繁琐，惟此律及乡饮酒礼律犹得先教化而后刑法之意。页 694
（私和公事）唐律无文，为人私和人命杖六十犯奸律私和奸情者减罪二等无罪止之文，均与此律不符。页 700
笺释：唐律奸事在杂律，明以奸为败伦伤化之事，宜特立禁条，使人知所惩创，将诸奸事为一类，而属之刑律
按此盖视犯奸为重也而改唐律之徒罪为杖则又从轻矣不知其故，致（至?）总目名犯奸散目亦名犯奸尤属未协前斗殴律亦然。页 700
（纵容妻妾犯奸）唐律和娶人妻及嫁之者各徒二年妾减二等，各离之。即夫自嫁者亦同，仍两离之。载在户婚门。盖不论有奸无奸一体同科也。明律舍而不用另纂律文两条，一在户律一在刑律，意在求胜于唐律而反有互相抵牾之处。明律删改唐律之失此类是也。页 708
（诬执翁奸）此条唐律无文。元律……页 712
（官吏宿娼）唐律无文。页 715
（买良为娼）唐律只有奴娶良人女为妻，及妄以奴婢为良人而与良人为夫妻等条，而无买良为娼之文。元律……明律盖本于此。页 716</td></tr>
<tr><td>卷二十七　刑律八 犯奸</td></tr>
<tr><td>犯奸、纵容妻妾犯奸、亲属相奸、诬执翁奸、奴及雇工人奸家长妻、奸部民妻女、居丧及僧道犯奸、良贱相奸、官吏宿娼、买良为娼
疏议曰：犯奸，秦汉魏晋皆无其目，唐律颇著，如奸徒一年半、奸缌麻亲及妻、奸从祖母姑、奸父祖妾、奴奸良人、和奸无妇女罪、监主于监守内奸七条，皆杂然无统。大抵奸为败伦伤化之事，宜特立禁条，使人知有所警惧，难混于杂律
国朝撮奸事为一类而属之刑律，取唐律之轻重失当者，如诸奸徒一年半、奴娶良人徒二年半之类则失之重，凡奸强者止加和奸一等、奸从祖母姑之类止坐流则失之轻，今皆厘而正：诸凡强奸与奸从祖母姑并绞，凡奸者杖八十，奴奸良人者止加一等，然后轻重适伦。又审其未备，增立纵容妻妾犯奸、诬执翁奸、居丧及僧道犯奸等条，总名曰犯奸</td></tr>
</table>

续表

唐律篇目条标 （《唐明律合编》解说）	明律目（《唐明律合编》编选） （附《律条疏议》解说“疏议曰……”）	《唐明律合编》解说
卷二十七　杂律	卷二十六　刑律九 杂犯 失火、放火故烧人房屋、搬做杂剧、违令、不应为	以上二十八条惟山陵兆域内失火及不应得为等九条明律载在此门，失时不修堤防二条在工律河防门，乘官船衣粮一条在兵律邮驿门，毁神御之物二条在礼律祭祀门。弃毁符节印四条在吏律公式门，私发官文书印封、停留请受军器二条在兵律军政门。食官私田园瓜果四条在户律田宅门。得宿藏物二条在户律钱债门。在市人众中惊动、茹船不如法二条，明律无文。页725 （放火故烧人房屋）故烧官府私宅唐律在此门，故烧而盗在贼盗门，明律并入于此。页727 （搬做杂剧）唐律只言国忌废务日作乐者杖一百私忌减二等并无搬做杂剧戏文，以风气不同故也。明律添入亦可，而国忌作乐，反未言及，未知何故。页727 钱债以下三条，唐本在杂律中，明分出另为一门，似嫌琐碎。页732 唐律无市廛名目，明分出各篇，增立此门，亦嫌琐碎。页736 （私充牙行埠头）此条唐律无文，然亦明律中之最善者。页736 （把持行市）唐在杂律，尚有在市及人众中故行惊动令扰乱者杖八十杀伤人者减故杀伤一等，因失财物者坐赃论，其误惊扰杀伤人者从过失法一条，明律无文。设有犯者未知作何办法。唐律又有买奴婢牛马等过价不立券及有旧病三日内听悔一条，明律亦无文。页738 笺释：唐律侵占巷街阡陌、失时不修堤防、盗决堤防三条载在杂律，明仍其制以为此篇 然既总名河防，而侵占街道、修理桥梁道路二律与河防有何关涉，而亦入于此门耶。页740 唐律均系堤防，明律于盗决故决改为河防，于失时不修则仍曰堤防，且俱添入圩岸陂塘等语，解者遂谓河防系在官筑防之堤，圩岸陂塘系民间水利之业，盗决河防则害及于官，盗决圩岸陂塘则害及于民之说矣。然律内明言毁害人家，漂失财物及杀伤人又何尝非害及于民耶。页740 （侵占街道）此条唐在杂律。页742 （修理桥梁道路）此条上段唐律无文，下段较唐律为简，而罪名亦轻。页743
在市人众中惊动、失时不修堤防、盗决堤防、乘官船衣粮、茹船不如法、山陵兆域内失火、库藏仓不得燃火、非时烧田野、官府仓库失火、烧官府私家舍宅、见火起不告救、水火损败征偿、毁神御之物、毁大祀丘坛、弃毁符节印、弃毁制书官文书、私发官文书印封、官物亡失簿书、食官私田园瓜果、弃毁器物稼穑、毁人碑碣石兽、停留请受军器、弃毁官私器物、亡失符印求访、得宿藏物、得阑遗物、违令、不应得为	卷第九　户律六 钱债 违禁取利、费用受寄财产、得遗失物 疏议曰：钱债，汉晋以降，其制不可考，隋开皇属杂律，唐因之。国朝系之户律而特立其号令。今考唐制，在杂律者有受寄费用、违契不偿、强牵掣畜产、得宿藏物、得阑遗物五条，为钱债之目。今则并违契不偿、强牵掣畜产二事而加以监临放债及豪强准折人妻女等合为一条，并得宿藏、阑遗二条为一，惟费用受寄则因其旧，总名曰钱债 卷十　户律七 市廛 私充牙行埠头、市司评物价、把持行市、私造斛斗秤尺、器用布绢不如法 疏议曰：市廛，汉晋律皆不载，梁武定二十一篇，其十九曰关市，北齐去之，后周制律曰市廛，隋开皇复去其目，炀帝大业又定为关市，唐仍开皇系之杂律，而关市之名不存 国朝取后周旧名，参以唐制，并校斗斛秤度、私作斗斛秤度为一，改买卖不和较固为把持行市，器用布绢行滥为器用布绢不如法，条目虽无增损，其间斟酌损益，委曲周备，而总名曰市廛 卷三十　工律 河防 盗决河防、失时不修堤防、侵占街道、修理桥梁道路 疏议曰：河防自秦汉魏晋皆无其目，唐承隋制，亦不具载，稽之唐律，可见者惟侵占阡陌、失时不修堤防、盗掘河防三条，属之杂律 国朝于工律内特立河防一篇，凡四条，其盗决河防、失时不修堤防二条，则仍唐旧，改侵占阡陌为侵占街道，取唐不修堤防条内应造桥航船栈而不造之义，别立修理桥梁道路一条，总名曰河防	

续表

唐律篇目条标 （《唐明律合编》解说）	明律目（《唐明律合编》编选） （附《律条疏议》解说“疏议曰……”）	《唐明律合编》解说
卷二十八　捕亡	卷二十七　刑律十 捕亡	以上十八条惟将吏追捕罪人等八条明律载在此门 从军征讨亡三条在兵律宫卫及军政门 丁夫杂匠亡一条在户律户役门 在官无故亡一条在吏律职制门 被殴击奸盗捕法及浮浪他所等四条，明律无文。页 751 （狱囚脱监及反狱在逃）唐律窃囚而亡与囚同罪窃而未得者减二等载在劫囚条（贼盗律）明律附入此处盖误认私窃逃亡为窃囚而亡也，与唐律不同，与劫囚条亦嫌重复，窃囚而亡与囚同罪是称同罪者仍科死罪之法也，明律谓罪止流三千里。唐律有杀伤罪名，明律无文，均属不符。页 759 （稽留囚徒）唐律此条在断狱门，明律有因而在逃一层，移入于此。页 764 （盗贼捕限）逃亡之色目多端科罪亦异，大抵计日论罪者居多，唐律俱载此门，明律分见各条，彼此不同。（军政、捕亡、宫卫、户役、职制）……非亡而浮浪他所……明律俱无。页 770 唐律先言将吏追捕罪人逗遛不力及漏露其事之罪，次言因捕罪人杀伤及罪人拒捕治罪，又次言各色逃亡之罪，又次言在禁在役而亡及主守失囚故纵之罪，盖既以捕亡名篇，故无论何项人，均汇入此门。犹诈伪之但系行诈作伪亦无何等类人俱归于一处也。明律将越狱及徒流人逃编列于此，其余分载各律，有计日者，亦有不计日者，与唐律之命意已属不符。再，有亡者即有容匿亡者之人，唐律是以又有部内容止他界逃亡及知情藏匿罪人二条，明律有平人藏匿而无官司容止，未知其故。页 771
将吏追捕罪人、罪人持仗拒捕、被殴击奸盗捕法、道路行人捕罪人、捕罪人漏露其事、邻里被强盗、从军征讨亡、防人向防、流徒囚役限内亡、宿卫人亡、丁夫杂匠亡、浮浪他所、官户奴婢亡、在官无故亡、被囚禁拒捍走、主守不觉失囚、容止他界逃亡、知情藏匿罪人	应捕人追捕罪人、罪人拒捕、狱囚脱监及反狱在逃、徒流人逃、稽留囚徒、主守不觉失囚、知情藏匿罪人、盗贼捕限 疏议曰：李悝制法经六篇，捕律居四，汉因其制不改，后魏为捕亡律，北齐名捕断律，后周名逃捕律，隋复为捕亡律，唐因之。国朝承唐制，改将吏追捕罪人为应捕人追捕罪人，罪人持仗拒捍为罪人拘捕，被囚禁拒捍走为狱囚脱监，取其事有系别类者，如从军征讨亡则属之军政，宿卫人亡则属之宫卫，丁夫杂匠亡则属之户役，在官无故亡则属之职制。去其不合今制者，如道路捕行人邻里被强盗、防人向防、浮浪失所诸条。惟知情隐匿罪人、主守不觉失囚、流徒囚役限内亡，三条则因其旧。又审其未备，增立稽留囚徒、盗贼捕限二条。总名曰捕亡	

续表

唐律篇目条标 （《唐明律合编》解说）	明律目（《唐明律合编》编选） （附《律条疏议》解说“疏议曰……”）	《唐明律合编》解说
卷二十九　断狱	卷二十九　刑律十一 断狱	以上十四条，囚应禁不而禁至决罚不如法等十七条，明律俱载在此门 讯囚察拷囚不得过三度拷囚限满不首三条，明律无文 而赃状验露等语则载在名例犯罪事发在逃门。页 776 明计一卷，今照唐律仍分为二卷。页 777 （故禁故勘平人）唐律……并无故禁故勘之文，明特立此律，殊觉无谓，上条之不应禁而禁，与此条之故禁，有何分别。页 780 （淹禁）唐律无此条，以徒流送配稽留已有罪止徒二年之文故也。明律稽留囚徒在捕亡门，因而致死又在别门，而科罪俱较唐律为轻，未免参差。页 780 （功臣应禁亲人入视）此条唐律无文，亦明律之最善者。页 787 （老幼不拷讯）自此以下俱言审断之事。页 789 （狱囚诬指平人）……证不言情……唐此条在诈伪律，因律有译人诈伪句故也……明律既载在断狱，乃不附入老幼不拷讯门而附于狱囚诬指平人条下，遂致诸多错误，罪名亦相去太甚矣。页 792 （决罚不如法）唐律杖粗细长短不依法者罪亦入之，明律无文，而杖笞尺寸另载五刑门小注……唐律有监临官因公事自以杖捶人致死，及恐迫人致死者，各从过失杀人法，明律无文，而另有平人威逼人致死之律，监临官有犯即无罪可科矣。页 793
囚应禁而不禁、与囚金刃解脱、死罪囚辞穷竟、主守导令囚翻异、囚给衣食医药、八议请减老小、囚引人为徒侣、讯囚察辞理、拷囚不过三度、拷囚限满不首、鞫狱停囚待对、依告状鞫狱、囚徒伴稽送并论、决罚不如法	囚应禁而不禁、与囚金刃解脱、死罪囚辞穷竟、主守导令囚翻异、囚给衣食医药、八议请减老小、囚引人为徒侣、讯囚察辞理、拷囚不过三度、拷囚限满不首、鞫狱停囚待对、依告状鞫狱、囚徒伴稽送并论、决罚不如法	

续表

唐律篇目条标 （《唐明律合编》解说）	明律目（《唐明律合编》编选） （附《律条疏议》解说“疏议曰……”）	《唐明律合编》解说
卷三十　断狱	卷二十八　断狱	以上二十条，监临以杖捶人等十四条，明律俱载在此门。应言上不言一条在吏律公式门，徒流送配稽留一条在捕亡门，输备赎没入物及疑罪等四条明律无文。页 801 （官司出入人罪）唐名例律又有枉入人徒年者即计庸折除课役及赎直等语，明律亦无文。页 802 （辩明冤枉）唐律无文。页 803 （有司决囚等第）唐律无此条。页 804 （检验尸伤不以实）唐世尚无其法，是以唐律并无明文耶。页 806 （长官使人有犯）此条唐律在职制门 （死囚覆奏待报）唐律诸断罪应言上而不言上……载在断狱门，系属两条亦属两事明律并无此条未知何故。页 815 （吏典代写招草）此条唐律无文。页 817 唐律断狱门又有数条明律不载……诸应讯囚者……诸拷囚不得过三度……诸拷囚限满而不首者……诸疑罪……断狱各条明律与唐律相符者十有八九，而惟此数条明律不载，未知何故。又唐律云纵死罪囚……明律亦无文。页 817 唐律以断狱终，盖以上十章皆为犯法者言之，此条则为判断者言之也，而终之以疑狱，其所以矜恤罪囚而惟恐稍有错失者可谓无微不至矣。明律既以六部分统各条，故终以工律，且删去疑狱一条，均失唐律之意。页 820
监临以杖捶人、断罪引律令、应言上不言、制敕断罪、官司出入人罪、赦前断罪不当、闻知恩赦故犯、狱结竟取服辩、缘坐没官放之、徒流送配稽留、输备赎没入物、妇人怀孕犯死罪、拷决孕妇、立春后不决死刑、死囚覆奏报决、断罪决配而收赎、断罪应斩而绞、领徒囚应役不役、纵死罪囚逃亡、疑罪	疏议曰：唐律疏议云，狱者确也，以实囚情。皋陶造狱，夏曰夏台，殷曰羑里，周曰圜土，秦曰囹圄，汉以来名狱。诸篇罪名各有类例，讯舍出入各立章程，此篇错综，一部条流以为决断之法，故承众篇之下。今考其制，自魏分李悝囚法为此篇，晋宋及梁皆因其旧，北齐与捕律相合，更名捕断，后周复为断狱，唐因之 国朝系之刑律，依唐议置诸篇之下，详考三十篇之内，因唐名之悉用唐目之多者，无如此篇。其间随时制宜，虽略有去取，大抵皆仍唐旧，所不载者，唯讯囚察词理、拷囚不过三度、拷囚限满不首、疑罪、输备赎没入物五条。又审其未备增立淹禁、检验尸伤不以实、吏典带写招草等条，总名曰断狱	

附表二 明、清律律目对照

篇目门类	明律（总 460 条）		清律（总 436 条）	
	序号	条目	序号	条目
名例律 *	001	五刑[1]	001	五刑
	002	十恶	002	十恶
	003	八议	003	八议
	004	应议者犯罪	004	应议者犯罪
	005	职官有犯	005	职官有犯
	006	军官有犯	006	军官有犯
	007	文武官犯公罪	007	文武官犯公罪
	008	文武官犯私罪	008	文武官犯私罪
	009	**应议者之父祖有犯**	009	**犯罪免发遣**
	010	**军官军人犯罪免徒流**	010	**军籍有犯**
	011	犯罪得累减	011	犯罪得累减
	012	以理去官	012	以理去官
	013	无官犯罪	013	无官犯罪
	014	除名当差	014	除名当差
	015	流囚家属	015	流囚家属
	016	常赦所不原	016	常赦所不原
	017	**徒流人在道会赦**	017	**流犯在道会赦**
	018	犯罪存留养亲	018	犯罪存留养亲
	019	**工乐户及妇人犯罪**	019	**天文生有犯**
			020	**工乐户及妇人犯罪**

① 明律依洪武三十年颁，清律依乾隆五年颁。粗体为名目改动，星号为有清律内容变化的，包括条文增减及分卷等，共 15 门（含名例律）。

续表

<table>
<tr><th rowspan="2">篇目门类</th><th colspan="2">明律（总 460 条）</th><th colspan="2">清律（总 436 条）</th></tr>
<tr><th>序号</th><th>条目</th><th>序号</th><th>条目</th></tr>
<tr><td rowspan="29"></td><td>020</td><td>徒流人又犯罪</td><td>021</td><td>徒流人又犯罪
（以上为名例律上）</td></tr>
<tr><td>021</td><td>老小废疾收赎</td><td>022</td><td>老小废疾收赎</td></tr>
<tr><td>022</td><td>犯罪时未老疾</td><td>023</td><td>犯罪时未老疾</td></tr>
<tr><td>023</td><td>给没赃物</td><td>024</td><td>给没赃物</td></tr>
<tr><td>024</td><td>犯罪自首</td><td>025</td><td>犯罪自首</td></tr>
<tr><td>025</td><td>二罪俱发以重论</td><td>026</td><td>二罪俱发以重论</td></tr>
<tr><td>026</td><td>犯罪共逃</td><td>027</td><td>犯罪共逃</td></tr>
<tr><td>027</td><td>同僚犯公罪</td><td>028</td><td>同僚犯公罪</td></tr>
<tr><td>028</td><td>公事失错</td><td>029</td><td>公事失错</td></tr>
<tr><td>029</td><td>共犯罪分首从</td><td>030</td><td>共犯罪分首从</td></tr>
<tr><td>030</td><td>犯罪事发在逃</td><td>031</td><td>犯罪事发在逃</td></tr>
<tr><td>031</td><td>亲属相为容隐</td><td>032</td><td>亲属相为容隐</td></tr>
<tr><td>032</td><td>吏卒犯死罪</td><td rowspan="4">033</td><td rowspan="4">处决叛军</td></tr>
<tr><td>033</td><td>处决叛军</td></tr>
<tr><td>034</td><td>杀害军人</td></tr>
<tr><td>035</td><td>在京犯罪军民</td></tr>
<tr><td>036</td><td>化外人有犯</td><td>034</td><td>化外人有犯</td></tr>
<tr><td>037</td><td>本条别有罪名</td><td>035</td><td>本条别有罪名</td></tr>
<tr><td>038</td><td>加减罪例</td><td>036</td><td>加减罪例</td></tr>
<tr><td>039</td><td>称乘舆车驾</td><td>037</td><td>称乘舆车驾</td></tr>
<tr><td>040</td><td>称期亲祖父母</td><td>038</td><td>称期亲祖父母</td></tr>
<tr><td>041</td><td>称与同罪</td><td>039</td><td>称与同罪</td></tr>
<tr><td>042</td><td>称监临主守</td><td>040</td><td>称监临主守</td></tr>
<tr><td>043</td><td>称日者以百刻</td><td>041</td><td>称日者以百刻</td></tr>
<tr><td>044</td><td>称道士女冠</td><td>042</td><td>称道士女冠</td></tr>
<tr><td>045</td><td>断罪依新颁律</td><td>043</td><td>断罪依新颁律</td></tr>
<tr><td>046</td><td>断罪无正条</td><td>044</td><td>断罪无正条</td></tr>
<tr><td rowspan="2">047</td><td rowspan="2">徒流迁徙地方</td><td>045</td><td>徒流迁徙地方</td></tr>
<tr><td>046</td><td>充军地方
（以上为名例律下）</td></tr>
</table>

续表

<table>
<tr><th rowspan="2">篇目门类</th><th colspan="2">明律（总 460 条）</th><th colspan="2">清律（总 436 条）</th></tr>
<tr><th>序号</th><th>条目</th><th>序号</th><th>条目</th></tr>
<tr><td rowspan="16">吏律职制 *</td><td>048</td><td>选用军职</td><td rowspan="2">047</td><td rowspan="2">官员袭荫</td></tr>
<tr><td>049</td><td>大臣专擅选官</td></tr>
<tr><td>050</td><td>文官不许封公侯</td><td>048</td><td>大臣专擅选官</td></tr>
<tr><td>051</td><td>官员袭荫</td><td>049</td><td>文官不许封公侯</td></tr>
<tr><td rowspan="2">052</td><td rowspan="2">滥设官吏</td><td>050</td><td>滥设官吏</td></tr>
<tr><td>051</td><td>信牌</td></tr>
<tr><td>053</td><td>贡举非其人</td><td>052</td><td>贡举非其人</td></tr>
<tr><td>054</td><td>举用有过官吏</td><td>053</td><td>举用有过官吏</td></tr>
<tr><td>055</td><td>擅离职役</td><td>054</td><td>擅离职役</td></tr>
<tr><td>056</td><td>官员赴任过限</td><td>055</td><td>官员赴任过限</td></tr>
<tr><td>057</td><td>无故不朝参公座</td><td>056</td><td>无故不朝参公座</td></tr>
<tr><td>058</td><td>擅勾属官</td><td rowspan="2">057</td><td rowspan="2">擅勾属官</td></tr>
<tr><td>059</td><td>官吏给由</td></tr>
<tr><td>060</td><td>奸党</td><td>058</td><td>奸党</td></tr>
<tr><td>061</td><td>交结近侍官员</td><td>059</td><td>交结近侍官员</td></tr>
<tr><td>062</td><td>上言大臣德政</td><td>060</td><td>上言大臣德政</td></tr>
<tr><td rowspan="14">吏律公式 *</td><td>063</td><td>讲读律令</td><td>061</td><td>讲读律令</td></tr>
<tr><td>064</td><td>制书有违</td><td>062</td><td>制书有违</td></tr>
<tr><td>065</td><td>弃毁制书印信</td><td rowspan="2">063</td><td rowspan="2">弃毁制书印信</td></tr>
<tr><td>066</td><td>弃毁制书印信</td></tr>
<tr><td>067</td><td>上书奏事犯讳</td><td>064</td><td>上书奏事犯讳</td></tr>
<tr><td>068</td><td>事应奏而不奏</td><td>065</td><td>事应奏而不奏</td></tr>
<tr><td>069</td><td>出使不复命</td><td>066</td><td>出使不复命</td></tr>
<tr><td>070</td><td>漏泄军情大事</td><td rowspan="2">067</td><td rowspan="2">官文书稽程</td></tr>
<tr><td>071</td><td>官文书稽程</td></tr>
<tr><td>072</td><td>照刷文卷</td><td>068</td><td>照刷文卷</td></tr>
<tr><td>073</td><td>磨勘卷宗</td><td>069</td><td>磨勘卷宗</td></tr>
<tr><td>074</td><td>同僚代判署文案</td><td>070</td><td>同僚代判署文案</td></tr>
<tr><td>075</td><td>增减官文书</td><td>071</td><td>增减官文书</td></tr>
<tr><td>076</td><td>封掌印信</td><td>072</td><td>封掌印信</td></tr>
</table>

续表

篇目门类	明律（总460条）		清律（总436条）	
	序号	条目	序号	条目
	077	漏使印信	073	漏使印信
	078	**漏用钞印**	074	擅用调兵印信
	079	擅用调兵印信		
	080	**信牌**		
户律户役	081	脱漏户口	075	脱漏户口
	082	人户以籍为定	076	人户以籍为定
	083	私创庵院及私度僧道	077	私创庵院及私度僧道
	084	立嫡子违法	078	立嫡子违法
	085	收留迷失子女	079	收留迷失子女
	086	赋役不均	080	赋役不均
	087	丁夫差遣不平	081	丁夫差遣不平
	088	隐蔽差役	082	隐蔽差役
	089	禁革主保里长	083	禁革主保里长
	090	逃避差役	084	逃避差役
	091	点差狱卒	085	点差狱卒
	092	私役部民夫匠	086	私役部民夫匠
	093	别籍异财	087	别籍异财
	094	卑幼私擅用财	088	卑幼私擅用财
	095	收养孤老	089	收养孤老
户律田宅	096	欺隐田粮	090	欺隐田粮
	097	检踏灾伤田粮	091	检踏灾伤田粮
	098	功臣田土	092	功臣田土
	099	盗卖田宅	093	盗卖田宅
	100	任所置买田宅	094	任所置买田宅
	101	典买田宅	095	典买田宅
	102	盗耕种官民田	096	盗耕种官民田
	103	荒芜田地	097	荒芜田地
	104	弃毁器物稼穑等	098	弃毁器物稼穑等
	105	擅食田园瓜果	099	擅食田园瓜果
	106	私借官车船	100	私借官车船

续表

篇目门类	明律（总460条）		清律（总436条）	
	序号	条目	序号	条目
户律婚姻 *	107	男女婚姻	101	男女婚姻
	108	典雇妻女	102	典雇妻女
	109	妻妾失序	103	妻妾失序
	110	逐婿嫁女	104	逐婿嫁女
	111	居丧嫁娶	105	居丧嫁娶
	112	父母囚禁嫁娶	106	父母囚禁嫁娶
	113	同姓为婚	107	同姓为婚
	114	尊卑为婚	108	尊卑为婚
	115	娶亲属妻妾	109	娶亲属妻妾
	116	娶部民妇女为妻妾	110	娶部民妇女为妻妾
	117	娶逃走妇女	111	娶逃走妇女
	118	强占良家妻女	112	强占良家妻女
	119	娶乐人为妻妾	113	娶乐人为妻妾
	120	僧道娶妻	114	僧道娶妻
	121	良贱为婚姻	115	良贱为婚姻
	122	**蒙古色目人婚姻**		
	123	出妻	116	出妻
	124	嫁娶违律主婚媒人罪	117	嫁娶违律主婚媒人罪
户律仓库 *	125	钞法	118	钱法
	126	钱法		
	127	收粮违限	119	收粮违限
	128	多收税粮斛面	120	多收税粮斛面
	129	隐匿费用税粮课物	121	隐匿费用税粮课物
	130	揽纳税粮	122	揽纳税粮
	131	虚出通关朱钞	123	虚出通关朱钞
	132	附余钱粮私下补数	124	附余钱粮私下补数
	133	私借钱粮	125	私借钱粮
	134	私借官物	126	私借官物 **（以上为仓库上）**
	135	那移出纳	127	那移出纳

续表

<table>
<tr><th rowspan="2">篇目门类</th><th colspan="2">明律（总460条）</th><th colspan="2">清律（总436条）</th></tr>
<tr><th>序号</th><th>条目</th><th>序号</th><th>条目</th></tr>
<tr><td rowspan="13"></td><td>136</td><td>库秤雇役侵欺</td><td>128</td><td>库秤雇役侵欺</td></tr>
<tr><td>137</td><td>冒支官粮</td><td>129</td><td>冒支官粮</td></tr>
<tr><td>138</td><td>钱粮互相觉察</td><td>130</td><td>钱粮互相觉察</td></tr>
<tr><td>139</td><td>仓库不觉被盗</td><td>131</td><td>仓库不觉被盗</td></tr>
<tr><td>140</td><td>守支钱粮及擅开官封</td><td>132</td><td>守支钱粮及擅开官封</td></tr>
<tr><td>141</td><td>出纳官物有违</td><td>133</td><td>出纳官物有违</td></tr>
<tr><td>142</td><td>收支留难</td><td>134</td><td>收支留难</td></tr>
<tr><td>143</td><td>起解金银足色</td><td>135</td><td>起解金银足色</td></tr>
<tr><td>144</td><td>损坏仓库财物</td><td>136</td><td>损坏仓库财物</td></tr>
<tr><td>145</td><td>转解官物</td><td>137</td><td>转解官物</td></tr>
<tr><td>146</td><td>拟断赃罚不当</td><td>138</td><td>拟断赃罚不当</td></tr>
<tr><td>147</td><td>守掌在官财物</td><td>139</td><td>守掌在官财物</td></tr>
<tr><td>148</td><td>隐瞒入官家产</td><td>140</td><td>隐瞒入官家产
（以上为仓库下）</td></tr>
<tr><td rowspan="16">户律课程</td><td>149</td><td rowspan="12">盐法</td><td rowspan="12">141</td><td rowspan="12">盐法</td></tr>
<tr><td>150</td></tr>
<tr><td>151</td></tr>
<tr><td>152</td></tr>
<tr><td>153</td></tr>
<tr><td>154</td></tr>
<tr><td>155</td></tr>
<tr><td>156</td></tr>
<tr><td>157</td></tr>
<tr><td>158</td></tr>
<tr><td>159</td></tr>
<tr><td>160</td></tr>
<tr><td>161</td><td>监临势要中盐</td><td>142</td><td>监临势要中盐</td></tr>
<tr><td>162</td><td>阻坏盐法</td><td>143</td><td>阻坏盐法</td></tr>
<tr><td>163</td><td>私茶</td><td>144</td><td>私茶</td></tr>
<tr><td>164</td><td>私矾</td><td>145</td><td>私矾</td></tr>
</table>

续表

篇目门类	明律（总460条）		清律（总436条）	
	序号	条目	序号	条目
	165	匿税	146	匿税
	166	舶商匿货	147	舶商匿货
	167	人户亏兑课程	148	人户亏兑课程
户律钱债	168	违禁取利	149	违禁取利
	169	费用受寄财产	150	费用受寄财产
	170	得遗失物	151	得遗失物
户律市廛	171	私充牙行埠头	152	私充牙行埠头
	172	市司评物价	153	市司评物价
	173	把持行市	154	把持行市
	174	私造斛斗秤尺	155	私造斛斗秤尺
	175	器用布绢不如法	156	器用布绢不如法
礼律祭祀 *	176	祭享	157	祭享
	177	**毁大祀丘坛**	158	**毁大祀邱坛**
	178	致祭祀典神祇	159	致祭祀典神祇
	179	历代帝王陵寝	160	历代帝王陵寝
	180	亵渎神明	161	亵渎神明
	181	禁止师巫邪术	162	禁止师巫邪术
礼律仪制 *	182	合和御药	163	合和御药
	183	乘舆服御物	164	乘舆服御物
	184	**收藏禁书及私习天文**	165	**收藏禁书**
	185	御赐衣物	166	御赐衣物
	186	失误朝贺	167	失误朝贺
	187	失仪	168	失仪
	188	奏对失序	169	奏对失序
	189	朝见留难	170	朝见留难
	190	上书陈言	171	上书陈言
	191	见任官辄自立碑	172	见任官辄自立碑
	192	禁止迎送	173	禁止迎送

续表

<table>
<tr><td rowspan="2">篇目
门类</td><td colspan="2">明律（总 460 条）</td><td colspan="2">清律（总 436 条）</td></tr>
<tr><td>序号</td><td>条目</td><td>序号</td><td>条目</td></tr>
<tr><td rowspan="9"></td><td>193</td><td>公差人员欺陵长官</td><td>174</td><td>公差人员欺陵长官</td></tr>
<tr><td>194</td><td>服舍违式</td><td>175</td><td>服舍违式</td></tr>
<tr><td>195</td><td>僧道拜父母</td><td>176</td><td>僧道拜父母</td></tr>
<tr><td>196</td><td>失占天象</td><td>177</td><td>失占天象</td></tr>
<tr><td>197</td><td>术士妄言祸福</td><td>178</td><td>术士妄言祸福</td></tr>
<tr><td>198</td><td>匿父母夫丧</td><td>179</td><td>匿父母夫丧</td></tr>
<tr><td>199</td><td>弃亲之任</td><td>180</td><td>弃亲之任</td></tr>
<tr><td>200</td><td>丧葬</td><td>181</td><td>丧葬</td></tr>
<tr><td>201</td><td>乡饮酒礼</td><td>182</td><td>乡饮酒礼</td></tr>
<tr><td rowspan="19">兵律
宫卫 *</td><td>202</td><td>太庙门擅入</td><td>183</td><td>太庙门擅入</td></tr>
<tr><td>203</td><td>宫殿门擅入</td><td>184</td><td>宫殿门擅入</td></tr>
<tr><td>204</td><td>宿卫守卫人私自代替</td><td>185</td><td>宿卫守卫人私自代替</td></tr>
<tr><td>205</td><td>从驾稽违</td><td>186</td><td>从驾稽违</td></tr>
<tr><td>206</td><td>直行御道</td><td>187</td><td>直行御道</td></tr>
<tr><td>207</td><td>内府工作人匠替役</td><td>188</td><td>内府工作人匠替役</td></tr>
<tr><td>208</td><td>宫殿造作罢不出</td><td>189</td><td>宫殿造作罢不出</td></tr>
<tr><td>209</td><td>辄出入宫殿门</td><td>190</td><td>辄出入宫殿门</td></tr>
<tr><td>210</td><td>关防内使出入</td><td>191</td><td>关防内使出入</td></tr>
<tr><td>211</td><td>向宫殿射箭</td><td>192</td><td>向宫殿射箭</td></tr>
<tr><td>212</td><td>宿卫人兵仗</td><td>193</td><td>宿卫人兵仗</td></tr>
<tr><td>213</td><td>禁经断人充宿卫</td><td>194</td><td>禁经断人充宿卫</td></tr>
<tr><td>214
215
216</td><td>冲突仪仗</td><td>195</td><td>冲突仪仗</td></tr>
<tr><td>217</td><td>行宫营门</td><td>196</td><td>行宫营门</td></tr>
<tr><td>218</td><td>越城</td><td>197</td><td>越城</td></tr>
<tr><td>219</td><td>门禁锁钥</td><td rowspan="2">198</td><td rowspan="2">门禁锁钥</td></tr>
<tr><td>220</td><td>悬带关防牌面</td></tr>
</table>

续表

篇目门类	明律（总460条）		清律（总436条）	
	序号	条目	序号	条目
兵律军政 *	221	擅调官军	199	擅调官军
	222	申报军务	200	申报军务
	223	飞报军情	201	飞报军情
	224	**边境申索军需**	202	**漏泄军情大事**
			203	**边境申索军需**
	225	失误军事	204	失误军事
	226	从征违期	205	从征违期
	227	军人替役	206	军人替役
	228	主将不固守	207	主将不固守
	229	纵军掳掠	208	纵军掳掠
	230	不操练军士	209	不操练军士
	231	激变良民	210	激变良民
	232	私卖战马	211	私卖战马
	233	私卖军器	212	私卖军器
	234	毁弃军器	213	毁弃军器
	235	私藏应禁军器	214	私藏应禁军器
	236	纵放军人歇役	215	纵放军人歇役
	237	公侯私役官军	216	公侯私役官军
	238	从征守御官军逃	217	从征守御官军逃
	239	优恤军属	218	优恤军属
	240	夜禁	219	夜禁
兵律关津	241	私越冒度关津	220	私越冒度关津
	242	诈冒给路引	221	诈冒给路引
	243	关津留难	222	关津留难
	244	递送逃军妻女出城	223	递送逃军妻女出城
	245	盘诘奸细	224	盘诘奸细
	246	私出外境及违禁下海	225	私出外境及违禁下海
	247	私役弓兵	226	私役弓兵

续表

篇目门类	明律（总460条）		清律（总436条）	
	序号	条目	序号	条目
兵律厩牧	248	牧养畜产不如法	227	牧养畜产不如法
	249	孳生马匹	228	孳生马匹
	250	验畜产不以实	229	验畜产不以实
	251	养疗瘦病畜产不如法	230	养疗瘦病畜产不如法
	252	乘官畜脊破领穿	231	乘官畜脊破领穿
	253	官马不调习	232	官马不调习
	254	宰杀马牛	233	宰杀马牛
	255	畜产咬踢人	234	畜产咬踢人
	256	隐匿孳生官畜产	235	隐匿孳生官畜产
	257	私借官畜产	236	私借官畜产
	258	公使人等索借马匹	237	公使人等索借马匹
兵律邮驿 *	259	**递送公文**	238	**递送公文**
	260			
	261			
	262	邀取实封公文	239	邀取实封公文
	263	铺舍损坏	240	铺舍损坏
	264	私役铺兵	241	私役铺兵
	265	驿使稽程	242	驿使稽程
	266	多乘驿马	243	多乘驿马
	267	多支廪给	244	多支廪给
	268	文书应给驿而不给	245	文书应给驿而不给
	269	公事应行稽程	246	公事应行稽程
	270	占宿驿舍上房	247	占宿驿舍上房
	271	乘驿马赍私物	248	乘驿马赍私物
	272	私役民夫抬轿	249	私役民夫抬轿
	273	病故官家属还乡	250	病故官家属还乡
	274	承差转雇寄人	251	承差转雇寄人
	275	乘官畜产车船附私物	252	乘官畜产车船附私物
	276	私借驿马	253	私借驿马

续表

篇目门类	明律（总460条）		清律（总436条）	
	序号	条目	序号	条目
刑律贼盗 *	277	谋反大逆	254	谋反大逆
	278	谋叛	255	谋叛
	279	造妖书妖言	256	造妖书妖言
	280	盗大祀神御物	257	盗大祀神御物
	281	盗制书	258	盗制书
	282	盗印信	259	盗印信
	283	盗内府财物	260	盗内府财物
	284	盗城门钥	261	盗城门钥
	285	盗军器	262	盗军器
	286	盗园陵树木	263	盗园陵树木
	287	监守自盗仓库钱粮	264	监守自盗仓库钱粮
	288	常人盗仓库钱粮	265	常人盗仓库钱粮
	289	强盗	266	强盗 **（以上为贼盗上）**
	290	劫囚	267	劫囚
	291	白昼抢夺	268	白昼抢夺
	292	窃盗	269	窃盗
	293	盗马牛畜产	270	盗马牛畜产
	294	盗田野谷麦	271	盗田野谷麦 **（以上为贼盗中）**
	295	亲属相盗	272	亲属相盗
	296	恐吓取财	273	恐吓取财
	297	诈欺官私取财	274	诈欺官私取财
	298	略人略卖人	275	略人略卖人
	299	发冢	276	发冢
	300	夜无故入人家	277	夜无故入人家
	301	盗贼窝主	278	盗贼窝主
	302	共谋为盗	279	共谋为盗
	303	公取窃取皆为盗	280	公取窃取皆为盗
	304	起除刺字	281	起除刺字 **（以上为贼盗下）**

续表

篇目门类	明律（总460条）		清律（总436条）	
	序号	条目	序号	条目
刑律人命	305	谋杀人	282	谋杀人
	306	谋杀制使及本管长官	283	谋杀制使及本管长官
	307	谋杀祖父母父母	284	谋杀祖父母父母
	308	杀死奸夫	285	杀死奸夫
	309	谋杀故夫父母	286	谋杀故夫父母
	310	杀一家三人	287	杀一家三人
	311	采生拆割人	288	采生拆割人
	312	造畜蛊毒杀人	289	造畜蛊毒杀人
	313	斗殴及故杀人	290	斗殴及故杀人
	314	屏去人服食	291	屏去人服食
	315	戏杀误杀过失杀伤人	292	戏杀误杀过失杀伤人
	316	夫殴死有罪妻妾	293	夫殴死有罪妻妾
	317	杀子孙及奴婢图赖人	294	杀子孙及奴婢图赖人
	318	弓箭伤人	295	弓箭伤人
	319	车马杀伤人	296	车马杀伤人
	320	庸医杀伤人	297	庸医杀伤人
	321	窝弓杀伤人	298	窝弓杀伤人
	322	威逼人致死	299	威逼人致死
	323	尊长为人杀私和	300	尊长为人杀私和
	324	同行知有谋害	301	同行知有谋害
刑律斗殴*	325	斗殴	302	斗殴
	326	保辜限期	303	保辜限期
	327	宫内忿争	304	宫内忿争
	328	**皇家袒免以上亲被殴**	305	**宗室觉罗以上亲被殴**
	329	殴制使及本管长官	306	殴制使及本管长官
	330	佐职统属殴长官	307	佐职统属殴长官
	331	上司官与统属官相殴	308	上司官与统属官相殴
	332	九品以上官殴长官	309	九品以上官殴长官

续表

篇目门类	明律（总460条）		清律（总436条）	
	序号	条目	序号	条目
	333	拒殴追摄人	310	拒殴追摄人
	334	殴受业师	311	殴受业师
	335	威力制缚人	312	威力制缚人
	336	良贱相殴	313	良贱相殴 （以上为斗殴上）
	337	奴婢殴家长	314	奴婢殴家长
	338	妻妾殴夫	315	妻妾殴夫
	339	同姓亲属相殴	316	同姓亲属相殴
	340	殴大功以下尊长	317	殴大功以下尊长
	341	殴期亲尊长	318	殴期亲尊长
	342	殴祖父母父母	319	殴祖父母父母
	343	妻妾与夫亲属相殴	320	妻妾与夫亲属相殴
	344	殴妻前夫之子	321	殴妻前夫之子
	345	妻妾殴故夫父母	322	妻妾殴故夫父母
	346	父祖被殴	323	父祖被殴 （以上为斗殴下）
刑律骂詈	347	骂人	324	骂人
	348	骂制使及本管长官	325	骂制使及本管长官
	349	佐职统属骂长官	326	佐职统属骂长官
	350	奴婢骂家长	327	奴婢骂家长
	351	骂尊长	328	骂尊长
	352	骂祖父母父母	329	骂祖父母父母
	353	妻妾骂夫期亲尊长	330	妻妾骂夫期亲尊长
	354	妻妾骂故夫父母	331	妻妾骂故夫父母
刑律诉讼	355	越诉	332	越诉
	356	投匿名文书告人罪	333	投匿名文书告人罪
	357	告状不受理	334	告状不受理
	358	听讼回避	335	听讼回避
	359	诬告	336	诬告

续表

篇目门类	明律（总460条）		清律（总436条）	
	序号	条目	序号	条目
	360	干名犯义	337	干名犯义
	361	子孙违犯教令	338	子孙违犯教令
	362	见禁囚不得告举他事	339	见禁囚不得告举他事
	363	教唆词讼	340	教唆词讼
	364	军民约会词讼	341	军民约会词讼
	365	官吏词讼家人诉	342	官吏词讼家人诉
	366	诬告充军及迁徙	343	诬告充军及迁徙
刑律受赃*	367	官吏受财	344	官吏受财
	368	坐赃致罪	345	坐赃致罪
	369	事后受财	346	事后受财
			347	**官吏听许财物**
	370	有事以财请求	348	有事以财请求
	371	在官求索借贷人财物	349	在官求索借贷人财物
	372	家人求索	350	家人求索
	373	风宪官吏犯赃	351	风宪官吏犯赃
	374	**因公擅科敛**	352	**因公科敛**
	375	**私受公侯财物**	353	**克留盗赃**
	376	**克留盗赃**	354	**私受公侯财物**
	377	官吏听许财物		
刑律诈伪*	378	诈为制书	355	诈为制书
	379	诈传诏旨	356	诈传诏旨
	380	对制上书诈不以实	357	对制上书诈不以实
	381	**伪造印信历日等**	358	伪造印信时宪书等
	382	伪造宝钞	359	私铸铜钱
	383	私铸铜钱		
	384	诈假官	360	诈假官
	385	诈称内使等官	361	诈称内使等官
	386	近侍诈称私行	362	近侍诈称私行

续表

篇目门类	明律（总460条）		清律（总436条）	
	序号	条目	序号	条目
	387	诈为瑞应	363	诈为瑞应
	388	诈病死伤避事	364	诈病死伤避事
	389	诈教诱人犯法	365	诈教诱人犯法
刑律犯奸	390	犯奸	366	犯奸
	391	纵容妻妾犯奸	367	纵容妻妾犯奸
	392	亲属相奸	368	亲属相奸
	393	诬执翁奸	369	诬执翁奸
	394	奴及雇工人奸家长妻	370	奴及雇工人奸家长妻
	395	奸部民妻女	371	奸部民妻女
	396	居丧及僧道犯奸	372	居丧及僧道犯奸
	397	良贱相奸	373	良贱相奸
	398	官吏宿娼	374	官吏宿娼
	399	买良为娼	375	买良为娼
刑律杂犯	400	拆毁申明亭	376	拆毁申明亭
	401	夫匠军士病给医药	377	夫匠军士病给医药
	402	赌博	378	赌博
	403	阉割火者	379	阉割火者
	404	嘱托公事	380	嘱托公事
	405	私和公事	381	私和公事
	406	失火	382	失火
	407	放火故烧人房屋	383	放火故烧人房屋
	408	搬做杂剧	384	搬做杂剧
	409	违令	385	违令
	410	不应为	386	不应为
刑律捕亡	411	应捕人追捕罪人	387	应捕人追捕罪人
	412	罪人拒捕	388	罪人拒捕
	413	狱囚脱监及反狱在逃	389	狱囚脱监及反狱在逃
	414	徒流人逃	390	徒流人逃

续表

篇目门类	明律（总 460 条）		清律（总 436 条）	
	序号	条目	序号	条目
	415	稽留囚徒	391	稽留囚徒
	416	主守不觉失囚	392	主守不觉失囚
	417	知情藏匿罪人	393	知情藏匿罪人
	418	盗贼捕限	394	盗贼捕限
刑律断狱 *	419	囚应禁而不禁	395	囚应禁而不禁
	420	故禁故勘平人	396	故禁故勘平人
	421	淹禁	397	淹禁
	422	凌虐罪囚	398	凌虐罪囚
	423	与囚金刃解脱	399	与囚金刃解脱
	424	主守教囚反异	400	主守教囚反异
	425	狱囚衣粮	401	狱囚衣粮
	426	功臣应禁亲人入视	402	功臣应禁亲人入视
	427	死囚令人自杀	403	死囚令人自杀
	428	老幼不拷讯	404	老幼不拷讯
	429	鞫狱停囚徒对	405	鞫狱停囚徒对
	430	依告状鞫狱	406	依告状鞫狱
	431	原告人事毕不放回	407	原告人事毕不放回
	432	狱囚诬指平人	408	狱囚诬指平人 **（以上为断狱上）**
	433	官司出入人罪	409	官司出入人罪
	434	辩明冤枉	410	辩明冤枉
	435	有司决囚等第	411	有司决囚等第
	436	检验尸伤不以实	412	检验尸伤不以实
	437	决罚不如法	413	决罚不如法
	438	长官使人有犯	414	长官使人有犯
	439	断罪引律令	415	断罪引律令
	440	狱囚取服辩	416	狱囚取服辩
	441	赦前断罪不当	417	赦前断罪不当

续表

篇目门类	明律（总460条）		清律（总436条）	
	序号	条目	序号	条目
	442	闻有恩赦而故犯	418	闻有恩赦而故犯
	443	徒囚不应役	419	徒囚不应役
	444	妇人犯罪	420	妇人犯罪
	445	死囚覆奏待报	421	死囚覆奏待报
	446	断罪不当	422	断罪不当
	447	吏典代写招草	423	吏典代写招草 **（以上为断狱下）**
工律营造	448	擅造作	424	擅造作
	449	虚费工力采取不堪用	425	虚费工力采取不堪用
	450	造作不如法	426	造作不如法
	451	冒破物料	427	冒破物料
	452	带造缎疋	428	带造缎疋
	453	织造违禁龙凤纹缎疋	429	织造违禁龙凤纹缎疋
	454	造作过限	430	造作过限
	455	修理仓库	431	修理仓库
	456	有司官吏不住公廨	432	有司官吏不住公廨
工律河防	457	盗决河防	433	盗决河防
	458	失时不修堤防	434	失时不修堤防
	459	侵占街道	435	侵占街道
	460	修理桥梁道路	436	修理桥梁道路

附表三 《新纂四六合律判语》与《大明律》律目及罚则

律目	判语（结论）	《大明律》罚则	判、律是否对应
（以下为吏律） 选用军职	既窃太阿之柄，宜从垂象之刑	当该官、吏各杖一百，罢职、役充军	否
文官不许封公侯	尔公尔侯漫自羡三家之命，请者受者宜均膺两观之诛（注：孔子为鲁司寇摄行相事七日诛乱政大夫少正卯于两观之下）	当该官吏及受封之人，皆斩	是
官员袭荫	合议徒而讯杖，庶警众以明刑	杖一百、徒三年；杖一百、发边远充军	部分
滥设官吏	欲清仕路，合付刑曹	一人杖一百，每三人加一等，罪止杖一百徒三年……	否
贡举非其人	既雅道之有亏，宜常刑之罔赦	一人杖八十，每二人加一等，罪止杖一百……	否
举用有过官吏	法永照于杖之黜之，刑均丽于举者受者	违者举官及匿过之人各杖一百，罢职役不叙	是
擅离职役	欲示诸曹之禁，宜加三褫之刑	笞四十；杖一百，罢职役不叙；笞二十	部分
官员赴任过限	合收威于夏楚（注：鞭朴之刑也），庸示警于臣工	一日笞一十，每十日加一等，罪止杖八十……	是
官吏给由	究若慢政之非，加以负荆之廖（注：廉颇负荆请罪于相如）	吏典笞一十，每一日加一等。罪止笞四十……	部分
交结近侍官员	合由妻孥连坐之刑，用示春秋无将之警	皆斩。妻、子流二千里安置	部分
上言大臣德政 （以上为职制）	所犯即系奸党，其罪必拟极刑	即是奸党，务要鞫问穷究来历明白，犯人处斩，妻子为奴，财产入官	部分

续表

律目	判语（结论）	《大明律》罚则	判、律是否对应
事应奏不奏	故坐绞刑，以励其余	当该官吏处绞；杖一百；杖八十；笞四十；斩……	部分
出使不复命	不能申报命之恭，何以免受刑之辱	常事杖七十，军情重事杖一百……	否
官文书稽程	宜膺市挞之羞，薄示齐刑之警	一日吏典笞一十，三日加一等，罪止笞四十……	部分
照刷文卷	罪之著矣，法可逃乎	迟一宗二宗，吏典笞一十，三宗至五宗，笞二十，每五宗加一等，罪止笞四十……	否
磨勘卷宗	请无宥于严刑，庶有惩于慢令	提调官吏以未足之数十分为率，一分笞五十，每一分加一等，罪止杖一百……	否
封掌印信	欲示惩千之戒，宜严杖百之刑	杖一百	是
信牌 （以上为公式）	稽程者计以日（日以？）加笞，违律者原情而用杖	违者一日笞一十，每一日加一等，罪止笞四十；杖一百	是
（以下为户律） 脱漏户口	隐者容者均当杖罪，迁之改之并责应差	有赋役者，家长杖一百，无赋役者，杖八十。附籍当差；杖八十……	是
人户以籍为定	宜正奸欺，用昭国典	杖八十；杖一百、发边远充军	否
私创庵院及私度僧道	故私创庵院者允拟充军，若妄相剃度者并宜还俗	杖一百。还俗。僧道发边充军，尼僧女冠入官为奴；杖八十	部分
立嫡子违法	欲正嗣宗，当原国令	杖八十；杖一百；杖六十	否
收留迷失子女	既无程婴全赵之义，当加萧曹诱引之刑	杖一百、徒三年……	否
禁革主保里长	宜投远裔，庶安良民	杖一百，迁徙；杖六十；杖四十	部分
逃避差役	隐蔽编差，申明杖断	杖一百；杖六十；一日笞一十，每五日加一等，罪止笞五十……	部分
私设部民夫匠 （以上户役）	宜计日以偿钱，且记名而定罪	一名笞四十，每五名加一，等罪止杖八十。每名计一日追给雇工钱六十文	是
欺隐田粮	田没于官以惩弊，粮征其匿以杜奸	一亩至五亩笞四十，每五亩加一等，罪止杖一百。其田入官。所隐税粮依数征纳；若多余占田而荒芜者，三亩至十亩笞三十，每十亩加一等，罪止杖八十。其田入官	部分

续表

律目	判语（结论）	《大明律》罚则	判、律是否对应
检踏灾伤田粮	置诸国法，以慰民情	杖八十……	否
功臣田土	罪有所归，法难故纵	一亩至三亩杖六十，每三亩加一等，罪止杖一百徒三年……	否
盗卖田宅	奸既同于曹吕，法宜警于将来	田一亩屋一间以下，笞五十，每田五亩屋三间加一等，罪止杖八十徒二年……	否
任所置买田宅	既加笞罪，复没于官	笞五十。解任。田宅入官	是
典买田宅	若此玩法之徒，宜坐笞杖之罪	笞五十。仍追田宅价钱一半入官。不过割者一亩至五亩笞四十，每五亩加一等，罪止杖一百。其田入官；笞四十	部分
盗耕种官民田	固难比罪于穿窬，亦合论刑于计亩	一亩以下笞三十，每五亩加一等，罪止杖八十。荒田减一等。强者各加一等。系官者各又加二等。花利归官、主	部分
荒芜田地	人口无资，五刑当儆	以十分为率，一分笞二十，每一分加一等，罪止杖八十	否
擅食田园瓜果（以上田宅）	若究犯罪重轻，宜较食之多寡	坐赃论……	部分
男女婚姻	将来是戒，从旧为宜	笞五十；杖七十；杖八十……	否
妻妾失序	冠裳倒置，刑典正施	杖一百；杖九十；笞四十	否
居丧嫁娶	欲惩不美之风，宜敕无亲之法	杖一百；杖八十……	否
同姓为婚	法当从律，婚必断离	各杖六十，离异	部分
娶亲属妻妾	请拆鸾俦，更罹法网	各杖一百；各杖八十；各绞；各斩；并离异……	部分
僧道娶妻	有玷文明之化，宜清还俗之科	杖八十。还俗。女家同罪。离异	部分
良贱为婚姻	罪宜杖责，各令归宗	杖八十。女家减一等；杖九十……各离异，改正	是
出妻（以上婚姻）	因衰弛敬珠宜还于孟尝，倚势移情法当隶乎萧相	杖八十。虽犯七出，有三不去而出之者，减二等。追还完聚……	否
钞法	宜申圜法（注：太公立九府圜法，圜即钱也）既利国亦以利民；且正刑书使用钱同于用钞	杖一百……	否

续表

律目	判语（结论）	《大明律》罚则	判、律是否对应
收粮违限	罚无贷于奸民，罪嫌加于慢令	各以十分为率，一分不足者杖六十，每一分加一等，罪止杖一百……	否
多收税粮斛面	食武王之禄汝乃违谨量之仁，严萧相之刑吾欲警赋重之罪	杖六十；杖一百	否
虚出通关朱钞	合治以自盗之刑，庶穷其典守之责	计所虚出之数并赃，皆以监守自盗论；受财者计赃以枉法从重论	部分
附余钱粮私下补数	宜准监守自盗之律，且加计赃论罪之刑	并计赃，以监守自盗论；斩；杖一百	部分
私借官物	与者当科那移之罪，受者宜加侵盗之刑	各笞五十，过十日各坐赃论减二等	否
冒支官粮	通计私藏，准同窃盗	计赃准窃盗论免刺	是
钱粮互相觉察	是则小人而无忌惮，当明律法以戒后人。犯者固所难逃，同事岂能独逭	并与犯人同罪，失觉察者减三等，罪止杖一百	否
守支钱粮及擅开官封	事类盗臣，迹同民贼。宜加监守之罪，庶惩不究之为	杖一百；杖六十	否
收支留难	盍加以刑，因惩其慢	一日笞五十每三日加一等，罪止杖六十徒一年；笞四十	否
起解金银足色	着落均赔还官，定行依律科罪	各笞四十，着落均赔还官	部分
损坏仓库财物	合计物而责其均价，且计赃而明定其刑	计所损坏之物，坐赃论。著落均赔还官；计赃以监守自盗论	部分
转解官物	若兹弊政，宜服常刑	杖八十；坐赃论；以监守自盗论	否
守掌在官财物	宜计赃而拟罪，坐自盗以论刑	计赃以监守自盗论	是
盐法	合付萧曹，用昭宪典。又，当计所私之多少，以定其罪之轻重	杖一百徒三年……	否
监临势要中盐	治以官合收其重货，加以罪宁逭其徒刑	杖一百徒三年，盐货入官	是
阻坏盐法	合正欺公之罪，用惩登垄之奸	各杖八十。牙保减一等。盐货价钱并入官	否
私茶	事连国法，罪比私盐	以私茶论	是
匿税	物听官收，且遗一千(半？)之人，罪从律断，宜加五十之笞	笞五十。物货酒醋一半入官。于入官物内以十分为率三分付告人充赏	部分

续表

律目	判语（结论）	《大明律》罚则	判、律是否对应
人户亏兑课程	宜征课以纳官，且计分而定罪	以十分为率，一分笞四十每一分加一等罪止杖八十。追课纳官；计赃以监守自盗论	部分
违禁取利	宜加过取之刑，用示伤廉之儆	笞四十；以余利计赃重者，坐赃论，罪止杖一百……	否
费用受寄财产	欲惩污罪，合治贪夫	坐赃论减一等；准窃盗论减一等	否
私充牙行埠头	罪徒杖责，官入牙钱	杖六十。所得牙钱入官；笞五十，革去	部分
市司评物价	将革弊而除奸，合计赃而论罪	准窃盗论；以故出入人罪论；计赃以枉法从重论	部分
把持行市	请禁赋而惩奸，庶通商而阜货	杖八十；笞四十；准窃盗论	否
舶商匿货	贪贾五廉贾三汝不闻乎，加尔罪人尔赀予何逭也	杖一百，物货并入官……	否
（以下为礼律） 祭享	既轻秩宗之大典，必加司寇之常刑	笞五十；杖一百……	否
致祭祀典神祇	所处不恭，杖有余罪	杖一百；杖八十	是
历代帝王陵寝	加以杖刑，杜其窥伺	杖八十	是
奏对失序	即宽不敬之坐，宁免失次之科	各罚俸钱半月	否
失仪	既违朝制，宜罚俸钱	罚俸钱半月	是
失占天象	合拟杖典，薄示齐刑	杖六十	是
亵渎神明	宜申加石（嘉石？）之刑，庶遏泰山之旅	杖八十；笞四十	部分
合和御药	既违鹊术之征，当服象刑之重	杖一百；杖六十；杖八十……	否
乘舆服御物	欲示后惩，请从明罚	杖六十；笞四十；杖八十……	否
御赐衣物	亟夺而（尔？）官，雅符佥议	杖一百，罢职不叙	部分
朝见留难	真为专恣，宜速刑诛	斩	是
上书陈言	欲开言路，合付刑曹	斩；杖一百	否
僧道拜父母	尔徒道其道焉，实得罪于明教（名教？），吾则人其人焉，更议罪于详刑	杖一百，还俗；笞五十，还俗	否
术士妄言祸福	孔子不语怪，尔未闻其言乎？孟氏欲反经，吾将寘之法矣	杖一百	否

续表

律目	判语（结论）	《大明律》罚则	判、律是否对应
丧葬	若欲教之以礼，必先加之以刑	杖八十；杖一百	否
乡饮酒礼	既失威仪三千，合拟笞杖五十	笞五十	是
（以下为兵律） 宫殿门擅入	亟锄此梗，用肃群心	杖一百；杖六十，徒一年……	否
宿卫守卫人私自代替	既巧图于安逸，宜亟受于鞭笞	笞四十；杖六十；各杖一百……	部分
直行御道	既蹈欺心之罪，难逃笞背之刑	杖八十；杖一百……	部分
宫殿造作罢不出	请就市朝之戮，庶清宫阙之奸	绞；罪止杖一百	部分
关防内使出入	合加榜百之刑，要就编千之册	杖一百、充军；绞	部分
向宫殿射箭	加以重刑，儆其不道	绞；杖一百、流三千里；斩	否
冲突仪仗	欲申重戒，当速明诛	绞；杖一百	部分
越城	既冒金城之禁，宜从玉律之科	绞；杖一百流三千里；杖八十……	否
门禁锁钥	若兹罪过，合丽刑章	杖八十；杖一百……	否
悬带关防牌面	职官量罚宝钞，厨校当服鞭笞	官，罚钞二十贯；厨子、校尉，罚钞一十贯；杖八十；杖一百；杖一百徒三年……	部分
擅调官军	罪宜榜百，亟除仕籍之名，罚不过三，远配边戍之役	各杖一百，罢职发边远充军	是
申报军务	欲明军法，请服官刑	斩	否
飞报军情	惩兹罪过，丽以刑章	杖一百，罢职不叙；斩	否
边境申索军需	受若直，怠汝事，汝罪安所逃乎；加尔罪，夺尔官，我法无所宥矣	杖一百，罢职不叙；斩	否
军人替役	各加杖责之刑，兼就编戍之列	替身杖八十，收籍充军，正身杖一百，依旧充军；杖八十……	部分
主将不固守	欲厉五兵之警，宜（加）两观之诛	斩；杖一百，发边远充军	部分
纵军掳掠	请就从戍之役，更加鞭楚之刑	杖一百，罢职充军；杖六十，附过还职……	部分
不操练军士	欲肃柳营之令，必申棘寺之刑	初犯杖八十附过还职……	否
私卖战马	加以严刑，惩兹贪卒	杖一百……	否

续表

律目	判语（结论）	《大明律》罚则	判、律是否对应
公侯私役官军	合论刑于司寇，庶儆众于元勋	初犯、再犯免罪、附过，三犯准免死一次……	否
优恤军属	彼惟无恩士卒，我则有法将兵	迟一日笞二十，每三日加一等，罪止笞五十	否
私越冒渡（度？）关津	尔既为私度，我加以杖刑	杖八十；杖九十；杖一百，徒三年	部分
私出外境及违禁下海	宜官收悖出之货，更尔加榜百之刑	杖一百；绞；斩……	部分
孳生马匹	欲定应得罪名，宜视畜驹多寡	若一年之内止有驹八十匹者，笞五十，七十匹者杖六十……	部分
验畜产不以实	六物之鉴既昏，三尺之刑当坐	一头笞四十每三头加一等，罪止杖一百……	否
官马不调习	既尔旷官，当加明法	一匹笞二十，每五匹加一等，罪止杖八十	否
邀取实封公文	似此横行，宜加刑戮	斩；杖一百……	部分
铺舍损坏	欲惩旷职之官，须尽鞭笞之法	笞五十；笞四十	是
驿使稽程	欲惩驿使之愆，合正刑官之法	一日笞二十，每三日加一等，罪止杖六十……	否
多乘驿马	合加杖责，允谓平刑	数外多乘一船一马者杖八十，每一船一马加一等；杖七十；杖六十	是
多支廪给	罪合计赃，刑将用警	计赃以不枉法论；以枉法论	是
公事应行稽程	合实宪章，用警荒怠	一日笞二十每三日加一等，罪止笞五十……	否
占宿驿舍上房	惩兹犯分之徒，加以笞刑之罪	笞五十	是
乘官畜产车船附私物	私物入官，按刑坐杖	五斤笞一十，每十斤加一等，罪止杖六十；十斤笞一十每二十斤加一等，罪止杖七十	部分
（以下为刑律） 故禁故勘平人	既致害于下民，合论刑于司寇	杖八十；绞……	否
淹禁	既为（违？）钦恤之训，难逃鞭楚之科	三日笞二十，每三日加一等，罪止杖六十；因而淹禁致死者，若囚该死罪杖六十，流罪杖八十，徒罪杖一百，杖罪以下杖六十徒一年	部分

续表

律目	判语（结论）	《大明律》罚则	判、律是否对应
凌虐罪囚	法外之奸当惩，自作之孽难逃	依凡斗伤论，克减衣粮者计赃以监守自盗论，因而致死者绞……	否
主守教囚反异	惩兹奸吏，明治法条	以故出入人罪论；笞五十……	否
老幼不拷讯	坐以常刑，警乎酷吏	笞五十	否
鞫狱停囚待对	宜申计日之刑，薄示慢官之警	一日笞二十，每一日加一等，罪止杖六十；笞五十……	部分
依告状鞫狱	原其心未必无私，论其罪应同故入	以故入罪论	是
官司出入人罪	合严反坐之条，用示未来之戒	全出全入者以全罪论；以所增减论；若断罪失于入者各减三等。失于出者各减五等……	部分
辨明冤枉	欲严后戒，宜警明刑	杖一百徒三年；以故出入人罪论	否
决罚不如法	欲议轻重之罪，当原故误之情	笞四十，因而致死者杖一百。均征埋葬银一十两；减凡斗伤罪二等。至死者杖一百徒三年，追埋葬银一十两；若于人臀腿受刑去处依法决打邂逅致死及自尽者，各勿论	否
长官使人有犯	合受鞭笞之刑，庶全忠厚之风	笞四十	是
赦前断罪不当	请服常刑，庶严后戒	依律贴断。若官吏故出入者，虽会赦并不原宥	否
闻有恩赦而故犯	难从末减之科，用示巨奸之戒	加常犯一等。虽会赦并不原宥；以故入人罪论	部分
吏典代写招草	宜申按罪之条，用示舞文之警	以故出入人罪论	否
（以下为工律） 虚费工力采取不堪用	既无益于公家，应难辞于赃犯	坐赃论；以过失杀人论	部分
造作不如法	考其诚既不足为工，厚其情宜必论其罪	笞四十；笞五十；坐赃论……	否
冒破物料	合计赃而论罪，仍追物以还官	计赃以监守自盗论。追物还官……	是
造作过限	工匠之罚攸宜，官吏之刑应坐	以十分为率，一分工匠笞二十每一分加一等罪止笞五十。局官减工匠一等。提调官吏又减局官一等；笞四十，提调官吏减一等	否

续表

律目	判语（结论）	《大明律》罚则	判、律是否对应
盗决河防	白圭贻害于邻国尔罪得无同乎，齐桓谨盟于曲防我法兹无宥矣	杖一百；杖八十；坐赃论……	否
失时不修堤防	抑白圭之慕禹功，惟凭邻国以为壑，思不同乎已溺，刑难赦于王章	笞五十；杖六十；杖八十；笞三十	否
侵占街道	地取还官，人断以杖	杖六十，各令复旧；笞四十	部分
织造违禁（龙凤纹）纻疋	罪应决杖，物取交官	杖一百。段疋入官；机户及挑花挽花工匠同罪。连当房家小起发赴京，籍充局匠	部分
修理桥梁道路	笞刑合拟乎三旬，官吏同归于一律	提调官吏笞三十；笞四十	部分

附表四 《大清律例》律目与《合例判庆云集》目录比较

附表四 -1 《大清律例・吏律》律目与《合例判庆云集》目录比较

<table>
<tr><th>合例判庆云集所收律目</th><th>未收入的《大清律例》律目</th></tr>
<tr><td>信牌</td><td>奸党</td></tr>
<tr><td>滥设官吏</td><td rowspan="8">官员袭荫、擅勾属官、制书有违、漏使印信</td></tr>
<tr><td>选用军职</td></tr>
<tr><td>擅离职役</td></tr>
<tr><td>官吏给由</td></tr>
<tr><td>讲读律令</td></tr>
<tr><td>照刷文卷</td></tr>
<tr><td>磨勘卷宗</td></tr>
<tr><td>封掌印信</td></tr>
<tr><td>贡举非其人</td><td rowspan="4">出使不复命</td></tr>
<tr><td>事应奏不奏</td></tr>
<tr><td>官文书稽程</td></tr>
<tr><td>增减官文书</td></tr>
<tr><td>举用有过官吏</td><td rowspan="2">大臣专擅选官、交结近侍官员、上言大臣德政、弃毁制书印信、上书奏事犯讳、擅用调兵印信</td></tr>
<tr><td>官员赴任过限</td></tr>
<tr><td>无故不朝参公座</td><td>文官不许封公侯、同僚代判署文案</td></tr>
<tr><td>公差人员欺陵长官</td><td>—</td></tr>
</table>

附表四 -2 《大清律例·户律》律目与《合例判庆云集》目录比较

<table>
<tr><th>合例判庆云集所收律目</th><th>未收入的《大清律例》律目</th></tr>
<tr><td>钱法</td><td rowspan="5">出妻</td></tr>
<tr><td>盐法</td></tr>
<tr><td>私茶</td></tr>
<tr><td>私矾</td></tr>
<tr><td>匿税</td></tr>
<tr><td>脱漏户口</td><td rowspan="17">逃避差役、点差狱卒、别籍异财、收养孤老、功臣田土、典买田宅、男女婚姻、典雇妻女、妻妾失序、逐婿嫁女、居丧嫁娶、同姓为婚、尊卑为婚、僧道娶妻、揽纳税粮、得遗失物</td></tr>
<tr><td>赋役不均</td></tr>
<tr><td>隐蔽差役</td></tr>
<tr><td>欺隐田粮</td></tr>
<tr><td>荒芜田地</td></tr>
<tr><td>收粮违限</td></tr>
<tr><td>私借钱粮</td></tr>
<tr><td>私借官物</td></tr>
<tr><td>冒支官粮</td></tr>
<tr><td>收支留难</td></tr>
<tr><td>转解官物</td></tr>
<tr><td>那移出纳</td></tr>
<tr><td>盗卖田宅</td></tr>
<tr><td>阻坏盐法</td></tr>
<tr><td>舶商匿货</td></tr>
<tr><td>违禁取利</td></tr>
<tr><td>把持行市</td></tr>
<tr><td>市司评物价</td><td>立嫡子违法、私借官车船、娶亲属妻妾、娶逃走妇女、良贱为婚姻</td></tr>
</table>

续表

合例判庆云集所收律目	未收入的《大清律例》律目
人户以籍为定	收留迷失子女、禁革主保里长、私役部民夫匠、卑幼私擅用财、任所置买田宅、盗耕种官民田、擅食田园瓜果、父母囚禁嫁娶、强占良家妻女、娶乐人为妻妾、库秤雇役侵欺、仓库不觉被盗、出纳官物有违、起解金银足色、拟断赃罚不当、隐瞒入官家产、费用受寄财产、私充牙行埠头、私造斛斗秤尺
丁夫差遣不平	
钱粮互相觉察	
检踏灾伤田粮	
损坏仓库财物	
多收税粮斛面	
虚出通关朱钞	
守掌在官财物	
监临势要中盐	
人户亏兑课程	
—	弃毁器物稼穑等、器用布绢不如法
附余钱粮私下补数	—
隐匿费用税粮课物	
—	私创庵院及私度僧道、娶部民妇女为妻妾、嫁娶违律主婚媒人罪、守支钱粮及擅开官封

附表四 -3 《大清律例·礼律》律目与《合例判庆云集》目录比较

合例判庆云集所收律目	未收入的《大清律例》律目
祭享	丧葬
失仪	
失误朝贺	合和御药、亵渎神明、收藏禁书、御赐衣物、朝见留难、失占天象、弃亲之任
奏对失序	
上书陈言	
禁止迎送	
服舍违式	
乡饮酒礼	
乘舆服御物	毁大祀邱坛、匿父母夫丧
僧道拜父母	
致祭祀典神祇	历代帝王陵寝
禁止师巫邪术	
术士妄言祸福	
见任官辄自立碑	—

附表四 –4 《大清律例·兵律》律目与《合例判庆云集》目录比较

合例判庆云集所收律目	未收入的《大清律例》律目
夜禁	越城
门禁锁钥	从驾稽违、直行御道、冲突仪仗、行宫营门、擅调官军、飞报军情、失误军事、纵军掳掠、激变良民、私卖战马、私卖军器、优恤军属、盘诘奸细、私役弓兵、孳生马匹、铺舍损坏、私役铺兵
申报军务	
从征违期	
军人替役	
毁弃军器	
关津留难	
递送公文	
驿使稽程	
多乘驿马	
私借驿马	
多支廪给	
徒流人逃	
宰杀马牛	
宿卫人兵仗	太庙门擅入、宫殿门擅入、向宫殿射箭、主将不固守、畜产咬踢人、私借官畜产
不操练军士	
诈冒给路引	
官马不调习	
辄出入宫殿门	关防内使出入、漏泄军情大事、边境申索军需、私藏应禁军器、纵放军人歇役、公侯私役官军、验畜产不以实、邀取实封公文、占宿驿舍上房、乘驿马赍私物、私役民夫抬轿、承差转雇寄人
悬带关防牌面	
私越冒度关津	
公事应行稽程	
宫殿造作罢不出	禁经断人充宿卫、牧养畜产不如法、乘官畜脊破领穿、隐匿孳生官畜产、病故官家属还乡
从征守御官军逃	
文书应给驿而不给	内府工作人匠替役、递送逃军妻女出城、公使人等索借马匹
宿卫守卫人私自代替	私出外境及违禁下海、养疗瘦病畜产不如法、乘官畜产车船附私物

附表四 –5　《合例判庆云集・刑律》目录与《大清律例・刑律》律目比较

《合例判》所收律目	未收入的《大清律例》律目
越诉	谋叛、强盗、劫囚、窃盗、发冢、斗殴、骂人、失火、犯奸、赌博、淹禁
诬告	
违令	
—	盗制书、盗印信、盗军器、骂尊长、诈假官、不应为
恐吓取财	谋反大逆、盗城门钥、白昼抢夺、亲属相盗、盗贼窝主、共谋为盗、起除刺字、杀死奸夫、弓箭伤人、保辜限期、宫内忿争、殴受业师、良贱相殴、妻妾殴夫、父祖被殴、听讼回避、干名犯义、家人求索、事后受财、克留盗赃、诈为制书、诈传诏旨、诈为瑞应、亲属相奸、诬执翁奸、良贱相奸、官吏宿娼、买良为娼、阉割火者、嘱托公事、搬做杂剧、罪人拒捕、稽留囚徒、凌虐罪囚、狱囚衣粮、妇人犯罪
教唆词讼	
官吏受财	
坐赃致罪	
因公科敛	
私和公事	
私铸铜钱	
盗贼捕限	
辩明冤枉	
断罪不当	
告状不受理	造妖书妖言、盗内府财物、盗园陵树木、盗马牛畜产、盗田野谷麦、略人略卖人、杀一家三人、采生拆割人、屏去人服食、车马杀伤人、庸医杀伤人、窝弓杀伤人、威逼人致死、拒殴追摄人、威力制缚人、奴婢殴家长、殴期亲尊长、奴婢骂家长、奸部民妻女、拆毁申明亭、狱囚取服辩、徒囚不应役
决罚不如法	
老幼不拷讯	
依告状鞫狱	
断罪引律令	
诈欺官私取财	盗大祀神御物、夜无故入人家、谋杀故夫父母、造畜蛊毒杀人、斗殴及故杀人、同行知有谋害、同姓亲属相殴、殴祖父母父母、殴妻前夫之子、骂祖父母父母、军民约会词讼、风宪官吏犯赃、私受公侯财物、诈称内使等官、近侍诈称私行、诈病死伤避事、诈教诱人犯法、纵容妻妾犯奸、主守不觉失囚、知情藏匿罪人、囚应禁而不禁、故禁故勘平人、与囚金刃解脱、主守教囚反异、死囚令人自杀、鞫狱停囚徒对、狱囚诬指平人、有司决囚等第、长官使人有犯、赦前断罪不当、吏典代写招草、死囚覆奏待报
官吏听许财物	
有事以财请求	
子孙违犯教令	
伪造印信历日等	常人盗仓库钱粮、公取窃取皆为盗、谋杀祖父母父母、夫殴死有罪妻妾、尊长为人杀私和、佐职统属殴长官、殴大功以下尊长、妻妾殴故夫父母、佐职统属骂长官、妻妾骂故夫父母、官吏词讼家人诉、诬告充军及迁徙、居丧及僧道犯奸、放火故烧人房屋、应捕人追捕罪人、检验尸伤不以实、闻有恩赦而故犯

续表

《合例判》所收律目	未收入的《大清律例》律目
监守自盗仓库钱粮	殴制使及本管长官、九品以上官殴长官、妻妾与夫亲属相殴、骂制使及本管长官、妻妾骂夫期亲尊长、对制上书诈不以实、夫匠军士病给医药、功臣应禁亲人入视
投匿名文书告人罪	
原告人事毕不放回	
在官求索借贷人财物	谋杀制使及本管长官、戏杀误杀过失杀伤人、杀子孙及奴婢图赖人、宗室觉罗以上亲被殴、上司官与统属官相殴、见禁囚不得告举他事、奴及雇工人奸家长妻、狱囚脱监及反狱在逃

附表四 –6 《大清律例·工律》律目与《合例判庆云集》目录比较

合例判庆云集所收律目	未收入的《大清律例》律目
—	擅造作
冒破物料	带造缎疋、盗决河防
造作过限	
修理仓库	
侵占街道	
造作不如法	—
修理桥梁道路	失时不修堤防
有司官吏不住公廨	—
虚费工力采取不堪用	织造违禁龙凤纹缎疋

附表五 《大清律例·刑律》律目与“刑案汇编”类目比较

《刑案汇览》		《刑案新编》
存案分类	案件数量	案件数量
谋反大逆	17	1
谋叛	9	2
造妖书妖言	5	—
盗大祀神御物	5	—
盗制书	1	—
盗印信	3	—
盗内府财物	5	1
盗园陵树木	3	1
监守自盗仓库钱粮 *[1]	12	10
常人盗仓库钱粮	3	2
强盗	145	93
劫囚	22	4
白昼抢夺	65	37
窃盗	43	13
盗马牛畜产	15	4
盗田野谷麦	12	4
亲属相盗	29	4

① 加“*”号的为《合例判庆云集》中列出的。

续表

《刑案汇览》		《刑案新编》
存案分类	案件数量	案件数量
恐吓取财 *	59	18
诈欺官私取财 *	31	8
略人略卖人	51	7
发冢	68	13
夜无故入人家	28	17
盗贼窝主	11	7
共谋为盗	3	6
公取窃取皆为盗	1	1
起除刺字（以上贼盗门）	7	1
谋杀人	26	23
谋杀制使及本管长官	1	2
谋杀祖父母父母	36	9
杀死奸夫	249	45
杀一家三人	76	29
采生折割人	1	—
造畜蛊毒杀人	3	4
斗殴及故杀人	72	91
屏去人服食	6	—
戏杀误杀过失杀伤人	115	38
夫殴死有罪妻妾	9	—
杀子孙及奴婢图赖人	13	2
弓箭伤人	2	1
车马杀伤人	2	—
庸医杀伤人	10	—
威逼人致死	205	28
尊长为人杀私和	17	—
同行知有谋害（以上人命门）	2	—

续表

《刑案汇览》		《刑案新编》
存案分类	案件数量	案件数量
斗殴	32	6
保辜限期	32	6
宫内忿争	8	—
宗室觉罗以上亲被殴	4	1
殴制使及本管长官	30	1
上司官与统属官相殴	1	—
拒殴追摄人	4	1
殴受业师	5	2
威力制缚人	11	6
良贱相殴	7	1
奴婢殴家长	46	5
妻妾殴夫	49	17
同姓亲属相殴	4	—
殴大功以下尊长	100	32
殴期亲尊长	88	27
殴祖父母父母	32	11
妻妾与夫亲属相殴	8	8
殴妻前夫之子	2	2
父祖被殴（以上斗殴门）	55	8
越诉 *	48	1
投匿名文书告人罪 *	16	1
诬告 *	162	43
干名犯义	30	2
子孙违反教令 *	61	7
见禁囚不得告举他事	1	—
教唆词讼 *	8	—
诬告充军及迁徙（以上诉讼门）	2	—

续表

《刑案汇览》		《刑案新编》
存案分类	案件数量	案件数量
官吏受财 *	51	6
有事以财请求 *	9	1
在官求索借贷人财物 *	4	2
家人求索	6	—
因公科敛 *（以上受赃门）	9	1
诈为制书	7	1
对制上书诈不以实	5	—
伪造印信时宪书 *	12	2
私铸铜钱 *	13	3
诈假官	11	6
诈称内使等官	13	8
近侍诈称私行	1	—
诈病死伤避事	3	—
诈教诱人犯法（以上诈伪门）	2	1
犯奸	56	7
纵容妻妾犯奸	10	2
亲属相奸	51	2
诬执翁奸	1	1
奴及雇工人奸家长妻	12	1
奸部民妻女	4	—
居丧及僧道犯奸	7	—
官吏宿娼	1	1
买良为娼（以上犯奸门）	9	—
赌博	25	7
嘱托公事	1	—
失火	13	2
放火故烧人房屋	20	8
不应为（以上杂犯门）	1	1

续表

《刑案汇览》		《刑案新编》
存案分类	案件数量	案件数量
—	—	（应捕人追捕罪人）1
罪人拒捕	126	38
狱囚脱监及反狱在逃	21	18
徒流人逃	60	6
稽留囚徒	21	—
主守不觉失囚	5	4
知情藏匿罪人	2	—
盗贼捕限 *（以上捕亡门）	5	18
—	—	（囚应禁而不禁）1
故禁故勘平人	5	—
淹禁	1	—
陵虐罪囚	7	1
与囚金刃解脱	19	—
主守教囚反异	1	—
狱囚衣粮	1	1
—	—	（老幼不拷讯 *）1
鞫狱停囚待对	2	1
原告人事毕不放回 *	1	—
狱囚诬指平人	2	—
官司出入人罪 *	4	3
—	—	（辩明冤枉 *）9
有司决囚等第	27	20
检验尸伤不以实	5	9
决罚不如法 *	32	3
赦前断罪不当	1	—
妇人犯罪	3	—
断罪不当 *	3	1
吏典代写招草（以上断狱门）	1	—

附表六　晚清民国刑法典目录

	刑律草案（稿本,1905年）	刑律草案（1907年）	修正刑律草案（1910年）	钦定大清刑律（1911年）	暂行新刑律（1911年）	修正刑法草案（1915年）
第一编 总则	第一章　法例	第一章　法例	第一章　法例	第一章　法例	第一章　法例	第一章　法例
	第一节　法律效力					
	第二节　称谓例					
	第二章　刑制	第二章　不论罪	第二章　不论罪	第二章　不为罪	第二章　不为罪	第二章　不为罪
	第一节　刑名	第三章　未遂罪	第三章　未遂罪	第三章　未遂罪	第三章　未遂罪	第三章　未遂罪预备罪阴谋罪
	第二节　征偿					
	第三节　刑期	第四章　累犯罪	第四章　累犯罪	第四章　累犯罪	第四章　累犯罪	第四章　累犯罪
	第四节　假出狱	第五章　俱发罪	第五章　俱发罪	第五章　俱发罪	第五章　俱发罪	第五章　俱发罪
	第五节　期满免缉	第六章　共犯罪	第六章　共犯罪	第六章　共犯罪	第六章　共犯罪	第六章　共犯罪
	第六节　加减例	第七章　刑名	第七章　刑名	第七章　刑名	第七章　刑名	第七章　刑名
	第七节　赦					第八章　亲属加重
	第三章　行为	第八章　宽宥减轻	第八章　宽宥减轻	第八章　宥减	第八章　宥减	第九章　宥减
	第一节　罪责及减免	第九章　自首减轻	第九章　自首减轻	第九章　自首	第九章　自首	第十章　自首
	第二节　未遂犯	第十章　酌量减轻	第十章　酌量减轻	第十章　酌减	第十章　酌减	第十一章　酌加酌减
	第三节　共犯	第十一章　加减例	第十一章　加减例	第十一章　加减例	第十一章　加减例	第十二章　加减例
	第四节　数罪俱发	第十二章　犹豫行刑	第十二章　缓刑	第十二章　缓刑	第十二章　缓刑	第十三章　缓刑
	第五节　再犯	第十三章　假出狱	第十三章　暂释	第十三章　假释	第十三章　假释	第十四章　假释
		第十四章　恩赦	第十四章　恩赦	第十四章　恩赦	第十四章　赦免	
		第十五章　时效	第十五章　时效	第十五章　时效	第十五章　时效	第十五章　时效
		第十六章　时期计算	第十六章　时期计算	第十六章　时例	第十六章　时例	第十六章　时例
		第十七章　文例	第十七章　文例	第十七章　文例	第十七章　文例	第十七章　文例

	刑律草案（稿本，1905年）	刑律草案（1907年）	修正刑律草案（1910年）	钦定大清刑律（1911年）	暂行新刑律（1911年）	修正刑法草案（1915年）
第二编　分则	——	第一章　关于帝室之罪	第一章　关于帝室之罪	第一章　侵犯皇室罪	第一章　（删）	第一章　侵犯大总统罪
		第二章　关于内乱之罪	第二章　关于内乱之罪	第二章　内乱罪	第二章　内乱罪	第二章　内乱罪
		第三章　关于国交之罪	第三章　关于国交之罪			
		第四章　关于外患之罪	第四章　关于外患之罪	第三章　外患罪	第三章　外患罪	第三章　外患罪
				第四章　妨害国交罪	第四章　妨害国交罪	第四章　妨害国交罪
		第五章　关于漏泄机务之罪	第五章　关于漏泄机务之罪	第五章　漏泄机务罪	第五章　漏泄机务罪	第五章　漏泄机务罪
		第六章　关于渎职之罪	第六章　关于渎职之罪	第六章　渎职罪	第六章　渎职罪	第六章　渎职罪
		第七章　关于妨害公务之罪	第七章　关于妨害公务之罪	第七章　妨害公务罪	第七章　妨害公务罪	第七章　妨害公务罪
		第八章　关于选举之罪	第八章　关于选举之罪	第八章　妨害选举罪	第八章　妨害选举罪	第八章　妨害选举罪
		第九章　关于骚扰之罪	第九章　关于骚扰之罪	第九章　骚扰罪	第九章　骚扰罪	第九章　骚扰罪
		第十章　关于监禁者脱逃罪	第十章　关于监禁者脱逃罪	第十章　逮捕监禁人犯脱逃罪	第十章　逮捕监禁人犯脱逃罪	第十章　脱逃罪
		第十一章　关于藏匿罪人及湮没证据之罪	第十一章　关于藏匿罪人及湮没证据之罪	第十一章　藏匿罪人及湮没证据罪	第十一章　藏匿罪人及湮没证据罪	第十一章　湮灭证据罪
		第十二章　关于伪证及诬告之罪	第十二章　关于伪证及诬告之罪	第十二章　伪证及诬告罪	第十二章　伪证及诬告罪	第十二章　伪证诬告罪
		第十三章　关于放火决水及水利罪	第十三章　关于放火决水及水利之罪	第十三章　放火决水及妨害水利罪	第十三章　放火决水及妨害水利罪	第十三章　放火罪 第十四章　决水罪
		第十四章　关于危险物罪	第十四章　关于危险物之罪	第十四章　危险物罪	第十四章　危险物罪	第十五章　危险物罪
		第十五章　关于往来通信罪	第十五章　关于往来通信之罪	第十五章　妨害交通罪	第十五章　妨害交通罪	第十六章　妨害交通罪
		第十六章　关于秩序罪	第十六章　关于秩序之罪	第十六章　妨害秩序罪	第十六章　妨害秩序罪	第十七章　妨害秩序罪
		第十七章　关于伪造通用货币之罪	第十七章　关于伪造通用货币之罪	第十七章　伪造货币罪	第十七章　伪造货币罪	第十八章　伪造货币罪
		第十八章　关于伪造文书及印文之罪	第十八章　关于伪造文书及印文之罪	第十八章　伪造文书印文罪	第十八章　伪造文书及印文罪	
		第十九章　关于伪造度量衡之罪	第十九章　关于伪造度量衡之罪	第十九章　伪造度量衡罪	第十九章　伪造度量衡罪	第十九章　伪造度量衡罪

续表

	刑律草案（稿本，1905年）	刑律草案（1907年）	修正刑律草案（1910年）	钦定大清刑律（1911年）	暂行新刑律（1911年）	修正刑法草案（1915年）
						第二十章　私盐罪
		第二十章　关于祀典及坟墓罪	第二十章　关于祀典及坟墓之罪	第二十章　亵渎祀典及发掘坟墓罪	第二十章　亵渎祀典及发掘坟墓罪	第二十一章　伪造文书罪
			第二十一章　关于鸦片烟之罪	第二十一章　鸦片烟罪	第二十一章　鸦片烟罪	第二十二章　亵渎祀典罪
		第二十一章　关于鸦片烟之罪	第二十二章　关于赌博彩票之罪	第二十二章　赌博罪	第二十二章　赌博罪	第二十三章　鸦片吗啡罪
		第二十二章　关于赌博彩票之罪				第二十四章　赌博罪
		第二十三章　关于奸非及重婚之罪	第二十三章　关于奸非及重婚之罪	第二十三章　奸非及重婚罪	第二十三章　奸非及重婚罪	第二十五章　奸非重婚罪
		第二十四章　关于饮料水之罪	第二十四章　关于饮料水之罪	第二十四章　妨害饮料水罪	第二十四章　妨害饮料水罪	第二十六章　妨害饮料水罪
		第二十五章　关于卫生之罪	第二十五章　关于卫生之罪	第二十五章　妨害卫生罪	第二十五章　妨害卫生罪	第二十七章　妨害卫生罪
		第二十六章　关于杀伤之罪	第二十六章　关于杀伤之罪	第二十六章　杀伤罪	第二十六章　杀伤罪	第二十八章　杀伤罪
		第二十七章　关于堕胎之罪	第二十七章　关于堕胎之罪	第二十七章　堕胎罪	第二十七章　堕胎罪	第二十九章　堕胎罪
		第二十八章　关于遗弃之罪	第二十八章　关于遗弃之罪	第二十八章　遗弃罪	第二十八章　遗弃罪	第三十章　遗弃罪
		第二十九章　关于逮捕监禁之罪	第二十九章　关于逮捕监禁之罪	第二十九章　私滥逮捕监禁罪	第二十九章　私滥逮捕监禁罪	第三十一章　逮捕拘禁罪
		第三十章　关于略诱及和诱之罪	第三十章　关于略诱及和诱之罪	第三十章　略诱及和诱罪	第三十章　略诱及和诱罪	第三十二章　略诱及和诱罪
		第三十一章　关于名誉信用安全及私密之罪	第三十一章　关于安全名誉信用及秘密之罪	第三十一章　妨害安全名誉信用及私密罪	第三十一章　妨害安全名誉信用及私密罪	第三十三章　妨害安全名誉信用及私密罪
		第三十二章　关于窃盗及强盗之罪	第三十二章　关于窃盗及强盗之罪	第三十二章　窃盗及强盗罪	第三十二章　窃盗及强盗罪	第三十四章　窃盗强盗罪
		第三十三章　关于诈欺取财罪	第三十三章　关于诈欺取财之罪	第三十三章　诈欺取财罪	第三十三章　诈欺取财罪	第三十五章　诈欺取财罪

续表

	刑律草案（稿本，1905年）	刑律草案（1907年）	修正刑律草案（1910年）	钦定大清刑律（1911年）	暂行新刑律（1911年）	修正刑法草案（1915年）
		第三十四章　关于侵占罪 第三十五章　关于赃物罪 第三十六章　关于毁弃损坏罪	第三十四章　关于侵占之罪 第三十五章　关于赃物之罪 第三十六章　关于毁弃损坏之罪	第三十四章　侵占罪 第三十五章　赃物罪 第三十六章　毁弃损坏罪 （附暂行章程）	第三十四章　侵占罪 第三十五章　赃物罪 第三十六章　毁弃损坏罪	第三十六章　侵占罪 第三十七章　赃物罪 第三十八章　毁弃损坏罪
	刑法第二次修正案（1918年）	改定刑法第二次修正案（1919年）	中华民国刑法（1928年）	中华民国刑法修正案初稿（1933年）	中华民国刑法修正案初稿（1934年）	中华民国刑法（1935年）
第一编　总则	第一章　法例 第二章　文例 第三章　时例 第四章　刑事责任及刑之减免 第五章　未遂罪 第六章　共犯 第七章　刑名 第八章　累犯 第九章　并合论罪 第十章　刑之酌科 第十一章　加减例 第十二章　缓刑 第十三章　假释 第十四章　时效	第一章　法例 第二章　文例 第三章　时例 第四章　刑事责任及刑事之减免 第五章　未遂罪 第六章　共犯 第七章　刑名 第八章　累犯 第九章　并合论罪 第十章　刑之酌科 第十一章　加减例 第十二章　缓刑 第十三章　假释 第十四章　时效	第一章　法例 第二章　文例 第三章　时例 第四章　刑事责任及刑之减免 第五章　未遂罪 第六章　共犯 第七章　刑名 第八章　累犯 第九章　并合论罪 第十章　刑之酌科 第十一章　加减例 第十二章　缓刑 第十三章　假释 第十四章　时效	第一章　适用范围 第二章　刑事责任 第三章　未遂犯 第四章　共犯 第五章　刑 第六章　累犯 第七章　数罪并罚 第八章　刑之酌科及加减 第九章　缓刑 第十章　假释 第十一章　时效 第十二章　保安处分	第一章　法例 第二章　刑事责任 第三章　未遂犯 第四章　共犯 第五章　刑 第六章　累犯 第七章　数罪并罚 第八章　刑之酌科及加减 第九章　缓刑 第十章　假释 第十一章　时效 第十二章　保安处分	第一章　法例 第二章　刑事责任 第三章　未遂犯 第四章　共犯 第五章　刑 第六章　累犯 第七章　数罪并罚 第八章　刑之酌科及加减 第九章　缓刑 第十章　假释 第十一章　时效 第十二章　保安处分

续表

	刑法第二次修正案（1918 年）	改定刑法第二次修正案（1919 年）	中华民国刑法（1928 年）	中华民国刑法修正案初稿（1933 年）	中华民国刑法修正案初稿（1934 年）	中华民国刑法（1935 年）
第二编　分则	第一章　侵犯大总统罪	第一章　侵犯大总统罪				
	第二章　内乱罪	第二章　内乱罪	第一章　内乱罪	第一章　内乱罪	第一章　内乱罪	第一章　内乱罪
	第三章　外患罪	第三章　外患罪	第二章　外患罪	第二章　外患罪	第二章　外患罪	第二章　外患罪
	第四章　妨害国交罪	第四章　妨害国交罪	第三章　妨害国交罪	第三章　妨害国交罪	第三章　妨害国交罪	第三章　妨害国交罪
	第五章　渎职罪	第五章　渎职罪	第四章　渎职罪	第四章　渎职罪	第四章　渎职罪	第四章　渎职罪
	第六章　妨害公务罪	第六章　妨害公务罪	第五章　妨害公务罪	第五章　妨害公务罪	第五章　妨害公务罪	第五章　妨害公务罪
	第七章　妨害选举罪	第七章　妨害选举罪	第六章　妨害选举罪	第六章　妨害投票罪	第六章　妨害投票罪	第六章　妨害投票罪
	第八章　妨害秩序罪	第八章　妨害秩序罪	第七章　妨害秩序罪	第七章　妨害秩序罪	第七章　妨害秩序罪	第七章　妨害秩序罪
	第九章　脱逃罪	第九章　脱逃罪	第八章　脱逃罪	第八章　脱逃罪	第八章　脱逃罪	第八章　脱逃罪
	第十章　藏匿犯人及湮灭证据罪	第十章　藏匿犯人及湮灭证据罪	第九章　藏匿犯人及湮灭证据罪	第九章　藏匿犯人及湮灭证据罪	第九章　藏匿犯人及湮灭证据罪	第九章　藏匿犯人及湮灭证据罪
	第十一章　伪证诬告罪	第十一章　伪证及诬告罪	第十章　伪证及诬告罪	第十章　伪证及诬告罪	第十章　伪证及诬告罪	第十章　伪证及诬告罪
	第十二章　公共危险罪	第十二章　公共危险罪	第十一章　公共危险罪	第十一章　公共危险罪	第十一章　公共危险罪	第十一章　公共危险罪
	第十三章　伪造货币罪	第十三章　伪造货币罪	第十二章　伪造货币罪	第十二章　伪造货币罪	第十二章　伪造货币罪	第十二章　伪造货币罪
				第十三章　伪造有价证券罪	第十三章　伪造有价证券罪	第十三章　伪造有价证券罪
	第十四章　伪造度量衡罪	第十四章　伪造度量衡罪	第十三章　伪造度量衡罪	第十四章　伪造度量衡罪	第十四章　伪造度量衡罪	第十四章　伪造度量衡罪
	第十五章　伪造文书印文罪	第十五章　伪造文书印文罪	第十四章　伪造文书印文罪	第十五章　伪造文书印文罪	第十五章　伪造文书印文罪	第十五章　伪造文书印文罪
	第十六章　妨害风化罪	第十六章　妨害风化罪	第十五章　妨害风化罪	第十六章　妨害风化罪	第十六章　妨害风化罪	第十六章　妨害风化罪
	第十七章　妨害婚姻及家庭罪	第十七章　妨害婚姻及家庭罪	第十六章　妨害婚姻及家庭罪	第十七章　妨害婚姻及家庭罪	第十七章　妨害婚姻及家庭罪	第十七章　妨害婚姻及家庭罪
	第十八章　妨害宗教罪	第十八章　妨害宗教罪	第十七章　亵渎祀典及侵害坟墓尸体罪	第十八章　亵渎祀典及侵害坟墓尸体罪	第十八章　亵渎祀典及侵害坟墓尸体罪	第十八章　亵渎祀典及侵害坟墓尸体罪
	第十九章　妨害商务罪	第十九章　妨害商务罪	第十八章　妨害农工商罪	第十九章　妨害农工商罪	第十九章　妨害农工商罪	第十九章　妨害农工商罪
	第二十章　鸦片罪	第二十章　鸦片罪	第十九章　鸦片罪	第二十章　鸦片罪	第二十章　鸦片罪	第二十章　鸦片罪

续表

	刑法第二次修正案（1918年）	改定刑法第二次修正案（1919年）	中华民国刑法（1928年）	中华民国刑法修正案初稿（1933年）	中华民国刑法修正案初稿（1934年）	中华民国刑法（1935年）
第二编 分则	第二十一章　赌博罪	第二十一章　赌博罪	第二十章　赌博罪	第二十一章　赌博罪	第二十一章　赌博罪	第二十一章　赌博罪
	第二十二章　杀人罪	第二十二章　杀人罪	第二十一章　杀人罪	第二十二章　杀人罪	第二十二章　杀人罪	第二十二章　杀人罪
	第二十三章　伤害罪	第二十三章　伤害罪	第二十二章　伤害罪	第二十三章　伤害罪	第二十三章　伤害罪	第二十三章　伤害罪
	第二十四章　堕胎罪	第二十四章　堕胎罪	第二十三章　堕胎罪	第二十四章　堕胎罪	第二十四章　堕胎罪	第二十四章　堕胎罪
	第二十五章　遗弃罪	第二十五章　遗弃罪	第二十四章　遗弃罪	第二十五章　遗弃罪	第二十五章　遗弃罪	第二十五章　遗弃罪
	第二十六章　妨害自由罪	第二十六章　妨害自由罪	第二十五章　妨害自由罪	第二十六章　妨害自由罪	第二十六章　妨害自由罪	第二十六章　妨害自由罪
	第二十七章　妨害名誉及信用罪	第二十七章　妨害名誉及信用罪	第二十六章　妨害名誉及信用罪	第二十七章　妨害名誉及信用罪	第二十七章　妨害名誉及信用罪	第二十七章　妨害名誉及信用罪
	第二十八章　妨害秘密罪	第二十八章　妨害秘密罪	第二十七章　妨害秘密罪	第二十八章　妨害秘密罪	第二十八章　妨害秘密罪	第二十八章　妨害秘密罪
	第二十九章　窃盗罪	第二十九章　窃盗罪	第二十八章　窃盗罪	第二十九章　窃盗罪	第二十九章　窃盗罪	第二十九章　窃盗罪
	第三十章　抢夺强盗及海盗罪	第三十章　抢夺强盗及海盗罪	第二十九章　抢夺强盗及海盗罪	第三十章　抢夺强盗及海盗罪	第三十章　抢夺强盗及海盗罪	第三十章　抢夺强盗及海盗罪
	第三十一章　侵占罪	第三十一章　侵占罪	第三十章　侵占罪	第三十一章　侵占罪	第三十一章　侵占罪	第三十一章　侵占罪
	第三十二章　诈欺及背信罪	第三十二章　诈欺及背信罪	第三十一章　诈欺及背信罪	第三十二章　诈欺及背信罪	第三十二章　诈欺背信及重利罪	第三十二章　诈欺背信及重利罪
				第三十三章　重利罪		
	第三十三章　恐吓罪	第三十三章　恐吓罪	第三十二章　恐吓罪	第三十四章　恐吓及掳人勒赎罪	第三十三章　恐吓及掳人勒赎罪	第三十三章　恐吓及掳人勒赎罪
	第三十四章　赃物罪	第三十四章　赃物罪	第三十三章　赃物罪	第三十五章　赃物罪	第三十四章　赃物罪	第三十四章　赃物罪
	第三十五章　毁弃损坏罪	第三十五章　毁弃损坏罪	第三十四章　毁弃损坏罪	第三十六章　毁弃损坏罪	第三十五章　毁弃损坏罪	第三十五章　毁弃损坏罪

附表七 “79”刑法与“97”刑法典目录

	1979 年	1997 年
第一编 总则	第一章　刑法的指导思想、任务和适用范围	第一章　刑法的任务、基本原则和适用范围
	第二章　犯罪	第二章　犯罪
	第一节　犯罪和刑事责任	第一节　犯罪和刑事责任
	第二节　犯罪的预备、未遂和中止	第二节　犯罪的预备、未遂和中止
	第三节　共同犯罪	第三节　共同犯罪
		第四节　单位犯罪
	第三章　刑罚	第三章　刑罚
	第一节　刑罚的种类	第一节　刑罚的种类
	第二节　管制	第二节　管制
	第三节　拘役	第三节　拘役
	第四节　有期徒刑、无期徒刑	第四节　有期徒刑、无期徒刑
	第五节　死刑	第五节　死刑
	第六节　罚金	第六节　罚金
	第七节　剥夺政治权利	第七节　剥夺政治权利
	第八节　没收财产	第八节　没收财产
	第四章　刑罚的具体运用	第四章　刑罚的具体运用
	第一节　量刑	第一节　量刑
	第二节　累犯	第二节　累犯
	第三节　自首	第三节　自首和立功
	第四节　数罪并罚	第四节　数罪并罚
	第五节　缓刑	第五节　缓刑
	第六节　减刑	第六节　减刑
	第七节　假释	第七节　假释
	第八节　时效	第八节　时效
	第五章　其他规定	第五章　其他规定

续表

	1979年	1997年
第二编 分则	第一章 反革命罪 第二章 危害公共安全罪 第三章 破坏社会主义经济秩序罪 第四章 侵犯公民人身权利、民主权利罪 第五章 侵犯财产罪 第六章 妨害社会管理秩序罪 第七章 妨害婚姻、家庭罪 第八章 渎职罪	第一章 危害国家安全罪 第二章 危害公共安全罪 第三章 破坏社会主义市场经济秩序罪 第一节 生产、销售伪劣商品罪 第二节 走私罪 第三节 妨害对公司、企业的管理秩序罪 第四节 破坏金融管理秩序罪 第五节 金融诈骗罪 第六节 危害税收征管罪 第七节 侵犯知识产权罪 第八节 扰乱市场秩序罪 第四章 侵犯公民人身权利、民主权利罪 第五章 侵犯财产罪 第六章 妨害社会管理秩序罪 第一节 扰乱公共秩序罪 第二节 妨害司法罪 第三节 妨害国（边）境管理罪 第四节 妨害文物管理罪 第五节 危害公共卫生罪 第六节 破坏环境资源保护罪 第七节 走私、贩卖、运输、制造毒品罪 第八节 组织、强迫、引诱、容留、介绍卖淫罪 第九节 制作、贩卖、传播淫秽物品罪 第七章 危害国防利益罪 第八章 贪污贿赂罪 第九章 渎职罪 第十章 军人违反职责罪

参 考 文 献

法典（含复原、注解、汇编）、律学（按法典年代倒序）：

1. 黄源盛纂辑:《晚清民国刑法史料辑注》，台北，元照出版有限公司2010年版。

2. 怀效锋主编:《清末法制变革史料》，中国政法大学出版社2010年版。

3. 高汉成:《〈大清新刑律〉立法资料汇编》，社会科学文献出版社2013年版。

4.《大清现行刑律》，载《续修四库全书》（第864册），上海古籍出版社2002年影印。

5.《大清新法令》，商务印书馆2010年版。

6. 徐世虹主编:《沈家本全集》，中国政法大学出版社2010年版。

7.（清）薛允升:《读例存疑》，胡星桥、邓又天点校，中国人民公安大学1994年版。

8. 郭成伟主编:《大清律例根原》，上海辞书出版社2012年版。

9.《大清律例》，张荣铮等点校，天津古籍出版社1993年版。

10.《大清律例》，田涛、郑秦点校，法律出版社1999年版。

11.《大清律集解附例》，载四库未收书辑刊编纂委员会:《四库未收书辑刊》（第1辑26册），北京出版社2000年影印雍正三年内府刻本。

12.（清）沈之奇:《大清律辑注》，载《续修四库全书》（第863册），上海古籍出版社 2002 年影印。

13.《顺治三年奏定律》，王宏治、李建渝点校，载杨一凡、田涛主编：《中国珍稀法律典籍》续编，黑龙江人民出版社 2002 年版。

14.《皇明条法事类纂》，载刘海年、杨一凡主编：《中国珍稀法律典籍集成》乙编第四册，科学出版社 1994 年版。

15.《大明律》，怀效锋点校，法律出版社 1999 年版。

16.（明）张楷：《律条疏议》，载杨一凡编：《中国律学文献》，黑龙江人民出版社 2004 年影印。

17.《大明令》，载刘海年、杨一凡主编：《中国珍稀法律典籍集成》乙编第一册《洪武法律典籍》，科学出版社 1994 年版。

18.（清）薛允升：《唐明律合编》，怀效锋，李鸣点校，法律出版社 1999 年版。

19.（清）薛允升：《唐明律合编稿本》，［日］奥村郁三编，关西大学出版部，平成十五年。

20.（清）沈家本：《明律目笺》，载氏著：《历代刑法考》，商务印书馆 2011 年版。

21.《通制条格校注》，方龄贵校注，中华书局 2001 年版。

22.《至正条格》，韩国学中央研究院编，2007 年影印本。

23.《庆元条法事类》，载杨一凡、田涛主编：《中国珍稀法律典籍》续编，戴建国点校，黑龙江人民出版社 2002 年版。

24.《天一阁藏明钞本天圣令校证》，天一阁博物馆、中国社会科学院历史研究所天圣令整理课题组，中华书局 2006 年版。

25. 岳纯之：《宋刑统校证》，北京大学出版社 2015 年版。

26. [日] 仁井田陞著：《唐令拾遗》，栗劲、霍存福、王占通、郭延德编译，长春出版社 1989 年版。

27.（唐）长孙无忌：《唐律疏议》，岳纯之点校，上海古籍出版社 2013

年版。

28. 钱大群:《唐律疏义新注》，南京师范大学出版社 2007 年版。

29. 李林甫等编:《唐六典》，陈仲夫点校，中华书局 2014 年版。

其他古籍（按作者姓氏拼音排序）:

1.（清）包世臣:《小倦遊閣集》，载《续修四库全书》（第 1500 册），上海古籍出版社 2002 年据安徽省图书馆藏清包氏抄本影印。

2. 陈天锡:《迟庄回忆录》，载沈云龙主编:《近代中国史料丛刊》（第 2 辑），台北，文海出版社。

3.（清）吉同钧:《乐素堂文集》，闫晓君整理，法律出版社 2014 年版。

4.（清）万维翰:《律例图说》，中华书局 2015 影印清乾隆十五年芸晖堂刻本。

5.（清）汪荣宝:《金薤琳琅文存》，载沈云龙主编:《近代中国史料丛刊》（第六十辑），台北，文海出版社影印。

6. 魏源全集编辑委员会编校:《魏源全集》第 18 册《皇朝经世文编》，岳麓书社 2004 年版。

7.（清）徐栋辑:《牧令书》，载《官箴书集成》，黄山书社 1997 年影印。

8.（清）许同莘:《公牍学史》，档案出版社 1989 年版。

9.（清）姚文然:《姚端恪公全集》，载《清代诗文集汇编》（第 75 册），上海古籍出版社 2010 年据康熙桐城姚氏刻本影印。

10.（清）章学诚:《文史通义》，吕思勉评，李永圻、张耕华导读整理，上海古籍出版社 2008 年版。

11.（清）赵舒翘:《慎斋文集》，闫晓君整理，法律出版社 2014 年版。

12.（清）宗继增重编:《读律一得歌》，光绪庚寅正月江苏书局刊版。

案牍、判词（按成书年代先后排序）：

1.《新纂四六合律判语》，载杨一凡、徐立志主编，俞鹿年、汪世荣、闫晓君整理：《历代判例判牍》（第4册），中国社会科学出版社2005年版。

2.《合例判庆云集》，载杨一凡主编，刘笃才整理：《历代珍稀司法文献》（第3册），社会科学文献出版社2012年版。

3.《明清公牍秘本五种》，郭成伟、田涛点校，中国政法大学出版社2013年版。

4.《例案全集》，康熙六十一年（1722年）思敬堂刊本。

5. 全士潮等纂：《驳案汇编》，何勤华等点校，法律出版社2009年版。

6.《刑案汇览》，道光十四年（1834年）刊本。

7.（清）赵尔巽编：《刑案新编》，兰州官书局光绪二十八年（1902年）排印本。

8.（清）樊增祥：《樊山政书》，那思陆、孙家红点校，中华书局2007年版。

论文、论著、论文集（按出版、发表时间倒序）：

1. 杨一凡：《明代典例法律体系的确立与令的变迁——“律例法律体系”说、“无令”说修正》，载《华东政法大学学报》2017年第1期。

2. 沈玮玮：《持法深者无善治：中国古代立法繁简之变》，法律出版社2016年版。

3. 刘全娥：《陕甘宁边区司法改革与“政法传统”的形成》，人民出版社2016年版。

4. 张春海：《唐律、高丽律比较研究：以法典及其适用为中心》，法律出版社2016年版。

5. 曹海晶：《中外立法制度比较》，商务印书馆2016年版。

6. 王立民:《唐律新探》(第五版),北京大学出版社2016年版。

7. 黄源盛:《中国法史导论》,台北,元照出版有限公司2016年修订版。

8. 苏亦工、谢晶等编:《旧律新诠:〈大清律例〉国际研讨会论文集》,清华大学出版社2016年版。

9. 钱大群:《律令格式不能以其图书管理栏目名称取代其法学概括——〈新唐书〉"四刑书"说辨析续篇》,载《法律文化论丛》(第6辑),知识产权出版社2016年版。

10. 纪海龙:《理想与现实的距离——对中国民法典编纂的冷观察》,载《华东政法大学学报》2016年第6期。

11. 夏扬:《中国法律传统的经济理性》,载《法学研究》2016年第5期。

12. 王立民:《中国传统律学研究方法论纲——以唐律律文的研究方法为例》,载《法学》2016年第4期。

13. 刘笃才:《古代法制的生成及其演进逻辑——以事制为中心》,载《北方法学》2016年第3期。

14. 高璐:《明清公案小说判词与明清实际诉讼判词的差异》,载《中国俗文化研究》2016年第1期。

15. 陈新宇:《帝制中国的法源与适用:以比附问题为中心的展开》,上海人民出版社2015年版。

16. 高汉成:《〈大清新刑律〉与中国近代刑法继受》,社会科学文献出版社2015年版。

17. 夏锦文、李玉生主编:《唐典研究:钱大群教授唐律与〈唐六典〉研究观点与评论》,北京大学出版社2015年版。

18. 陈锐:《从"类"字的应用看中国古代法律及律学的发展》,载《环球法律评论》2015年第5期。

19. 郑小悠:《清代刑部官员的形象:自我期许与外部评价》,载《北京师范大学学报》(社会科学版)2015年第1期。

20. 楼劲:《魏晋南北朝隋唐立法与法律体系：敕例、法典与唐法系源流》，中国社会科学出版社 2014 年版。

21.[日]山本英史编:《中国近世の规范と秩序》，研文出版 2014 年版。

22. [日] 穗积陈重:《法典论》，李求轶译，商务印书馆 2014 年版。

23.《江庸法学文集》，法律出版社 2014 年版。

24. 蔡枢衡:《中国法律之批判》，山西人民出版社 2014 年版。

25. 尤陈俊:《法律知识的文字传播：明清日用类书与社会日常生活》，上海人民出版社 2013 年版。

26. 孙向阳:《中国古代盗罪研究》，中国政法大学出版社 2013 年版。

27. 陈锐:《唐代判词中的法意、逻辑与修辞——以〈文苑英华 · 刑狱门〉为中心的考察》，载《现代法学》2013 年第 4 期。

28. 赵晶:《唐宋令篇目研究》，载《中国古代法律文献研究》2013 年辑。

29. 封丽霞:《法典编纂论：一个比较法的视角》，清华大学出版社 2012 年版。

30. 刘晓林:《唐律“七杀”研究》，商务印书馆 2012 年版。

31. 张伟仁:《磨镜——法学教育论文集》，清华大学出版社 2012 年版。

32. 梁慧星:《裁判的方法》，法律出版社 2012 年版。

33. [日] 寺田浩明:《权利与冤抑：寺田浩明中国法史论集》，王亚新等译，清华大学出版社 2012 年版。

34. 刘广安:《中国古代法律体系新论》，高等教育出版社 2012 年版。

35. 周少元:《中国近代刑法的肇端——〈钦定大清刑律〉》，商务印书馆 2012 年版。

36. 徐忠明、杜金:《传播与阅读：明清法律知识史》，北京大学出版社 2012 年版。

37. 杨一凡、刘笃才:《历代例考》，社会科学文献出版社 2012 年版。

38. 曾宪义等主编:《律学与法学：中国古代法律教育与法律学术的传

统及其现代发展》，中国人民大学出版社 2012 年版。

39. 蒋铁初:《中国传统量刑制度的近代化——以〈大清新刑律〉为对象》，载《政法论丛》2012 年第 2 期。

40. 刘晓:《〈大元通制〉到〈至正条格〉：论元代的法典编纂体系》，载《文史哲》2012 年第 1 期。

41. 杨一凡主编:《中国古代法律形式研究》，社会科学文献出版社 2011 年版。

42. 霍存福、张靖翊、冯学伟:《以〈大明令〉为枢纽看中国古代律令制体系》，载《法制与社会发展》2011 年第 5 期。

43. 张振明:《晚清英美对〈大清律例〉的认识与研究》，载《北京理工大学学报》（社会科学版）2011 年第 3 期。

44. 刘玉华:《〈大清律例·工律〉演变源流考释》，载《江苏警官学院学报》2011 年第 2 期。

45. 程树德:《九朝律考》，商务印书馆 2010 年版。

46. 戴炎辉:《唐律通论》，戴东雄、黄源盛校订，台北，元照出版有限公司 2010 年版。

47. 叶晓川:《清代科举法律文化研究》，知识产权出版社 2008 年版。

48. 张帆:《重现于世的元代法律典籍——残本〈至正条格〉》，载《文史知识》2008 年第 2 期。

49. 任喜荣:《刑官的世界：中国法律人职业化的历史透视》，法律出版社 2007 年版。

50. 张小也:《官、民与法：明清国家与基层社会》，中华书局 2007 年版。

51. [日] 浅井虎夫:《中国法典编纂沿革史》，陈重民译，李孝猛点校，中国政法大学出版社 2007 年版。

52. 龚汝富:《明清时期司法官吏的法律教育》，载《江西财经大学学报》2007 年第 5 期。

53. 姚旸：《清代刑案律例发展的内因浅析》，载《历史档案》2007年第2期。

54. 蔡枢衡：《中国刑法史》，中国法制出版社2005年版。

55. 郭建：《师爷当家》，中国言实出版社2004年版。

56. 何勤华主编：《律学考》，商务印书馆2004年版。

57. [日]织田万：《清国行政法》，李秀清、王沛点校，中国政法大学出版社2003年版。

58. 高汉成：《也谈中国古代律典的性质和体例——以〈唐律疏议〉和〈大清律例〉为中心》，载《上海交通大学学报》（哲学社会科学版）2003年第5期。

59. 宋四辈：《中国古代刑法典的编纂体例和结构特点——兼论中国传统刑法文化的作用和影响》，载《郑州大学学报》（哲学社会科学版）2003年第4期。

60. [美]伯尔曼：《法律与宗教》，梁治平译，中国政法大学出版社2002年版。

61. 吕丽：《例以辅律 非以代律——谈〈清史稿·刑法志〉律例关系之说的片面性》，载《法制与社会发展》2002年第6期。

62. 黄宗智：《清代的法律、社会与文化：民法的表达与实践》，上海书店出版社2001年版。

63. 苏亦工：《明清律典与条例》，中国政法大学出版社2000年版。

64. 郑秦：《清代法律制度研究》，中国政法大学出版社2000年版。

65. 何勤华：《明清案例汇编及其时代特征》，载《上海社会科学院学术季刊》2000年第3期。

66. 谢振民编著：《中华民国立法史》，中国政法大学出版社1999年版。

67. 郑杰：《中国古典书目中法律文献类别的演变》，载《政法论坛》1999年第3期。

68. 薛梅卿:《宋刑统研究》，法律出版社 1997 年版。

69. ［日］千叶正士:《法律多元：从日本法律文化迈向一般理论》，强世功等译，中国政法大学出版社 1997 年版。

70. 范忠信:《刑法典应力求垂范久远——论修订后的〈刑法〉的局限与缺陷，载《法学》1997 年第 10 期。

71. 刘守芬:《关于“97 刑法”与“79 刑法”若干问题的比较》，载《中外法学》1997 年第 3 期。

72. 霍存福:《张鷟〈龙筋凤髓判〉与白居易〈甲乙判〉异同论》，载《法制与社会发展》1997 年第 2 期。

73. 梁启超:《论中国成文法编制之沿革得失》，载《饮冰室合集》第 2 册《文集》第 2 册（16），中华书局 1988 年版。

74. 陈顾远:《中国法制史》，中国书店 1988 年据商务印书馆 1934 年版影印。

75. ［美］孟罗 • 斯密:《欧陆法律发达史》，姚梅镇译，中国政法大学出版社 1988 年版。

76. 苏亦工:《论清代律例的地位及其相互关系》，载《中国法学》1988 年第 5 期。

77. 王德昭:《清代科举制度研究》，中华书局 1984 年版。

78. ［法］勒内 • 达维德:《当代主要法律体系》，漆竹生译，上海译文出版社 1984 年版。

79. 陈顾远:《中国法制史概要》，台北，三民书局 1977 年版。

80. 陶希圣:《清代州县衙门刑事审判制度及其程序》，台北，食货出版社 1972 年版。

后　记

去印度餐厅外带一杯拉茶，步行一千三百步到公园找个长椅，晒着太阳——这是我反复盘算的写后记时机。还是有些意料不到的情况，比如说，连日阴雨，今日多云，气温回升了可是并不见灿烂阳光；又比如，长椅对着篮球场，周围花木丰茂，但并非悄无声息，车声、人声、风声，声声入耳。可是还有惊喜，原计划找个清晨，第一时间了却写后记这件心事，可是一拖再拖，不大不小的事少不得要用三言两语联络，一来二去到了动笔（确切地说是动手机输入法）时，已经下午三点，公园里没了来回拍手晨练的人，一天到此平平淡淡又饶有趣味，索性把内容冷僻的本书后记写得有趣一点吧！

后记之路上，也就是从食堂到公园的途中，我穿着新款裙子和新买的打折旧款平底鞋，为了保暖穿上了羊毛衫和棉袜子，安心背着来自书店的布袋，里面有写作用的 surface、充电器和转换插头，一堆证件，以及师姐给的保温杯和羊绒披肩，步履匆匆上坡下坡，经过住宅区，与逐渐看得熟了的好些花木重逢：通往住处的林荫路上有一见难忘的凌霄，公园附近一处洋紫荆花枝垂得极低，拂面如簪花，再往前是爬到墙外的龙吐珠——可以想见长得多高。然后在高大亚热带树目掩映中，一拐就进了公园门口。如果再向前，还有更宽敞的运动场。但对我来说这环绕篮球场的小公园就够舒服了，微风轻拂，绿树映目，还有蓝天，夫复何求！

想要晒太阳写，一定是因为地方难得，好气候才好坐户外，其实还有时间难得——窃以为研究和写作是背负阳光的一种活动：大太阳下不容易看清电子屏幕，有任务时无暇出门、出去活动也做不到心无旁骛。写后记意味着要告一段落了，也未能放飞心情——虽说未完稿患得患失的阶段倒是过去了，闭门造车偶尔的沾沾自喜也定会被理智消灭，但还是知道，这虽是现阶段努力的总结，但如果让已迈向下一阶段的我回头来看此作，还是会遗憾。

想要写这本书的主要动力，是书籍的篇幅能够容下对历代法典目录变化过程的勾勒和对清律目录从篇章到条文的多层次解析，更有利于详细呈现图表，写作思路则经历了约三年半的完善过程。本书选题缘起于2013年沈阳师范大学法律文化研究中心霍存福教授主编的《法律文化论丛》创办，还在读博的我，想着新书新气象，打算写个新题目。趁着从硕士阶段研究清代司法时常查阅律学著作，博士阶段又偏向对律典字句、体例的探讨，就准备对《大清律例》法律条文标题功能问题作些探索。这也成为本书拼图中最先定位的一块。然后是毕业与求职。从学生身份转换为教师，有学术会议仍爱去学习，2015年得清华大学苏亦工教授邀请、谢晶博士联络，拟参加"《大清律例》国际学术研讨会"。借此契机，从对"文本"层面的"律目"探索，转向司法活动中寻找线索。取材不广、线索微明，但草成之后，思路得到扩展，这也就完成了拼图的第二块。感谢会议中黄源盛、邱澎生、陈惠馨、陈新宇、陈重方等专家的批评建议，尤其是点评人李启成老师对拙文的鼓励和帮助。我随后感觉有必要对律目问题作系统思考。其后，在母校中南财经政法大学承办的"青年法史论坛"上，获得了范依畴、吴欢老师等的完善意见。2015年拙著《清代刑部的驳案经验》出版后，新书也就提上日程。本书的支线，即从初仕者与学幕者等群体读律的角度看律目，其构思和打磨得益于2016年夏秋两次会议。一是在西北政法大学举办的"青年法史论坛"，二是在中南财经政法大学举办的"法律文化博士论坛"，感谢诸位先进如陈玺、刘全娥、朱腾等，及同门张文勇、蒋楠楠老师等的点评和帮助。本书的尾声，即探讨从《大清律例》到《钦定大清刑律》的剧变中律目何去何从，以及从法律教育角度审视清律，也是拼图的组成部分，后者更是最近涉足、以后将继续研究的方向。相关文稿于2016年秋冬四川大学承办的“中国法律思想史专业委员会年会”、西华师范大学承办的“第三届地方档案与文献研究学术研讨会”两次会议上作口头汇报，感谢王宏治教授、岳纯之教授、刘昕杰教授、吴佩林教授、杨松涛教授等的指点。

2016年以来，我对既有研究的脉络逐渐清晰，开始规划起自己的“律典研究三部曲”，首先是“字斟句酌”，代表是博士学位论文的“律典‘八字例’研究”；其次是“分门别类”，便是本书以律典的目录体系为切入点；最后是“律内律外”，对应着“中国古代‘违制’罪研究”这个题目。本书从文本、司法与知识、理论传承与移植这几块拼图，还原律例条文、门类篇章构成律典这一图景。本书所属的“律典三部曲”则试图从字句、框架与“王言为法”等似乎远离学界研究“热点”的几处切入，描绘一个技术性的侧面，或许有助于衬托出全景。学力有限，不敢“比慢”，[①] 但时刻提醒自己：要细心，要耐烦。

---

① 林毓生先生《中国人文的重建》一文中解释“比慢精神”：“究竟怎么做才能‘比慢’呢？我的答案是：当你很努力、很努力工作以后，真正得到了一点实质成果的时候，你才真正能够‘比慢’。当你经过多少煎熬、多少困难——想问题老是想不通，今天觉得想通了，写得很得意，觉得简直是神来之笔。第二天再看时，却发现仍是根本不通；当你有这样困思的经验，当你在这样的煎熬、这样的自我批评、这样坚强的精神支持之下得到一点实质成绩的时候，得到一个突破性的学术理论的时候，你会发现，的确是一分耕耘，一分收获。你的努力并没有白费，这种切实的成就感，会使你的心情变得不像别人那样着急了，你真实地感受到只有在不栖栖惶惶的心情下才能为中国文化做一点实事。今后当然要本着原来的态度继续努力，以求获得更多一点成绩。同时，这种成就感自然会使你产生一种真正虚心的态度：你知道你的能力的确有限，你花了那么多岁月与那么大的力气，才获得这么一点点成绩。中国文化的问题这么多，你实在没有本领样样都管，你只能脚踏实地，用适合你的速度，走你所能走的路。换言之，‘比慢精神’是成就感与真正的虚心辩证地交融以后所得到的一种精神。”林毓生：《政治秩序的观念》，商务印书馆（香港）2015年版，第162页。虽未能至，心向往之。

近日离得远，常想念在学习和生活中关怀爱护着我、助力本书大纲完善的各位师长：从第一本书到第二本书，霍师和陈师，以及徐忠明、吕丽教授，是我多次求教、始终仰慕的。针对本书中对传统律典、律学问题的思索，还要特别感谢赵晓耕教授，我起初纠结于细节描述，存稿篇幅不短，要点不多，通过电话、电邮得赵老师拨冗细评，有点开窍。关于法典名目与律敕关系等，本书恐怕不及，赵老师提出“律的门类作用不容动摇，以例各归其下；然而规则文化的弊端却无从克服：逾分得细，逾分不清。诚所谓‘法深无善治’欤。请酌”，我因此试图在余论中一探律典“分门别类”的深意，虽笔力不及，仍念念不忘。

本书的写作环境是充实的，感谢沈阳师范大学法学院领导与同事，尤其感激单晓华院长玉成我频繁参加学术活动，感佩510办公室的前辈们对科研、教学与生活的热忱。

获得中国法学会后期资助，使得此书面世、早日求教于方家的愿望即将实现。感谢项目的评审专家与工作人员的尽职尽责。出版在即，感谢法律出版社屈瑶、高山编辑等的帮助，编辑的专业与热忱，使拙著的讹误减少，增色不少。

此外，“教书是帮人读书、写书是替人读书”（李零）这句话，我在文思枯竭、走死胡同时，总要品味一番、汲取力量。参考文献的各位贡献者，均对本书的撰写功不可没。“中华经典古籍库”微信专业版，令核对引注事半功倍。当然，文责自负，欢迎读者的批评建议，我的邮箱仍是13514412211@qq.com。

本书是我的第二本书，经由几个契机得到对论题的特殊体悟，似乎也能一窥学问和生活的关系。

首先是得益于自博士生时代延续至今的编辑工作，我对字句乃至标点符号都保持一定敏感，并直接体会到“无错不成书”，在利用史料（尤其是二手文献）时都留意抽查。几年编辑做下来，有时“阴差阳错”，时有事与愿违，也就不得不承认“人力有时而穷”，总小心翼翼地在“作者”和“责编”间转换身份。前者时，坚信“文责自负”，后者却盼望有“火眼金睛”，结果就是，亲力亲为，顾此失彼，不免疏漏。如此也就更不肯苛求古人——限于外界压力与内在局限，作者会犯错，作品难免缺憾，对此，要应尽可能设身处地，“取其精华”吧。

其次则是身为一名高校教师感受到科研、教学任务的重量，尤其是教学方面，言传与身教，课上与课下，是心与术、技与艺、书本知识与身体力行的结合。一来体验到时间和精力分配上的微妙之处。对于律典修订，我也从做任务的角度附会：上策并非一味精益求精，毋宁是“完成大于完美”，一切应用文均为有限时间、条件下的产物，不会完美无缺；而且，从做事的经验来看，遵循先例往往是良策，在现成的目录体系上调整，就近沿用或变通适用既有的规则，既容易翻新，也较有把握。二来体验到从语言文字到心领神会之间存在距离，这差距或可尽量缩短，却难以弥合。唐律的妙处，到明代未必被深信不疑；立法者所想，未必是司法者所急，反之亦然。律典传承、规则适用等过程中，文意和法意的传递，未必皆能准确而全面。这也是从思路到文本、从文本到现实之间，既重叠又有落差的现实，古人今人，亦是凡人都在“尽人事”罢！

最后是书稿草成前后，正逢我国民法典编纂的各类讨论。对律典目录这个冷题目的思考，也从“法典化”形式上吸收了一些新近讨论而多得一点“热度”。书里书外，现在和将来，我也多思考一些关于“形式与内容”的问题：编辑工作，权限更多是在体例完善与字句润色上，能否突破？编纂工作，完成任务的速度、整体效果和细节精确可能同等重要，如何创新？平衡适度的“中道”，非一人之力、一日之功，而又始终值得追寻。

二月的最后一个周一，开学的第一周，从中午开始，来自老师、同学的消息一个接一个。这篇后记从公园写到食堂，也曾驻足于曲径流水前，直到华灯初上、蚊子出没。就要搁笔（待机），用感谢亲友来压轴：“游必有方”的我最思念的父母；貌美而有内涵的张书记；与王师姐君子之交甜如蜜；芳邻宋老师让我懂得“有恒产者有恒心”以及对生活的美好期待永不放弃。成长关乎舍与得，感谢师长、同学、友朋和我自己所有的一颗年轻的心。

初稿于花墟公园和山边小径

2017 年 2 月 27 日

2017 年 7 月 9 日修改于 D8090

图书在版编目(CIP)数据

《大清律例》律目研究 / 张田田著. -- 北京：法律出版社，2017

ISBN 978－7－5197－1170－2

Ⅰ. ①大… Ⅱ. ①张… Ⅲ. ①清律－研究 Ⅳ. ①D929.49

中国版本图书馆 CIP 数据核字(2017)第 187360 号

《大清律例》律目研究
《DAQING LÜLI》LÜMU YANJIU

张田田 著

责任编辑 屈 瑶
装帧设计 李 瞻

出版 法律出版社
总发行 中国法律图书有限公司
经销 新华书店
印刷 三河市龙大印装有限公司
责任校对 王晓萍
责任印制 陶 松

编辑统筹 学术·对外出版分社
开本 720 毫米×960 毫米 1/16
印张 20.25
字数 260 千
版本 2017 年 12 月第 1 版
印次 2017 年 12 月第 1 次印刷

法律出版社／北京市丰台区莲花池西里 7 号(100073)
网址／www.lawpress.com.cn
投稿邮箱／info@lawpress.com.cn
举报维权邮箱／jbwq@lawpress.com.cn
销售热线／010－63939792
咨询电话／010－63939796

中国法律图书有限公司／北京市丰台区莲花池西里 7 号(100073)
全国各地中法图分、子公司销售电话：
统一销售客服／400－660－6393
第一法律书店／010－63939781/9782
西安分公司／029－85330678
重庆分公司／023－67453036
上海分公司／021－62071639/1636
深圳分公司／0755－83072995

书号：ISBN 978－7－5197－1170－2
定价：60.00 元

中国法学会后期资助项目文丛

BOOK SERIES FUNDED BY CHINA LAW SOCIETY

1. 《行政程序法典化研究》姜明安 等著
2. 《解读青年马克思的黑格尔法哲学批判》姚远 著
3. 《清代“杀一家三人”律、例辨析》吴杰 著
4. 《中央地方关系中的民主集中制研究》苗泳 著
5. 《证券内幕交易构成要件比较研究》曹理 著
6. 《欧洲婚姻财产法的未来》樊丽君 译
7. 《德国刑法教义学上的客观处罚条件》王钰 著
8. 《结果加重犯的基本原理与认定规则研究》邓毅丞 著
9. 《刑事诉讼中法院职权调查问题研究》林铁军 著
10. 《人民陪审员角色研究》刘方勇 著
11. 《非典型劳动者权益保护研究》班小辉 著
12. 《创新与反垄断——互联网企业滥用行为之法律规制研究》仲春 著
13. 《不得援引国家豁免的商业交易诉讼研究》纪林繁 著
14. 《国家侵权的国际私法问题研究》李华成 著

15.《法律的空间意象性》朱垭梁 著

16.《罗马体育法要论》赵毅 著

17.《〈大清律例〉律目研究》张田田 著

18.《转型正义法律问题研究》王进文 著

19.《论行政法上的意思表示——兼论行政行为构成中的意识要件》田勇军 著

20.《新农村建设中保障农民政治参与权利的制度创新研究》蔡振亚 王为东 著

21.《国家赔偿法研究述评》上官丕亮 主编

22.《个人信息与权利配置——个人信息自决权的反思和出路》刘金瑞 著

23.《从“大陆”走向“混合”的路易斯安那民法典》李宁 著

24.《防控网络恐怖活动立法研究》皮勇 著

25.《背信犯罪：当代社会的白领犯罪》刘荣 译

26.《刑事诉讼中的鉴定意见质证制度研究》王跃 著

27.《互联网规制的国际贸易法律问题研究》孙南翔 著

28.《相关市场界定研究——以技术许可协议为视角》周围 著

29.《外资并购国家安全审查制度的平衡机制研究》杨静 著